JN028541

行政法

第5版

稲葉 馨・人見 剛
村上裕章・前田雅子

YUHIKAKU

第5版はしがき

　2007（平成19）年4月1日に本書の初版が刊行されて以来，3年から3年半ごとに版を改めることを目安としてきた。ところが，直近の改訂が行われたのは，2018（平成30）年9月のことであるから，今回の改訂は，改版に4年半を要した第3版に係る先例があるものの，目安を大幅に超過しており，背景に《新型コロナ禍》があることは否定できないであろう。授業は全てオンライン方式に切り替わって，慣れるまでは授業の準備に追われ，じっくり腰をすえて研究にはげむというような状況にはなかった。もっとも教科書類の売上げは好調で，本書もその驥尾に付して売上げを伸ばしたようである。教科書・参考書として本書をご愛顧いただいている皆様には，この場をお借りして，第5版発刊の遅れをお詫びしたい。毎年度，授業で教科書として使用される予定のものであれば，常にその内容をアップツーデートなものにしておけるよう準備に万全を尽くすことは，刊行する側の責務であろう。今回の改訂作業の大半もこの責務を果たすためのものといってよいが，具体的には次のとおりである。

　① 2021（令和3）年に個人情報の保護に関する法律の大改正（いわゆる「個人情報保護法制の一元化」）が行われたのを受け，従来の関係記述を全面的に見直し，ColumnEE3-3 の差し替え（「情報提供と行政指導」から「デジタル社会の個人情報保護法制」に変更）をはじめとして，特に第3章第2節 **4** の書き直しを行うなど，改正の全容を正確に説明するよう心がけた。

　②そのほか，法律改正にともなう比較的重要な改訂として，公益通報制度（2020年の公益通報者保護法改正）・リーニエンシー制度（2019年の独占禁止法改正）などがある。

　③また，この間に公表された裁判例についても，下級審裁判例を含め，合計38件を新規に収載した。その中には，最大判令和2・11・25民集74巻8号2229頁（岩沼市議出席停止事件），違法行為の転換に関する最判令和3・3・2民集75巻3号317頁，行政不服審査法7条2項にいう「固有の資格」に関する最判令和2・3・26民集74巻3号471頁（辺野古埋立承認撤回事件），および最大判令和4・5・25民集76巻4号711頁（在外日本人国民審査権訴訟）が含まれる。

④読みやすさ・分かりやすさを考慮して，説明順序の入れ替えや表現の簡明化をはかった。

⑤各章末の「練習問題」について法令改正等に伴う見直しや差し替えを行ったほか，同じく各章の末尾に掲載してある「参考文献」および巻末の「主なテキスト類」についても最新のものに改めた。

以上のような改訂作業に率先して取り組んでいただいた共同執筆者の人見剛教授，村上裕章教授そして前田雅子教授には，心よりお礼申し上げる。

また，これまでと同様，今回の改訂作業を進めるに当たっても，有斐閣編集部の佐藤文子さんに終始用意周到で懇切なお世話をいただいた。ここに記して感謝申し上げたい。

2023 年 2 月

執筆者を代表して

稲 葉 　 馨

初版はしがき

　本書は，有斐閣の新テキスト・Legal Quest シリーズを構成する 1 冊として世におくるものである。したがって，本書の内容は，基本的に，このシリーズの執筆方針に沿ったものとなっている。すなわち，第一に，法科大学院への進学を目指す（法）学部学生を主要な読者として想定している。法科大学院（ロースクール）での実務法曹養成教育を意識しつつ，「行政法」の既修者として期待される学習水準に達しうる内容を盛り込んだテキストを，できるだけコンパクトな形で（1 冊本として）提供することを心がけた。そのため，本書の構成は，「行政法の基礎」に続き，「行政法」の分野のうち，行政作用法（総論）と行政救済法のみをとりあげるというものになっている。第二に，基本的に，オーソドックスな説明を旨とし，行政法の基礎的な概念・知識の習得ができるように努めた。そのうえで，第三に，判例・設例等を用いた法科大学院教育との接合を意識し，重要判例については，事実関係をも含めて詳しく紹介すると共に，最新判例を含む多数の判例を用いて説明することとしている。第四に，学習の成果を確認し，法的問題の発見・解決能力の養成につながる応用能力の訓練に役立つよう，各章ごとに練習問題を付すこととした。第五に，専門的に一歩踏み込んだ論及や用語解説・最近の動向説明等を行うため，「コラム」を設けて本文の叙述を補うようにした。

　以上のような方針のもと，本書は，4 人の研究者教員の共同作業によって執筆されたものである。それぞれの執筆分担は，別に記載するとおりであるが，2005 年 3 月の第 1 回会合以来 6 度にわたり毎回長時間に及ぶ編集会議を開き，その都度白熱した議論を交わしながら作り上げてきたものである。各章の記述には，おのずとそれぞれの個性が滲み出ていることは否定できないが，相互参照の指示をその都度行うこととしたほか，全体の統一性・整合性に意を用いたことは言うまでもない。

　なお，本書の性格上，逐一引用することは控えたが，本書の執筆に当たり多くの著書・論文等を参照させていただいた。そのうち，原則として著書に限定してではあるが，各章の末尾に，さらなる学習のための参考となる主要な文献

をあげておくこととした。また，テキスト類については，別途，一覧の形で示
してある。

　最後になったが，本書が成るについては，有斐閣編集部の佐藤文子・五月女
謙一両氏の助力によるところが大きい。とくに，佐藤さんには，構想段階から
完成に至るまで，終始お世話になった。ここに記して感謝申し上げる次第であ
る。

　　2007 年 1 月

　　　　　　　　　　　　　　　　　　　執筆者を代表して
　　　　　　　　　　　　　　　　　　　　　稲　葉　　馨

〈 **判 例** 〉

凡　例

1 法　令

（　）内での法令の引用は，原則として有斐閣『六法全書』巻末の「法令名略語」
によった。主な略語は次のとおり（五十音順）。

介　保	介護保険法	自　園	自然公園法
学　教	学校教育法	自　治	地方自治法
感 染 症	感染症の予防及び感染症の 患者に対する医療に関する 法律	児童虐待	児童虐待の防止等に関する 法律
行　審	行政不服審査法	車　両	道路運送車両法
行　訴	行政事件訴訟法	宗　法	宗教法人法
行　組	国家行政組織法	住民台帳	住民基本台帳法
行　手	行政手続法	収　用	土地収用法
金　商	金融商品取引法	所　税	所得税法
警　職	警察官職務執行法	税　徴	国税徴収法
建　基	建築基準法	税　通	国税通則法
公益通報	公益通報者保護法	大気汚染	大気汚染防止法
公共サービス基	公共サービス基本法	代　執	行政代執行法
公　住	公営住宅法	地　公	地方公務員法
公　選	公職選挙法	地公企	地方公営企業法
厚　年	厚生年金保険法	地　財	地方財政法
公文書管理	公文書等の管理に関する 法律	地　税	地方税法
		電　気	電気事業法
国　財	国有財産法	道	道路法
国土利用	国土利用計画法	道　運	道路運送法
国　年	国民年金法	道　交	道路交通法
国　賠	国家賠償法	都　計	都市計画法
国　公	国家公務員法	土 地 基	土地基本法
雇　保	雇用保険法	独　禁	私的独占の禁止及び公正取 引の確保に関する法律
裁	裁判所法	入　管	出入国管理及び難民認定法

農　　委	農業委員会等に関する法律	補　助　金	補助金等に係る予算の執行
廃　棄　物	廃棄物の処理及び清掃に関		の適正化に関する法律
	する法律	墓　　地	墓地，埋葬等に関する法律
不　　登	不動産登記法	労　　基	労働基準法
弁　　護	弁護士法	労　　組	労働組合法

　本書で引用する法令の条数は原則として，2023年3月1日現在のものである。ただし，個人情報の保護に関する法律等の主要な法律は，未施行のものでも改正条文を引用することとする。なお，判決文引用部分での法令の条数は，注記がない場合でも，現行の条数と異なる場合がある。

2　判　　例

(1)　判例の引用にあたっては，次のように略記した。

　　最大判平成17・12・7民集59巻10号2645頁〔百選Ⅱ-159〕
　　　→最高裁判所大法廷平成17年12月7日判決，最高裁判所民事判例集59巻10号
　　　　2645頁に登載，行政判例百選Ⅱ〔第8版〕に159事件として掲載
　　最決平成17・6・24判時1904号69頁
　　　→最高裁判所（第二）小法廷平成17年6月24日決定，判例時報1904号69頁に
　　　　登載
　　大阪高判平成20・9・29判タ1310号66頁
　　　→大阪高等裁判所平成20年9月29日判決，判例タイムズ1310号66頁に登載
　　広島地福山支判昭和54・6・22判時947号101頁
　　　→広島地方裁判所福山支部昭和54年6月22日判決，判例時報947号101頁に登
　　　　載

(2)　裁判所（判決・決定の別）と判例集等は，以下の略語により表記する。

　　大判　　　　　大審院判決
　　最判（決）　　最高裁判所判決（決定）
　　高判（決）　　高等裁判所判決（決定）
　　地判（決）　　地方裁判所判決（決定）

民録	大審院民事判決録
民（刑）集	最高裁判所民事（刑事）判例集
集民	最高裁判所裁判集民事
下刑集	下級裁判所刑事裁判例集
行集	行政事件裁判例集
訟月	訟務月報
判時	判例時報
判タ	判例タイムズ
判例自治	判例地方自治
労判	労働判例
賃社	賃金と社会保障

　上記の判例集には登載されていないが，裁判所ウェブサイト（http://www.courts.go.jp/）内の裁判例情報のページで検索できる裁判例には，「裁判所 HP」と付記する。なお，同ページでは，判例集に登載されていないものも含めて，裁判例が検索可能なほか，「最近の判例一覧」で，過去 3 か月以内に出された主な判決等を一覧することができる。

著者紹介 （執筆順）

稲 葉　　馨 （いなば　かおる）

東北大学名誉教授

執筆分担：第1章，第3章

主要著作：『行政組織の法理論』（単著，弘文堂，1994年）

『日本の男女共同参画政策』（共編著，東北大学出版会，2005年）

『行政法と市民』（単著，放送大学教育振興会，2006年）

人 見　　剛 （ひとみ　たけし）

早稲田大学大学院法務研究科教授

執筆分担：第2章

主要著作：『西ドイツの行政行為論』（共著，成文堂，1987年）

『近代法治国家の行政法学』（単著，成文堂，1993年）

『分権改革と自治体法理』（単著，敬文堂，2005年）

『世界の公私協働 ―― 制度と理論』（共編著，日本評論社，2012年）

『ホーンブック地方自治法〔第3版〕』（共編著，北樹出版，2015年）

村 上 裕 章 （むらかみ　ひろあき）

成城大学法学部教授，九州大学名誉教授

執筆分担：第4章

主要著作：『行政訴訟の基礎理論』（単著，有斐閣，2007年）

『行政情報の法理論』（単著，有斐閣，2018年）

『判例フォーカス行政法』（共編著，三省堂，2019年）

『行政訴訟の解釈理論』（単著，弘文堂，2019年）

『スタンダード行政法』（単著，有斐閣，2021年）

前 田 雅 子 （まえだ　まさこ）

関西学院大学法学部教授

執筆分担：第5章

主要著作：「保護基準の設定に関する裁量と判断過程審査」曽和俊文ほか編『行政法理論の探究』（有斐閣，2016年）

「個人の自立を支援する行政の法的統制」法と政治67巻3号（2016年）

「社会保障における不正利得の徴収」法と政治71巻2号（2020年）

第 **1** 章
行政法の基礎

　この章では，行政法への「いざない」の意味も込めて，まず，行政法の全体的特色と体系について述べたのち，本書の概要を説明する（第 1 節）。次いで，行政活動全体の基礎にある「行政法の基本原理」をとりあげる（第 2 節）。第 2 章以下の学習にすすむための「基礎」固めを狙いとする。

第 1 節　行政法とは

　行政法は，「行政」に関する法である。その名称に「行政」の 2 文字を含む法律は決して少なくない（後述する「独立行政法人」の個別設置法だけでも 2022 年 4 月 1 日現在で 82 を数える）が，「行政法」という（民法典のような）通則的法典は存在しない。他方，2000 を優に超える現行法律の大半は行政法に関係するともいわれる。行政法の特色をどのようにしてとらえたらよいのだろうか。本書では，「行政」（これについては，さしあたり，立法・司法・行政という国家（的）作用と組織の 3 分類にいう行政をイメージすればよいだろう）というより，むしろ行政「法」に標準を合わせ，他の法分野（民事法・刑事法・憲法）との対比において，その特色をつかむことを試みている。そのうえで，行政法を行政組織法・行政作用法・行政救済法に区分し，各法分野ごとの主要な内容を説明するというスタイルをとっている。ただし，「はしがき」で触れた本書のねらいに照ら

し，3分野のうち，行政作用法総論と行政救済法をメインに据えているため，行政組織法については，作用法・救済法の学習に不可欠な基礎概念・法理をとりあげるにとどめ，本章第1節の中で触れることとした（本節 **3** (1)）。

> **Column 1-1**　「行政」の定義
>
> 　作用としての「行政」にも，組織から切り離して作用そのものの実質を問題にする「実質的意味の行政」と「行政組織が行う作用」を指す「形式的意味の行政」（本節**3**(2)(a)②）がある。実質的意味の「行政」の定義付けについては，従来，「法のもとに法の規制を受けながら，現実具体的に国家目的の積極的実現をめざして行われる全体として統一性をもった継続的な形成的国家活動」，「本来的および擬制的公共事務の管理および実施」，さらには「人民との直接のかかわりのもとで行われる，民刑事司法以外の公の事務の処理」など，様々な試みがなされてきた。しかし，多種多様な行政作用を過不足なく包摂しうる定義を積極的な形で提示することは至難であるため，「国家作用のうちから立法と司法を除いたもの」（控除説）という消極的な定義がなお支配的である。本書も，さしあたり，この支配的見解に依ることとするが，通常，「行政作用法（論）」の対象となる作用は，「形式的意味の行政」であるから，同説のいう（実質的な意味での）「立法」（さらに場合によっては「司法」）をも含みうるものである点に注意する必要がある。

1 3つの法世界——民事法・刑事法・行政法

(1) 法の3区分

　法は，われわれの社会（生活）がうまく成り立っていくように，様々な規律を行っている。国際社会のルールである国際法を視野の外に置き，国内法に限定しても，まず，一国の基本法である「憲法」が存在し，その下に，民事法・刑事法そして行政法の世界が広がっている。基本的に，①民事法は，私人（法人を含む）間の社会生活のルールとそれをめぐって生じる法的紛争を裁判によって解決するための手続について定めるもの（民法・商法・会社法・民事訴訟法など）であり，②刑事法は，犯罪と刑罰および犯罪を認定し刑罰を科すための手続について定めるもの（刑法・刑事訴訟法など）といえよう。①と②だけで社会管理がうまくいくのであれば，行政法は必要ない。しかし，「車社会」を例にとり，「道路交通の安全」確保のための社会管理機能を想定しただけでも分

かるように，事故の加害者に被害者への償い（賠償）をさせる（民事法），交通ルールを定めてその違反者に刑罰を科す（刑事法）とするだけでは，道路交通の安全を効果的に実現することができず，より積極的な国家的対策が必要となる。その中心が運転免許制度である。車社会への参入を，運転技術・知識や年齢等の面から先手を打って制限（規制）することによって，事故の発生自体を極力減らそうというわけである。そして，この制度を動かしているのが，都道府県公安委員会を含む行政組織としての警察組織である。そうすると，運転免許制度の運用という行政活動とその担い手である行政組織に関する規律が必要となり，そこに①および②とは異なる，③「行政の組織と作用に関する法」としての「行政法」（警察法・道路交通法など）の登場を見ることになる。民事賠償だけでは，後始末的な解決にならざるをえないし，刑事法的手法は，基本的に，刑罰で取り締まるか否かの「白か黒か」になるので，それだけでは融通が利かない。この面から見ると，行政法は，民・刑事法だけでは足りないところを補うものということができ，今日，量的にだけでなく質的にも，民事法・刑事法と並んで「法の3大分野」の一角を成すものである。

　なお，運転免許制度のような許認可制度（許可・認可・免許・承認・登録など）は，行政規制の代表的仕組みであるが，社会保障などのサービス・金銭提供活動の分野でも，民事法上の契約関係規律に委ねずに，もっぱら行政機関の側で，法に照らして給付の決定を行うといった行政法的（権力的）手法が少なからず採用されている（例として，生活保護決定〔生活保護 24 条＝開始・変更，26 条＝停止・廃止〕，年金受給権の裁定〔厚年 33 条，国年 16 条〕）。一律（画一）・公平・迅速処理・法律関係の早期安定といった要請を考慮してのものと思われる。

(2)　刑事法と行政法の交錯

　もっとも，3つの法分野は互いに孤立して存在しているわけではなく，むしろ，様々な場面で連結・交錯している。

　まず，刑事法と行政法の関係を見ると，実は，許認可制度を支えているのは，刑事罰であるといって過言ではない。許認可を得ずに運転行為など当該の規制対象行為をしてはならないという行政法上の義務は，罰金・懲役等の刑事罰（なお，2022 年に刑法が改正され，懲役と禁錮を一本化する拘禁刑が新設された〔2025

年6月までに施行）。以下，同じ）によってその履行が担保されているのが通例だからである（行政上の義務履行確保手段としての刑事罰。第3章第3節**2**(1)参照。このように，行政目的の維持・実現のため行政法上の義務違反に対して科される刑事罰について定めている法を，「行政刑法」と呼ぶことがある）。

　他方，刑事罰の対象となっている行為（犯罪）について，実質的に刑事罰に代替する行政的制裁を設け（一定の道路交通法違反行為に対する「反則金」制度など），違反者が行政的制裁を選択すれば公訴提起等の刑事手続に付されないで済むというシステムも見られる。いわば，犯罪を行政法的手法で処理する仕組みであり，「犯罪の非刑罰的処理」と呼ばれている（第3章第3節**2**(1)参照）。

　さらに，適正手続（告知・弁解・防御の機会保障など）・令状主義・自己負罪拒否特権（憲31条・35条・38条）などの刑事手続原則も，一定の行政活動に適用ないし準用されることがあり（本章第2節**2**(2)(a)および第3章第1節**1**(2)(d)参照），他面では，「行政調査を犯罪捜査のために用いてはならない」といったように，行政手続と刑事手続との峻別の要請（行政調査の刑事捜査への転用制限）が働く場面もある（第3章第1節**1**(2)(c)参照）。

(3)　民事法と行政法の交錯

(a)　行政法＝行政に特有な法（公法としての行政法）　　従来より，民事法（私法）と行政法（公法）との関係が様々に論じられてきた。明治憲法時代には，民事・刑事事件を扱う司法裁判所と行政事件を扱う行政裁判所とが存在し，それぞれの裁判所の管轄を画定する必要性もあって，ある法律関係が民事法の適用される私法関係かその適用が排除される公法関係（＝行政裁判所管轄）かが問題とされ，両者を峻別する公法・私法二元論が支配していた。日本国憲法下においては，裁判制度が最高裁判所を頂点とする「司法権」に統一され（「行政国家」から「司法国家」へ），行政法を民事法の「特別法」と見る発想も登場し，公法・私法二元論は排されることとなった。たとえば，金銭給付を目的とする国の権利・国に対する権利の消滅時効期間を5年（2017〔平成29〕年の民法改正前，通常の債権については民法167条1項により10年とされていた）と定めている会計法30条について，かつては「公法上の金銭債権」に係る特則との理解が有力であったが，最判昭和50・2・25民集29巻2号143頁は，早期決済の必要

性等の「行政上の便宜」を考慮した規定と解し，そのような考慮の必要がある
か否かによって同条適用の要否を判断するものとしており，公法上の債権か私
法上の債権かといった紋切り型の発想をとっていないように思われる（ただし，
最判平成 17・11・21 民集 59 巻 9 号 2611 頁〔百選 I -27〕は，公立病院の「診療に関す
る債権」の消滅時効について，その「診療に関する法律関係」が「本質上私法関係」で
あることを理由に，2017 年改正前の民法 170 条 1 号〔医師等の診療等に関する債権の消
滅時効期間を 3 年とする〕の適用を認めている。両判決は一見矛盾するようでもあるが，
昭和 50 年判決の事案では会計法 30 条を適用することが消滅時効期間の短縮を意味する
のに対し，平成 17 年判決の事案においては，会計法 30 条と同趣旨の地方自治法 236 条
1 項の適用を認めることは，逆に，消滅時効期間を長くとることとなって早期決済には
つながらない。それにもかかわらず，あえて地方自治法 236 条 1 項を適用するだけの理
由を見出すことは困難であるため，民法の定めによったものといえよう）。

　行政活動に民事法（とくに契約法理）が適用されることは決して例外的なこと
ではない。しかも，そのような現象は，物品の購入（売買）・庁舎の建設（請
負）・電算処理や庁舎管理等の業務委託（請負・委任・準委任）のような「私（経
済）行政」（ Column 1-6 　参照）のみならず，国公立病院・市営バス事業の利
用関係のように，行政目的（サービス提供）を直接実現する「公行政」活動に
も広く見られる。しかし，行政法は民事法・刑事法（的手法）では足りないと
ころを補うものであり，その意味で，行政法において，民事法固有の問題をと
りあげる意味はない。この観点からすると，行政法は（民事法には見られない）
「行政に特有な組織・作用・救済に関する法」を対象とすることになる。これ
から本書で学ぶように，今日，このような「行政に特有な法」の世界が相当な
広がりを見せており，これを，民事法（私法）の世界との対比において「公
法」と呼ぶことはもとより可能である。

　(b)　行政上の法律関係における民事法の適用　　行政活動とそれによって影響
（形成・変更等）を受ける法律関係（行政上の法律関係）への民事法の適用につい
ては，いくつかの類型に分けることができる。

　①いまだ行政法通則法典が存在しないため，法の一般原則が表明されている
ような民事法の規定（信義誠実の原則・権利濫用禁止原則〔民 1 条 2 項・3 項〕など）
は，行政上の法律関係にも適用されうる（ただし，法源としては不文法源である条

理として扱われるのが通例である。本節**2**(2)(a)参照)。

②同様の趣旨で，法技術上の約束事に当たるが無くてはならないルールを定めていると考えられる民事法の規定（期間の計算方法に関する民法138条～143条など）も，特段の定めがない限り，行政上の法律関係に適用される。

③それ以外にも，「行政に特有な法」と相補的な形で，民事法が適用される。その具体的な適用のあり様は，結局，ケース・バイ・ケースといわざるをえないが，理論上，おおまかには3つのパターンに区分することができよう。

第一は，当該法律関係を規律する「行政に特有な法」が存在しない場合，第二に「行政に特有な法」が存在するが，民事法がベースになっている場合，そして，第三に，「行政に特有な法」によって当該法律関係規律が基本的に完結している場合である。公共工事の請負契約や物品の購入契約のように，一見すると第一パターンに属するように思われる例でも，入札方式・議会の議決（自治96条1項5号・234条）など行政主体に関する特則（国の場合には，会計法をはじめとする会計関係法令）があるため，通例は，第二，第三のパターンとなる。公営住宅の利用関係のように，公営住宅法および各自治体の公営住宅条例等によって入居資格・手続など詳細な定めがおかれている場合でも，同「法及び条例に特別の定めがない限り，原則として一般法である民法及び借家法の適用があ」るとされている例もある（第二のパターン＝最判昭和59・12・13民集38巻12号1411頁〔百選Ⅰ-7〕。同判決は，そのような見地から，使用関係の解除事由に係る「信頼関係の法理」の適用を認めた）。

他方，最判昭和31・4・24民集10巻4号417頁およびその差戻後の最判昭和35・3・31民集14巻4号663頁〔百選Ⅰ-9〕は，国税滞納処分としての土地の差押えおよび公売処分について，（不動産物権変動の対抗要件として登記を要求する）民法177条の適用を認めている（登記を有しない真実の所有者が，滞納処分に伴い登記を経由・完了した税務署長および公売処分の競落人を被告として，公売処分の無効確認訴訟および所有権移転登記の抹消請求訴訟を提起した事案）。ここでは，民事法上の債権の強制執行と租税債権の滞納処分＝行政上の強制執行（第3章第3節**1**(5)参照）との類似性が同条適用の根拠となっているが，租税法律関係（通常，公法上の債権債務関係と解されている）のベースに一般法として当該法律関係を規律する民事法があるとの発想に立ってのものではないと思われる。むしろ，

不動産の帰属という一局面をとらえて，民事法の特定条項の適用が論じられているにとどまる（第三のパターン），といえよう（ちなみに，最大判昭和 28・2・18 民集 7 巻 2 号 157 頁は，自作農創設特別措置法〔昭和 21 年法律 43 号〕に基づく農地買収処分について民法 177 条の適用を否定している）。

(c)　行政法違反の法律行為の民事法上の効力　　民事法と行政法の交錯は，行政法の民事法への「浸透」という形でも現れる。不法行為制度（民 709 条以下）において，刑事法規違反などと並んで，「行政法規」違反が「違法性」判断の基準として取り込まれている点に，その例を見ることができよう。しかし，その典型は，農地売買（契約）の許可制度（農地 3 条）のように，民事法上の法律行為を直接に行政法の規律対象とし，「許可」等の行政行為があってはじめて当該法律行為が有効となるとされている場合である（理論上，そのような行政行為を「認可」と呼ぶ。第 2 章第 3 節 **3** (2)(a)参照）。さらに，民事法上の効力の有無に係るそのような明文の定めがなく，直接には営業（事業）規制の形がとられているにとどまる場合でも，たとえば，食品衛生法による飲食店営業の許可（55 条 1 項）を受けていない食堂営業者と客が結んだ飲食に関する契約は，同法に違反することを理由に無効となるか否かというように，民事法上の法律行為（契約）の効力が行政法令違反によって左右されるか否かということが問題となりうる。

　この問題については，当該行政法令違反が「公の秩序又は善良の風俗に反する法律行為は，無効とする」と定める民法 90 条にいう公序良俗違反に当たるかという形で論じられることが多い。食品衛生法により禁止されている有毒物質（硼砂）を混入したアラレ菓子の販売契約について，最判昭和 39・1・23 民集 18 巻 1 号 37 頁は，単なる食品衛生法違反にとどまらず，一般大衆の購買ルートに乗せ，「その結果公衆衛生を害するに至る」もので，公序良俗に反し無効とした。近時，最判平成 23・12・16 判時 2139 号 3 頁〔百選 I -10〕も，建築基準法に違反し，かつ「著しく反社会性の強い」建築請負契約を公序良俗違反＝無効とする一方で，当該違法建築部分を是正するための追加変更工事に係る合意については公序良俗違反とはいえない（有効）と判示している。いずれも，行政法令違反が直ちに公序良俗違反＝無効となるものではないとの前提に立っている。

　他方，判例は，「強行法規」違反（ないし「統制法規」違反）か単なる「取締法規違反」か（前者の場合無効となる）という判断枠組みをも採用してきた。たとえば，最判昭和30・9・30民集9巻10号1498頁は，流通過程の全面的統制を目的とする臨時物資需給調整法（昭和21年法律32号）に反する煮乾いわし（同法に基づく加工水産物配給規則による指定物資に該当）の売買契約を「強行法規」違反として無効とし，最判昭和35・3・18民集14巻4号483頁は，食品衛生法上の許可を受けていない当事者による精肉販売契約につき，「同法は単なる取締法規にすぎ」ず，「許可の有無は本件取引の私法上の効力に消長を及ぼすものではない」とした。

　そこで，これらの諸判例を整合的に理解しようとするならば，取締法規違反の契約でも公序良俗に反する場合には無効となることを意味すると解するのが妥当であろう。もっとも，最判昭和52・6・20民集31巻4号449頁は，独占禁止法19条（不公正な取引方法）違反の金銭消費貸借契約について，「公序良俗に反するとされるような場合は格別として，……同条が強行法規であるからとの理由で直ちに無効であると解すべきではない」と述べており，その意味するところは必ずしも明確ではないが，「強行法規」違反の契約でも無効になるとは限らないとの趣旨とも解しうる。そもそも，強行法規違反＝無効という通常の用語法によったとしても，明文の効力規定を欠く場合，何をもって強行法規とみなすかということ自体が問題となる。

　いずれにせよ，行政法令（取締法規）違反の契約がどのような場合に無効となるかという問題については，今日では，①当該行政法令の趣旨・目的，違反行為の社会的非難性，取引の安全，当事者間の信義・公平などを総合的に勘案して契約の有効・無効を判断する傾向（総合判断説）にあるが，さらに，②当該行政法令違反の行為が履行される前か後か（履行後より履行前の方が無効の可能性大）という要素を付加・重視する見解，あるいは，③公序良俗原則を契約正義（契約における公正さの確保）・経済的公序（取引当事者の利益保護および競争秩序の保護）論の立場からとらえ直し，当該法令の目的から見て取引関係と密接な関連を有する「経済法令」かそれとも取引とは直接に関係しない価値を実現するための「警察法令」に過ぎないかという視点からアプローチする見解，また，④公法と私法の「相互依存関係」を強調し，契約自由への介入の正当化

根拠を基本権の保護・支援に求め，正当化根拠に応じて公序良俗論の再構成を図る見解もある。③④は，基本的に，私法（民法）と公法（行政法）との峻別を排し，民事法（関係）への行政法の「浸透力」を強化することによって公序良俗違反の射程を拡大しようとしている点で共通しているといえよう。

2　行政法と憲法

（1）　基盤法としての憲法

　以上に述べた民事法・刑事法・行政法という 3 区分論から見ると，憲法は，それらの一部を構成すると共に，全体として，それらの共通基盤をなすものということができる。ただし，私人間の民事法関係への憲法（人権規定）の適用をめぐっては，直接効力説・間接効力説・無効力説の対立があり，間接効力説ないし無効力説をとると，厳密な意味で「憲法が民事法の一部をなす」とはいいがたいことになろう。しかし，その場合でも，民法第 4 編「親族」・第 5 編「相続」の部分が憲法の施行に伴って全面改正されたように，憲法が民事法の内容に制約・方向付けを与えることは否定できず，その意味で，民事法についても，憲法をその基盤法と称することができよう。

　刑事法については，罪刑法定主義をはじめとする刑事法上の諸原則が憲法に直接規定されている（憲 31 条～39 条）。

　行政法については，従来，「行政法は，憲法具体化法である」との表現がしばしば用いられてきた。憲法は，主要には，国民主権を基礎とする統治機構（権力分立・地方自治の保障など）の部分と「基本的人権」の部分から成るが，これを行政法の視点から見ると，「公権力」組織のありよう，および私人（国民）と公権力主体（国等）との関係（人権の保護・実現）を規律することを主眼としているものということができ，行政法の規律対象（行政の組織と作用）と基本的に対応する関係にあるからである。この意味では，憲法と行政法は，総体として，これをいわば，法のレベルにおける理念と現実，抽象と具象，基礎と応用といった関係づけでとらえることができる面を有し，法科大学院の「公法」系科目が，実際には，憲法と行政法（およびその融合）によって構成されていることにも，積極的意味を見出すことができよう。

(2)　行政法の法源としての憲法

(a)　行政法の法源　　行政法の法源（存在形式）の類型（種類）は，他の法分野と基本的に異ならない。①成文法（文書形式の法）のみならず，それ以外の②不文法も法源となる。ただし，行政法においては民主性・明確性・専門技術性などの要請が強いため，成文法が中心となっている（本章第2節**1**参照）。

①成文法　　成文法として，憲法（ただし，次の(b)参照）・（国内法的効力を有する）条約・法律（国会制定法）のほか，「行政立法」の形式である，政令（内閣制定法）・府令（内閣府の長たる内閣総理大臣制定法）および省令（各省大臣制定法）・規則（会計検査院規則・人事院規則・外局規則）などをあげることができる（第2章第2節**1**参照）が，さらに，重要なものとして地方公共団体が制定する「条例」および（長・委員会の）「規則」等がある。

　条例は，地方公共団体の議会が制定する法であり（ただし，例外として，長の専決処分による場合がある〔自治179条〕），原則として，当該地方公共団体の区域内に限ってその効力が及ぶ。憲法92条にいう「地方公共団体」に当たる普通地方公共団体の条例制定権は，直接憲法（94条）に根拠を有し，その自治立法権に由来するものである。国における法律に準ずるものといえるが，国の法令との関係では，「法律の範囲内」（憲94条）・「法令に違反しない限り」（自治14条1項）で制定できるものとされている。したがって，法令（法律・政令等）に反する条例は無効となる（条例に対する法令の優位）が，他方では，国の法令の制定・解釈・運用における「地方自治の尊重」が要請されており（自治1条の2第2項・2条11項～13項），条例の法令適合性を判断するに際しては，基本的に，当該法令と条例の趣旨・目的・内容・効果を比較して両者に矛盾抵触がないか否かを実質的に判断する必要がある（判断準則）。たとえば，第一に，国の法令が明文の規定をもって定めていない事項であっても，「当該法令全体からみて」当該事項については，あえて規制をすることなく放置する趣旨と解されるときは，当該事項について規律する条例の規定は，法令に違反することとなりうるのであり，第二に，両者が同一事項について別の目的で規律している場合には，当該条例が法令の意図する目的・効果を阻害しないか否かが決め手となり，第三に，両者が同一事項を同一目的で規律している場合には，当該法令が地方の実情に即した別段の規律を容認しているか否かがポイントとなる（最大判昭和

50・9・10刑集29巻8号489頁〔百選Ⅰ-40〕〈徳島市公安条例事件〉参照）。ちなみに，上記の判断準則にのっとり，条例の規定が法令（地方税法）の関係規定の趣旨・目的に反し「その効果を阻害する内容のもの」で違法・無効であると判示するものとして，神奈川県臨時特例企業税条例に関する最判平成25・3・21民集67巻3号438頁がある。

②**不文法**　不文法として，一般に，慣習法・判例法および条理（一般法原則）があげられる。慣習法は，主として私人側の慣行に由来する「民衆的慣習法」（河川水利権など）と行政側の慣行に由来する「行政慣習法」（官報による法令の公布など）とに大別できるが，「法律による行政の原理」（本章第2節**1**）に照らし，行政慣習法はごく例外的にしか認められない。

最高裁判決によって形成される判例法の法源性については議論があるが，いずれにせよ判例は，条理の確認・形成にも寄与しており，成文の通則的行政法典が欠如していることもあって，重要な役割を果たしている。

条理（一般法原則）としては，法律による行政の原理・比例原則・平等原則・信義則ないし信頼保護原則などがあげられることが多いが（本章第2節参照），憲法上の原則といえるものもあり，また，個別法令（比例原則につき，警職1条2項など）で成文化されている例もある。

(b)　**憲法の行政法源性**　憲法は，法律による具体化を通じて行政法の形成に影響を及ぼすのが通例であるが，直接，行政（行政立法を含む）を規律する法源としても機能している。主要な例としては，①一般法原則に関するものとして，憲法13条（比例原則・人権尊重原則），14条（平等原則），31条（適正手続の原理），41条（法律による行政の原理）などがあり，②行政組織に関するものとして憲法65条以下（内閣の組織・権限など），③具体的請求権を基礎づけるものとして，憲法29条3項（損失補償請求権＝第5章第3節**2**参照）がある。このような場合には，憲法は行政法の一部を構成するといえよう。

3　行政法の3分野──本書の概観をかねて

行政法は，行政組織法・行政作用法・行政救済法の3分野からなる。以下，行政法の全体像の把握と本書第2章以下の概観をかねて，簡単に見ておこう。

(1) 行政組織法

(a) 行政組織法とは 　　作用としての「行政」を本務とする組織に関する法である。この分野で比較的一般的な意味をもった法律としては，中央省庁等改革基本法・国家行政組織法・内閣府設置法・独立行政法人通則法・地方自治法・地方独立行政法人法などがある。「立法」(国民を拘束する一般的法規範の制定)作用を本務とする議会(国会)や「司法」(一定の手続による法的紛争の裁断)作用を本務とする裁判所においても「行政」作用が行われ(人事行政や傍聴人規制など)，「行政」作用を本務とする省(大臣)等でも「立法」作用(省令の制定など)が行われることがあるため，組織としての「行政」と作用としての「行政」にはズレがある。議会や裁判所が「行政」作用を行うことがあるからといって，行政組織法ではそれらの組織は扱わない。

　行政法における法主体は，まず，「行政」作用の担当者とその相手方(名宛人)・第三者とに区分される。相手方と第三者を一括して「私人」(自然人・法人)と呼ぶことが多いが，「行政」作用の担当者については，権利義務主体＝法人レベルでは「行政主体」(あるいは「行政体」)，その頭脳・手足となって働く人(ないし人々の集合)をそのような役割から見るとき「行政機関」と呼ぶ。

　行政法では，まず「行政主体と私人」という二元的な図式から出発する。「私人」は行政組織の外部にあって「行政主体(その行政機関)」が働きかけ・働きかけられる存在である。私人との関係におけるこの「働きかけ」の問題は行政作用法で扱われる。行政組織法は，むしろ「行政主体」の側の組織的あり方を問題とするもので，行政主体(国・地方公共団体など)とその組織を構成している行政機関に関する法であり，いわば「行政内部の法」といえる。

　公務員に関する法を，広い意味で行政組織法に含める考え方がある。かつての「特別権力関係論」(　**Column 1-2**　参照)による見解がそのひとつであるが，他に，公務員が行政組織に不可欠な人的構成要素であることを理由にする立場もある。しかし，少なくとも公務員法の中核を形成する「公務員としての法的地位(給与等の財産的権利・職務専念義務などの権利義務)に関する法(雇い主としての行政主体と被用者である公務員との権利義務関係を規律する法)」については，そこでの公務員の立場は基本的に「私人」と同様なものであり，行政作用法に属すると考えるべきである。

> Column 1-2 　**特別権力関係（論）**
>
> 　かつては，通常の行政・私人関係（「一般権力関係」）との対比において，「特別の法律上の原因（本人の同意・法律上の強制）に基づいて，特定の行政目的を達成するため，一方が他方を包括的に支配し，他方がこれに服従する義務を負うことを内容とする関係」を意味する「特別権力関係」が存在するものと考えられ，その例として，公務員の勤務関係・刑務所（刑事施設）への収容関係・国公立学校の在学関係などがあげられてきた。そして，特別権力関係においては，個別の法令の規定に基づくことなく命令権・懲戒権等の行使が許され（包括的支配権），当該関係内部における紛争については，司法審査権が排除ないし制限を受けるものとされていた（特別権力関係論）。その点から見ると，一種の「行政内部の法関係」とされていたことになる。しかし，このような反法治主義的な「法理」は，法律化が不徹底で訴訟制度も不完全であった（立憲）君主制下の「遺物」であり，現行の日本国憲法の下，今日では基本的に妥当しえないものとされている。

(b)　行政主体　　行政組織法は，「行政主体とその行政機関に関する法」である。したがって，同法の基礎概念は，「行政主体」と「行政機関」ということになる。

　行政主体とは，「行政活動に特有な行政担当法人」を意味し，行政・私人の法律（作用法）関係における行政側当事者として登場するのは，行政主体である。この行政主体は，①国，②普通地方公共団体（都道府県・市町村），③その他の行政主体（「特別行政主体」ないし「特殊行政主体」とも呼ばれる）の3つに区分することができる。①と②は，憲法上その存在が予定されているいわゆる「統治団体」としての性格を有し，その点において，③との主たる相違が認められる。③の例としては，特別地方公共団体（財産区・地方公共団体の組合など。なお，特別区については，現行法上，特別地方公共団体の一種とされているが，市に準ずるものであり，それが憲法上の「地方公共団体」に当たるか否かについては議論がある。以下，本書においては，都道府県・市町村・特別区を総称して「自治体」とすることがある），古典的な行政主体（公共団体）である「公共組合」（土地区画整理組合・土地改良区など）のほか，「独立行政法人」およびその地方版である「地方独立行政法人」などがある。

Column 1-3　独立行政法人・特殊法人・指定法人

　独立行政法人制度は，2001（平成 13）年施行の独立行政法人通則法および 2004（平成 16）年施行の地方独立行政法人法により，自主的・弾力的な組織と業務運営を認めることによって効率性・透明性の向上をはかることを主眼として導入されたものであり，一般に，行政活動の遂行を存立目的としているものと解されている（なお，上記独立行政法人通則法の 2014 年改正〔平成 26 年法律 66 号〕により，業務の特性に対応して各法人のマネジメントを行うことができるようにするため，①中期目標管理法人・②国立研究開発法人・③行政執行法人という 3 つの類型に分けて規律されると共に，②については，その名称中に「国立研究開発法人という文字を使用する」こととなった〔同法 2 条・4 条 2 項〕）。他方，「特殊法人」とは，「法律により直接に設立される法人又は特別の法律により特別の設立行為をもって設立すべきものとされる法人」（公団・事業団・公庫など様々な名称が使われた）で，独立行政法人・国立大学法人法によって設立される国立大学法人等および総合法律支援法に基づいて設立される日本司法支援センター（法テラス）を除いたものを指す（総務省設置法 4 条 1 項 8 号参照）。

　特殊法人は，特別の設置法により政府主導で設立される点に特色があるが，それが行政主体に該当するか否かについては，多種多様なものが存在したため，一概に断定することは困難であった。2001（平成 13）年 6 月に「特殊法人等改革基本法」が制定・施行されて「集中的かつ抜本的な改革」が断行され，その失効直後の 2006（平成 18）年 4 月 1 日時点で 38 法人（そのうち 20 法人が〔日本たばこ産業株式会社・東日本旅客鉄道株式会社など〕株式会社形態をとる「特殊会社」）に減少し，その後さらに整理・統合・民営化等が進められ，2022（令和 4）年 4 月 1 日現在で 33 法人（そのうち 26 法人が特殊会社）となっている。

　これに対し，「指定法人」は，特定の法律に基づき特定の業務を行うものとして指定された民事法上の法人を意味し，そのうち，本来の所管行政機関から指定されて行政事務を代行するものを「行政事務代行型指定法人」という（「指定機関」と呼ばれることもある）。国家試験である旅行業務取扱管理者試験を実施する「一般社団法人日本旅行業協会」および「一般社団法人全国旅行業協会」（旅行業法 11 条の 3・41 条・69 条，同法施行規則 67 条参照）や電子署名に係る認証業務認定のための調査を行う「指定調査機関」（電子署名及び認証業務に関する法律 17 条）である「一般財団法人日本情報経済社会推進協会」がその例である。かつては，平成 18（2006）年改正前の民法 34 条による公益法人を資格要件とするのが通例であったが，今日では，一般財団法人または一般社団法人が大半を占めており，さらには，建築確認・検査事務を実施する「指定確認検査機関」（建基 77 条の 18 以下の規定により同 6 条の 2 第 1 項所定の指定を受

けた者）のように株式会社形態をとる法人にも開放されている例もあり，この点では，自治体の「公の施設」の管理を行う（指定法人類似の）「指定管理者」（自治244条の2第3項参照）も同様である。このほか，行政事務代行型のものとして，食品衛生法上の検査事務を行う「登録検査機関」（食品衛生25条・31条）や「絶滅のおそれのある野生動植物の種の保存に関する法律」に基づく環境大臣の事務の一部（国際稀少野生動植物種の個体等登録事務）を行う「登録機関」（同法23条）のような，いわゆる登録機関（行政裁量が認められない「登録」を要件として，検査・検定等の業務を行う第三者的機関）の制度などもある。これらは，元来，行政事務の担当を存立目的とするのではない私人が行政活動に携わるものであるため，「行政主体」とはみなされず，「私人による行政」あるいは「公私協働」の問題として論じられている。

　(c)　**行政機関**　　行政機関とは，行政主体のための事務が配分される単位である。行政活動は行政機関を通じて行われ，行政機関の活動は，終局的には，行政主体の活動とみなされる。したがって，行政機関が行う契約や行政行為などの法効果は，その行政主体に帰属する。行政組織を行政主体ごとにとらえると，行政機関は，行政主体の組織（国家行政組織・個々の地方公共団体行政組織など）を構成する部分要素といえる。

　①**人的行政機関概念**　　人的行政機関とは，行政主体のために活動する人を基準とし，その人を行政主体のために活動する地位・役割においてとらえたもの（大臣・知事・課長・委員会の委員・審議会委員など）を意味する。わが国の行政作用法令は，たとえば，許認可権限を（省や県庁ではなく）大臣・知事に付与するなど，基本的に，人的行政機関概念によっている。

　②**組織的行政機関概念**　　組織的行政機関とは，行政主体のために活動する人々の集合を基準とし，省庁・部課・委員会・審議会など，人的行政機関のひとまとまりを指す。国家行政組織法は，「国の行政機関」を省・委員会・庁とする（行組3条2項）など，基本的に，組織的行政機関概念によっている。

　組織的行政機関は，人的行政機関（組織の最小単位であり，これを「職」と呼ぶこともある）によって構成されている。行政主体の組織を正確に理解するためには，常に両概念を念頭におく必要がある。

　(d)　**行政庁と補助機関──行政機関の権限による分類**　　行政機関は，その

15

「権限」（行政主体のために活動することを認められている範囲・能力）の観点から，「行政庁」と「補助機関」とに大別され，さらに，付随的に「執行機関」が挙げられることがある。このような行政機関の分類は，行政機関が私人との関係でどのような権限を有するかという（作用法的な）視点からなされており，行政庁を中心に行政組織をとらえる伝統的な「行政官庁の法理」（行政官庁理論）に由来するものである。

　①行政庁　　行政庁とは，行政主体のために意思・判断を決定して，私人に表示する権限を有する行政機関を意味し，国の行政庁をとくに「行政官庁」という。行政行為・行政契約・行政立法を行う権限をもつ行政機関がこれに当たるところ，現行法上，具体的には，大臣・長官・国の地方支分部局（出先機関）の長（税務署長・労働基準監督署長など）・知事・市町村長・建築主事・保健所長などの人的行政機関（独任制機関）のほか，内閣・公正取引委員会・人事委員会・公安委員会など合議制機関としての組織的行政機関も含まれる。

　私人に対する行政作用は，通常，（行政主体を代表して）行政庁の名において行われる。「行政庁」の概念自体，行政手続法・行政不服審査法・行政事件訴訟法など重要法律に頻出するため，「行政庁」は，行政機関の中で最も重要な意味をもつ。

　②補助機関　　補助機関とは，行政庁の意思形成・判断決定や表示行為を直接・間接に補助する権限を有するにとどまる行政機関を指す。行政機関の大半は，事務次官・副知事から一般の係員に至るまで，これに当たる。行政庁の意思形成に一定の独立性をもって関与する諮問機関（行政庁の諮問に応じて，あるいは独自に答申・建議等を行う審議会など）も，この意味での補助機関の一種といえる。なお，諮問機関と区別して，参与機関という概念が用いられることもある。これは，諮問機関の答申等は諮問をした当該行政庁に「尊重」を要求するにとどまるが，参与機関（例として，電波監理審議会・検察官適格審査会がある）の答申等は当該行政庁を拘束する点に違いがあることによる。

　③執行機関　　執行機関とは，行政庁の決定（命令）したことを現実に執行（強制）するなど，私人に対して実力を行使する権限を有する機関を指す。警察官・消防署員・徴税職員など，第一線の実行機関のことである（なお，地方自治法は，知事・市町村長や各委員会・監査委員を「執行機関」と呼んでいるが，それ

は議会〔議事機関〕との対比によるものであり，これらはむしろ「行政庁」としての性格を有する）。

> **Column 1-4　行政機関の分類**
>
> 　以上にあげた行政機関の分類以外にも様々な分類が考えられるし，また，本文で触れた「権限による分類」も決して包括的なものではない。
>
> 　機関意思決定方法による分類（独任制機関と合議制機関），管轄区域による分類（中央機関と地方機関）などのほか，しばしば行われている分類として「作用法的機関」概念と「事務配分的機関」概念との対置がある。前者の「作用法的機関」概念は，行政機関と私人との外部関係＝行政作用法上の権限配分を基準にするもの（対外的権限行使の単位）であり，行政官庁の法理における機関概念がそれに当たるとされる。後者の「事務配分的機関」概念は，直接私人に対するものであるか否かを問わず担当する事務を単位として把握するもの（事務配分の単位）で，現行法上，委員会を除く，国家行政組織法の採用する行政機関概念がそれに当たるとされる。
>
> 　他方，先の行政機関の権限による分類においても，私人に対する行政作用権限を有するものでありながら，非権力的事実行為（行政指導・任意調査など）を行うにとどまるものについては，視野の外に置かれている（ちなみに，行政手続法は，現に行政指導を行う機関について，「行政指導に携わる者」〔32条以下〕という表現を用いている）。これは，伝統的な行政官庁の法理が，法行為（私人に対する法効果を有する行為）権限を中心に論じ（行政庁とその補助機関・執行機関），事実行為との関係では，せいぜい権力的事実行為権限を有する機関（執行機関）をとりあげるにとどまっていたことに起因するものである。

(e)　権限の委任・代理・専決・代決　　行政機関の権限は，原則として，当該権限を付与された機関の担当者自らが行使しなければならない。それが，当該機関に任じられた担当者の職務（義務）だからである。これを，「権限の自己行使原則」という。しかし，現行法上，大臣や知事といった組織のトップに権限が集中していること，および担当者の病気や出張等による不在を考慮すると，その例外を認めざるをえない。また，組織の活性化等の視点からは，できるだけ決定権限を「下位におろす」方が望ましい面もある。権限の自己行使原則の例外には次のようなものがある。

①権限の委任　　権限の委任とは，ある行政機関（たとえば知事）の権限を，他の行政機関（たとえば副知事）に移転することを意味する（所管行政機関自体の

変更）。委任された権限は，受任機関（副知事）の権限となり，その限りで委任機関（知事）は当該権限を失う。既存の権限分配を変更するものであるから，当該権限規範と同等以上の規範が委任を認めている場合に限り許される（例として，自治153条，行政機関情報公開17条）。

　②**権限の代理**　　権限の代理とは，ある行政機関（たとえば知事）の権限を当該行政機関の本来の担当者以外の者（たとえば副知事であるA）が行使（担当）することを意味する（ただし，代理者の特定は，通常，機関名で行われる）。機関担当者の（被代理者から代理者への）変更であって，他の機関に権限が移転するわけではない。当該行政機関の権限は，その名（知事名）において，しかも，原則として，同時に，代理者（副知事たるA）による代理行使であることを示した上で，用いられる。

　代理には，法定事実の発生（被代理者が欠けたときなど）により当然に権限の代理が行われる法定代理（そのうち，被代理者による代理者の指定を要するものを「指定代理」という）と被代理者の授権によってはじめて代理関係が発生する「授権代理」とがある（自治152条・153条参照）。後者の授権代理について，委任の場合と同様な法的根拠を要するかに関しては，争いがある。不要説には，委任が権限の外部的変更であるのに対し，代理は権限の内部的変更にとどまるとの見解に基づくもののほか，代理によっても被代理者に指揮監督権が残るため（明文の根拠なき）授権代理を認めても被代理者の責任が消滅するわけではないことを主たる理由とすると思われる見解もある。しかし，「代理」は（次に述べる「代決」と異なり）その旨を外部に示して行われるのが原則であるから単なる「内部的」変更と解するのには疑問があり，被代理者に指揮監督権が残るとしても，指揮監督責任と自己行使責任とを同一視することはできず，しかも，被代理者が病気等の場合には指揮監督責任を問うこと自体困難ではないかと思われる。むしろ，明文根拠必要説を基本とすべきであろう。

　③**権限の専決・代決**　　権限の専決・代決とは，もっぱら行政組織内部限りで行われる決定（決裁）権限の委譲・代行を指す。組織内での決裁に当たり，各機関（職）の押印（ないしそれに替わるもの）を積み上げていく仕組み（稟議制）が一般にとられているが，文書決裁規程・専決規程等の内部規則により，法令上の権限を有する機関（行政庁）の押印等（決裁）がなくても，特定の補助

機関（管理職）の押印等があれば正式の決裁がなされたこととする方式が常態化している。そのうち，法令上の権限を有する機関（担当者）の在・不在を問わず恒常的に行われるのが「専決」，原則として不在の場合に行われるのが「代決」である。いわば，専決は決定権限の内部委任，代決は内部代理といえる。なお，決裁後の私人（組織外部）に対する権限行使は，法令上の権限を有する機関の名で行われることとなる。

　(f)　**行政機関相互の関係**　　各行政主体の行政組織は，通例，多数の行政機関から構成されるピラミッド型（階序制）の組織をなしている（ただし，国や自治体の「委員会」〔行組3条2項，自治180条の5参照〕のように階序からはずれた独立性の強い行政機関も存在する）。そこでは，行政組織としての一体性を確保するため，行政機関相互の間にタテ（上下）・ヨコ（対等）の結合・調整をはかる仕組みが設けられている。

　①**上級機関の指揮監督権限**　　行政機関のタテの関係においては，上級機関に下級機関に対する指揮監督権限が付与されることによって，一体性が確保されることになっている。この指揮監督権限としては，一般に，(イ)情報収集のため報告を求めるといった「監視権」，(ロ)下級機関の権限行使について上級機関の事前同意等を要するものとする「同意・承認権」，(ハ)下級機関の権限行使を指揮するための「指揮命令権（訓令権）」，(ニ)事後的矯正手段としての「取消・停止権」，(ホ)下級機関が権限を適正に行使しないとき，上級機関が下級機関に代わって当該権限を行使する「代（替）執行権」，そして(ヘ)下級機関相互間に発生した権限争いを裁く「権限争議の裁定権」があげられる。ただし，(ホ)代替執行権については，これを認めると法令上の権限分配を破ることとなるため，（代替執行を許す旨の）明示的な法令の規定が必要である（上級機関といえども，一般的な指揮監督権限を根拠に，代替執行を行うことはできない）。(ニ)取消・停止権についても，実質的に代替執行の一種とみて特別の明文規定を要するとする見解があるが，取消し等は消極的な態様の監督権行使であり，上級機関こそがチェック機関に相応しいといった理由から，これに否定的な見解（明文規定不要説）も有力である。

　②**対等行政機関の関係**　　行政機関のヨコの関係は，相互の権限を尊重しながら協力する関係であり，(イ)行政機関が互いに相談しながら協力して事案の処

理にあたる「協議」，(ロ)行政機関の権限行使に関する行政機関相互における援助を意味する「(職務)共助」に加え，場合によって，(ハ)命令的要素を持たない「勧告・要請権限」（例として，環境省設置法5条2項に基づく，環境保全上の重要事項に関する関係行政機関の長に対する環境大臣の勧告権）が認められることもある。なお，(イ)協議には，主管機関（主務大臣）が複数存在する「共管」（例として，工場立地法2条1項＝経済産業大臣と環境大臣）の場合に行われるもののほか，主管機関と関係行政機関との間でなされるものなどがある。

(2)　行政作用法

(a)　行政作用法とは

①**行政外部の法**　　行政主体が，行政機関を通じて私人（当該行政組織の外部にある法主体）に対して行う行政活動をめぐって生ずる権利義務関係を規律する法，すなわち行政救済法を除く「行政外部の法」を意味する。たとえば，運転免許制度や道路交通規制に関する法（道路交通法），あるいは利用許可・契約によって生ずる公共施設（市民会館など）・交通機関（市営バスなど）の利用関係を規律する法（地方自治法244条以下，道路運送法など）を想起すればよいだろう。他方，「行政機関が行う政策の評価に関する法律」について見ると，各省等の行政機関が行う政策評価の実施や評価書の作成（8条〜10条）といったもっぱら行政組織内部で行われる「作用」に関する問題は，「行政内部法」としての行政組織法に属する。しかし，政策評価の究極の目的は「政府の有するその諸活動について国民に説明する責務が全うされるようにする」（1条）点にあり，当該評価書およびその要旨，そして政策評価結果の政策への反映状況について「公表」することが義務づけられている（10条2項・11条）。これに対する国民からの意見等の受付・処理を含め，政策評価制度には行政と私人（国民）との関係が問題となる場面もあり，その限りでは行政作用法に属する面があるともいえる。

②**「形式的意味（広義）の行政作用」法**　　「立法」作用と「行政」作用との対比でいうと，従来，政令・省令の制定など，行政作用法では行政機関による「立法」作用をも「行政作用法」の対象としてきた。これは，「組織としての行政」すなわち実質的意味の「行政」作用を本務とする行政組織（機関）が行う

作用（これを「形式的意味の行政」という）を対象とする考え方によるものである。その意味では，行政作用法の対象となる「行政作用」とは，行政立法をも含む広義のそれを意味することになる。

　③**行政の行為規範としての行政作用法**　　行政作用法は，行政主体と私人との間の実体的・手続的権利義務関係を規律するものであり，この面から見ると，裁判規範という性格が想起される。しかし，行政作用法は，その名の通り，第一次的には，行政機関の作用（活動）を律する「行為規範」たる意味を有する。後に述べる，「法律による行政の原理」からすると，行政作用法律は行政作用について「授権と統制」をはかるものといえる。したがって，日常的な行政活動の場で，行政作用法がどのように機能しているかという点が重要となる。

　(b)　**行政作用法総論**　　民法典のような行政法の通則法典は存在しないが，行政作用法総論は存在する。

　行政法学は，種々雑多な行政活動に共通する要素を見出して一般理論の構築を行い，行政作用全体に通ずるような法原則・原理を確立・発展させ，あるいは行政作用横断的（共通的）に適用される一般的制度に着目すること等によって，行政作用法の体系化をはかってきた（行政法理論）。以下，本書の構成に即して説明しよう。

　①**基本原理**　　行政作用法の根幹をなすのは「法律による行政の原理」であるが，それと並んで，「実質的法治主義」ないし「法の支配」の観点から，「適正手続の原理」が重視される。さらに，「一般法原則」として，信義則ないし信頼保護原則・権限濫用禁止原則・比例原則・平等原則が従来から説かれてきたが，今日では，これらに加えて，「公正・透明・説明責任の原則」・「環境配慮原則」・「衡量原則」・「参加原則」などもあげられることがある。本書では，本章第2節で主要なものをとりあげるほか，次に触れる各行為形式との関連でも，手続的統制の問題に言及する。

　②**行政の行為形式論**　　伝統的な行政作用法（総論）の柱になってきたのが，「行政の行為形式論」である。個々の行政活動の内容は多種多様でも，一般的か個別的か，私人の法的地位に影響を及ぼす効果があるか，一方的か当事者の合意によるか，などの「形式」的側面に着目すると，様々な行政活動にある程度共通する特徴を見出すことができ，それを類型化して整理されたのが「行為

形式論」である。本書では，第2章「行政の作用」において，行政基準・行政行為・行政契約という伝統型，および行政指導・行政計画という現代型の行為形式について論ずる。

③**一般的・横断的手段・制度**　　行政作用法の一般的横断的手段・制度として行政調査・情報収集制度，情報の管理・公開・保護制度，義務履行確保制度および即時強制をあげることができる（第3章）。適正手続の問題は，「手続保障制度」として論じられることも多いが，本書では，既述のように，①の基本原理と②の各行為形式を論ずる中で言及することとしている。なお，「即時強制」（第3章第4節）については，②の「行為形式論」で扱う例もあるが，本書では，近時の傾向にならい，③で言及することにした。

> **Column 1-5**　「法的仕組み」論
>
> 　行政上の「一般的制度」は，各行政分野で共通に利用可能な「法的仕組み」（諸要素の有機的組合せ）であり，そこでは，当該仕組みそのものの価値原理（意義）・特色・構成要素等が論じられる。行政作用法総論においては，伝統的に，「行政の行為形式論」が中心に置かれてきたが，近時は，個々の行政決定等を「行為」という視点に限定してとらえるだけでなく，たとえば，「許可」という行政行為について，《罰則による「自由」の一般的禁止→許可の申請→申請に対する手続的規律→許可による一般的禁止状態の解除→許可を受けた者に対する監督・指導・許可更新制度→違反者に対する許可の停止・取消し→それをめぐる行政の事前・事後手続》といったように，一定の行為を中心とするシステムないし法律関係の展開の仕組み（法的仕組み）として把握することが重視されるようになっている。

(c)　**行政上の法律関係とその複雑化**　　行政作用法は，行政主体と私人の法律関係を規律するものであるから，行政主体 vs. 私人という「二面関係」が基本となる。実際，自由主義（消極国家観）を基盤とする伝統的な行政法理論の関心は，主として，「行政の恣意・濫用から相手方私人の自由と財産を守る」という点に置かれており，社会福祉に代表される「給付行政」の視点が重視されるようになってからも，「二面関係図式」（行政主体と規制・給付を受ける相手方私人という構図）自体は維持されてきた。

　しかし，今日，行政をめぐる私人の利害関係が複雑・多様化する中で，そのような「二面関係図式」だけではとらえきれない場面が，飛躍的に増大してい

る。たとえば，いわゆるマンション建設紛争においては，①建築確認・開発許可等を行う行政庁，②許可等を受ける建築主・開発業者等，および③付近住民という「三面関係」が成立し，「建築主 vs. 付近住民」という私人間紛争の調整役をも行政が果たさなければならない状況が見られる。また，情報公開制度のように「開示請求権者 vs. 行政機関」という単純な図式が成り立つように見えるケースにおいても，「第三者」情報保護への配慮が要請され，「第三者に対する意見書提出の機会の付与」が必須とされる場合もある（行政機関情報公開13条2項）。さらに，許認可の名宛人以外の「第三者」といっても，マンション建設紛争やパチンコ店の営業許可をめぐる近隣住民の場合に通常見られる，処分の名宛人との「利益相反的第三者」のみならず，マンション購入（契約締結）者のような「利益を共通にする第三者」も存在しえ，行政上の法律関係を，「二面関係」に収まらない「多極的関係」としてとらえる必要性が高まっているといえよう。

> **Column 1-6** **行政活動の分類**
>
> 　これまで，多種多様な行政活動を分類・類型化する試みが様々に行われてきた。行政の「行為形式」による分類のほか，主に，次のものがある。
> 　①外部行政と内部行政　　前者は，行政組織外にある私人に対する活動を，後者は，行政組織内部における活動を指す。この外部行政の分類として，②〜④をあげることができる。
> 　②公行政と私（経済）行政　　前者は，行政の存立目的である国民・住民の福利を直接実現する作用および「公権力の行使」による間接実現作用（徴税など）をいう。これに対して，後者は，市場経済の中で基本的に私人と同様な立場で行われる行政の存立目的の間接実現作用（物品等の購入・庁舎管理の委託など）を意味する。
> 　③権力行政と非権力行政　　手段が権力的（命令・強制など）か否（当事者の合意〔行政契約〕や任意の協力〔行政指導〕による場合など）かによる分類である。
> 　④規制と給付　　私人の権利・自由の制限を通じて行政目的を実現する作用が「規制行政」であり，私人に対する便益（サービス・資金など）提供作用が「給付行政」である。さらに，「調達」（行政活動に必要な資源〔人・もの・金・情報〕の獲得作用）や「誘導」（規制・給付・調達の手段を通じて，間接的・終局的に一定の方向へ私人を仕向ける作用〔例として，社会全体の環境負荷を低減させ

るための環境税の賦課］）をあげる見解もある。

　なお，この場面における行政活動の分類論は，「行政作用の法的仕組み」の類型化という観点からも論じられている。

(3)　行政救済法

　行政活動等によって不利益を受ける私人を保護・救済するため，手続や利益調整のルールを定める法である。この分野では，行政不服審査法・行政事件訴訟法に加え，国家賠償法という「行政救済3法」がある。さらに，憲法29条3項は，「私有財産は，正当な補償の下に，これを公共のために用ひることができる」と定めており，これを基盤とする「損失補償制度」を加えた「行政救済4制度」が，行政救済法の主たる対象となる。

　本書では，このうち，2014（平成26）年に全面改正された行政不服審査法を一般法とする「行政過程における争訟」（行政上の不服申立制度）と司法過程における「行政訴訟」を，第4章「行政争訟」で論ずる。これらは，違法（さらには不当）な行政作用自体を是正することによって私人の救済を図る制度であり，争訟手続法として共通の性格を有する一方，行政過程と司法過程との相違等に由来する差異も見られる。

　他方，国家賠償・損失補償の両者については，第5章「国家補償」で扱う。違法行為と適法行為という原因行為の違いはあるが，両制度は，行政活動（国家的活動）に起因する損害・損失を（基本的に公金で）補塡するという点で共通するものがある。また，「国家補償」という思考枠組みを用いることによって，原因行為の評価如何にかかわらず，生じた結果（全体のための特別犠牲など）に着目して国・公共団体が「補償」を行う（べき）「結果責任」という問題領域を浮き立たせることができる。なお，国家補償法は，基本的に，補償（賠償）請求権をめぐる実体法といえる。

　以上から，行政法は，実体法・手続法のいずれをも対象とし，しかも，行政作用手続法のみならず行政争訟手続法を含む点に特色がある，といえよう。

第 2 節　行政法の基本原理

　本節では，まず，行政を民主的かつ実質的に統制する法原理として，「法律
による行政の原理」と「適正手続の原理」をとりあげる。両原理を学ぶことに
よって，行政法の世界における法治主義のありようを知ることができるはずで
ある。なお，適正手続の原理との関係では，行政手続法が重要な意味をもつ。
同法は，行政「処分」・行政指導・届出および行政機関が定める「命令等」（活
動基準）を規律対象としており，同法の具体的内容については，各行政作用形
式ごとに第 2 章各節で触れることとしている。

　本節*3*の信義則・信頼保護原則や，*4*で触れる比例原則等の諸原則は，従来，
行政上の一般法原則（条理）などとして論じられてきたものである。いずれも，
通則法典の欠如を補う重要な意義をもつものであるが，とくに，信義則・信頼
保護原則については，裁判例の蓄積もあり，実務的観点からも重視する必要が
あろう。

1　法律による行政の原理

(1)　3 つの理念と 3 原則

　「法律による行政の原理」は，行政法の基盤をなす最も重要な原理である。
後述する「適正手続の原理」とともに，行政法の世界における法治主義のあり
ようを示すものだからである。この「法律による行政の原理」をひと言で現す
と，「行政活動は法律に基づき，かつ，法律の定めを守って行われなければな
らない」ということになるが，より具体的には，次の 3 つの原則に区分される
のが通例である。

(a)　3 原則

　①**法律による「法規」創設の原則**　　この原則は，「法規」（この原則との関係
では，伝統的に，「国民（私人）の権利義務にかかわる一般的規律」を意味するものと
されてきた）を新たに制定するのは「法律」（立法府＝国会制定法）の役割であり，
行政機関は「法律の委任」に依らずして「法規」を定めることはできないとい
うものである（通常「法律の〔専権的〕法規創造力の原則」と呼ばれている）。いわ

ば私人・行政間の外部法（ルール）を誰が定められるのかという問題に関する原則である。「国会は……国の唯一の立法機関である」とする憲法41条から本原則が帰結されると解されている（より詳細については，第2章第2節**1**(3)を参照）。

②**法律の優位・優先の原則**　　この原則は，行政機関は，法律に従わなければならず，法律に反する行政活動（違法行政）は許されないというものである。権力分立制下，立法府の意思が行政府の意思に優越する（憲41条参照）ことを意味している。また，行政活動を規律する法律の定めは，別段の明文規定がない限り，当事者の意思によってその適用を排除することができる「任意規定」ではなく，行政が当然に遵守しなければならない「強行規定」であることをも含意している。

③**法律の留保の原則**　　この原則は，行政機関の行政組織外部に向けられた活動（前述の「外部行政」）には法律の根拠が必要というものである。私人の場合，法律を遵守しなければならないのは当然であるが，たとえば，個々の契約締結に当たって，まずそれを許容する法律の定めがあり，当該法律の適用・執行という形でないと契約を締結できないといったことは基本的に想定されない。ところが，行政活動については，それを授権する法律がないと，そもそも当該活動をすることが許されない。②の原則だけであると，法律がなければ（憲法や一般法原則等の枠内で）行政は自由に活動できることになるが，③の原則により，法律に根拠のない行政活動は違法行政となる。憲法31条（罪刑法定主義）・84条（租税法律主義）とも共通点をもつ原則（「法律なければ行政なし」）といえる。

(b)　**3つの理念**　　以上のような内容をもつ「法律による行政の原理」は，3つの理念に支えられている。第一に，「法的安定性」の確保である。事前に定められたルールに則って行政活動が行われることにより，私人にも予測可能で安定した行政執行が担保される。第二に，民主主義である。民主主義国家に相応しい行政のあり方として，最も民意を反映しうるルールである「法律」（国民代表議会制定法。その自治体版である「条例」も含む）によって行政活動がコントロールされるシステムを採用する。そして，第三に，私人の権利・自由（人権）の保護である。行政の恣意・独断から私人を守るため，行政だけの判断による決定・執行を許さない。

(2)　法律の留保の原則

(a)　法律の留保原則の射程

法律の留保の原則については，他の原則と異なり，それを厳格（機械的）に貫いて「あらゆる（外部）行政活動に法律の根拠（留保）を要する」とは考えられてこなかった点に注意する必要がある。ただし，その考え方には諸説あり，さきの「行政活動の分類」（　Column 1-6　）に即して留保領域をとらえると，おおよそ，(i)「侵害行政」留保説，(ii)「権力行政」留保説，(iii)「公行政」留保説，そして(iv)重要事項留保説に区分することができる。

(i)侵害行政留保説（侵害留保説とも称される）は，私人の権利・自由を「規制」する権力行政（侵害行政）には法律の根拠が必須とするもので，自由主義に根ざす伝統的な発想に支えられている。他の考え方もこれを出発点に据えた上でさらなる留保領域の拡張を目指すものであるという意味で，今日でもなお共通の基盤となっている。

　判例 1-1 　最判平成 3・3・8 民集 45 巻 3 号 164 頁〔百選 I -98〕

〈浦安漁港鉄杭撤去事件〉

【事実】浦安町（1981 年 4 月から浦安市）内を流れる境川は，一級河川として千葉県知事の管理（現実の執行は土木事務所長 A）に属し，その河口部分を含む浦安漁港は漁港法（当時）上の第二種漁港として同町が管理権者とされていた。境川では，かねてよりモーターボートやヨットの不法係留が問題となっていたが，1980 年 6 月 4 日，地元漁師からの通報を受けて同町が調査したところ，長さ 10〜12 メートルの鉄道レールが約 15 メートル間隔で，2 列の千鳥掛けに約 100 本，全長約 750 メートルにわたり打ち込まれていて船舶の航行上非常に危険な状況にあることが判明した。そこで，同町は，A に本件鉄杭の早急な撤去を要請したが，打設者である S ヨットクラブが A の指導に従わず，A から同月 8 日以前の撤去はできないとの通知があったため，町独自に撤去措置を講ずることとし，B 建設社と撤去工事請負契約を締結後，同月 6 日，同町職員および B の従業員によって鉄杭をすべて撤去した。本件は，同町の住民が，本件鉄杭撤去は，何ら法律上の根拠に基づかない違法な行為であるから，その撤去のための本件請負契約の締結等も違法であるとして，町長個人に対し請負代金 130 万円と職員の時間外勤務手当額に相当する損害の賠償を求める訴えを地方自治法 242 条の 2 第 1 項 4 号（平成 14 年改正前）に基づいて起こしたものである（住民訴訟）。第一審は全部，第二審は一部（請負代金分）の請求を認容

したが，最高裁は請求を棄却した（一部破棄自判・一部上告棄却）。

【判旨】「漁港管理者は，漁港法26条の規定に基づき，漁港管理規程に従い，漁港の維持，保全及び運営その他漁港の維持管理をする責めに任ずるものであり，したがって，漁港の区域内の水域の利用を著しく阻害する行為を規制する権限を有するものと解される（同法34条1項，漁港法施行令20条3号参照）ところ，右事実によれば，本件鉄杭は，……同法39条1項の規定による設置許可の到底あり得ない，したがってその存置の許されないことの明白なものであるから……漁港管理者の右管理権限に基づき漁港管理規程によって撤去することができるものと解すべきである。**しかし，当時，浦安町においては漁港管理規程が制定されていなかったのであるから，上告人が浦安漁港の管理者たる同町の町長として本件鉄杭撤去を強行したことは，漁港法の規定に違反しており，これにつき行政代執行法に基づく代執行としての適法性を肯定する余地はない。**」

【コメント】本判決は，漁港法（当時）が予定する漁港管理者の規制権限を行使する具体的根拠となる漁港管理規程（条例）が浦安町において未制定であったため，結局，法律（条例）の根拠を欠いたまま鉄杭撤去の強行という実力行使が行われたことになり，いかに緊急事態とはいえ，それ自体は違法といわざるをえないとしたものと解される。「法律による行政の原理」，とりわけ「法律の留保の原則」の厳格性（融通の無さ）をそこに見ることができよう。

　もっとも，判決は，切迫した危険状況や住民の安全に責任を負うべき町の立場などを強調し，「上告人が浦安町の町長として本件鉄杭撤去を強行したことは，漁港法及び行政代執行法上適法と認めることのできないものであるが，右の緊急の事態に対処するためにとられたやむを得ない措置であり，民法720条〔緊急避難―筆者注〕の法意に照らしても，浦安町としては，上告人が右撤去に直接要した費用を同町の経費として支出したことを容認すべき」であると述べ，本件公金支出自体を違法とはいえないとした。住民訴訟（4号請求）においては，「財務会計法規上の義務に違反する違法」（最判平成4・12・15民集46巻9号2753頁〈一日校長事件〉）が問われるものであるため，公金支出の原因行為の違法が直ちに公金支出自体の違法を帰結するとは限らない点に留意する必要がある。

　(ii)権力行政留保説は，規制的であると否とを問わず，権力行政作用には法律の根拠を要するとするもので，私人には認められない行政「特権」というべき「公権力の行使」のコントロールを重視し，しかも侵害行政留保説が前提としている「規制＝不利益行為」「給付＝利益行為」の峻別が困難な事例が少なく

ない点にも着目する。(iii)公行政留保説は，規制・給付，権力・非権力等の別なく，あらゆる「公行政作用」には法律の根拠を要するとするものであり（その意味で，「全部留保説」と呼ばれることもある），国民主権国家の行政にはすべからく民主的基盤（正当化）が必要であることを強調する。しかし，同説も，「私（経済）行政」についてまで法律の留保に服するものとはしていない（私行政は基本的に私法秩序に則って行われる）。(iv)重要事項留保説は，自由主義ないし法治主義・民主主義の観点から見て「本質的な」決定，とくに基本権の実現にとって重要な決定は立法者（議会）みずからが行わなくてはならないとする（「本質性理論」とも呼ばれる）。他説に比し柔軟性と（組織法領域などにも射程が及ぶ）視野の広さをもつが，逆に，何が「重要・本質的か」という点が理論的に明確になっているとはいいがたい面がある。

　この問題は，基本的に，前記の 3 つの理念と現実の行政需要・行政責任のあり方とを考慮して決すべきものである。判例は，「一般に，行政機関は，その任務ないし所掌事務の範囲内において，一定の行政目的を実現するため，特定の者に一定の作為又は不作為を求める指導，勧告，助言等をすることができ」る（最大判平成 7・2・22 刑集 49 巻 2 号 1 頁〔百選 I -15〕）として，行政指導に法律の根拠を要求しておらず，少なくとも公行政留保説に与しないことを明らかにしている。本書も，行政の存立目的である国民・住民の福利実現（憲法前文参照）のためには，ある程度機動的・弾力的な行政対応を可能とする必要があるところから，公行政留保説を採らない。一般的な考え方としては，さしあたり権力行政留保説を出発点に据え，それをどこまで修正・拡張して考えるべきかという点については，各行為形式・活動態様ごとに言及するというスタイルをとっている。権力行政留保説を基軸に据える理由は，次の(b)で述べる。

　(b)　根拠規範・規制規範・組織規範　　(i)「侵害行政」留保説を採用する論者の中には，法律の「根拠」がなくてもある種の「権力行政」（権力的給付行政）を行いうることを前提としているものがある。たとえば，国の補助金に係る交付決定は，一般に，「権力性」を有する行政行為（処分）と解されているが，それは主として，「補助金等に係る予算の執行の適正化に関する法律」が申請→交付決定・その取消し→不服の申出などの仕組みを採用したことの結果とされている。法律の留保の原則にいう「根拠規範」となる法律とは，当該行

政作用の内容について（通常，要件と効果という体裁をとって）直接・具体的に規律している法律の定めを指すが，同法は，そのような意味での根拠規範とはいえず，基本的に，国の補助金交付をめぐる統一的「手続」について定めるものである。当該行政作用（補助金の交付）自体は行いうることを前提に，これに制約を課すという意味で「規制規範」と呼ばれることがある。このほか，法律の中には，各省の設置法（総務省設置法など）に代表される「組織規範」（行政機関の設置・名称・任務・所掌事務等を規定）もある。上記の見解は，補助金交付のような給付行政には，それが「権力行為」としてなされる場合でも法律の根拠（根拠規範）を必要としないこと，そして，ある行為を行政行為（権力行為）と性質づけるのは根拠規範に限らないことを容認するものといえよう。

　しかしながら，あくまで原則論としてであるが，行政の恣意・独断を防ぐという「法律による行政の原理」の理念に照らし，行政と私人間の権利・義務の内容を一方的に行政側が決める「権力行為」について，法律が単に「性質づける」こと（規制規範による「授権」）にとどまっていて良いのであろうか。このような一種の「行政特権」の容認についてこそ，「統制」，つまり上記の「根拠規範」による授権が必要ではないか。しかも，給付行政においても，給付をしない決定がしばしば行われるのであり，利益状況という点から見ても，要件と効果という体裁をとって当該行政作用の内容自体を規律する「根拠規範」による「統制」の必要があろう。

　もっとも，給付行政の領域では，基本的に，合意方式＝契約手法を用いることによっても行政目的を達成することができ，「権力行政」留保説も，そのような非権力的手法による当該給付行為自体を，法律の根拠がないことのみを理由にして排斥するものではない。そのため，同説に対しては，法律の留保原則の問題は行政活動の機能・内容・「給付行為自体」に関するものであって，「行為形式」とは無関係であり，両者は問題の次元を異にする，といった批判が加えられている。しかし，仮に両者を別次元の問題として扱うとしても，《権力行為たりうるために（いかなる）法律の根拠が必要か》という問題は残る。この点からすると，本書でいう「権力行政」留保説は，《組織規範や規制規範では足りず，根拠規範がなければ権力行政とはなりえない》とする点に特色がある。

◁ 判例 1-2 ▷ **最決昭和 55・9・22 刑集 34 巻 5 号 272 頁〔百選 I-104〕**

〈自動車一斉検問事件〉

【事実】 X は，飲酒運転の取り締まりを主たる目的として 1977 年 7 月 8 日深夜から早朝にかけて行われた自動車一斉検問（約 5 分に 1 台程度の割合で通過車両を停止させて飲酒の有無を検査）において，酒臭があるとして派出所への同行を求められ，同所での飲酒検知により酒気帯び運転の事実が確認されて起訴されるに至った。そこで，X は，当該検問は走行車両の外観状況等から何ら不審のないものをも無差別に検問するもので，法的根拠のない違法なものであるから，当該検問が端緒となって収集された証拠には証拠能力がない等として争った。第一審・第二審とも X を有罪とし，最高裁も本件自動車検問を適法とした原審判断は正当とした（上告棄却）。

【決定要旨】「警察法 2 条 1 項が『交通の取締』を警察の責務として定めていることに照らすと，交通の安全及び交通秩序の維持などに必要な警察の諸活動は，強制力を伴わない任意手段による限り，一般的に許容されるべきものであるが，それが国民の権利，自由の干渉にわたるおそれのある事項にかかわる場合には，任意手段によるからといつて無制限に許されるべきものでないことも同条 2 項及び警察官職務執行法 1 条などの趣旨にかんがみ明らかである。しかしながら，自動車の運転者は，公道において自動車を利用することを許されていることに伴う当然の負担として，合理的に必要な限度で行われる交通の取締に協力すべきものであること，その他現時における交通違反，交通事故の状況などをも考慮すると，警察官が，交通取締の一環として交通違反の多発する地域等の適当な場所において，交通違反の予防，検挙のための自動車検問を実施し，同所を通過する自動車に対して走行の外観上の不審な点の有無にかかわりなく短時分の停止を求めて，運転者などに対し必要な事項についての質問などをすることは，**それが相手方の任意の協力を求める形で行われ，自動車の利用者の自由を不当に制約することにならない方法，態様で行われる限り，適法なものと解すべきである。**」

【コメント】 本決定は，警察法 2 条 1 項が一般的に根拠規範たりうるとしているのか，それとも，「強制力を伴わない任意手段」により，自動車利用者の自由を不当に制約しない方法・態様で行われる限り，根拠規範を不要としているのか，必ずしも明確ではない。警察法は，全体として警察の組織について定めている法律（組織規範）であるが，警察法 2 条 1 項は「警察の責務」を規定している（責務規範）点でやや異質と見ることもでき，自動車検問には一般に根拠規範を要するとした上で，上記のような方法・態様で行われるものであれば，責務規範も根拠規範たりうるという折衷的な立場をとっていると解する余地も

あろう。

(3)　裁判による行政の統制

(a)　法治主義と裁判　　行政に対する法の支配（法治主義）を実現するためには，違法行政（その典型が，「法律による行政の原理」に反して，法律の根拠規範が必要なのにそれに基づかず，あるいは法律の定めに違反してなされる行政の作為・不作為である）を是正する制度が法治主義のシステムに内蔵されていなければならない。違法行政是正の手段・仕組みの中には，行政組織によって担われているものも存する（行政の監視と評価の制度，監査，事前手続，苦情処理，不服申立制度など）ことに留意する必要があるが，法治主義を担保する最後の砦は，中立・独立・法判断の専門機関としての裁判所である。しかも，裁判所が訴訟を通じて違法行政を認定したり，その是正をはかることができる場は，行政訴訟に限らない。先にとりあげた自動車一斉検問事件の判例は刑事訴訟に関するものである。また，第5章第2節で論じる国家賠償請求訴訟は，民事訴訟として扱われている。

(b)　「法律上の争訟」　　もっとも，「裁判による行政の統制」機能の発動という点から見ると，制度上の限界がある。裁判所の原則的な役割は「法律上の争訟」を裁判すること（裁3条）であり，私人には，そのような役割との関係で「裁判を受ける権利」が保障されているにとどまる。この「法律上の争訟」とは，「当事者間の具体的な権利義務ないし法律関係の存否に関する紛争であつて，かつ，それが法令の適用により終局的に解決することができるもの」（最判昭和56・4・7民集35巻3号443頁〈板まんだら事件〉）を指す。したがって，私人は，原則として，自らの権利利益の「救済」に資する範囲でのみ裁判制度を利用することができる。ただし，法律の特別規定によって，そのような私人の利益救済の視点から離れて，私人に違法行政是正のための訴権が付与される場合（これを通常の「主観訴訟」と対比して「客観訴訟」と呼ぶ）には，別である。先に見た「浦安漁港鉄杭撤去事件」（◆判例 1-1 ）のような訴訟（住民訴訟）が可能なのは，特別の明文規定（自治242条の2）が存在するからである（以上につき，第4章第2節 **1** (3) 参照）。

(c)　「司法権の限界」　　さらに，このような法律上の争訟性が認められうる

場合でも，司法審査権が制限されるケースがある。

①たとえば，地方議会議員が出席停止3日の懲罰を受けたためその無効確認または取消しを求めて出訴した事案では，「一口に法律上の係争」といっても「その範囲は広汎であり」，中には「事柄の特質上司法裁判権の対象の外」に置き，「自律的な法規範」をもつ社会・団体の「内部規律の問題」として「自治的措置」に委ねる方が適切な場合もあるとの判断を示している（最大判昭和35・10・19民集14巻12号2633頁〈村議出席停止事件〉。以下，「旧判例」とする）。そして，区議会議員の除名処分に関する最大判昭和35・3・9民集14巻3号355頁について，「議員の身分の喪失に関する重大事項」で「単なる内部規律の問題に止らない」が故に「除名処分を司法裁判の権限内の事項」としたものであるとの見解を明らかにしていた。

②これらの判例は，地方議会議員に対する懲罰（戒告・陳謝・出席停止・除名）のうち，除名は司法審査の対象となるが，出席停止はならないとして，いわゆる「部分社会の法理」（自律的な法規範を有する団体の内部紛争は，それが一般市民法秩序と直接関係しない限り当該団体の自主的，自律的な解決に委ねられ，司法審査の対象にならないとする法理）を想起させるところがあるが，近時，最大判令和2・11・25民集74巻8号2229頁〔百選Ⅱ-140〕〈岩沼市議出席停止事件〉（以下，「新判例」とする）が明示的に旧判例を変更した。「出席停止の懲罰……が科される」と「議員としての中核的な活動をすることができ」ないなど，当該「懲罰の性質」と「議員活動に対する制約の程度に照らす」と，「その適否が専ら議会の自主的，自律的な解決に委ねられるべき」ものとはいえないというのが，その理由である。

③新判例によってこれまで判例が採用してきた部分社会の法理（代表的なものとして，（旧）国立大学における単位認定に関する最判昭和52・3・15民集31巻2号234頁〔百選Ⅱ-141〕〈富山大学単位不認定事件〉）自体の見直し（放棄）が行われたとの評価もあるが，いずれにせよ，いわゆる統治行為論や政治問題の法理（最大判昭和35・6・8民集14巻7号1206頁〈苫米地事件〉など），あるいは憲法上の独立機関（内閣・衆参両院など）の内部運営事項（最大判昭和37・3・7民集16巻3号445頁〈警察法改正事件〉）など，部分社会の法理とは系統を異にすると思われる裁判所の審判権の限界法理もあることに留意する必要があろう。

　(d)　**裁量行為**　　前述の「法律上の争訟」の定義からも窺えるように，裁判所の本来の役割は「法令の適用」（適法か違法かの判定）によって紛争の解決をはかることにある。ところが，法令自身が，行政機関に「裁量」，すなわち「独自の最終的な判断・選択の余地」を容認している場合が少なくない。たとえば，地方公務員法28条1項は，分限処分（公務能率を維持する観点から行われる職員の法的地位に不利益な変動を及ぼす処分で，降任・免職・休職・降給がある）の要件と効果（降任・免職）を定めているが，「これを降任し，又は免職することができる」という文言は，効果面における裁量（効果裁量）として，そもそも分限処分を行うか否か（決定裁量），行うとしていずれの処分を選ぶか（選択裁量），さらに要件面において，「その職に必要な適格性を欠く場合」（3号）に当たるか否か（要件裁量）について，行政庁（任命権者）の最終的な判断に任せる趣旨を含んでいる（最判昭和48・9・14民集27巻8号925頁）。裁判所よりも，具体的な事情に通暁した人事管理の専門家の判断を尊重する方が，当該規定の適切な運用・効果を期待できるという考えによる（専門・技術的裁量）。また，出入国管理及び難民認定法21条は，外国人の在留期間の更新申請があったとき，法務大臣は，「在留期間の更新を適当と認めるに足りる相当の理由があるときに限り，これを許可することができる」と定める（3項）のみであり，一種の「政治的裁量」を認める趣旨のものと一般に解されている（最大判昭和53・10・4民集32巻7号1223頁〔百選Ⅰ-73〕〈マクリーン事件〉）。

　このような行政裁量事項に対しては，裁判所の統制は限られた形でしか及ばない。行政の裁量権限が適正に行使されている限り違法問題は生じないし，法令によって行政に裁量権が与えられているということは，当該事項につき裁判所より行政機関の判断を優先する方が立法目的の実現の上で得策なため，行政機関の判断を最終的なものとする（行政の判断にまかせる）ことを意味しているからである。行政法では，違法にまで至らない裁量判断の誤りを「不当」と呼ぶが，裁判所の判断は，行政の当・不当の問題にまでは及ばない（ただし，職権取消処分の違法性の有無が争点となった事案において，最判平成28・12・20民集70巻9号2281頁〔百選Ⅰ-84〕〈辺野古埋立承認取消事件〉は，「違法」のみならず「不当」な瑕疵も職権取消事由になりうることを前提として，《原処分には違法も不当も認められない》との判断を行い，当該職権取消処分が違法であることを認定している。なお，

行政行為の職権取消しについては，第2章第3節 **4**(4) を参照）。

　(e)　**裁量の諸類型**　　裁量のタイプとしては，①判断の性質による分類として，専門・技術的裁量と政治的裁量，②裁量の所在による分類として，要件裁量と効果裁量のほか，一定の行政決定を行うに当たり，どのような手続をとるかという点での裁量を意味する「手続裁量」，当該行為を行う時点に関する「時の裁量（タイミングの裁量）」などがある。手続裁量については，行政手続法（条例）によって，その適用が及ぶ行為（処分・行政指導など）に関する限り，手続面での拘束が強められたものの，同法自体が努力義務にとどめている点等（申請に対する処分に関する公聴会の開催等〔行手10条〕・裁量による聴聞〔同13条1項1号ニ〕など）を含め，裁量の余地が認められる場合も少なくない（なお，手続的拘束を認めた例として，後掲の最判昭和46・10・28民集25巻7号1037頁〔百選Ⅰ-114〕　**判例 1-3** 〈個人タクシー免許事件〉を参照）。

　他方，時の裁量を認めた判例として，最判昭和57・4・23民集36巻4号727頁〔百選Ⅰ-120〕がある。これは，マンション建設に反対する住民が実力行使をも辞さないという状況下で，車幅制限を超える工事車両に特例通行を認める「特殊車両通行認定」（車両制限令12条）を，行政庁（中野区長）が申請を受けてから約5カ月間も棚上げにしたため業者から国家賠償請求訴訟を提起されたケースである。判例は，当該認定につき「基本的には裁量の余地のない確認的行為の性格を有するもの」としつつ，認定に条件を付けることができる点やその「具体的効用が許可の制度のそれと比較してほとんど変るところがないことなどを勘案すると，右認定に当たつて，具体的事案に応じ道路行政上比較衡量的判断を含む合理的な行政裁量を行使することが全く許容されないものと解するのは相当でない」との理解に立ち，実力による衝突の危険を避けるためにやむをえず行われたものとして，「中野区長の本件認定留保は，その理由及び留保期間から見て前記行政裁量の行使として許容される範囲内にとどまる」との結論を示した。ただし，申請に対する応答義務がある場合，一般論としては，不作為状態が「相当の期間」を超えると違法状態になる（行訴3条5項参照）といえよう。

　さらに，行為類型という点からの区別として，③行政行為裁量・行政立法裁量・行政計画裁量などをあげることもできる。従来，裁量の問題は，裁判例を

含め，行政行為を中心に論じられてきた。しかし，裁量論一般という点から見ると，各行為形式ごとに問題となりうることはいうまでもない。行政立法（法規命令）については，法律（条例）の委任の範囲内か否かという点がポイントとなる。他方，行政計画は，それが法令に根拠を有する場合であっても，一般に，「広範な裁量」（計画裁量）が認められる（都市計画決定に関する最判平成 18・11・2 民集 60 巻 9 号 3249 頁〔百選 I-72〕〈小田急訴訟本案〉）点に特色があるとされている（第 2 章第 6 節 **2** (2)参照）。これを，通常の行政作用に関する規律＝条件プログラム（要件・効果規定方式）と対比して，行政計画に関する規律＝目的プログラム（目的・目標中心方式）と呼ぶことがある。もっとも，計画策定が義務づけられる場合も少なくなく（災害対策基本法 40 条に基づく都道府県地域防災計画，バイオマス活用推進基本法 20 条 1 項に基づく「政府」のバイオマス活用推進基本計画など），また，内容面においても，他の計画等との「整合性」が求められ，あるいは，考慮事項が示される（都市計画法 13 条の「都市計画基準」参照）こともある。

　(f)　裁量行為の司法統制　　裁量行為に対する裁判所の審査においては，行政と同一の立場で判断を加え，行政の判断と異なる結論に到達したら自らの判断を優先して裁量行為を違法と扱う（判断代置方式〔最判平成 25・4・16 民集 67 巻 4 号 1115 頁〔百選 I-75〕は，公害に係る健康被害の救済に関する特別措置法 1 条に基づく水俣病罹患の認定について，このような判断方法を採用している〕）のではなく，裁量判断の行き過ぎ（逸脱）や裁量権の恣意的行使（濫用）をチェックすることが基本となる。これを，行政事件訴訟法 30 条は，「行政庁の裁量処分については，裁量権の範囲をこえ又はその濫用があつた場合に限り，裁判所は，その処分を取り消すことができる」と表現している（裁量権の逸脱・濫用の法理）。判例は，しばしば「社会観念上著しく妥当を欠く」（最判昭和 52・12・20 民集 31 巻 7 号 1101 頁〔百選 I-77〕〈神戸税関事件〉など）ときに違法となるとするが，他方では，端的に「行政庁の判断に不合理な点があるか否かという観点」から審査すべきとする例（最判平成 4・10・29 民集 46 巻 7 号 1174 頁〔百選 I-74〕〈伊方原発訴訟〉）もある。

　このことは，裁判所の審査密度にも，いわば，緩やかな合理性審査方式と厳格な合理性審査方式とがあることを示すものであるが，「社会観念」または「社会通念」に照らし「著しく妥当性を欠く」か否かという一般的な基準を採

用する判例が，常に緩やかな合理性審査方式をとっている，というわけではない。この点を含め，裁量行為に対する司法統制の詳細については，第 2 章第 3 節 **7**（行政行為の裁量）で述べることとする。

2 適正手続の原理

（1）適正手続保障の意義

適正手続の原理は，法治主義の充実・徹底を図るため，「法律による行政の原理」と並んで重視されている行政法上の基礎原理である。この点におけるわが国法制の不備が長らく指摘されてきたが，1993（平成 5）年に行政手続法が制定されて翌年施行となり，また，基本的にこれに倣って各自治体において行政手続条例が制定されたこと，さらに，2005（平成 17）年の同法改正で「命令等」の制定手続（「意見公募手続」を中心とする）が新設され，2014（平成 26）年の同法改正で「行政指導の方式」に関する規定（35 条）の拡充等が行われたことによって，法整備の進展が見られるに至っている。

「行政手続」といっても，ある決定・行為の時点を基準にして「事前手続」と「事後手続」とに分けることができるが，適正な行政手続保障の問題は，従来，基本的に，特定の決定・行為に至るまでのプロセス・手順を意味する「事前手続」，とくに，私人に対する一定の手続的措置・権利の保障問題として論じられてきた。他方，後者の「事後手続」については，不服申立手続・訴訟手続を中心に，主として行政救済法で扱われる。もっとも，事前手続保障には「事前救済」の機能が認められ，事後救済制度との連携・役割分担の視点も重要である。

事前手続保障の意義として，主に 2 点をあげることができる。①第一に，私人の権利利益の保護機能である。事前に手続（ヒアリングなど）を尽くすことによって，結論の正しさがよりいっそう担保されるようになる（正しい手続こそ正しい決定を生み出しうる）。このことは，誤った行政による私人の権利利益侵害を未然に防止することにつながる。この意味において，事前手続保障の制度は，私人の権利利益の「事前救済」制度としての意義を有する（行政手続法 1 条 1 項でも「国民の権利利益の保護に資する」ことが同法の究極目的とされている）。②第二に，決定過程への参加保障による民主的プロセスの確保機能である（参加型）。

当該事案に対する直接の利害関係の有無にかかわらず，広く「一般（公衆）」の手続参加（公聴会の開催や意見提出の機会の確保など）を認めるタイプの「事前手続」（例として，国土利用 8 条 3 項）においては，これが主たる意義・機能といえる。

　このほか，事前手続保障の付随的な機能として，③行政に対して国民・住民のチェックを及ぼしやすくする「監視機能」，④私人が行政決定を理解し，より受け入れやすいものにする「説得・納得機能」，⑤紛争の未然防止により事後救済制度の負担を緩和する「負担軽減機能」などをあげることができよう。

(2)　事前手続保障の一般法理

(a)　**憲法と事前手続保障**　　事前行政手続を規律する一般法として行政手続法（条例）が制定されたとはいえ，憲法上，どのような内容の事前行政手続がどこまで保障されているのかという問題設定は，なお意味を失っていない。同法の規律対象は，処分・行政指導・届出・命令等に限定されており，また，広範な適用除外が認められている（3 条）こと，さらに，同法の手続規定自体が憲法の要求水準に達しているかといった問題も存すること（申請拒否処分について，第 2 章第 3 節 **5** (2)(g)参照），加えて，個別法令による同法の適用除外も少なくない（税通 74 条の 14，不登 153 条，戸籍 127 条など）からである。もっとも，そもそも，憲法上の根拠（規定）がどこにあるかという点をめぐって，学説上，一致が見られるわけではない。条文としては，①憲法 31 条（法定手続の保障），②憲法 13 条（列挙されていない人権としての手続保障）があげられるが，さらに，③憲法が採用している法治主義原則には手続保障も含まれるという「実質的法治主義」・「手続的法治国の原理」を引き合いに出す見解もある。

　しかし，どの説をとったとしても，行政活動は多種多様であるから，刑事手続の類推（憲法 31 条説）だけでは限界があり，また，民主主義原理からのアプローチも必要であることなどをも勘案すると，どのような場合にどのような手続保障が必要かという問いに対して一義的な回答を導き出せるわけではない。「成田〔事件当時は「新東京」〕国際空港の安全確保に関する緊急措置法」に関し，同法 3 条 1 項の工作物使用禁止命令が発動された事案において，相手方に事前の告知・弁解・防御の機会が与えられていないことの違憲性が問われた最大判

平成 4・7・1 民集 46 巻 5 号 437 頁〔百選 I -113〕〈成田新法事件〉は，次のように述べている。「憲法 31 条の定める法定手続の保障は，直接には刑事手続に関するものであるが，行政手続については，それが刑事手続ではないとの理由のみで，そのすべてが当然に同条による保障の枠外にあると判断することは相当ではない」。しかし，「同条による保障が及ぶと解すべき場合であっても，一般に，行政手続は，刑事手続とその性質においておのずから差異があり，また，行政目的に応じて多種多様であるから，行政処分の相手方に事前の告知，弁解，防御の機会を与えるかどうかは，行政処分により制限を受ける権利利益の内容，性質，制限の程度，行政処分により達成しようとする公益の内容，程度，緊急性等を総合較量して決定されるべきものであって，常に必ずそのような機会を与えることを必要とするものではないと解するのが相当である。」と。

　同判決は，結論的には，同法 3 条 1 項を違憲とはいえないとしたが，憲法 31 条の保障が行政手続にも及びうるとした点，および行政処分の相手方に対する告知と弁解・防御の機会保障の必要性に関する一般的な判断枠組み（総合較量）を示している点は，参考になろう（なお，行政手続法の施行に伴い同法も改正され，3 条 1 項の命令には行政手続法第 3 章＝不利益処分の規定は適用されないことが明記された〔現行 8 条〕）。

　さらに，憲法 35 条の令状主義および同 38 条 1 項の自己負罪拒否特権の保障が一定の行政活動（行政調査）にも及びうるが，この点については，第 3 章第 1 節 **1** (2)(d)で触れる。

(b)　事前手続 3 原則　　事前行政手続保障の手段という観点からは，3 つの原則が柱になる。①告知と聴聞（広義）の保障原則，②内部的決定基準の設定と公開の原則，そして③理由提示（付記）の原則である。

　①は，正式決定前に相手方や利害関係者などに意見陳述の機会を保障し，それが有効に機能するよう，あらかじめ，その期日・場所・決定案とその理由などの必要な事項を通知することを意味する（なお，行政手続法は，意見陳述の方式として，「聴聞」と簡易型の「弁明の機会の付与」に区分している〔行手 13 条 1 項〕が，ここでは，両者を含む広い意味で聴聞という語を用いている）。また，これに際して，決定案の理由となる事実を証する書類など，行政側手持ちの資料を閲覧する権利を保障する必要がある。聴聞のタイプには，事実関係を明らかにすることを

主とする「事実審型聴聞」と意見・見解を聴取することに主眼がある「陳述型聴聞」とがあるが，基本的に，事実審型聴聞は事前救済型，陳述型聴聞は参加型に属するものといえよう。

②は，法令を適用して個別具体的な決定を行う際に用いられるべき基準（行政手続法は，これを「審査基準」と「処分基準」とに整理している〔行手2条8号ロ・ハ〕が，裁量論の観点からすると，「解釈基準」・「裁量基準」とに分けることができる。第2章第2節**2**(1)参照）を設定し，あらかじめ公に（誰でも知ることができる状態に）しておくことを意味する。これによって，予測可能性を高め，行政の恣意・独断を防ぐ＝公正さを担保することが期待される。

③は，決定理由を明示する義務を行政に課すものである。それによって，(イ)行政の判断の慎重・合理性を担保して恣意を抑制すると共に，(ロ)決定に対する不服申立てを行う上での便宜を与える（最判昭和47・12・5民集26巻10号1795頁〔百選Ⅰ-82〕，最判昭和60・1・22民集39巻1号1頁〔百選Ⅰ-118〕）ことが可能となる。「事前手続」としての意義は(イ)にあるが，さらに，説得・納得機能も認められ，「透明性」の確保にも資するといえよう。

行政手続法の規律の詳細については，第2章の該当箇所で述べることとする。

判例 1-3　最判昭和46・10・28民集25巻7号1037頁〔百選Ⅰ-114〕

〈個人タクシー免許事件〉

【事実】1959年，東京陸運局長（Y）は，個人タクシーの増車を図ることとして申請を受け付けたところ，免許（当時の道路運送法3条2項3号による一般乗用旅客自動車運送事業免許）の増車枠が983両のところに6630件もの申請が寄せられた。そこで，Yは，選定にあたり，法定の免許基準（同法6条）に加え，それを具体化する17項目の細目基準をつくり，申請者に対する聴聞を経て絞り込みを行った。洋品店を経営していた申請者のひとりである原告（X）は，そのうちの2項目（他業自営者の場合に転業困難でないこと・運転歴7年以上）に引っかかって申請を却下された（1962年7月2日付け）が，聴聞担当官にその審査基準が伝達されていなかったため，当該基準について十分に意見を述べる機会が与えられなかった。第一審・第二審ともXの主張を認めて処分を取り消し，最高裁も上告を棄却した。

【判旨】「本件におけるように，**多数の者のうちから少数特定の者を，具体的個別的事実関係に基づき選択して免許の許否を決しようとする行政庁としては**，事実の認定につき行政庁の独断を疑うことが客観的にもっとも認められるよ

うな不公正な手続をとつてはならない……右6条は抽象的な免許基準を定めているにすぎないのであるから，内部的にせよ，さらに，その趣旨を具体化した**審査基準を設定**し，これを公正かつ合理的に適用すべく，とくに，右基準の内容が微妙，高度の認定を要するようなものである等の場合には，……申請人に対し，その**主張と証拠の提出の機会**を与えなければならないというべきである。免許の申請人はこのような公正な手続によって免許の許否につき判定を受くべき法的利益を有する……免許申請の却下事由となつた他業関係および運転歴に関する具体的審査基準は，免許の許否を決するにつき重要であるか，または微妙な認定を要するものであるのみならず，申請人である被上告人自身について存する事情，その財産等に直接関係のあるものであるから，……申請人に対しその主張と証拠の提出の機会を与えなければならないものと認むべきところ……〔仮にそれを実施して〕その結果をしんしやくしたとすれば，**上告人〔Y〕がさきにした判断と異なる判断に到達する可能性がなかつたとはいえないであろうから**，右のような審査手続は，……かしあるものというべく，したがつて，この手続によつてされた本件却下処分は違法たるを免れない。」

【コメント】本件の場合，明文上は，「必要があると認めるときは……聴聞することができる」，「利害関係人の申請があつたとき……は，……聴聞しなければならない」との規定（旧道運122条の2〔現89条〕第1項・第2項）があったのみであるが，最高裁は，事案に即して，審査基準の設定（公開までは求めていない）と主張・証拠提出の機会の付与という「公正な手続によつて免許の許否につき判定を受くべき法的利益」を導き出しており，後の行政手続法の制定に際して一定の影響を与えた。

(c) 手続的瑕疵の法効果　　事前手続保障の充実は，その裁判的保護を要請する。しかし，そのためには，手続的正義を実体的正義の「従者」としか見ない「結果万能思考」を克服しなければならない。もっとも，手続的瑕疵があっても行政決定（結論）自体は誤り（違法）とはいえないという場合がありうる。正しい手続をとって再度やり直させても結論が変わらなければ無意味ではないか。また，相手方私人から見ても「実害」はないのではないか，という問題がある。現に，上記最判〈個人タクシー免許事件〉も，手続をやり直せば「上告人〔Y〕がさきにした判断と異なる判断に到達する可能性がなかつたとはいえないであろうから」として，処分の取消しを認めている。ここでは，当該手続上の「瑕疵が，処分の内容のいかんを問わず，処分を違法として取り消さなければならないほどのものであるか否か」（最判平成14・7・9判例自治234号22頁）

を具体的に検討する必要があることのみを指摘し，詳細は，第2章第3節**6**(3)の記述に譲ることとする。

3 信義則・信頼保護原則

　民法1条2項は，「権利の行使及び義務の履行は，信義に従い誠実に行わなければならない」として「信義則」を明記しているが，これは行政上の法律関係にも妥当する（最判昭和50・2・25民集29巻2号143頁〔百選I-22〕は，それまで主として民間の労働契約関係に関連して論じられていた安全配慮義務について，「ある法律関係に基づいて特別な社会的接触の関係に入つた当事者間」において，「当事者の一方又は双方が相手方に対して信義則上負う義務」として「国と公務員との間においても」妥当するものと認めた）。ただ，行政主体（行政機関）と私人との関係においては，たとえば，依願免職辞令の交付前であっても「退職願を撤回することが信義に反すると認められるような特段の事情がある場合には，その撤回は許されない」（最判昭和34・6・26民集13巻6号846頁〔百選I-124〕）というように，私人側に対する制限として機能することもないではないが，主として，行政に対する私人の信頼を保護するという場面で問題になるため，「信頼保護原則」として議論されることが多い。そこでは，「保護に値する信頼」とはどのようなものであるかということが，行政側の要因・私人側の要因・保護のあり方（金銭補填にとどまる〔地方公務員採用内定の取消しに関する，最判昭和57・5・27民集36巻5号777頁参照〕か）などに即して検討されることになる。

　行政行為の無効原因（明白性要件との関係。第2章第3節**6**(2)），行政行為の職権取消し・撤回の制限（第2章第3節**4**(4)），行政規則の「外部効果」（第2章第2節**2**(3)）の問題においても，信義則・信頼保護原則が一定の役割を果たしているが，それぞれ当該の箇所で言及することとする。

　次の判例は，村における工場誘致政策の変更に関わるものであり，「住民自治の原則」等の観点から施策変更自体はやむをえないとしても，それによって特定の者が被った積極的損害に対して何らの「代償的措置」をも講じないことは，信頼保護原則に反する，とした。

＜ 判例 1-4 ＞ 最判昭和 56・1・27 民集 35 巻 1 号 35 頁〔百選 I -21〕
〈宜野座村工場誘致事件〉

【事実】 X は，村（Y）の積極的な協力をとりつけて同村への製紙工場設置を計画し，1971 年中に機械の発注・工場敷地の取得と整地など着々と準備を進めていた矢先，同年 12 月実施の村長選挙で工場進出反対派の新村長が誕生し，X への協力を拒否する態度に出たため，やむなく工場建設・操業を断念せざるをえなくなった。そこで，Y に対し，機械設備発注の代金相当額等「『積極的損害』等」の賠償を求めて出訴した。第一審・第二審とも新村長の協力拒否を違法とすることはできない等として請求を棄却したが，最高裁は，「信義衡平の原則」に照らし請求を認容すべき余地があるとした（一部破棄差戻し）。

【判旨】 当該施策の決定が，特定の者に特定内容の活動を個別的・具体的に促し，「その活動が相当長期にわたる当該施策の継続を前提としてはじめてこれに投入する資金又は労力に相応する効果を生じうる性質のものである場合には，右特定の者は，右施策が右活動の基盤として維持されるものと信頼し，これを前提として右の活動ないしその準備活動に入るのが通常である。……右のように **密接な交渉を持つに至つた当事者間の関係を規律すべき信義衡平の原則に照ら** し，その施策の変更にあたつてはかかる信頼に対して法的保護が与えられなければならないものというべきである。すなわち，右施策が変更されることにより……社会観念上看過することのできない程度の積極的損害を被る場合に，地方公共団体において右損害を補償するなどの **代償的措置を講ずることなく施策を変更すること** は，それがやむをえない客観的事情によるのでない限り，当事者間に形成された信頼関係を不当に破壊するものとして違法性を帯び，地方公共団体の **不法行為責任** を生ぜしめるもの」である。

【コメント】 このように，本件判例は，X との関係で「代償的措置を講ずることなく施策を変更すること」が「違法性を帯び」るとして，「不法行為責任」の問題として論じている。しかし，「補償」などの「代償的措置を講ずる」義務自体に着目すると，一種の損失補償責任（第 5 章第 3 節 **1** 参照）の問題としてとらえることもできよう。なお，行政計画の廃止・変更によっても同様の問題が生ずることがあるが，その点については，第 2 章第 6 節 **4** (3)を参照。

　もっとも，信頼保護が法治主義（法律による行政の原理）と矛盾・抵触しかねない場合には，両者の調整が必要になる。青色申告承認を受けないままなされた事業所得税に係る青色申告を，数年間にわたって受け入れてきた税務署長が，後に誤りに気づいて，（青色申告より不利な白色申告として扱う）更正処分を行った事案において，最判昭和 62・10・30 判時 1262 号 91 頁〔百選 I -20〕〈青色申

告承認申請懈怠事件〉は，「法律による行政の原理なかんずく租税法律主義の原則が貫かれるべき租税法律関係」について，「信義則の法理」の適用には慎重を要し，「租税法規の適用における納税者間の平等，公平という要請を犠牲にしてもなお当該課税処分に係る課税を免れしめて納税者の信頼を保護しなければ正義に反するといえるような特別の事情」があることを要するとした。そして，「特別の事情」が認められるためには，少なくとも，①信頼の対象となる行政庁の「公的見解」が表示され，②納税者がそれを信頼して行動したのに，③後に当該表示に反する課税処分が行われて納税者が経済的不利益を受け，④納税者が当該表示を信頼し，かつ行動したことについて納税者の責めに帰すべき事由がないこと，が不可欠であるとする（当該事案では，原審の確定した事実関係による限り，税務当局が，当該青色申告を公的に認めていたという事実はないと認定され，「信義則の法理の適用を考える余地はない」とされた）。

　他方，信義則を適用して原告（被控訴人・被上告人）の請求を認容したものとして，法務大臣が，原告（中国国籍男性）とその妻の不仲（別居等）を機縁として，原告の意に反して，その在留資格を「日本人の配偶者（等）」から「短期滞在」に変更し，在留期間の更新を繰り返した後に更新不許可処分を行った事案に関する最判平成8・7・2判時1578号51頁〈外国人在留更新不許可事件〉がある。同判決は，「少なくとも，被上告人の在留資格が『短期滞在』に変更されるに至った右経緯にかんがみれば」信義則上短期滞在の在留資格による在留期間の更新を許可した上で，変更前の資格で在留することを認めるに足りる相当な理由があるか否かについて「公権的判断を受ける機会を与える」必要があったと判示している。

　また，最判平成19・2・6民集61巻1号122頁〔百選Ⅰ-23〕〈在ブラジル被爆者健康管理手当請求事件〉は，広島県（被告・被控訴人・上告人）が「消滅時効を主張して未支給の本件〔被爆者〕健康管理手当の支給義務を免れようとすることは」，国外移住被爆者の受給権を失権扱いする（違法な）1974年「402号」（厚生省公衆衛生局長）通達に従って違法な事務処理をしていた自治体（機関）自身が「受給権者によるその権利の不行使を理由として支払義務を免れようとするに等し」く，同県による消滅時効（自治236条1項）の主張は，「信義則に反し許されない」と判示して，未支給分の請求を認容した原審の判断を妥当とし

た。本件では，消滅時効の援用を不要とする地方自治法236条2項との関係が問題となったが，その趣旨とされる「事務処理上の便宜」を認める基礎を欠き，また，「国民の平等取扱いの理念」に反するとは考えられないとしている。

4 その他の一般法原則

(1) 権限（権利）濫用の禁止原則

民法1条3項は「権利の濫用は，これを許さない」として権利濫用の禁止原則を定めているが，この原則も行政上の法律関係に妥当する（条例に基づく情報公開請求の事案において，当該請求を「権利の濫用に当た」ると判示したものとして，横浜地判平成22・10・6判例自治345号25頁がある）。ただ，行政法では，主として，行政機関による権限濫用の禁止原則としてはたらく。行政法の重点が，行政（活動）の民主的コントロールに置かれているからである。先に裁量行為の司法統制に関して触れた，「裁量権の濫用」法理も，この原則の反映と見ることができるが，本原則は，主として，行政権限を本来の趣旨・目的と異なる目的で用いることを禁ずるものといえよう。

> ◁ 判例 1-5 ▷ 最判昭和53・5・26民集32巻3号689頁〔百選Ⅰ-25〕
> 〈旧余目町国家賠償請求事件〉
> 【事実】A（後に設立されるX会社の代表者）は，1968年3月頃，田園地帯にある山形県下の余目（あまるめ）町（現在は合併して庄内町）内で「個室付き浴場」（いわゆるソープランド）を営業するため土地を購入し，5月23日に建築確認を得て建物の建設に着手した。しかし，住民の反対運動などをうけ町と県（警察）が連携してその阻止に動いた。風俗営業等取締法（当時）4条の4第1項により「児童福祉施設」の周辺200メートル以内では当該営業が禁止されていることに目をつけ，開業予定地から約135メートルのところにあった無認可の遊び場を，急ぎ知事の認可を得て（6月4日に町の申請→10日に知事認可）正式の「児童福祉施設」に仕立てあげ，阻止に成功したかに見えた。一方，Xは，6月6日に公衆浴場営業の許可申請を行ったが，県警から勧告指導・警告等を受け，同町の区域を禁止地域に加える山形県（同法施行）条例の発効が8月上旬に迫っていたため，結局，個室付き浴場営業はしない旨の「営業内容説明書」を提出して，7月31日に公衆浴場営業の許可を受けることができた。しかし，8月上旬から個室付き浴場営業を行ったため，同法違反により起訴されると共に，1969年2月，60日間の営業停止処分を受けた。本件は，この処

分を違法として，Xが県（Y）を相手取り国家賠償請求（当初は取消訴訟を提起したが停止期間が満了したため訴えを変更）に及んだものである。第一審判決は請求を棄却したが，第二審判決は行政権の「著しい濫用」があったとして請求どおり10万円の賠償をYに命じた。上告棄却。

【判旨】「原審の認定した右事実関係のもとにおいては，**本件児童遊園設置認可処分は行政権の著しい濫用によるものとして違法であり**，かつ，右認可処分とこれを前提としてされた本件営業停止処分によつて被上告人〔X〕が被つた損害との間には相当因果関係があると解するのが相当である」。

【コメント】本件については，刑事事件に関する最判昭和53・6・16刑集32巻4号605頁〔百選Ⅰ-66〕でも，当該「営業の規制を主たる動機，目的とする余目町のB児童遊園設置の認可申請を容れた本件認可処分は，行政権の濫用に相当する違法性があ」るとの判断が下されている。つまり，当該施設は，本来，子どもの福祉の観点から設置されるべきもので，町・県の措置はその趣旨を逸脱しているということになろう。

(2)　比例原則

　この原則は，目的と手段の関係に係る原則であるが，3つの要請を含んでいる。①手段は目的に適合したものでなければならないという「目的適合性の原則」，②手段は目的達成に必要不可欠なものでなければならないという「必要性の原則」，そして，③目的達成によって得る利益と犠牲（コスト）とを比較して，コストが利益を上回る場合には，目的達成（追求）自体を断念しなければならないという「均衡の原則」である。②は，警察官職務執行法1条2項において，「この法律に規定する手段」は，生命・身体等の保護という「目的のため必要な最小の限度において用いるべきもの」とされているところに明瞭に表されているように，元来，「過剰の禁止」を意味する。もっとも，様々な場面で行政の積極的役割（介入・規制）が求められる現代行政のあり方をめぐり，逆に「過小の禁止」（行政規制権限の不作為責任）が問題とされる場面も出てきていることに注意する必要がある（第5章第2節**2**(1)(c)参照）。

　③については，パトカー追跡事故に関する最判昭和61・2・27民集40巻1号124頁〔百選Ⅱ-210〕が参考になる。パトカーの追跡を受けた逃走者の無謀運転によって，全く無関係な者が追突事故等に巻き込まれることがあるため，警察官は，被疑者逮捕と事故回避との間できわどい綱渡りをしながら追跡を行

うことになる。本件は，不幸にして追突事故に遭った第三者被害者が，パトカー追跡の態様に過失があったとして，県を被告に国家賠償請求に及んだものである。判決は，「追跡が当該職務目的を遂行する上で不必要であるか，又は逃走車両の逃走の態様及び道路交通状況等から予測される被害発生の具体的危険性の有無及び内容に照らし，追跡の開始・継続若しくは追跡の方法が不相当」な場合には，当該追跡行為は違法となるとした。つまり，「被害発生の具体的危険性」が一定レベルに達したときは，事故（コスト＝犠牲）防止を優先させて追跡（目的追求）をやめる決断が必要ということである。

(3)　平等原則

　この原則は，憲法 14 条を基盤とするものであるが，「普通地方公共団体は，住民が公の施設を利用することについて，不当な差別的取扱いをしてはならない」と定めている地方自治法 244 条 3 項（水道の料金規定が同項の定めに違反するとされたものとして，最判平成 18・7・14 民集 60 巻 6 号 2369 頁〔百選Ⅱ-150〕〈旧高根町簡易水道条例事件〉がある）のように，恣意的な差別的取扱いを禁ずる点に主眼がある。

　平等原則は，様々な場面で機能するが，興味深いものとして，いわゆる「行政規則（内部基準）の外部化」という現象をあげることができる。行政規則は，本来，私人を拘束せず，裁判規範ともならない（外部効果をもたない）。しかし，それに従った行政運営（実務）が恒常化すると，平等取扱いの要請が働くようになり，「平等原則」という外部規範を通じて，行政内部の規範が私人との関係でも行政を（原則的に）拘束する（いわゆる「行政の自己拘束」）ことが認められるような場合も生じうる（第 2 章第 2 節 **2** (3)参照）。

　また，行政活動によって，他の人々と比べ「不平等な犠牲＝特別の犠牲」（公共事業のために土地を収用されるケースなど）や「不平等な具体的利益」を受ける者には，平等原則の見地から，補償を行い（例として，収用 68 条），あるいは受益者「負担」を課す（例として，道 61 条）必要が生ずる。「公の負担・受益の前の平等」原則は，国家補償の制度を支える基本原則といえる（第 5 章第 1 節参照）。

(4)　公正・透明・説明責任の原則

　行政手続法は「行政運営における公正の確保と透明性……の向上」（1条1項）を図ることによって私人の権利保護を十全にしようとするものであり，行政機関の保有する情報の公開に関する法律では，「政府の有するその諸活動を国民に説明する責務」を全うし，「国民の的確な理解と批判の下にある公正で民主的な行政の推進に資する」（1条）という目的がうたわれている。行政決定の中身とプロセスを市民の目から見て明瞭でわかりやすいものにするという「透明性の原則」は，他の法律にも浸透している（例として，公共工事の入札及び契約の適正化の促進に関する法律3条）。また，「説明責任の原則」（公文書等の管理に関する法律1条および行政機関が行う政策の評価に関する法律1条などにも見られる）は，政府が国政の信託者である国民に政府の活動状況を具体的に明らかにする責務を負っていることを意味し，「アカウンタビリティの原則」とも呼ばれている（第3章第2節 **3** (2)(a)も参照）。これらの原則は，これまでのところ，主として，制度の理念を示すものとして用いられており，行政と私人との間における法律関係の規律としてどのような具体的役割を果たすかについては，未知数のところがある。しかしながら，個々の制度にとどまらず，「行政作用一般にかかる嚮導的法理」（塩野宏）とされている点に注目する必要があろう。

練 習 問 題

1　「行政法は，憲法具体化法である」といわれる一方で，「憲法は変わっても，行政法は存続する」という指摘もある。これらは，憲法との関係における行政法のどのような特色を表現しようとするものであろうか，考えよ。

2　国立大学法人は，国立大学法人法（平成15年法律112号）に基づいて「国立大学を設置することを目的として」（2条1項）設立される法人である。同法は，独立行政法人通則法のうち，財務会計規定を中心に，基本原則（業務の公共性・透明性・自主性），評価制度，主務大臣（文部科学大臣）の関与（報告聴取・立入検査・是正措置要求），政府による財源措置（運営費交付金）などの諸規定を準用しているが（国立大学法人法35条），国立大学の自主性・自律性・専門性等を尊重する趣旨から，通則法の適用される「独立行政法人」ではなく，それと別立ての法律に基づく「固有の法人」類型とされている。国立大学法人は，行政主体といえるであろうか。国立大学法人には，「公文書等の管理に関する法律」，「独立行政法人等の保有する情報の公開に関する法律」は適用されるが，個人情報保護法

では民間部門と同様な規律を受けることになったことを勘案して，検討せよ。

3　行政の規制権限の不作為責任が問われた熊本水俣病事件では，規制権限のひとつとして，水産資源保護法の関係規定を受けて定められた熊本県漁業調整規則に基づく水産動植物の繁殖保護のための権限が問題とされた。しかし，それは，人の生命・健康等の保護を直接の目的とはしていないため，水俣病の発生・拡大を防ぐために当該規制権限の行使を求めることは，行政権限の他目的利用を容認することとなって，法律による行政の原理の趣旨に反するのではないかという疑問が提起された。仮に，「他目的」利用に当たると仮定した場合，それにもかかわらず，当該権限の行使により，水産動植物に有害な物質を含む工場廃水の垂れ流しを防止するため，除害設備の設置・是正等を加害企業に義務づけることは法的に可能であり，そうすれば水俣病の拡大を防止しえたとして，県の当該規制権限の不行使責任を問う余地があるだろうか。「法治主義と緊急事態における行政権限の行使のあり方」という視点から，検討せよ。（参照判例：最判平成 16・10・15 民集 58 巻 7 号 1802 頁〔百選Ⅱ-219〕 判例 5-5 ）

4　Xは，自宅を改築してマージャン店（風俗営業）を営もうと考え，正式に許可申請を出す前に，所轄のY県Z警察署に赴いて自宅所在地が法令上風俗営業を営むことができない地域（以下，禁止地域とする）に属するか否かを尋ねたところ，担当者から，「調査のうえ，後日電話で連絡する」旨の回答があり，その数日後，同人より「禁止地域には当たらない」旨の電話連絡を受けた。そこで，自宅の改築を済ませたうえで許可申請をしたところ，Y県公安委員会は，当該地域が禁止地域に当たることを理由に不許可とした。

　　Xの自宅所在地が禁止地域にあったとしても，Xの信頼を保護するという観点から，Y県に対する不許可処分取消請求・国家賠償請求が認容される余地はないか。（参照裁判例：京都地判平成 12・2・24 判時 1717 号 112 頁）

5　A市の情報公開条例には，「利用者の責務」として次のような定めがおかれている。

　　　「この条例の定めるところにより公文書の開示を請求しようとするものは，この条例の目的に即し，適正な行動をとるように努めるとともに，この条例で認められた権利を濫用してはならない。」

　　法律や条例に基づく情報公開制度は，住民・国民等に「情報開示請求権」という権利を保障するものであるが，上の規定は，その濫用を戒める趣旨を含んでいる。とくに，問題となるのが，いわゆる「大量請求」である。「行政機関の保有する情報の公開に関する法律」は，これに対してどのような規定を用意しているか。また，「大量請求」が情報開示請求権の濫用に当たり，開示請求が違法となるような場合があるとすれば，どのようなケースが考えられるか。（参照裁判

　　例：横浜地判平成 22・10・6 判例自治 345 号 25 頁）

参 考 文 献

1　行政法の全体的特色と体系に関するもの
　　塩野　宏『公法と私法』（有斐閣，1989 年）
　　兼子　仁『行政法と特殊法の理論』（有斐閣，1989 年）
　　宇賀克也＝大橋洋一＝高橋滋編『対話で学ぶ行政法』（有斐閣，2003 年）
2　行政法の基本原理に関するもの
　　塩野　宏『法治主義の諸相』（有斐閣，2001 年）
　　藤田宙靖『行政法の基礎理論（上）』（有斐閣，2005 年）
　　乙部哲郎『行政法と信義則』（信山社，2000 年）
　　須藤陽子『比例原則の現代的意義と機能』（法律文化社，2010 年）
3　行政組織法に関するもの
　　藤田宙靖『行政組織法〔第 2 版〕』（有斐閣，2022 年）
　　塩野　宏『行政法Ⅲ〔第 5 版〕』（有斐閣，2021 年）
　　宇賀克也『行政法概説Ⅲ〔第 5 版〕』（有斐閣，2019 年）

第2章
行政の作用

　この章では，行政作用法総論の中核をなす行政の作用の諸類型をとりあげ，それらの実体法的・手続法的一般理論を論ずるほか，裁判的統制のありようにも論及する。まず，行政作用の一般的類型概念の意義とそこにおいて注意すべき事項を論じ（第 1 節），続いて，抽象的な法効果を有し，行政立法（法規命令）と行政規則に区別される行政基準（第 2 節），行政作用法の中核をなす行政行為（第 3 節），民事法上の法理が妥当するところも多い行政契約（第 4 節），行政実務において重要な働きをしてきた行政指導（第 5 節），現代行政において重要性を増している行政計画（第 6 節）について，順次説明する。

第 1 節　序　　説

(1)　行政作用に関する統一的諸概念

　行政法を構成する 3 分野のうち，行政組織法や行政救済法と異なり，行政作用の領域には，まとまった統一的な法律が少ない。行政作用をなす手続を規律する行政手続法，行政上の強制執行を規律する行政代執行法や国税徴収法のように行政作用の事前手続と強制執行のような行政作用の末端の部分に関する一

般法ないし汎用性のある法律は存在しているが，行政作用の実体法的内容を規律する法源は，数え切れないほどの行政各部法に関する諸法律（建築行政分野の都市計画法・建築基準法など，環境行政分野の環境基本法・環境影響評価法・大気汚染防止法・水質汚濁防止法など，厚生行政分野の生活保護法・健康保険法・介護保険法・児童福祉法・老人福祉法など，教育行政分野の教育基本法・学校教育法・地教行法〔地方教育行政の組織及び運営に関する法律〕など，警察行政分野の警察法・警察官職務執行法など，租税行政分野の国税通則法・国税徴収法・所得税法・法人税法・地方税法など）および全国の各自治体の定める条例によって構成されている。

　したがって，行政作用法の分野を，こうした膨大な行政各部法についての雑多な諸法律や諸条例のモザイクとして済ませるわけにはいかないと考える行政法学は，一見無関係に存在しているようにみえるそうした行政関係諸法の諸規定を整序し，そこに行政分野横断的な統一的概念を構成してきた。それが，本章で扱われる①行政立法（法規命令），②行政規則，③行政行為，④行政契約，⑤行政指導，⑥行政計画の諸カテゴリーである。これらは，いずれも行政の作用のうちある一定の性質をもった作用を統一的にとりあげるために構成された講学上の概念であり，これにより行政分野横断的に行政作用をその法的性質に着目して通則的に解明することができるようになったのである。

　①と②は，従前広義の「行政立法」の概念に包括されてきたが，本書では，それに当たる概念として「行政基準」を用いる。また，第1章第1節**3**(2)(b)で述べたように，①②③④が古典的・伝統的な行為形式であり，⑤⑥が，現代行政に顕著で比較的最近に考究の進んだものであるという意味で現代型の行為形式である。とりわけ，⑥行政計画の概念は，後述するように，他の行為形式とも重なり合うことがありうるものであり，やや他の行為形式とは異質である。

　なお，今日では，行政作用をこうした行政の個別の行為形式に着目して整序することが，行政の実際に行われる諸過程を分断して把握することにつながり，そうした個別の行政作用の効果の実際の機能に即した法的解明を妨げているとも考えられている。その結果，上記のような個別行為形式に即した法的検討のほかに，一体のまとまった行政過程を構成している「法的仕組み」，「法システム」を単位に行政作用の総論を構成する試みがなされるようになっている（ **Column 1-5** 参照）。

(2)　行政作用法における中核的概念としての行政行為

　行政作用に関する統一的概念として，上に6つの諸概念を挙げたが，古典的な行政法学においては，なんといっても「行政行為」概念の形成が重要で，行政の作用のうち，行政行為に当たるものとそうでないものを分けることが，法学としての行政法学の構築にとっての最大の課題であったといっても過言ではないかもしれない。その意味でも上記の6つの作用法上の概念の中核は，行政行為なのである。

　行政行為は，行政がその活動を行う根拠となる規範を含む抽象的な法規範を具体化し，個別具体的な権利・義務関係を形成・変更・消滅させ，その後の強制執行や刑事罰を含む制裁の基礎ともなる行政の行為で，国家行為のうちで司法機関の行う裁判判決とも類比されることになる（最判平成元・6・20民集43巻6号385頁〈百里基地訴訟〉は，行政行為を「公権力を行使して法規範を定立する国の行為」であると述べた）。このような行政上の法律関係の変動について最も中心的で重要な性格を備えた行政活動の一類型である行政行為は，その具体の実体的法効果内容の如何にかかわらずあらゆる行政領域に共通して見出すことができ（たとえば，建築確認，違法建築物の除却命令，土地収用裁決，各種の営業許可，運転免許，更正・決定などの課税処分），いわば民法における法律行為に相当する体系的な中核的概念として位置づけられてきたのである。

(3)　事実行為

　前述の6つの行政の行為形式のうち，行政指導は，法的効果のない事実行為であるという点で他の作用類型と大きく区別される。行政計画にも，法的効果の認められない事実行為に過ぎないものがありうる。これに対して，行政立法（法規命令），行政規則，行政行為，行政契約は，私人に対する通常の（外部的）法効果であれ，行政内部にとどまる法的拘束力であれ，一定の法効果を当然に有することが予定されているものであった。

　ただ，行政指導は，わが国の行政実務において積極・消極両面にわたって多大な役割を果たしてきており，その法的統制が強く求められてきた。わが国の行政手続法は，これに関する世界初の定義規定（2条6号）と一般的規律を行う定め（32条〜36条の3）を設けるにいたり，その限りで単なる事実行為とは

もはやいえないものといってよいであろう。事実行為のうち行政指導をとくにとりあげて論ずるゆえんである。ただ，行政は，行政指導にはあたらない事実行為も行うことがある。したがって，ここでは，こうした事実行為に関してごく簡略な総説的な説明を加えておくことにする。

　事実行為には，物理的な作用としてなされるもの（たとえば，公共工事，人の身体に対する強制〔制止，身体検査，拘束など〕，物件の移動・撤去・留置・開披・廃棄，土地・建物への立入りなど）と，精神的な作用としてなされる単純な通知，助言，指導，勧告，警告，公表などがある。

　前者の物理作用的事実行為は，行政上の強制執行，即時強制，行政調査などの第3章で取り扱われる行政上の制度に組み込まれて行われることも多く，本書でも，その中で重点的に説明することとする。後者の精神作用的事実行為のうちとくに指導，勧告などは，前述の「行政指導」のカテゴリーで把握されて行政法学においても重要な研究対象となってきた。本書では，精神作用的事実行為のうち，この行政指導を重点的に論ずることにする。

　こうした種々の事実行為は，それ自体では固有の法的効果を有するものではないという意味で事実上の行為であるが（公務員の採用内定の通知について，最判昭和57・5・27民集36巻5号777頁，公表について東京高判平成15・5・21判時1835号77頁〈大阪O-157食中毒事件〉），法律上の根拠を有している場合もあり（たとえば，水質汚濁防止法13条の4の定める指導・助言・勧告），また一定の法律上の制度の実施過程に組み込まれている場合も多く（情報提供について，行手9条，行政機関情報公開4条2項など），決して法的に無意味な行為ということではない。争訟制度上も権力的な事実行為は，行政庁の「処分」に含められ（行審47条・48条。旧行審2条1項参照），行政上の不服申立てや抗告訴訟の対象とされている（行手2条4号イは，そのため「不利益処分」からわざわざ「事実上の行為」を除いている）。これに該当する事実行為は，即時強制や強制執行に際して行われる物理作用的な継続的事実行為の場合が多いであろうが，行政指導についてもそうした争訟対象性としての処分性が重要な争点となっている（第4章第2節**2**(1)(c)参照）。

(4)　「形式的意味の行政」としての行政作用

　現代日本の行政においては，行政の民間化あるいは私化と呼ばれる現象すなわち行政作用を私人に行わせること（ Column 1-3 　 Column 5-2 　参照）が顕著に進みつつある。事実行為の民間委託からさらに進んで，自治体の公共施設の設置管理に係る指定管理者の制度（自治244条以下），指定確認検査機関による建築確認処分（建基6条の2以下）など，行政行為を私人が行うこともめずらしくなくなってきている。

　ただ，本章では，そうした諸現象を横目でにらみつつも，あくまでも典型的な行政作用のあり方である，行政組織法上の行政主体が行う行政作用すなわち「形式的意味の行政」（ Column 1-1 　参照）を前提として，行政作用法の総論を説明することにする。

第2節　行政基準

　行政活動は，基本的に議会制定法たる法律や条例に基づいて行われるが，行政機関自らが，そうした法律や条例によって定められた法をより具体化する一般的な定めを定立することがある。これを広い意味で「行政立法」と呼ぶことがある。この広義の行政立法には，行政自身すなわち行政の組織内部の基準として作用するだけでなく，一般国民・住民に対しても効力を有する「狭義の行政立法（法規命令）」と，もっぱら行政の組織内部において効力を有する「行政規則」の2種がある。

　こうした広義の行政立法は，行政作用の拡大・複雑化に伴い，①議会制定法による規律を一定程度に限定して行政活動の機動性・即応性の確保や弾力的対応の必要に応え，②議会の手に負えない専門的技術性の高い事項について基準を設定し，③行政機関に与えられた裁量権行使の公正・平等性の担保に資するものとして，それ自体が重要な行政活動であると同時に，行政行為などの個別的行政活動の根拠・統制の規範となっている。

　本節では，この広義の行政立法を「行政基準」と呼び，行政立法（法規命令）と行政規則の異同を中心にその法的性格を説明するとともに，その実体法的・手続法的・裁判的統制に係る諸制度および諸法理を紹介する。

1 行政立法（法規命令）

(1)　行政立法（法規命令）の定義と種類

　（狭義の）行政立法は，法律上は「命令」（たとえば，行組 12 条 1 項，行手 2 条 8 号イ）と表現されることが多く，講学上は「法規命令」と呼ばれている。法規命令とは，法規（一般私人の権利・義務に関係する一般的規律）たる性質を有する命令（行政機関が定立する法規範）という意味である。

　国のレベルでは，①内閣の制定する政令（憲 73 条 6 号），②内閣総理大臣の発する内閣官房令（内閣法 25 条 3 項），内閣府令（内閣府設置法 7 条 3 項），デジタル庁令（デジタル庁設置法 7 条 3 項）および復興庁令（復興庁設置法 7 条 3 項），③各省大臣の発する省令（行組 12 条 1 項），④内閣府の外局としておかれる各委員会・各庁長官の制定する規則（内閣府設置法 58 条 4 項），⑤各省の外局としておかれる各行政委員会・各庁長官の制定する規則（行組 13 条 1 項）があるほか，⑥会計検査院規則や人事院規則があり，自治体のレベルでは，①自治体の長（都道府県知事や市町村長など）の制定する規則（自治 15 条 1 項），②自治体の行政委員会（教育委員会，公安委員会など）の制定する規則や規程（同 138 条の 4 第 2 項）がある。

　なお，上述のような政省令・規則等の形式の定めは法規命令となるが，そうした形式をとった定めが当然に全て法規たる性質を有するとは限らない。すなわち，一般国民の権利・義務に関係のない事柄でも，たとえば法律がその定めを政省令に委任することがありうるからである（参照，行手 4 条 4 項）。法規命令の形式と実質は，完全に一致するものではない。ただ，内容的に法規たる性質を有しない定めも，上述の法規命令の形式で定められる限りでは，法規と同様に国民一般に妥当する法源となることになる。

(2)　告示の法的性質

　行政による基準設定行為として，法律上，「告示」と呼ばれる形式が定められている（内閣法 25 条 5 項，内閣府設置法 7 条 5 項，行組 14 条 1 項など）。ただ，告示は，広く国民に周知することを要する行政措置を公示するための法形式を意味するので，その内容に即した法的性質は多様でありうる。すなわち，①法

規命令，②（本節*2*に述べる）行政規則，③（一般処分としての）行政行為，④事実行為等，その法的性格は多様である。

　たとえば，外国政府との間で行われた書簡の交換に関する告示は事実行為とみられるが，国民生活安定緊急措置法4条4項に基づく標準価格や生活保護法8条に基づく保護基準の告示などの法令の内容補充のための告示は，法規命令としての性質を有すると考えられている（参照，行手2条1号・8号イ）。また，争いはあるが，最判平成2・1・18判時1337号3頁（①事件）〈伝習館高校事件〉は，学校教育法施行規則57条の2（現84条）に基づく文部省告示による学習指導要領について，法規としての性質を有するとした原審の判断を正当として是認し（参照，最判平成2・1・18民集44巻1号1頁〔百選Ⅰ-49〕〈伝習館高校事件〉），最判平成25・7・12民集67巻6号1255頁は，地方税法388条1項に基づく総務省告示として定められる固定資産評価基準について，同様の性質を有するものとしているようである。これに対して建築基準法42条2項のいわゆる「みなし道路」の指定告示は，最判平成14・1・17民集56巻1号1頁〔百選Ⅱ-149〕〈御所町二項道路指定事件〉（参照，第4章第2節*2*(1)）において行政処分であるとされた（いわゆる処分の効果発生要件としての告示）。

(3)　行政立法（法規命令）の実体法的統制

　法律による行政の原理から，次のようなことが導かれる（第1章第2節*1*(1)参照）。まず，行政立法は，憲法と法律という上位法源に反してはならない（法律の優位）。また，法律の委任なしには国民の権利・義務に係る法規を定立することもできない（法律の法規創造力）。したがって，行政機関が法規命令を制定するには法律の個別的な委任を要し（委任命令），かかる委任を欠いた，法律から独立した，いわゆる独立命令の制定は許されない。ただし，法定された国民の権利・義務を具体化するにあたっての手続や形式の細目を定めるだけの行政立法は，内閣府設置法7条3項，国家行政組織法12条1項などの概括的授権に基づいて制定できるとされている（執行命令）。

　さらに，行政立法は，その根拠法令の趣旨に適合しなければならず（行手38条1項），いったん制定された命令等はその実施状況，社会経済情勢の変化等に即して適時に改正されなければならない（同条2項）。旧通産省令である鉱山

の保安規則は，鉱山労働者の生命・身体・健康の確保を目的として「技術の進歩や最新の医学的知見等に適合したものに改正」されるべきとした判例として，最判平成 16・4・27 民集 58 巻 4 号 1032 頁〈筑豊じん肺訴訟〉がある（同様の判決として，最判平成 26・10・9 民集 68 巻 8 号 799 頁〔百選 II-218〕〈泉南アスベスト訴訟〉）。

　(a)　**委任法律の合憲性**　　上述のような実体法理は，まず，行政立法に委任をする法律の側に一定の統制を及ぼす（委任立法の合憲要件）。すなわち，法律の（専権的）法規創造力を失わせるような白紙委任または包括的な委任が禁じられる（憲 41 条。最大判昭和 27・12・24 刑集 6 巻 11 号 1346 頁）。委任法律は，委任の目的・範囲を明確にして下位法規に委任しなければならない。

　ただ，最大判昭和 49・11・6 刑集 28 巻 9 号 393 頁〈猿払事件〉は，国家公務員の政治的行為の制限内容を人事院規則に包括的に委任した国家公務員法 102 条 1 項は違憲ではないとし（同旨，最判平成 24・12・7 刑集 66 巻 12 号 1337 頁・1722 頁〈国公法二事件〉），最判平成 27・12・14 民集 69 巻 8 号 2348 頁〔百選 I-43〕は，「国公共済法附則 12 条の 12 第 4 項及び厚年法改正法附則 30 条 1 項は，退職一時金に付加して返還すべき利子の利率の定めを白地で包括的に政令に委任するものということはでき」ないとした。これらの判例によれば，委任の基準や考慮要素は，法律において明示されている必要はなく，法律の他の規定や法律全体の趣旨・目的の解釈によって導き出されることで構わないということになる。

　(b)　**委任命令の合法性**　　委任法律が委任の目的と範囲を限定して具体の定めをなすことを行政庁に委任するのであるから，その範囲にとどまる限り委任命令を定立する行政庁には立法裁量が認められる（最大判昭和 42・5・24 民集 21 巻 5 号 1043 頁〈朝日訴訟〉，最判平成 24・2・28 民集 66 巻 3 号 1240 頁〔百選 I-47 ①〕〈老齢加算廃止訴訟〉）。しかし，かかる委任の範囲を逸脱した行政立法（委任命令）が制定されれば，それは違法な立法として無効になる。委任命令が委任法律（授権法律）との関係で違法ではないとされた判例を挙げると，国家公務員に禁じられる政治的行為を定めた人事院規則 14-7 が国家公務員法 102 条 1 項の委任の範囲を逸脱していないとした最判昭和 33・5・1 刑集 12 巻 7 号 1272 頁，銃砲刀剣類登録規則 4 条 2 項が銃刀法（銃砲刀剣類所持等取締法）14 条の委

任の範囲を超えていないとした最判平成 2・2・1 民集 44 巻 2 号 369 頁がある。

　他方，委任命令が違法とされた判決として，農地法施行令旧 16 条が委任の範囲を超えているとした最大判昭和 46・1・20 民集 25 巻 1 号 1 頁〔百選 I -44〕，監獄法施行規則旧 120 条等が委任の範囲を超えているとした最判平成 3・7・9 民集 45 巻 6 号 1049 頁〔百選 I -45〕 ◀ 判例 2-1 ▶，児童扶養手当法施行令旧 1 条の 2 第 3 号が委任の範囲を逸脱し無効であるとした最判平成 14・1・31 民集 56 巻 1 号 246 頁と最判平成 14・2・22 判時 1783 号 50 頁，子の名に用いることのできる常用平易な文字の範囲を定めた戸籍法施行規則 60 条が，戸籍法 50 条 2 項の委任の範囲を逸脱しているとした最決平成 15・12・25 民集 57 巻 11 号 2562 頁，貸金業の規制等に関する法律施行規則 15 条 2 項の規定のうち，弁済を受けた債権に係る貸付契約を契約番号その他による明示をもって法定の記載事項に代えることを定めた部分は，法律の委任の範囲を逸脱し無効であるとした最判平成 18・1・13 民集 60 巻 1 号 1 頁，解職請求の代表者の資格制限に関する地方自治法施行令が地方自治法 85 条 1 項に基づく政令の定めとして許される範囲を超えているとした最大判平成 21・11・18 民集 63 巻 9 号 2033 頁などがある。

　とくに，医薬品の郵便等販売を規制する薬事法施行規則が薬事法 36 条の 5 以下の委任の範囲を逸脱するとした最判平成 25・1・11 民集 67 巻 1 号 1 頁〔百選 I -46〕は，委任法律の立法過程の議論も斟酌した上で，委任の趣旨が「規制の範囲や程度等に応じて明確に読み取れることを要する」とするかなり厳格な判示をして注目されている。同様の判示として，ふるさと納税に係る総務省告示が地方税法 37 条の 2 第 2 項の委任の範囲を逸脱して違法であるとした最判令和 2・6・30 民集 74 巻 4 号 800 頁〔百選 I -48〕もある。

◀ 判例 2-1 ▶ 最判平成 3・7・9 民集 45 巻 6 号 1049 頁〔百選 I -45〕
〈監獄法施行規則事件〉

【事実】死刑判決を受けて未決勾留中であった X は，死刑廃止運動に賛同した A の養子となり，A の孫 B（事件当時 10 歳）との面会許可を拘置所長に申請したところ，14 歳未満の幼年者との面会を禁ずる監獄法施行規則 120 条に基づいて不許可となった。X は，国家賠償法 1 条 1 項に基づいて国を被告とする損害賠償訴訟を提起した。第一審・第二審とも一部認容。最高裁は破棄自判。

【判旨】「刑事訴訟法 80 条は，勾留されている被告人は弁護人等同法 39 条 1 項に規定する者以外の者と法令の範囲内で接見することができるとし」，「監獄法（以下「法」という。）45 条 1 項は，『在監者ニ接見センコトヲ請フ者アルトキハ之ヲ許ス』と規定し，同条 2 項は，『受刑者及ビ監置ニ処セラレタル者ニハ其親族ニ非サル者ト接見ヲ為サシムルコトヲ得ス但特ニ必要アリト認ムル場合ハ此限ニ在ラス』と規定し，『受刑者及ビ監置ニ処セラレタル者』以外の在監者である被勾留者の接見につき許可制度を採用することを明らかにした上，広く被勾留者との接見を許すこととしている。」

「被勾留者には一般市民としての自由が保障されるので，**法 45 条は，被勾留者と外部の者との接見は原則としてこれを許すものとし**，例外的に，これを許すと支障を来す場合があることを考慮して，㋐逃亡又は罪証隠滅のおそれが生ずる場合にはこれを防止するために必要かつ合理的な範囲において右の接見に制限を加えることができ，また，㋑これを許すと監獄内の規律又は秩序の維持上放置することのできない程度の障害が生ずる相当の蓋然性が認められる場合には，右の障害発生の防止のために必要な限度で右の接見に合理的な制限を加えることができる，としているにすぎないと解される。この理は，被勾留者との接見を求める者が幼年者であっても異なるところはない。」

「これを受けて，**法 50 条は**，『接見ノ立会……其他接見……ニ関スル制限ハ命令ヲ以テ之ヲ定ム』と規定し，**命令（法務省令）をもって，面会の立会，場所，時間，回数等，面会の態様についてのみ必要な制限をすることができる**旨を定めているが，もとより**命令によって右の許可基準そのものを変更することは許されないのである。**」

「ところが，規則 120 条は，規則 121 条ないし 128 条の接見の態様に関する規定と異なり，『14 歳未満ノ者ニハ在監者ト接見ヲ為スコトヲ許サス』と規定し，規則 124 条は『所長ニ於テ処遇上其他必要アリト認ムルトキハ前 4 条ノ制限ニ依ラサルコトヲ得』と規定している。右によれば，規則 120 条が原則として被勾留者と幼年者との接見を許さないこととする一方で，規則 124 条がその例外として限られた場合に監獄の長の裁量によりこれを許すこととしていることが明らかである。しかし，**これらの規定は，たとえ事物を弁別する能力の未発達な幼年者の心情を害することがないようにという配慮の下に設けられたものであるとしても，それ自体，法律によらないで，被勾留者の接見の自由を著しく制限するものであって，法 50 条の委任の範囲を超えるものといわなければならない。**」

【コメント】X の損害賠償請求は，拘置所長の不許可処分には過失がなかったとして棄却された（国家賠償責任における過失要件については，第 5 章第 2 節**2**

(1)(b)⑤参照）。なお，監獄法施行規則 120 条は平成 3 年法務省令 22 号により削除され，2005（平成 17）年には，監獄法も名称を含む全面改正が行われ，翌年には刑事収容施設及び被収容者等の処遇に関する法律が成立した。

(4) 行政立法（法規命令）の手続法的統制

　行政立法の制定手続に関する一般法として，行政手続法第 6 章の定める命令等制定手続がある。それによれば，命令等（国の政省令等のほか，後述する行政規則の一部を含む。2 条 8 号）を制定しようとする機関は，その命令等の具体的かつ明確な案と根拠法令の条項そして命令等に関連する資料を事前に公示し，意見・情報の提出先と提出期間（原則として公示の日から 30 日以上。39 条 3 項）を定めて広く一般の意見・情報を求めなければならない（意見公募手続〔同条 1 項・2 項〕。この手続が適用除外される場合については 3 条 2 項・3 項，4 条 4 項，39 条 4 項）。「広く一般」とは，意見提出者に限定を付さない趣旨である。命令等制定機関は，提出された意見・情報を採用する義務を負うことはないが，それを「十分に考慮しなければならない」（42 条）。十分に考慮したかどうかは，命令等の公布と同時期に，提出された意見とその考慮の結果，そしてその理由が公示されること（43 条）によって，外部の批判にさらされることになる。

　行政手続法の命令等制定手続は，自治体において定められる規則等には適用されないが（3 条 3 項），各自治体は，行政手続法の趣旨にのっとった同種の手続を設ける努力義務を負う（46 条）。条例ないし要綱でこうしたいわゆるパブリック・コメント手続を制度化している自治体はあるが，その手続の特色として，条例や基本的な方針を定める計画を対象とするものが少なくないことが挙げられる（川崎市パブリックコメント手続条例，横須賀市市民パブリック・コメント手続条例，横浜市パブリックコメント実施要綱など）。

　このほか，個別法においては，関係者・団体の意見聴取（労基 113 条，高圧ガス保安法 75 条など），審議会への諮問（電波 99 条の 11，公害健康被害の補償等に関する法律 2 条 4 項，学教 94 条など），国会の事後承認（災害対策基本法 109 条 4 項）等の例が散見される。さらに，地方自治に影響を及ぼす法律・政令等の案については，自治体の登録連合組織に内閣に対する意見具申権と国会に対する意見書提出権が認められており，特に自治体に対し新たに事務・負担を義務づける

施策の立案については，各大臣の連合組織への事前の情報提供義務と意見具申に対する内閣の回答義務も定められている（自治263条の3）。

(5)　行政立法（法規命令）の裁判的統制

　行政立法の法効果の覆滅を直接裁判所に求める抽象的規範統制訴訟は，現行法上存在していない。ただ，行政立法によって直接に私人の権利・義務の変動をもたらすような場合は，抗告訴訟の対象となる処分としての性質が肯定される（健康保険医療費の算定基準に関する東京地決昭和40・4・22行集16巻4号708頁 ◁判例 4-8▷ 。また，条例に関するものであるが，保育園廃止条例の処分性を肯定した最判平成21・11・26民集63巻9号2124頁〔百選Ⅱ-197〕 ◁判例 4-3▷ ）。そのような例外的場合を除けば，行政立法の適否は，それに基づいて行政処分などの具体的行政作用が行われたときに，それをめぐる民事・刑事・行政訴訟の中で，前提問題として司法審査に服することになる。前述の実体法的統制の箇所（本節 ❶(3)）で紹介した諸判例の多くは，こうした形で行政立法の適法性を審査したものである。

　このほか，国家賠償法1条1項の定める公権力責任の対象となる「公権力の行使」は，行政作用のみならず立法作用や司法作用をも包含すると解されており（第5章第2節❷(1)(b)参照），行政立法は国家賠償訴訟の枠内では直接的に裁判所の適法性審査を受けることになる（最判平成16・4・27民集58巻4号1032頁〈筑豊じん肺訴訟〉，最判平成26・10・9民集68巻8号799頁〔百選Ⅱ-218〕〈泉南アスベスト訴訟〉）。

❷　行政規則

(1)　行政規則の定義と種類

　行政規則とは，行政機関の定立する法的定めで，私人との関係で権利・義務に係る効果（法規たる性質）を有しないものであり，訓令・通達（内閣府設置法7条6項，行組14条2項），要綱などの形式で定められる。

　行政規則には，①組織に関する規則（たとえば，審議会の設置要綱など），②行政主体と特別の関係を持つ者（部分秩序＝内部関係）に関する規則（たとえば，公立学校の校則，公共施設の利用規則など），③行政機関の行動基準に関する規則

などがある。③には，ⓐ法令の解釈を統一するための解釈基準や裁量権の行使の公正・透明さを確保するための裁量基準（行手2条8号ロハ・5条・12条）など，ⓑ実務上法令の根拠なく行われている補助金などの給付規則（補助要綱，助成要綱）など，ⓒ行政指導を行う際の基準となる行政指導指針（行手2条8号ニ・36条）などが含まれることになる。

(2)　行政内部規範としての行政規則

　行政規則は，上述のように行政組織内部における効果しかないので，一般国民との関係では裁判規範として作用しない。したがって，裁判所は通達等に拘束されず，「通達に示された法令の解釈と異なる独自の解釈をすることができ，通達に定める取扱いが法の趣旨に反するときは独自にその違法を判定することもできる」（最判昭和43・12・24民集22巻13号3147頁〔百選Ⅰ-52〕〈墓地埋葬通達事件〉）。逆にいえば，行政規則に反する行政措置がなされた場合でも，関係法令との適合性等を度外視して規則違反だけを理由として当該措置が違法と判断されるわけではない（最判昭和28・10・27民集7巻10号1141頁，最大判昭和53・10・4民集32巻7号1223頁〔百選Ⅰ-73〕〈マクリーン事件〉，最判平成19・12・7民集61巻9号3290頁）。

　しかし，行政規則は，階層制組織をなす行政組織において上級行政機関が下級行政機関に対してその行動の準則を定めたものであるから，行政の現場においては法令とほとんど変わらない拘束力を有し，法令が変わらずとも通達が変更されれば，国民に対する行政措置も変更されることになる（最判昭和33・3・28民集12巻4号624頁〔百選Ⅰ-51〕〈パチンコ球遊器課税事件〉参照）。行政の現場実務が，「法律による行政」ではなく「通達による行政」であるといわれるゆえんである。

(3)　行政規則の外部効果・外部化

　さらに，行政規則が行政外部にある者との関係で一定の法効果を有するのと同質といえるような「行政規則の外部化」と呼ばれる現象が指摘されるようになっている（租税通達が，課税庁の法令解釈等を納税者に周知させる機能を有することを前提とした判示として，最判平成18・10・24民集60巻8号3128頁〈ストックオ

プション課税事件〉)。

　まず，公共施設の利用規則や公立学校の校則などが一般国民に対する関係で
法効果を有しないとされてきたのは，公共施設の利用関係や国公立学校の在学
関係が特別権力関係であり（ Column 1-2 　参照），行政の内部関係であるとい
う前提に立っていたからである。しかし，今日ではこうした特別権力関係論は
克服され，かかる法律関係にも裁判所の司法審査が及ぶことになり，そこでの
審査の基準として利用規則や校則が用いられることになる。そうすると，公共
施設利用者や国公立学校の生徒が一般国民と異ならないと考えられる限りで，
当該利用関係・在学関係を規律する行政規則の外部化といえる現象が生ずるこ
とになる。こうした一定の部分的秩序に関する規則の法的性格については，独
自のカテゴリーを設けることも含めて種々の議論があるところである。

　次に，高度の専門技術性を帯びた裁量処分については，その基礎となった裁
量基準の合理性こそが，当該処分の適法性審査の中心となる，とされることが
ある（最判平成 4・10・29 民集 46 巻 7 号 1174 頁〔百選 I-74〕〈伊方原発訴訟〉)。そ
して，かかる基準の合理性が肯定されると，それに適合した行政行為が適法と
されることにもなり，その限りでこの基準はあたかも法源であるように扱われ
ることになる（最判平成 10・7・16 判時 1652 号 52 頁)。

　さらに，行政規則としての裁量基準に違反した処分がなされた場合，それだ
けで直ちに当該処分が違法になるとはいえないとしても，平等原則や信頼保護
原則を媒介として間接的に行政内部の基準の外部効・裁判規範性を認める余地
はある。たとえば，通達に即した行政処分が一般的に実施されている場合に，
ある特定の事案に限って通達に反した処分をすることは平等原則に違反して違
法な処分とされることがある（大阪地判昭和 45・5・12 行集 21 巻 5 号 799 頁)。ま
た，行政手続法が審査基準・処分基準の公開制（5 条 3 項・12 条 1 項）を定めた
ことから，公正かつ平等な取扱いの要請に加えて，私人の信頼保護の観点から
も，こうした基準の対外的拘束性を認める議論が強まり，最判平成 27・3・3
民集 69 巻 2 号 143 頁〔百選 II-167〕〈北海道パチンコ店営業停止命令事件〉は，処
分基準と異なる取扱いは，特段の事情がない限り裁量権の逸脱・濫用に当たる
という意味で，行政庁の「裁量権は当該処分基準に従って行使されるべきこと
がき束されて」いると判示した。

(4)　行政規則の実体法的統制

　行政規則は，法規命令と異なり，一般国民との関係で法的効力を有するものではないので，それを制定するにあたっても法律の根拠は要しないとされている。ただ，法令に根拠規定がある場合には，その趣旨に適合しなければならず（行手38条1項），その定立後，その実施状況，社会経済情勢の変化等に即して適時に改正されなければならない（同条2項）。

　行政規則は，前述のように一般国民に対する関係で法的拘束力を有するものではないので，その実体法的統制を求める必要性に乏しい。むしろ，前述のように今日においては，行政規則による裁量基準の設定に基づく行政裁量の統制が重要な意味を有するようになっている（最判昭和46・10・28民集25巻7号1037頁〔百選 I -114〕　**判例 1-3**　〈個人タクシー免許事件〉）。

　他方，そうした基準に過度に重きを置くことは個別事案の特殊性を軽視した機械的・画一的な裁量権行使をもたらすおそれもあるのであって，基準の弾力的な運用（酒類販売免許の審査基準に関する最判平成10・7・16判時1652号52頁）や，基準によらない個別事情に即した審査判断（タクシー運賃変更認可の審査に関する最判平成11・7・19判時1688号123頁〔百選 I -71〕）が求められることもある。さらに，事案によっては，基準に従った処分が違法とされることもありうる（個人タクシー免許の審査基準〔年齢基準，車庫前面道路幅員基準〕の硬直的な適用に関する東京地判昭和42・12・20行集18巻12号1713頁および東京地判昭和45・3・9行集21巻3号469頁。原爆症認定申請の審査方針の機械的適用を違法とした大阪地判平成18・5・12判時1944号3頁）。この意味で，裁量基準の個別事案に応じた適正な適用の要請を，同基準の実体法的な統制とみることができるであろう。

(5)　行政規則の手続法的統制

　行政規則のうち，審査基準・処分基準・行政指導指針については，行政立法（法規命令）と同様，行政手続法の定める命令等制定手続が適用される（行手2条8号・39条～45条）。

(6)　行政規則の裁判的統制

　行政規則は，抽象的な基準設定である上に，一般国民に対して法的効果を有

するものではないので，その適否を直接訴訟によって争うことはできないし，争わせる必要もないと考えられてきた。そもそも行政規則を適用した個別行為の適否を争う訴訟においても，規則の定めが法に適合しないものであれば，裁判所はそれを無視して当該個別行為の適法性を判断できるのが原則であるから，行政規則の付随的審査の必要性もないことになる。ただ「通達であつてもその内容が国民の具体的な権利，義務ないしは法律上の利益に重大なかかわりをもち，かつ，その影響が単に行政組織の内部関係にとどまらず外部にも及び，国民の具体的な権利，義務ないしは法律上の利益に変動をきたし，通達そのものを争わせなければその権利救済を全からしめることができないような特殊例外的な場合」には通達それ自体の取消訴訟も許されるとした判決がある（東京地判昭和46・11・8行集22巻11＝12号1785頁〈函数尺事件〉。参照，第4章第2節**2**(1)(d)）。

　また，通達の作成・発出等が国家賠償法上違法であるという形で，損害賠償請求訴訟の中で行政規則の適否が判断されることもある（最判平成19・11・1民集61巻8号2733頁〔百選Ⅱ-214〕〈在外被爆者健康管理手当事件〉）。

第3節　行政行為

　行政行為は，文字通りに「行政の行為」全てを意味するものではなく，伝統的な行政法学においては，多様な行政の行為形態のうち，「行政庁が，法に基づき，優越的な意思の発動又は公権力の行使として，人民に対し，具体的事実に関し法的規制をする行為」（田中二郎）を意味すると考えられてきた。そして，そうした活動が行政の活動全般の法的把握にとって有する意義から，行政行為の概念は，民法学における法律行為に比しうる重要性を行政法学において占め，個別行政法規においても，この概念に相応する行政作用は最も重要な規律対象となっている。

　すなわち，行政組織法との関連でいうと，行政機関は，伝統的な「行政官庁理論」によれば，行政主体の意思を最終的に決定し，それを外部に表示する権限を有する「行政庁」を核として編成されているととらえられるが，そのような権限の典型こそが行政行為をなす権限であった。また，行政の事前手続に関

する包括的一般的な法律である行政手続法は，行政立法，行政規則や行政指導などもその対象としているが，基準設定，理由提示，聴聞・弁明の機会の付与等の主要な手続規律（行手 5 条〜31 条）の対象は，もっぱら行政行為に関するものである。行政上の強制執行についてみても，その一般法ないし汎用性のある法律である行政代執行法と国税徴収法は，行政行為によって課された義務のみを対象とするものではないが（代執 2 条，税徴 47 条以下），実際にはその大部分は行政行為によって命じられた義務の履行を強制する手続を定めたものとなっている。行政救済法を構成する行政不服審査法および行政事件訴訟法も，その中心をなしているのは，行政行為を中核とする行政処分に対する不服申立てと取消訴訟等の抗告訴訟である。

　かくして，行政行為は，行政組織法・行政作用法・行政救済法の行政法の 3 分野を貫く最も重要な行政作用類型であり，その故に学説・判例の蓄積も最も多い。本節は，まず，こうした行政行為の特殊性に関する法理を，行政行為の定義（**1**），行政行為の特殊な効力（公定力，不可争力，自力執行力，不可変更力）（**2**），行政行為の種類（**3**）に分節して論じ，次に行政行為の統制法理を，行政行為の効力発生と消滅（**4**），行政行為の手続法的統制（行政処分手続）（**5**），行政行為の瑕疵（**6**），行政行為の裁量（**7**）に分けて説明する。

1　行政行為の定義

　行政行為とは，「行政作用のうち，具体的事項について対外的な法効果をもってなす権力的行為」である。ちなみに，このような「行政行為」概念は，実定法上のものではなく，理論的に構成された学問上の目的的・経験的概念である。個別の実定法では，命令，禁止，許可，免許，承認，更正，決定，裁決等様々な名称で定められており，一般法的には，「行政庁の処分」（行手 2 条 2 号，行審 1 条 2 項，行訴 3 条 2 項）とか「行政処分」（自治 242 条の 2 第 1 項 2 号）の概念がこれにほぼ相当する。ただし，後に述べるように，上のような争訟法上用いられている「処分」の概念は，権力的事実行為も包含するほか（行審 47 条・48 条。旧行審 2 条 1 項参照），「行政庁の処分その他公権力の行使」（行訴 3 条 2 項）を包括する広義の意味で用いられることが多く，具体的規律をする行政立法をも包含するなど，行政行為の概念とは必ずしも一致しない（第 4 章第 2 節 **2** (1)

参照）。この点は，大いに注意を要する。また，今日，講学上，「行政処分」の概念を「行政行為」概念と互換的なものとして用いる用法が一般化しており，そうした用法に基づいて執筆されている教科書も増えている。本書においても，「処分」ないし「行政処分」の語を，行政行為と同じ意味で用いることがある。

　さて，上述のことから明らかなように，行政行為の定義においては，①行政作用，②具体的事項，③法効果，④対外性，⑤権力性の諸要素が必須とされている。

　①行政作用　　行政行為は，行政作用として行われる行為の一種であり，その中でも行政庁のなす行為である。なお，行政庁は，行政組織上の行政機関の一種として説明されるが（第 1 章第 1 節**3**(1)(d)参照），ここでいう行政庁は，そうした組織法上の概念と区別された作用法上の概念で，国会，地方議会，裁判所さらには私人も行政庁たりうる（議員の懲罰決議〔国会 121 条以下，自治 134 条以下〕，宗教法人の解散命令〔宗法 81 条〕，弁護士会による弁護士懲戒〔弁護 43 条の 15・49 条の 2・56 条以下〕，指定管理者による公の施設の使用許可〔自治 244 条以下〕など）ことには注意を要する（第 1 章第 1 節**3**(1)(a)，　Column 1-3　参照）。ただ，本書では，本章第 1 節(4)で述べたように，形式的意味の行政を前提として行政作用を説明するので，もっぱら行政組織法上の行政庁が想定されることになる。

　②具体的事項の規律　　行政行為は，具体的事項を規律する行為であり，抽象的一般的事項を規律する立法行為（行政の立法行為としては，行政立法〔法規命令〕が挙げられる）と区別される。ただし，行為の名宛人が特定の者である必要はなく，不特定多数の者を名宛人とするものでもよい。そうした行政行為をとくに一般処分と呼ぶことがある（たとえば，道路の供用開始決定など。参照，最判昭和 44・12・4 民集 23 巻 12 号 2407 頁〔百選Ⅰ-62〕）。

　③法効果の発生　　行政行為は，一定の法的行為・事実行為等をなしうる，あるいはなすべき法的地位を私人や他の行政主体などに生じさせ，あるいはそうした法的地位を消滅させるような法効果を有する行為であり，こうした法効果を有さない行政指導や公共工事などの物理的事実行為などと区別される。

　④対外的行為　　行政行為の有する法効果は，対外的な法効果すなわち行政組織の外部に存する私人や他の行政主体に対する法効果でなければならない。法効果を有しても，それが行政組織内部の効果でしかない行政規則や公務員に

対する職務命令などは，行政行為とはいえない（最判平成 24・2・9 民集 66 巻 2号 183 頁 [百選 II-200] ◀判例 4-11▶〈東京都教職員国旗国歌訴訟〉）。

　⑤**権力的行為**　　行政行為は，権力的な行為であるという点で，相手方私人等との対等な合意に基づいて法効果を生じさせる行政契約と区別される。ただ，ここでいう行政行為の権力性とは何を意味するか，これは行政法学の難問中の難問であり，今日この問いに関する解答は，混迷の中にあるといってよい。

　まず，行政活動が比較的単純で，国家の先験的な権力性というものが疑われることのなかった時代においては，法制度外在的な国家の公権力性，あるいは「命令と強制」の契機が権力性の徴表としてアプリオリに前提とされていた。しかし，国民代表議会による立法を通じた行政統制を中核とする法律による行政の原理が確立した現在の法制度の下では，かかる国家の先験的な優越性は与件とはできず，他方，「命令と強制」の要素を欠いた行政活動をも行政行為のカテゴリーに含めることにより，それを対象とした実体法的・手続法的・争訟法的統制ルールを適用することが求められてきた。行政庁の「優越的な意思の発動」のモーメントが行政行為の権力性のメルクマールとして挙げられるようになったのである。そうした行政の優越性を突き詰めて，今日では，ⅰ行政行為の法効果発生に係る一方性あるいは一方的規律にそれを見出す見解，あるいはⅱ行政行為の効果を覆滅させるためには取消争訟制度を利用しなければならないとされる取消争訟制度の排他性に由来する行政行為の特殊な効力（公定力・不可争力などの手続制度的な効力）に求める見解，さらにはⅲ具体の行政行為の法制度的な仕組み（罰則や強制執行による担保手段など）や社会実態的に行政主体が有している「事実としての支配力」にこれを求める見解などが表明されている。

　なお，ここであらためて注意すべきなのは，今日個別具体の事案解決において実定法解釈論として求められるのは，行政手続法・行政不服審査法・行政事件訴訟法で用いられている「行政庁の処分その他公権力の行使」概念の内包と外延であり，「行政行為」概念自体のそれではない，ということである。ただ，行政実体法・行政手続法・行政争訟法を通じて，一貫してある程度まとまった法理が妥当すると想定されている「行政行為」が存在し，それが上記の実定法上の「行政庁の処分その他公権力の行使」の中核をなしていることも疑いのな

いところである。「行政行為」（これと同義とされる「行政処分」）の概念が今日も
講学上用いられているゆえんである。

> ### Column 2-1　形式的行政行為（行政処分）論
>
> 　前述のように，行政行為の概念によって意味される行政作用は，行政手続法
> および行政救済法上の鍵概念である「行政庁の処分その他公権力の行使に当た
> る行為」（行手 2 条 2 号，行審 1 条 2 項，行訴 3 条 2 項）の中核をなしている。
> すなわち，行政手続法の定める行政処分手続（審査基準・処分基準の設定・公開，
> 迅速処理，理由の提示，意見陳述手続など）が適用され，行政争訟手続の中核を
> なす取消争訟手続等（審査請求，取消訴訟，無効等確認訴訟，義務付け訴訟など
> の抗告訴訟）が適用される行政作用の大宗が，行政行為なのである。
>
> 　ところで，行政行為の定義には直ちには妥当しないような行政作用であって
> も，法律上それを行政行為として取り扱う定めがおかれることがある（典型的
> には，行政不服審査法の定める不服申立ての対象としたり，行政手続法の適用を前
> 提とした定めをするなど。たとえば生活保護法 64 条以下，補助金 24 条の 2）。こ
> のような行政作用を，「法定の形式的行政行為」と呼ぶことがある（これとの
> 対比で，本来的な行政行為は，「実質的行政行為」とも呼ばれる）。そして学説中
> には，法定の形式的行政行為は，そうした特段の定めの限りで行政行為と取り
> 扱われるにすぎず，その他の点では行政行為としての属性を認める必要はない，
> とするものがある。
>
> 　さらに，その属性として行政行為性が認められないような行為について，国
> 民の権利救済を実効あらしめるために（対象行為の客観的適法性審査，法効果の
> 直接的・対世的覆滅，執行停止などの権利救済上のメリット〔第 4 章第 2 節参照〕
> を活用するために）取消訴訟の対象となる処分としての性質を認めることがあ
> り，これを「解釈上の形式的行政行為」ということがある（関税定率法の定め
> る輸入禁制品該当の通知に処分性を認めた最判昭和 54・12・25 民集 33 巻 7 号 753
> 頁と最大判昭和 59・12・12 民集 38 巻 12 号 1308 頁〔百選Ⅱ-153〕，医療法の定め
> る病院開設中止勧告の処分性を認めた最判平成 17・7・15 民集 59 巻 6 号 1661 頁
> 〔百選Ⅱ-154〕 判例 4-2 など参照）。この種の形式的行政行為については，
> 取消訴訟の対象たる行政処分であっても本来的な行政行為ではないのであるか
> ら，それ固有の効力たる公定力や不可争力（本節 2 (1)(2)参照）は認められない
> とする考え方がある一方で，処分性（第 4 章第 2 節 2 (1)参照）が認められる行
> 為は全て本来的行政行為と同様に扱われるべきであるとする考え方もある。
>
> 　こうした議論においては，実体法・手続法・争訟法を通じた一貫した行政行
> 為のほかに，手続法・争訟法それぞれの要請からそれぞれの局面に限って行政

行為と同様に取り扱うことができる行政作用の存在を認めることができるか，またある争訟手続の対象として認めることが当然に当該争訟手続によってのみ争いを提起することができるという争訟手続の排他性をもたらすと考えるべきか否か，という重要な問題が提起されているのである。最後の問題につき，登録免許税の過誤納金の還付について登記機関がなした拒否通知の取消訴訟対象性（処分性）を肯定しつつ，不当利得返還請求訴訟の途も認めた判例として，最判平成17・4・14民集59巻3号491頁〔百選Ⅱ-155〕がある。

2 行政行為の特殊な効力

　通常，行政行為は，それが当然に無効である場合を除いて，公定力・自力執行力・不可争力・不可変更力という，私法上の法律行為にはみられない特殊な効力を有するといわれている。まず，任意に履行されない義務を法律の定めるところにより自力で強制執行しうることを意味する「自力執行力」は義務を賦課する行政行為に，行政庁が職権で取消し・変更できないという「不可変更力」は争訟裁断行為等に限定して，問題とされるものである。「不可争力」は争訟提起期間の徒過等によってもはや関係人が争訟手段によって行政行為の効力を争えなくなる効力であって，その根拠・性質に争いはない。したがって，行政行為一般の特殊な効力として学説上，その根拠・性質が大いに論じられてきたのは「公定力」であった。

(1) 公 定 力

　(a) 公定力の意義　　行政行為は，たとえ違法であっても，無効と認められる場合でないときは，権限ある行政庁または裁判所がそれを取り消さない限り，一応効力のあるものとして通用し，相手方はもちろん，他の行政庁，裁判所，その他の第三者もその効力を承認しなければならないという，特殊な効力を有するとされている（最判昭和30・12・26民集9巻14号2070頁〔百選Ⅰ-65〕）。これを行政行為の「公定力」という。行政行為は，それが成立し法効果を生ずると，法令のように民事・刑事・行政訴訟のいずれの手段を通じてでもその法効果を争うことができるわけではない。裁判判決が上訴や再審の申立てによって争われなければならないように，行政行為には，それに無効事由（通説・判例によれ

ば，一般的には重大かつ明白な瑕疵。本節 **6** (2)参照）がある場合を除いて，不服申立て・取消訴訟のルートを通じて争わなければならないという限定（取消争訟手続の排他性）があると考えられているからである。

　このように行政行為は，たとえ違法であっても権限を有する機関の取消し（行政争訟手続に基づく審査機関たる裁判所ないし審査庁による争訟取消し，そして処分庁等の行政庁による職権取消し）があるまでは有効とみなされることになる。このような公定力は，伝統的には，①国家権威の表明であること，②国家行為としての裁判判決との同質性，③慎重な手続に則り権限を付与された公務員により責任をもって行われること，等によって根拠づけられる，行政行為に内在する固有の効力であると考えられてきた。しかし今日では，公定力は，公権力の行使である行政行為の特殊性によって認められる実体法上の効力ではなく，行政行為がいったん有効になされれば，その取消手続が特定されているためにその正式の取消しまでその効力が事実上通用するという，手続上の仮の効力であると解されている。したがって，公定力の実定法上の根拠は，行政不服審査法と行政事件訴訟法の定める取消争訟制度に求められ，公定力は，こうした取消争訟手続の排他性の反射的効果にすぎないといわれている。このような見地からすると，公定力の実質的な根拠は，特殊な排他的取消争訟手続を採用する法政策的理由によってのみ根拠づけられることになり，そのような根拠として，行政目的の早期実現，行政上の法律関係の安定が挙げられている。

　以上のような今日的な公定力観からすれば，行政行為の公定力は，当該行政行為そのものの法効果の存続を担保する力に限定されることになる。

　まず，取消訴訟の執行不停止原則（第 4 章第 2 節 **6** (2)(a)参照）を行政行為の公定力や自力執行力によって根拠づける見解がかつてみられたが，今日ではこれは立法政策の問題と考えられている。そして，今日では執行不停止原則の見直し論も有力であるといってよいであろう。

　また，伝統的な理論は，公定力を行政行為の適法性の推定によって根拠づけ，取消訴訟における係争対象行政行為の違法性の立証責任（第 4 章第 2 節 **3** (2)(e)参照）は常に行政行為の取消しを求める原告側にあると考えてきた。しかし，今日では，公定力は行政行為の効力の事実上の通用性を担保するものにすぎないのであって，立証責任の所在まで決するものではないとされている。

(b)　公定力の射程範囲　　公定力が及ぶ射程範囲についても，それは具体的事案に即して限定されることになる。以下のような諸点が，これまで問題とされてきた。

①刑事訴訟と公定力　　行政行為違反の罪に係る刑事訴訟において行政行為の適否が争点となったとき，裁判所は当然に行政行為の適法性を審査できるのか否かが，公定力との関係で問題とされることがある。刑事裁判の判決により行政行為の効力が覆滅されることはないのであるが，行政行為の違法を理由にそれに対する違反を不処罰とすることは，実質的に行政行為の効力を否定したことになるような場合も考えられるからである。この点，学説上，公定力は刑事訴訟には及ばないとする見解が有力であるが，逆に刑事訴訟にも公定力が及ぶとしているようにみえる判例もある（最決昭和63・10・28刑集42巻8号1239頁）。

この問題は，公定力の存在意義に立ち返って考えれば，行政行為の法効果に関わらない刑事訴訟には公定力は及ばないとされるべきであろう。ただ，刑事訴訟において処分違法の抗弁が認められるか否かは，実体刑罰法規の定める犯罪の構成要件によるのであり，行政行為が存在していること自体で構成要件を充足するのであれば，違法の抗弁は無意味であろうし，適法な行政行為の存在が処罰の要件であれば，それが違法のときは，無罪判決が下されることになろう（最判昭和53・6・16刑集32巻4号605頁〔百選 I -66〕）。なお，違法な営業許可を取得した者が無許可営業罪などで起訴されたような場合は，逆に公定力を認めた方が被告人側の利益になるが，そのような場合は，許可の違法ではなく，許可の不存在ないし無効が犯罪の構成要件と解されよう（最決昭和45・10・22刑集24巻11号1516頁）。

②国家賠償訴訟と公定力　　違法な行政行為に基づく国家賠償訴訟においても，行政行為の適法性の有無が判断されるにすぎず，その効力までも否定されることはないので，公定力の及ぶところではない（最判昭和36・4・21民集15巻4号850頁）。

ただし，この理は，課税処分や金銭給付拒否処分のような，金銭の徴収・給付を目的とする行政行為については妥当しないとする学説があった。すなわち，当該行為の違法を理由とする国家賠償訴訟は取消訴訟と効果が同一に帰し，前

者を認めることは後者の排他性すなわち当該行為の公定力と抵触するので許されないというのである。しかし，そうした結果が生ずるのは金銭というものの特性によるのであって，行政行為によってもたらされた損害の金銭賠償を求める国家賠償訴訟と行政行為の法効果自体の覆滅を目的とする取消争訟との質的相違は，見逃すことはできない。しかも，国家賠償請求が認容されるには行政行為の違法性のほかに故意・過失の要件充足が必要であり，過失相殺による原告側への負担転嫁もありえるのであるからなおさらである。さらに，金銭の徴収・給付に係る行政行為は，それをめぐる法律関係の安定性など公定力の実質的根拠が強く妥当するものではないので，上述の原則がやはり妥当すると考えるべきである（課税処分について，固定資産税等の過納金に関する最判平成 22・6・3 民集 64 巻 4 号 1010 頁〔百選 II-227〕。金銭給付決定取消処分について，生活保護廃止決定によって支給されなかった保護費に関する最判平成 26・10・23 判時 2245 号 10 頁）（なお，第 5 章第 2 節 **2** (2)参照）。

　③一般の民事訴訟と公定力　　行政行為の効力が先決問題となるその他の民事訴訟においても，公定力は，行政行為の本来的効果を発揮させ，その目的とする公益の実現を一応可能にするというその制度目的に照らして合理的必要の限度においてのみ及ぶと解されている。すなわち，行政行為の法効果内容を越えて当該行為の関わる法律関係の存続等を承認することまでも公定力は要求するものではない（原子炉設置許可処分の公定力は，原子炉周辺住民による民事差止訴訟を遮断しないことを前提とする最判平成 4・9・22 民集 46 巻 6 号 1090 頁〔百選 II-174〕。 Column 4-9 　参照。また，恩給裁定は，支給された恩給の配分をめぐる民事訴訟において，裁定内容と異なる判断がなされることまで妨げないとする東京地判昭和 39・6・23 判時 380 号 22 頁も参照）。

（2）　不可争力（形式的確定力）

　行政行為の効力を争う特別な争訟手続である行政上の不服申立てや取消訴訟には，それぞれ短期の争訟提起期間が設けられており（行政行為がなされたことを知った日から 6 カ月以内など〔行訴 14 条〕。行審 18 条・54 条参照。さらに参照，第 4 章第 1 節 **2** (5)・第 2 節 **2** (7)），その期間を経過した後は，もはや正規の手続を経て行政行為の効力を争うことができなくなる。このような事態を行政行為の

効力として表現して，行政行為の「不可争力」という。「形式的確定力」と呼ぶこともある。

　なお，行政行為の不可争力は，その名宛人その他関係人が当該行政行為の効果を不服申立て・取消訴訟手続で争うことを遮断するものにすぎず，処分庁の職権取消し・撤回の権限（参照，本節**4**(4)）を排除するものではないので，処分庁が自らのなした行政行為を見直してそれを取消し・撤回することは不可争力に抵触しない。

　また，申請拒否処分の場合，申請期間が定められるなどして再申請ができない場合を除けば，一度処分を受けても再度同一の申請をして再度拒否処分を受けて，今度は出訴期間内に取消訴訟を提起することができると考えられる。不可争力は，短期の争訟提起期間制度の反射的効果として，争訟提起期間の徒過後，行政行為の名宛人等の関係人が当該行政行為自体の効力を争えなくする効力にすぎず，関係人が当該行政行為の内容に反する主張，すなわち同一内容の行政行為の再申請をなしえないという効力までも包含するものではないからである。そのような再申請を認めることは元の申請に対する拒否処分の不可争力を無意味にするから再処分をする義務は行政庁にはないとする学説・裁判例もあるが（浦和地判平成元・12・15 判時 1350 号 57 頁），行政行為は裁判判決のように一事不再理の効力を有するものではないし，申請拒否処分は新たな法律関係や関係者の利害を作出する行為ではなく，行政に新たな活動を促すものでもないので，公定力や不可争力を認める実質的根拠に乏しいのである。したがって，出訴期間が経過した後であっても濫用にわたらない限りは，不可争力を生じた行政行為の内容に反する再申請もなすことができると考えられる（東京地判昭和 56・7・16 行集 32 巻 7 号 1082 頁，東京地判昭和 56・10・28 行集 32 巻 10 号 1854 頁，東京地判平成 18・2・23 判タ 1226 号 75 頁）。

(3)　自力執行力

　行政庁は，行政行為によって課された義務内容を，裁判所の強制執行手続を経ることなしに自力で実現できることがある（司法的執行の原則の例外）。これを称して行政行為には「自力執行力」があるという。

　自力執行力は，従前は国家権力の発動としての行政行為に当然に備わる効力

として理論的に前提とされてきたが（命令権はその属性として強制権を伴うとする一般行政強制の原則），こうした考え方は第二次大戦後見直され，今日では，そうした効力は行政上の強制執行（第 3 章第 3 節 **1** 参照）をとくに認める制定法（行政代執行法や国税徴収法およびその「滞納処分の例による」ものとする諸法律〔地方税法や地方自治法など〕，そして直接強制を認める特別の法律）の定めに基づくものと理解されるようになった。したがって，自力執行力は，そうした特別の強制執行制度の帰結を行政行為の効力として表現したものにすぎない。

　自力執行力は，全ての行政行為に一般的に認められるものではなく，私人に義務を課す行政行為にしか認められず，かつ法定の強制執行方法が適用できる場合にのみ問題となるのである。

(4)　不可変更力

　行政行為のうち，行政上の不服申立てに対する裁決・決定（行審 44 条以下，58 条以下，64 条以下）のような争訟裁断行為には，行政庁が職権で取消し・撤回・変更をなしえないという効力が生ずるとされている。そうした性質の行政行為については，たとえその違法を理由としたとしても，処分庁がこれを事後に取り消すことができるとすると，争いを一義的に解決するという制度の目的自体を達成しえなくなるからである。こうした効力を，行政行為の「不可変更力」と呼ぶ。

　したがって，不可変更力は，争訟裁断行為のような特殊な行政行為に限って認められる処分庁に対する自縛力を意味する。また上記の 3 つの効力とは異なり，実定法上の制度に直接に結びついた効力ではなく，もっぱら理論的な所産であるが，判例もこれを認めている（最判昭和 29・1・21 民集 8 巻 1 号 102 頁〔百選 I -67〕）。

　なお，この不可変更力の同義語として「実質的確定力」が用いられることがある。ただ，実質的確定力は，いったんなされた行政行為と矛盾するその余の全ての行為を行政機関も裁判所もなすことができなくなる効力を表現する概念としても用いられることがあり（最判昭和 42・9・26 民集 21 巻 7 号 1887 頁〔百選 I -68〕の田中二郎裁判官の意見およびこれに関する百選の解説を参照），この意味での実質的確定力が，何らかの行政行為に認められる可能性については，懐疑的

な見解が一般的である。

3 行政行為の種類

(1) 行政行為の様々な分類

　行政行為は，伝統的に様々な観点から分類されてきた。たとえば，①所定の形式によって行うことを要するか否かによって，要式行為と不要式行為（行政行為には，不要式性の原則が妥当するとされている），②法規による拘束の程度に基づいて，覊束 (きそく) 行為と裁量行為，③行政行為の要件・効果の対象に着目して，相手方の人的事情を基礎とする対人処分と対象物件の状況を基礎とする対物処分，④相手方の特定性の観点から，具体的処分と一般処分，⑤処分関係人に与える利害の性質に応じて，利益的（授益的）行政行為と不利益的（負担的）行政行為（および二重効果的行政行為），⑥国民からの申請を要するか否かによって，職権による行政行為と申請に基づく行政行為など。

　これらの分類のうち，①の区別は，法令の定めによる明確な区別であり，議論の余地はあまりないであろう。要式行為の例として，自動車等の運転免許は，運転免許証の交付によって行われ（道交92条１項），行政上の不服申立てに対する裁決は，一定の事項を記載し，審査庁が記名押印した裁決書によってなされる（行審50条１項）ことが挙げられる。

　②の覊束行為と裁量行為の区別は，大いに議論のあるところで，裁量行為については，第１章第２節**1**(3)(c)〜(e)と本節**7**を参照。たとえば，国民の活動の自由を前提に，公共の安全・秩序の維持のための必要最小限度の事前規制をするような許可は，許可要件が法令で一義的に定められており，これを充足する場合には許可をしなければならず，充足しない場合には許可をしてはならないという意味で，行政庁の裁量判断の余地が認められない覊束行為である。これに対し，そうした国民の自由権に基礎づけられない特別な活動をする自由や地位を付与する許可・認可・承認等の行為は裁量行為とされることがあり，また国民の自由を事後的に制約する改善命令や許認可等の停止・取消処分は，その要件を充足した場合でも，処分庁には，そうした不利益的な行為をなすことを手控えたり，より軽微な行為を選択するなどの判断の余地が認められていることが多く，その限りで裁量行為である。

　③対人処分と対物処分の区別は，各種営業許可には施設設備要件と経営者に関する人的要件の双方を有する複合的なものが多くあり，行政行為の分類基準としては不完全であり，むしろ行政行為の中の特色あるものとして，もっぱら対象物件の物的性状に着眼してなされる「対物処分」のカテゴリーを措定することで十分ではないかと考えられる。その例として，建築確認（建基6条），自動車検査（車両58条1項）などがある。

　④具体的処分と一般処分の分類についても，行政行為には特定の名宛人がいることが通常であるので，とくに特定の名宛人のいない「一般処分」の概念を措定することで足りると考えられる。その例として，道路の通行禁止（道交6条4項），保安林の指定（森林25条）などがある。

　なお，このほか，処分庁の職権取消し・変更を排斥する不可変更力を有するとされる「争訟裁断的行政行為」や，通常の行政行為と同様の一方性を欠いている「同意を要する行政行為」も行政行為の特殊な類型といえ，行政手続法の処分手続の適用除外になる行為類型として位置づけられる（行手2条4号ハ・3条1項12号・15号）。

(2)　行政行為の伝統的な内容分類とその問題点

(a)　行政行為の伝統的分類　　伝統的行政法学において最も重視されてきた行政行為の分類は，行政行為の内容と性質に基づく次のような系統的分類であった。

　行政行為は，まず民法の法律行為論に倣って，意思表示を要素とする「法律行為的行政行為」とそれ以外の精神作用（判断・認識等）を要素とする「準法律行為的行政行為」に大別される。そして前者は，個人の自由を制限したり，制限を解除したりする効果を有し，法の規制がなければ各人が自由になしえたことを事実の次元で様々に規制することに関わる行為である「命令的行為」と各人の行為を法の次元で規制するために権利や法的能力の得喪変更に関わる行為である「形成的行為」に区別される。

　命令的行為により課される義務が作為義務・受忍義務であるときは「下命」と呼ばれ（たとえば，消防法5条の改修命令，建築基準法9条1項の除却命令），不作為義務であるときは「禁止」と呼ばれる（たとえば，食品衛生法60条の営業禁止命

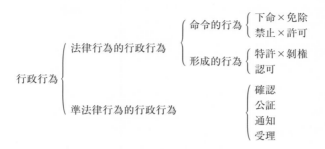

令)。これらの裏返しの行政行為として，作為義務を解除する「免除」(学校教育法 18 条の就学義務の免除・猶予など)と不作為義務を解除する「許可」(道路交通法 84 条 1 項の自動車の運転免許，旅館業法 3 条 1 項のホテル営業の許可など)がある。これに対し，形成的行為は，私人が本来的には有しない特別な能力や権利を設定する「特許」(設権行為とも呼ばれる。たとえば外国人の帰化の許可〔国籍 4 条 2 項〕，鉱業権設定の許可〔鉱業 21 条〕など)とその裏返しとしての「剝権」(国家公務員法 82 条 1 項の公務員の免職処分など)，そして私人がなす法律行為の効力を補充してそれを完成せしめる「認可」(公有水面埋立法 27 条 1 項に基づく埋立地売買・使用権設定の許可，銀行法 30 条に基づく合併等の認可など)に分類される。

　これらの諸行為のうち，許可，特許，認可は私人の活動を法的に許容するという点において類似する。しかし，許可・不許可は，それに係る私人の活動の法的効果に関わらず(無許可営業による取引行為も法的には有効であり，許可による法的地位は他の私人に対抗しうる権利ではない)，ただその活動が法令等に抵触する場合に刑罰等の罰則が科されるにとどまるのに対し，特許と認可は，それに係る私人の活動の法的効果に直接関わり，特許や認可を受けずになされた行為は法的に無効となる。もっとも，いわゆる「公企業の特許」(電気・ガス・自動車運送事業などの許可〔電気 3 条，ガス事業 35 条，道運 4 条など〕)は，そうした公益事業が本来的に国家の独占事業であり，これらを営む権利が上記許可(特許)によって国家から与えられる，という観念に基づいているが，こうした考え方は，今日ではほとんど支持されていない。むしろ，これらの事業の許可(特許)も，私人の本来的自由を公共の安全・秩序の維持の見地から禁止した上で，一定の場合にこれを解除して回復させる行政行為と定義される許可と本

質的に異なるものではないと考えられるようになっている。したがって，特許や認可を受けずになされた行為が民事法上も当然に無効となるかどうかも，具体の制度および事案に即して判断されることになろう（第1章第1節 **1** (3)(c)参照）。なお，認可は，あくまでも補充的な行為であり，それが前提としている私人の法律行為が無効であったり取り消された場合は，認可があってもその法律行為は効果を生じない。

　他方，準法律行為的行政行為は，一定の法的事実・法律関係の存否を公的に確認する「確認」，それらを公的に証明する「公証」，それらを私人に知らせる「通知」，そして私人の申請等を有効なものとして受け付ける「受理」に分類される。いずれもそうした行為に法律上一定の法効果が結びつけられていることが行政行為性の認められる前提で，それぞれ，公職選挙法に基づく当選人の決定，選挙人名簿への登録，納税の督促，行政不服審査法に基づく不服申立ての受理などが例として挙げられてきた。

　以上を図示すると，前頁の図のようになる。

　なお，ここで注意すべきことは，実定法上の概念と理論上の概念とは一致せず，むしろ関係はないということである。たとえば，ある個別実定法において「許可」という概念が用いられていても，それが上記の理論的な意味での許可ではないことがある。例として，鉱業権の設定許可（鉱業21条）や道路の占用許可（道32条）は講学上の特許と考えられ，農地の権利変動に関する農業委員会の許可（農地3条）は，許可と認可の両方の性質を併せ有し，認許と呼ばれることもある。

　(b)　伝統的分類に対する批判　　しかし，こうした分類については多くの批判があり，今日では，そのままの形では維持されていない。まず，法律行為的行政行為と準法律行為的行政行為の区別は，意思表示を要素とするか否かによって区別されているものである。だが，かかる区別は，私的自治の原則の下で私人の意思によって行為の法効果内容を自由に定めることができることが原則である民法上の法律行為と異なり，法律による行政の原理の下で行為の法効果内容があらかじめ法令によって定められていることを原則とする行政行為においては，意義が疑わしい。

　なお，「準法律行為的行政行為」概念を，裁量性がなくかつ附款の付加の余

地のない行政行為の類型としてなお維持する見解もあるが，その意義は大きくない。たとえば，最判昭和57・4・23民集36巻4号727頁〔百選I-120〕は，明文で条件の付加が認められている車両制限令12条の特殊車両通行認定が「確認的行為の性格を有する」としつつ，行政裁量を行使する余地があるとする。

また，準法律行為的行政行為の中に位置づけられてきた受理は，行政手続法における申請・届出の定めからは放逐され，提出先への到達で足りるとされており（行手7条・37条），公証行為も，公の証拠力だけでは行政争訟の対象性としての処分性を否定するのが判例である（最判昭和39・1・24民集18巻1号113頁，最判平成11・1・21判時1675号48頁）。これらを「行政行為」概念に含ませることに躊躇せざるをえない。

さらに，法律行為的行政行為の下位分類である命令的行為・形成的行為の区別は行為の効果内容を基準とするのに対し，準法律行為的行政行為に関する確認・公証・通知・受理の区別は行為の表示の性質に基づく分類であって，理論的次元を全く異にし，かかる区分は理論的に混乱したものであるとされている。したがって，たとえば確認行為に分類されることのある建築確認，恩給裁定，租税賦課などの諸行為は，それぞれの根拠法令によって付与された効果内容に即して，許可，特許，下命に分類するべきであるとも指摘されている。

　(c)　**新たな分類論**　　上記のような批判を踏まえ，法律行為的行政行為と準法律行為的行政行為の区別を放棄し，行政行為の分類基準として最も意味があると考えられる行為の効果内容にもっぱら基づいて系統的に分類すべく，いくつかの分類論が学説上提唱されている。

たとえば，伝統的な「命令的行為」と「形成的行為」の区別を維持しつつ，従来準法律行為的行政行為に分類されながら命令的ないし形成的効果を有していた登録や確認をその実体法的効果に即して位置づけ直し，かつ公証や通知を「手続的行為」という新しいカテゴリーに分類する3区分論がある。また，伝統的な命令的行為と形成的行為の区別からも決別し，①私人に対し義務を課す「命令行為」，ⅱ自由の回復としての許可なども包摂した，私人に対して法的地位を設定する「形成行為」，ⅲ法律関係を確定させる「確定行為」の3分類を提示する見解もある。

　他方，実定法上は，前述の(1)で紹介した⑤と⑥の分類を統合再編した，行政手続法の「申請に対する処分」と「不利益処分」の区別が，重要な意味をもつようになっており（本節**5**参照），さらに 2004（平成 16）年の行政事件訴訟法改正によって義務付け訴訟が新たに法定され，そこでは非申請型義務付け訴訟と申請型義務付け訴訟の区別が導入された（行訴 3 条 6 項・37 条の 2・37 条の 3）。この結果，上述の「申請に対する処分」と「不利益処分」の区別の実践的な意義はますます高まっているといえよう。

　なお，最近有力に唱えられている「法的仕組み」論（ **Column 1-5** 参照）においては，こうした行政行為という個別行為の法効果内容に即した分類よりも，行政行為を組み込んだ法制度的な仕組みの分類論，たとえば許可制，認可制，届出制（第 3 章第 1 節**2**(1)），下命・禁止制など，が有意義であると考えられているものと思われる。

(3)　行政行為の附款

(a)　附款の定義と機能　　行政行為の附款とは，行政庁により行政行為の本体たる法効果内容に付加された付随的効果内容である。そうした附款の種類として，①条件，②期限，③負担，④撤回権の留保が挙げられている。ただ，これらは理論的な区別であり，実定法上は，負担を「条件」として定めていることが多い（たとえば，自動車等の運転免許の条件〔道交 91 条〕）。ここでも理論上の概念と実定法上の概念との齟齬がみられる。

　附款が，行政行為の「付随的」な効果内容であるゆえんは，行政行為の本体の効果内容の生成・消滅に係る制限を加えるものであったり（条件，期限，撤回権の留保），本体効果内容が生じていることを前提に付加的な義務付けをするもの（負担）であるからである。とはいえ，行政行為の本体効果内容と付随的効果内容の区別が困難であることもある（たとえば，浄化槽汚泥収集運搬業の許可の区域設定を，許可に付された負担ではなく許可の内容そのものとした判決として，福岡高判平成 3・8・22 判タ 787 号 148 頁）。

　こうした附款の存在意義は，「状況適合性機能」とか「規制の弾力性および具体的妥当性の保障機能」などと呼ばれる，状況関係的・流動的な行政需要に応ずるに適したその機能に求められる。たとえば，許認可に短期の期限を付し

た更新制をとることによって，許認可条件を状況適合的に改定できること，解除条件・撤回留保によって，いったんなされた利益的行政行為を，事後的に変化した法的社会的諸関係に適合すべく消滅・変更させうること，などが挙げられる。また，許認可に基づく申請者の活動から生ずることが予想される第三者や公益に対する悪影響を，負担による義務付け（公害防止設備の設置義務など）によって防止するような機能もこれに含まれよう。さらに，法定要件に鑑みると許認可を与えるのに躊躇するような場合でも，附款を付すことによって対応するなどの，「利益付与の拒否に対する代償的機能」も挙げられることがある。

　(b)　**附款の種類**　　条件とは，行政行為の法効果の発生・消滅を将来発生不確実な事実に関わらしめる附款で，効果発生の条件を停止条件といい，効果消滅の条件を解除条件という。たとえば，一定期間内に工事に着手することを条件としてなされた事業許可は，解除条件の例である。なお，行政上の法律関係は，長期間これを不確定な状態にしておくことを適当としないことが多く，条件付きの行政行為は稀であり，法令上「条件」とされているものもその実質は負担であることが多いことは先に述べたとおりである。

　期限とは，行政行為の法効果の発生・消滅を将来発生確実な事実に関わらしめる附款で，効果発生の期限を始期といい，効果消滅の期限を終期という。たとえば，道路の占用許可について一定の日時から，あるいは一定の日時まで，という期限が付された場合，前者は始期であり，後者は終期ということになる。

　負担とは，行政行為本体に付加して特別の義務を課す附款であり，たとえば，公安条例に基づく集団行進の許可に付された駆け足行進やだ行進を禁ずる旨の条件は，不作為義務を課す負担である。負担は，条件や期限のように行政行為本体の効果には直接関わらないが，負担によって課された義務の不履行に対しては行政上の強制執行が可能である場合があるほか，行政行為本体の撤回事由にもなる。この点において，負担も行政行為本体の効果に間接的に影響を及ぼしうる。

　撤回権の留保とは，一定事由がある場合に行政行為本体を撤回する可能性があることを予め明らかにしておく附款である。実務上多くみられる「公益上の必要がある場合」といった撤回要件の無限定な撤回権の留保は，後述する取消し・撤回制限の法理（本節 **4** (4) (c)）を無意味にする可能性があるので，例文

的なものにすぎないと解されている。

このほか，附款の一種として「法律効果の一部除外」が伝統的に挙げられて
きたが，それは行政行為の特別な法定効果として行政行為の本体内容にほかな
らないとみる見解が今日では有力とみられる。このほか，「負担の事後的付
加・変更・補充の留保」も独立の附款の形態として論じられることがある（河
川75条1項）。

(c)　附款の統制　　附款は，本体たる行政行為の効力を左右したり，本体に
はない新たな法効果を追加するものであるから，法律の根拠がある場合か（道
87条など），行政行為をなすについて行政庁に裁量が認められている場合に，
処分庁が付加することができる（地方公務員の期限付任用は，その必要性と職員の
身分保障の趣旨に反しない場合には，法律の明文の根拠がなくても許されるとした判例
として，最判昭和38・4・2民集17巻3号435頁〔百選Ⅰ-88〕）。その場合，附款付
加の授権規定の趣旨・目的の範囲内でなさねばならないのは当然であり，また
裁量を根拠に附款を付す場合もその裁量の範囲内でのみ行うことができる。付
加される附款の内容も，そうした附款付加の法的根拠の枠内のものでなければ
ならず，行政行為の名宛人に不当な義務を課すようなものであってはならない
（このことを明文で定めている例として都計79条）。さらに，附款付加の目的達成の
ために必要最小限度のものに限られる旨が定められていることもある（森林10
条の2第5項）。また，行政行為本体の効果内容と無関係な附款を付すことは許
されない（東京地判昭和42・5・10下刑集9巻5号638頁）。本体たる行政行為の性
質によっては，そもそも附款付加に馴染まないとされるものもある（国籍法に
基づく帰化の許可のように国民・住民の身分に関わる行為がその例）。

大多数の附款は，許認可等の利益的行政行為に付されるのが通常であり，そ
れが違法であるとして裁判的統制の対象となるのは，当該行政行為の受益者か
ら附款の取消訴訟・無効確認訴訟（行政行為の一部取消訴訟・無効確認訴訟）が提
起される場合か，附款の付かない行政行為をなすべきことを求める義務付け訴
訟が提起される場合であろう。前者については，附款と行政行為本体との可分
性が問題となり，可分的な場合に限って一部取消・無効確認訴訟が認められる
とされ，附款なしでは行政行為がなされなかったであろうと客観的に考えられ
る場合には可分性が否定される等の見解が表明されている。

4 行政行為の効力発生と消滅

(1) 序 論

行政行為の生成消滅についても明文の一般的定めは存在せず，理論に委ねられている。まず，行政行為の形式については不要式性の原則があるとされ，口頭によってなすことも許されるとされてきた。ただ，不利益的行政行為の場合，個別実定法により決定通知書等の作成義務を課されている場合が少なくない（税通28条1項，収用66条2項など）。そして，書面でなされる行政行為の場合は，不服申立てや取消訴訟等の提起について書面による教示が必要であり（行審82条，行訴46条）（第4章第1節**2**(7)・第2節**2**(8)参照），理由の提示も書面によらなければならない（行手8条2項・14条3項，行審50条・60条）（本節**5**(2)(e)・(3)(e)参照）。

(2) 行政行為の効力の発生

行政行為は，原則として，意思表示の一般法理（民97条1項）に則って名宛人に到達したときに効力が生ずるものとされている（最判昭和29・8・24刑集8巻8号1372頁。明文の規定例として，行審51条1項）。また，法律に別段の定めがあるときはそれによるのは当然である（税理士に対する懲戒処分の効力発生に伴う措置や不利益的な効果の付与を同処分の確定に係らせていた旧税理士法の規定から，同処分の効力発生時期は処分の確定時であるとした最判昭和50・6・27民集29巻6号867頁）。あるいは，附款としての期限（始期）や条件（停止条件）が付加されている場合は，行政行為それ自体としては成立しているものの，そうした期限の到来や条件の成就をまって，行政行為本体の法効果が発生する。

行政行為を名宛人に送達する方法については通則的な定めが存在せず，名宛人の居所不明の場合の処理が問題となる。公示送達の方法が法定されている場合もあるが（税通14条，行審51条2項以下など），そうした定めがないときにも民法98条の公示送達の手段を採りうるかが論じられている（所在不明の地方公務員に対する懲戒処分の送達について参照，最判平成11・7・15判時1692号140頁〔百選Ⅰ-55〕）。

特定の名宛人の存在しない行政行為もあり，道路の供用開始決定（道18条2

項）などの一般処分がその典型である。こうした一般処分は，告示等の形式で公告されて効力を発することが通常である（告示について参照，本章第2節 **1**(2)）。

(3)　行政行為の効力の消滅

　行政行為は，①時間の経過や一定の事実の発生によって消滅することがあるほか，②裁判所の取消判決や不服申立てに対する取消裁決によっても消滅し（争訟取消し），③さらに行政庁が自らそれを覆滅させることがある（職権取消し・撤回）。②は，第4章において扱われ，③については次の(4)において詳しく論じることにする。

　時の経過によって行政行為の効力が消滅する場合として，行政行為に有効期間が定められている場合に，その時が到来した場合がある。こうした有効期間は，法定されている場合もあるが（電波13条1項），附款としての期限（終期）として処分庁により設定されている場合もある。ただし，そうした期限の付加が許認可の当然失効を意味しない許認可期間の更新制とみられるべき場合もある（最判昭和43・12・24民集22巻13号3254頁〔百選Ⅱ-166〕◀ **判例 2-2** ▶〈東京12チャンネル事件〉）。

　時の経過以外の一定の事実の発生による行政行為の消滅事由としては，対物処分の対象物件の滅失や一身専属的な効果を有する行政行為（運転免許や医師免許など）の名宛人の死亡などが典型例であろう。このほか，行政行為の附款として付加された条件（解除条件）事実の成就が行政行為の消滅事由となっている場合がある。

◀ **判例 2-2** ▶ **最判昭和 43・12・24 民集 22 巻 13 号 3254 頁〔百選Ⅱ-166〕**

〈**東京 12 チャンネル事件**〉

【事実】 Xが，第12チャンネルによるテレビジョン放送局の開設のため，郵政大臣（当時）Yに免許申請をしたところ5者の競願となった。Yは訴外財団Aに予備免許を与え，その余の申請を拒否した。Xが異議申立てをしたが，Yは電波監理審議会の議決に基づいてこれを棄却したので，この棄却決定の取消訴訟をXは提起した。原審が，Yの決定を違法として取り消したのでYが上告。

【判旨】 上告棄却。「訴外財団に付与された予備免許は，昭和39年4月3日本免許となつたのち，翌40年5月31日をもつて免許期間を満了したが，同年6月1日および同43年6月1日の2回にわたり，これが更新されていることが

明らかである。もとより，いずれも再免許であつて，形式上たんなる期間の更新にすぎないものとは異なるが，右に『再免許』と称するものも，なお，本件の予備免許および本免許を前提とするものであつて，当初の免許期間の満了とともに免許の効力が完全に喪失され，再免許において，従前とはまつたく別個無関係に，新たな免許が発効し，まつたく新たな免許期間が開始するものと解するのは相当でない。そして，前記の競願者に対する免許処分（異議申立て棄却決定）の取消訴訟において，所論免許期間の満了という点が問題となるのであるが，期間満了後再免許が付与されず，免許が完全に失効した場合は格別として，期間満了後ただちに再免許が与えられ，継続して事業が維持されている場合に，これを前記の免許失効の場合と同視して，訴えの利益を否定することは相当でない。けだし，訴えの利益の有無という観点からすれば，競願者に対する免許処分の取消しを訴求する場合はもちろん，自己に対する拒否処分の取消しを訴求する場合においても，当初の免許期間の満了と再免許は，たんなる形式にすぎず，免許期間の更新とその実質において異なるところはないと認められるからである。」

【コメント】本判決は，競願関係において拒否処分を受けた原告が提起する取消訴訟の対象について，①自己に対する申請拒否処分と②訴外第三者に対する申請応諾処分のいずれでもよいことを明らかにした点においても重要な判決である。この点について，本判決は，次のように判示している。「ＡとＸとは，係争の同一周波をめぐつて競願関係にあり，……Ｘに対する拒否処分とＡに対する免許付与とは，表裏の関係にあるものである。」Ｘの異議申立ての棄却決定が違法として取り消されたときには，「Ｙは，右決定前の白紙の状態に立ち返り，あらためて審議会に対し，Ｘの申請とＡの申請とを比較して，はたしていずれを可とすべきか，その優劣についての判定（決定案についての議決）を求め，これに基づいて異議申立てに対する決定をなすべきである。」（参照，第4章第2節 **4** (2)(c)）。

　また，上の判旨にあるように，再免許を繰り返した複数の免許の一体性論の帰結として，当初の免許処分をめぐる①の取消訴訟の訴えの利益が更新後も消滅しないことも導いている（参照，第4章第2節 **2** (3)(b)）。

(4)　行政行為の（職権）取消しと撤回

(a)　職権取消しと撤回の意義　　瑕疵ある行政行為（参照，本節 **6**）には取消原因が認められ，その行為の時に遡って取り消されうる。この取消しには「争訟取消し」と「職権取消し」があり，前者は行政行為の名宛人等の私人が行政

不服審査法，行政事件訴訟法，その他個別法に基づく争訟手続によって申し立てた場合にその裁断機関（審査庁あるいは裁判所）がそれを取り消すものであり，後者はそのような私人からの法的請求をまたず，行政の側から自発的に当該行政行為の瑕疵を根拠としてそれを取り消すことをいう（行政行為が違法の場合に限らず不当の場合にも職権取消しが可能であることを明確にした判例として，最判平成 28・12・20 民集 70 巻 9 号 2281 頁〔百選 I -84〕〈辺野古埋立承認取消事件〉）。

　これに対し，上記の場合とは異なり，後発的に何らかの事由が生じたためにその効果を存続させることが公益上適切でない行政行為を，その後発的事由を根拠に効力を失わせることを「撤回」という。ただし，（職権）取消しと撤回の区別は，理論的なものであって，実定法上は，両者とも「取消」と定めていることが通常である（一般的な法律として，行政手続法 13 条 1 項 1 号イ，個別法としてたとえば，道路交通法 103 条など。例外的に，「撤回」という用語が用いられている例として，電波法 102 条の 8 第 3 項）。民法学でも瑕疵ある法律行為の取消しと法効果未発生の法律行為の撤回の区別が講学上なされており，これは 2004（平成 16）年の民法改正で法文上明確化された（407 条 2 項・523 条 1 項等）。

　(b)　職権取消しと撤回の異同　　職権取消しと撤回は，いずれも行政庁が元の行政行為の効力を失わせるために行う新たな行政行為である，という点で機能を同じくし，営業許可や給付決定等の利益的行政行為の取消し・撤回については受益者の信頼や既得権の保護の見地からその制限の法理が共通に問題となる。しかし，理論的には次のような相違が認められる。

　①職権取消しの対象はもともと違法または不当な行政行為であるのに対し，撤回の対象は原始的に瑕疵ある行政行為に限られない。むしろ，原始的には瑕疵なくされた行政行為を，後発的事由を理由にその効力を消滅させることが，撤回のなされる主要な場合である。②すでにみたように，職権取消しの効果は原処分の処分時まで遡及するのが原則であるが，撤回は原処分のなされた後に生じた事由に基づいて行われるのであるから，その効果は将来に向かってのみ生ずる。③当該行政行為を行った処分庁のほかに，その上級行政庁が，法律の明文の根拠（たとえば内閣法 8 条の内閣総理大臣の中止権）がなくとも，指揮監督権限の行使として当然に職権取消権限を有するか否かについては学説の争いがあり，肯定説，否定説，権利侵害処分に限って認める制限的肯定説等がある。

これに対し，撤回は，いったんなされた行政行為をその瑕疵の有無にかかわらず事後的な再考慮に基づいて取り消すものであるから，上級行政庁が指揮命令権の行使によらず直接に撤回処分を行うことは，行政機関相互間の権限分配原則を侵すものとして許されないとされている（第 1 章第 1 節 **3** (1)(f)参照）。④瑕疵ある行政行為の職権取消しは，もともとあるべからざる行為の効力を消滅させることであるので，不可変更力が認められる行為や，利益的行政行為について相手方国民の信頼保護等の見地から制限される場合等を除いて，明文の規定の根拠なしに行うことができることに，争いはない。一方，撤回の場合は，不利益的行政行為については問題ないが，利益的行政行為の撤回については，法律の明文の根拠規定がなくとも公益上必要があるときは，原処分の根拠規定あるいは行政上の一般法原則等を根拠として許されるとする通説・判例（最判昭和 63・6・17 判時 1289 号 39 頁〔百選Ⅰ-86〕〈菊田医師事件〉，最判平成 7・6・23 民集 49 巻 6 号 1600 頁〔百選Ⅱ-217〕〈クロロキン薬害訴訟〉）のほかに，一般的に法律の根拠が必要である（例として，国財 18 条・19 条・24 条など），あるいは政策的公益目的に基づく，または制裁的に用いられる撤回処分については法律の根拠が必要である（例として，公衆浴場法 7 条，旅館業法 8 条など）とする反対説が存する。

(c)　**職権取消し・撤回の制限と補償**　まず，行政上の不服申立てに対する決定・裁決などの争訟裁断的行政行為には不可変更力が認められて，職権取消し・撤回が許されない（第 2 章第 3 節 **2** (4)）。

　次に，許認可等の利益的行政行為については，相手方の不正行為に基づくような場合（詐欺・強迫による許認可の取得など）を除いて，相手方を含む関係者の，行政行為の存在に対する信頼保護（法的安定性の確保の要請）に鑑みて，その職権取消し・撤回が制限されるとする法理が学説上形成され，これは判例法理にもなっている（参照，最判昭和 28・9・4 民集 7 巻 9 号 868 頁）。判例は，処分の取消しによって生ずる（相手方の）不利益と，取消しをしないことによって生ずる（公益上の）不利益を比較衡量して後者が前者を上回るときに職権取消しが認められるとする枠組みによっており（最判昭和 31・3・2 民集 10 巻 3 号 147 頁，最判昭和 43・11・7 集民 22 巻 12 号 2421 頁），被災者生活再建支援金給付決定の職権取消しが争われた最判令和 3・6・4 民集 75 巻 7 号 2963 頁〔百選Ⅰ-85〕は，その比較衡量において，①処分の瑕疵の原因・内容・程度，②処分の取消しに

よって受益者に生ずる不利益の性質・内容・程度，③処分の効果を維持することによって生ずる公益上の不利益の性質・内容・程度，④処分の取消しの時期（処分がされてから取消しがなされるまでの期間の長さ）などが考慮要素となるとしている。

なお，職権取消し・撤回に利益を有する第三者がいる二重効果的行政行為の場合には，利益的行政行為の相手方などその存続に利益を有する者の利益のほかに，かかる第三者の利益も考慮して当該行政行為の効果の覆滅の許容性が判断されることになる。農地買収・売渡計画の職権取消しが争われた前掲最判昭和43・11・7は，原処分の反対利害関係人である農地旧所有者らの不利益の方が重大であるとして，原処分の受益者からの取消処分の違法・無効の主張を退けている。

また撤回の場合は，その理由となった後発的事情がいかなるものかが重要である。①許認可等の処分要件事実の事後的消滅の場合（重大な副作用が判明した薬品の製造承認の取消しなど。この場合には行政庁に撤回義務があるとされたり，消滅事実の届出義務が課されていることもある），②法令違反行為や附款としての負担によって課された義務への違反があった場合（交通違反を理由とする運転免許取消し），③外在的優越的の公益の発現（公共事業のための行政財産使用許可の取消し）など（撤回権の留保が附款として付加されるのもこうした場合が多いであろう）がありうるが，撤回制限の法理が問題となるのはもっぱら③の場合であろう。そして，この場合に撤回が認められるとしても損失補償が必要になることがあり（補償規定の例として，河川法76条），さらに補償の範囲も問題となる（ Column 5-3 ）参照）。

不利益的行政行為の場合，その職権取消し・撤回は相手方の利益になるのであるから，前述の利益的行政行為の場合と異なって，その法効果の覆滅を制限する法理というものは形成されてこなかった。しかし，二重効果的行政行為の場合も含めて，公共の利益に著しい障害を生ずるような場合，その争訟取消しまでもが制約される場合が認められていることに鑑みると（事情判決〔行訴31条〕がなされる場合。第4章第2節 **4** (1)参照），不利益的行政行為の職権取消し・撤回の制限が要請される場合もあると考えられる。

5 行政行為の手続法的統制（行政処分手続）

(1)　行政手続法の定める行政処分手続の概要

　行政行為をなす事前手続については，適正手続の原理（第1章第2節**2**参照）に基づいて，行政行為の名宛人を中心とする関係者の権利利益を保護するための措置が求められ，これに関する一般法として，行政手続法に処分手続の諸規定が定められている（以下，(3)までにおいてとくに断らない限り，条文は同法のもの）。

　なお，行政手続法はあくまでも一般法であり，個別法において本法の適用除外や別の手続規定が定められることがあり（1条2項参照），本法自体にも包括的な適用除外規定がある。処分手続全体の適用除外としては，国会・地方議会・裁判所などが行う行政処分，公務員・学生・生徒・受刑者等になされる懲戒処分など，処分の性質上本法の適用になじまない処分など（3条1項），国の機関・地方公共団体等がその固有の資格において名宛人となっている処分，独立行政法人・特殊法人・認可法人・指定検査機関等に対する監督処分など（4条1項〜3項）がある。不利益処分手続のうち名宛人となるべき者の意見陳述手続の適用除外としては，緊急性がある場合，客観的な資料によって直接証明された事実に基づいて必ずしなければならない処分等が定められている（13条2項）。たとえば，行政行為に対する行政上の不服申立てについてなされる裁決・決定は，それ自体1個の行政行為であるが，それは行政手続法の適用除外とされ（3条1項15号），そうした裁決・決定の手続を定める法律として行政不服審査法が定められている（第4章第1節参照）。また，租税の賦課・徴収に関する行政行為は，包括的に行政手続法の適用除外とされており（税通74条の14，地税18条の4），租税行政手続法の制定が強く求められているところである。

　さらに，自治体の機関が条例・規則に基づいて行う行政行為も本法の適用除外となっており（3条3項），各自治体はそれぞれ行政手続法に準じた行政手続条例を制定している（46条）（ Column 2-5 　参照）。

　行政手続法の定める行政処分手続の問題点ないし限界として，それが行政行為の名宛人の権利保護を中心としたものであって，行政行為の第三者，とりわけ名宛人に利益を与える許認可処分によって不利益を受ける周辺住民や利害関

係者の手続的地位に対する配慮が十分でないことがあげられる（そうした第三者の地位に配意した例外的定めとして，10 条・17 条）。ただし，2014（平成 26）年の行政手続法改正では，法令違反事実の是正のためになされるべき法定の行政行為または行政指導の権限発動を第三者が求める制度が新たに導入されている（36 条の 3）。この申出制度は，申出人の範囲が無限定であり，申出人に対する応答を予定していないので，行政に対する客観的適法性統制の制度とみられる一方，行政行為・行政指導の名宛人以外の第三者の権利利益の保護に資しうるものである。

　行政手続法は，行政処分手続を申請に対する処分手続と不利益処分手続の 2 つに大別し，それぞれに関する手続規律を定めているので，以下ではこの区別に即して行政処分手続の内容を紹介しておくことにする。

Column 2-2　行政審判手続

　行政処分手続のうち，独立性・中立性の高い行政機関（行政組織内部の職能分離）が，裁判手続に類似した口頭審理手続（準司法的手続）に基づいて審査を行い，そのうえで，①争訟裁断的行政行為その他の行政行為，②不服審査に対する裁決・決定としての行政行為をなす手続が定められていることがある。これを「行政審判」と呼ぶ。①は，第一次的な行政行為をなす手続であり，行政手続法に対する特例をなし（たとえば，行手 3 条 1 項 12 号），「始審的行政審判」と呼ばれる。②は，第一次的な行政行為に対する不服審査手続であるから「行政過程における争訟」（第 4 章第 1 節**1**(1)参照）に位置づけられ，「覆審的行政審判」と呼ばれる。

　①の例として，海難審判所の審判手続（海難審判法 30 条以下），不当労働行為に係る労働委員会の救済命令手続（労組 27 条以下），公安審査委員会による破壊的団体の規制手続（破壊活動防止法 11 条以下），電波法上の免許取消し等に係る電波監理審議会の意見聴取手続（電波 99 条の 12 以下）など，②の例として，公務員に対する不利益処分に係る人事院・人事委員会の調査・審査手続（国公 90 条以下，地公 49 条の 2 以下），鉱業権の設定に対する不服に係る公害等調整委員会の審理手続（鉱業等に係る土地利用の調整手続等に関する法律 25 条以下）などがある。

　なお，こうした行政審判手続を経てなされる審判の効力として，それに対する取消訴訟手続との関係で，①審級省略（東京高裁の専属管轄を定める電波 97 条など），②裁決主義（参照，第 4 章第 2 節**3**(1)(b)）（電波 96 条の 2 など），③実質的証拠法則（電波 99 条など）などが特別に定められていることがある。実質

的証拠法則とは，行政庁の認定事実が，それを立証する実質的な証拠がある限りは裁判所を拘束するとするものであり，その限りで専門性の高い行政機関による準司法的手続を経た事実認定の通用性を高めているものである。

(2)　申請に対する処分手続

　ほとんどの利益的行政行為は，受益者からの申請に基づいてなされる（たとえば，各種の営業許可や補助金等の支給決定など）。行政手続法は，そうした申請に対する処分の手続について，①審査基準の設定と公開（5条），②標準処理期間の設定と公開（6条），③申請に対する審査・応答を迅速になす義務（7条・11条），④申請者等に対する情報の提供義務（9条），⑤申請を拒否する場合の理由の提示（8条），⑥利害関係第三者の考慮（10条）などを定めている。

　なお，申請とは，法令に基づき，行政庁の許認可等の「自己に対し何らかの利益を付与する処分……を求める行為であって，当該行為に対して行政庁が諾否の応答をすべきこととされているもの」（2条3号）をいう。かかる利益的処分を対象とし，かつ行政庁の応答義務が認められる受益者からの要求行為ではない職権処分の発動を促す申出は，申請ではない（国土調査法17条2項に基づく地図・簿冊の修正の申出について最判平成3・3・19判時1401号40頁，住民基本台帳法14条2項に基づく住民票の誤記・記載漏れの申出について最判平成21・4・17民集63巻4号638頁〔百選Ⅰ-61〕）。

　(a)　審査基準の設定と公開　　行政庁は，申請により求められた行政行為をするかどうかを法令の定めに従って判断するために必要な基準（審査基準）をできるだけ具体的に設定する義務を負う（5条1項・2項）。この審査基準には，法令の解釈に係る解釈基準と，法令により与えられた行政庁の裁量判断に係る裁量基準の両方が含まれると考えられるが，いずれも行政規則たる性質をもつことに変わりはない。したがって，行政庁は，この基準に厳格に拘束されるものではなく，個別事案の特性に配意した判断や基準の柔軟な適用も許される（最判平成10・7・16判時1652号52頁）。ただ，基準と異なった判断をする場合には，その合理的根拠を処分理由において明らかにする必要はある（参照，本章第2節**2**(3)・(4)）。

　審査基準を「公に」する義務（5条3項）は，一般的な公表（36条参照）を求

めたものではなく，申請者や申請をしようとする者の利益に配慮して，それを常時みることができる状態にしておくことを定めたものであって，窓口の物理的な条件などによっては，申請をしようとする者の求めに応じて個別的に提示することでも足りるとされている。とはいっても，行政手続法理に関する重要なリーディングケースである最判昭和 46・10・28 民集 25 巻 7 号 1037 頁〔百選Ⅰ-114〕◆判例 1-3 ◆〈個人タクシー免許事件〉は，審査基準の公開までは求めていなかったので，この点において，本条は従来の判例法理を大きく前進させたものといえる。

　審査基準を新たに設定する際には，原則として意見公募手続（39 条以下）を採ることを要する。

　(b)　標準処理期間の設定と公開　　行政庁は，申請を受け付けた場合に，迅速にそれを審査し，応答をする義務を負う（7 条）。そうした申請処理の迅速性を担保するために，みなし応諾制（所税 147 条など），みなし却下制（自治 257 条 2 項，生活保護 24 条 7 項，地税 433 条 12 項など），あるいは法定処理期間（行政機関情報公開 10 条 1 項，生活保護 24 条 5 項など）を定める例もあるが，行政手続法は，申請到達後の申請処理に係る標準処理期間を設定する努力義務（6 条）と設定された期間を「公に」する義務（同条）を定めた。さらに，処分庁以外の申請受付機関がある場合には，そこから行政庁に到達する標準的な期間も同様としている（同条かっこ書）。

　こうして設定され公にされる標準処理期間は，あくまでも「標準」として設定されるのであり，これよりも遅延することが直ちに違法となる，すなわち不作為争訟の「相当の期間」（行審 3 条，行訴 3 条 5 項・37 条の 3 第 1 項 1 号）を超えたことを意味するものではない。とはいえ，この「相当の期間」を判断する重要な手がかりとはなるはずである（第 4 章第 2 節 **5** (2)(c) 参照）。

　(c)　申請の受付・迅速な処理の努力義務　　行政庁は，申請が物理的に到達したときは，遅滞なく審査を開始し，申請が形式上の要件に適合していないときは，補正を求めるか申請を拒否しなければならない（7 条）。この結果，従来行政実務上行われてきた，申請の受理拒否，受付拒否，申請書の返戻などによる事実上の申請妨害は，法律上明文で許されないことが明らかにされた（広島高岡山支判平成 12・4・27 判例自治 214 号 70 頁，名古屋高金沢支判平成 15・11・19 判タ

1167 号 153 頁）。判例上も，以前より，競願関係が生じた場合の先願・後願の関係は，申請書の提出時を基準とすべきであり，申請の受付や受理のような行政庁の行為の前後によるべきではないとされていた（最判昭和 47・5・19 民集 26 巻 4 号 698 頁〔百選 I -58〕）。

　もっとも，申請の取下げを求める行政指導や申請後に申請内容の変更等を求める行政指導をしていることを理由に，申請に係る処分を留保することが一般的に禁じられたわけではない。申請者等の任意の同意があれば，こうした行政指導による措置も許されるところである（32 条・33 条。最判昭和 60・7・16 民集 39 巻 5 号 989 頁〔百選 I -121〕 判例 2-6 〈品川区マンション事件〉）。なお，従前，申請は，書面ないし口頭によることが前提とされていたが，オンラインによる申請も認められるようになった（情報通信技術を活用した行政の推進等に関する法律 6 条）。この場合の申請は，行政機関側の電子計算機に備えられたファイルへの記録により申請が到達したものとみなされるので（同条 3 項），この限りで申請窓口における申請書の受理拒否等の余地はなくなることになる。

　また，申請が複数の行政庁の共管事項であったり，関連する申請が別の行政庁に提出されている場合などにおいて，関係する行政庁間で相互の判断の出方待ちのようなことが行われ，結果として申請処理が遅延することがある。このような遅延を回避し，相互の連絡を密にするなど審査の促進に向けた努力義務も行政庁に課されている（11 条）。

　なお，行政手続法 7 条の定めによれば，申請に形式的な問題点があれば，補正指導をせずに直ちに申請却下をすることも可能であるように理解できるが（補正指導優先主義を採っている行政不服審査法 23 条，補正のための参考情報提供の努力義務を定める行政機関情報公開法 4 条 2 項参照），容易に補正できる形式違反につき補正指導しないことが違法と評価されることもあると考えられる（福井地判平成 14・7・10 判時 1808 号 59 頁）。

　(d)　情報提供の努力義務　　行政庁は，申請者等の求めに応じて，申請に必要な情報の提供に努め，審査の進行状況・処分の見通しを示すよう努めなければならない（9 条）。これは，努力義務であり，かつ申請者等からの求めに応じての情報提供を定めたものにとどまっている。行政分野によっては，申請者等の利益のためにより積極的な情報提供が求められるケースがあると思われる

（行政の周知義務を否定した大阪高判平成 5・10・5 訟月 40 巻 8 号 1927 頁を参照）。

　(e)　**申請拒否処分についての理由の提示**　　申請拒否処分をする場合には，原則としてその処分と同時に，その理由を提示しなければならない（8 条 1 項）。ただし，許認可の要件や審査基準が客観的指標により明確に定められており，かつ申請がこれに適合しないことが申請内容等に照らして明白である場合には，申請者の求めがあったときに示すことでも足りる（同項但書）。書面で処分がされるときは，理由も書面で示す必要がある（同条 2 項）。申請が形式的要件を欠いている場合も，行政手続法 8 条 1 項但書に該当しないときは，やはりその理由を示すべきであろう。

　理由提示制度の法的意義は，最高裁によれば，①恣意抑制機能＝慎重配慮確保機能＝公正処分決定担保機能，②不服申立便宜機能の 2 つに求められる。理由付記に関するこれらの機能が最高裁によって判示されたのは，まず理由付記が法定されている不利益処分に関してであった（所得税の青色申告更正処分の理由について最判昭和 38・5・31 民集 17 巻 4 号 617 頁〔百選Ⅰ-116〕，法人税の青色申告書提出承認取消処分の理由について最判昭和 49・6・11 判時 745 号 46 頁）。その後，申請拒否処分である一般旅券発給拒否処分の理由付記の定めの意義についても同様の判示がなされた（最判昭和 60・1・22 民集 39 巻 1 号 1 頁〔百選Ⅰ-118〕）。なお，理由提示のこのほかの機能として，③相手方に対する説得機能，④決定過程公開機能を挙げる所説もある。

　提示されるべき理由の程度（付記理由の具体性）については，明文の定めはないが，処分の根拠規定を摘示するだけでは許されず，いかなる事実関係に基づきいかなる法規を適用して結論に至ったかが，理由の記載自体からわかる程度に示すことを要するとするのが判例である（前掲最判昭和 60・1・22，最判平成 4・12・10 判時 1453 号 116 頁）。加えて，審査基準があらかじめ定められ公開されている以上，根拠規定だけではなく，申請拒否の根拠となった審査基準の適用関係も提示されるべきである（東京高判平成 13・6・14 判時 1757 号 51 頁。不利益処分の理由に関する事案であるが，最判平成 23・6・7 民集 65 巻 4 号 2081 頁〔百選Ⅰ-117〕 判例 2-3 〈一級建築士免許取消事件〉）。

　なお，処分時に示されなかった理由を事後に提示するとか，不十分であった理由を事後に完備したものにするなどの理由の追完は，前述した理由提示制度

の趣旨を全く没却するもので許されないことは，確立した判例である（本節 **6** (3) 参照）。

　ただ，いったん提示した理由について事後に他の理由を追加・差替えすることについては，これを一般的に肯定した判例として，最判平成 11・11・19 民集 53 巻 8 号 1862 頁〔百選 II-180〕◁ **判例 4-6** ▷がある。理由の追加・差替えを広く認めることは，完備した理由をとりあえず 1 つだけ示しておけばよい，というような行政庁の行動を誘発するおそれもあり，前述の理由提示制度の意義に鑑みて疑問がある。ただ，申請拒否処分に対して申請認諾を求める義務付け訴訟が提起された場合においては，その本案審査事項の範囲からみて，訴訟段階での理由の追加・差替えを実質的に認めざるをえないであろうし，申請拒否処分に付加された理由については，紛争の一回的解決の観点から（理由の追加・差替えを認めないと，当初の理由での拒否処分は違法として取り消されても，別の理由による再拒否処分がなされることを遮断できない），一定の合理性があるともいえる（第 4 章第 2 節 **3** (1)(b) 参照）。

◁ **判例 2-3** ▷ 最判平成 23・6・7 民集 65 巻 4 号 2081 頁〔百選 I-117〕

〈一級建築士免許取消事件〉

【事実】国土交通大臣は，一級建築士 X の設計行為につき，建築士法 10 条 1 項 2 号及び 3 号に該当するとし，聴聞手続を実施して一級建築士免許の取消処分を行った。この処分がなされた当時，建築士に対する懲戒処分について処分基準が定められ公にされていた。しかし，本件処分通知書に記載された理由は，建築物の所在地の列挙に加えて「建築基準法令に定める構造基準に適合しない設計を行い，それにより耐震性等の不足する構造上危険な建築物を現出させ」たこと，「構造計算書に偽装が見られる不適切な設計を行った」ことが建築士法の上記条項に該当し，「一級建築士に対し社会が期待している品位及び信用を著しく傷つけるものである」とのみ記載されていた。X は，本件処分は，上記処分基準の適用関係が理由として示されておらず，行政手続法 14 条 1 項の理由提示の要件を欠いた違法性があるとして取消訴訟を提起した。第一審・第二審とも，行政手続法 14 条 1 項の趣旨は，処分の根拠法条とそれに該当する具体的事実関係が明らかにされることで十分であるとして X の訴えを退けた。最高裁は破棄自判。

【判旨】「行政手続法 14 条 1 項本文が，不利益処分をする場合に同時にその理由を名宛人に示さなければならないとしているのは，名宛人に直接に義務を課

し又はその権利を制限するという不利益処分の性質に鑑み，**行政庁の判断の慎重と合理性を担保してその恣意を抑制するとともに，処分の理由を名宛人に知らせて不服の申立てに便宜を与える趣旨に出たものと解される。」どの程度の理由を提示すべきかは，「当該処分の根拠法令の規定内容，当該処分に係る処分基準の存否及び内容並びに公表の有無，当該処分の性質及び内容，当該処分の原因となる事実関係の内容等を総合考慮してこれを決定すべきである。」**

本件処分についてこれを見ると，建築士法10条1項2号・3号の「処分要件はいずれも抽象的である上，これらに該当する場合に同項所定の戒告，1年以内の業務停止又は免許取消しのいずれの処分を選択するかも処分行政庁の裁量に委ねられている。そして……本件処分基準は，意見公募の手続を経るなど適正を担保すべき手厚い手続を経た上で定められて公にされており，しかも，その内容は……多様な事例に対応すべくかなり複雑なものとなっている。そうすると，建築士に対する上記懲戒処分に際して同時に示されるべき理由としては，**処分の原因となる事実及び処分の根拠法条に加えて，本件処分基準の適用関係が示されなければ，処分の名宛人において，上記事実及び根拠法条の提示によって処分要件の該当性に係る理由は知り得るとしても，いかなる理由に基づいてどのような処分基準の適用によって当該処分が選択されたのかを知ることは困難であるのが通例であると考えられる。」**

したがって，「本件の事情の下においては，行政手続法14条1項本文の趣旨に照らし，同項本文の要求する理由提示としては十分でないといわなければならず，本件免許取消処分は，同項本文の定める理由提示の要件を欠いた違法な処分であるというべき」である。

【コメント】上記引用判旨冒頭の理由提示制度の趣旨が，行政手続法8条の申請拒否処分の理由提示制度にも妥当することは，多くの判例の述べるところである。他方，提示されるべき理由の程度については，複数の処分の選択裁量が認められ，定められた処分基準がかなり複雑な不利益処分の事案に係る本判決の趣旨が，他の不利益処分，さらには申請拒否処分のケースにも妥当するかは議論のあるところである。理由提示義務の例外事由（行手8条1項但書・14条1項但書）に該当しない場合には，処分基準の適用関係も示されるべきであるとする本判決の判示は，申請拒否処分にも妥当すると解されるべきである。

(f)　利害関係第三者の利益の考慮　　行政手続法の行政処分手続は，もっぱら行政行為の名宛人の権利利益を考慮した手続ルールを定めたものであるが，ごく例外的な定めとして，10条に公聴会の開催等の努力義務の規定がおかれている。そこで配慮が求められている第三者の範囲は，「〔その〕利害を考慮す

べきことが当該法令において許認可等の要件とされている」ような者である。取消訴訟の原告適格のような「法律上の利益」（行訴9条）が求められているわけではなく，それよりも広く，公益事業の料金認可において消費者や利用者の利益を考慮するとされている場合など（道運9条6項1号，航空法105条2項2号）も含むとされている。

(g) **申請処理手続における意見の聴取の必要性**　申請がなされて，審査基準に基づいて審査を行う場合，申請者すなわち行政行為の名宛人に意見陳述の機会を与えるか否かが問題となる。行政手続法は，後述する不利益的行政行為の場合と異なり，原則としてそうした機会を与える必要はない，としている。その理由は，申請拒否処分については，申請者が必要な準備をした上で申請を行い，行政庁の処分は当該申請があった場合にのみその応答として行われるものであるから，それが当該申請を拒否する処分であっても，申請者にとって不意打ちとなることはないからである。ただ，申請に対する処分についても「意見の聴取」手続を定めている例として，道路運送法89条，採石法17条などがある。また，申請拒否処分を予定した際の意見の陳述手続を定めている例として，旅行業法64条，税理士法22条2項，漁業法71条5項等がある。

　申請拒否処分といえども，その性格は多様であるから，上述のような理由は一般化できないと考えられる。たとえば，更新制をとっている許認可制度における更新拒否も，ここでいう申請拒否にほかならないが，その実質は，従前付与されていた許認可の取消しとほとんど変わらないのであるから（参照，電波法13条1項の再免許の性質に関する最判昭和43・12・24民集22巻13号3254頁〔百選Ⅱ-166〕 ◁**判例 2-2**▷〈東京12チャンネル事件〉，東京地判昭和43・8・9行集19巻8＝9号1355頁〈FM東海事件〉），意見聴取手続を要するとすべきであろう。実際に，更新拒否の場合には弁明の機会等を与える旨を定めている例もある（医薬品，医療機器等の品質，有効性及び安全性の確保等に関する法律76条）。

(3)　不利益処分手続

　不利益的行政行為（改善命令，許認可の取消しなど）は，行政庁の職権に基づいて行われることが多い。ただし，法令違反事実の是正のためになされるべき行政行為については，何人も所定の申出書（36条の3第2項）を所管行政庁に

提出して当該行政行為をなすべきことを求めることができる（同条 1 項）。その場合，行政庁は，必要な調査を行い，その結果に基づき必要があると認めるときは，当該行政行為をしなければならない（同条 3 項）。もっとも，この申出制度の定めも，申出人の範囲が無限定であること，申出人に対する応答義務が定められていないことに鑑み，やはり行政庁の「職権発動を促す端緒に関する規定」（独禁法旧 45 条に関する最判昭和 47・11・16 民集 26 巻 9 号 1573 頁〔百選 I ‐ 119〕）と解されることになろう（独禁法はその後改正され，45 条 3 項により公正取引委員会に応答義務を課している）。

　こうした職権に基づく不利益的行政行為をなす事前手続に関する一般的ルールとして，行政手続法は，①処分基準の設定と公開（12 条），②名宛人となるべき者の意見陳述のための手続としての，聴聞と弁明の機会の付与（13 条），③処分理由の提示（14 条）の 3 種を定めている。

　(a)　処分基準の設定と公開　　申請に対する処分手続の場合と同様，不利益的行政行為についても，そうした行政行為をするかどうか，またするとした場合どのような行為をするかどうかに関する基準（処分基準）を設定し，これを公にするよう務めなければならない（12 条 1 項）。そして，かかる基準は，当該行政行為の性質に照らしてできる限り具体的なものとしなければならない（同条 2 項）。処分基準を定める際には，審査基準と同様に，原則として意見公募手続（39 条以下）を採ることを要する。

　審査基準については，その設定義務を課されているのに対し，処分基準の設定は努力義務にとどまっている。それは，処分の原因事実の反社会性や相手方の情状等を個別の事案ごとにどう評価するのか難しい問題をはらみ，その性質上あらかじめ具体的な基準として画一的に定めることが技術的に困難なものもあり，また，処分基準を公にすることは違法行為を助長するおそれもあるためとされている。

　(b)　名宛人の意見陳述の手続　　申請に対する処分手続と異なり，不利益処分手続においては，処分の名宛人の反論等の意見を聴取するための意見陳述手続がとられることになる（13 条 1 項。緊急の場合など例外的に意見陳述手続を不要とする場合は，同条 2 項に定められている）。申請処分手続と異なり，行政庁の職権により処分事実が認定され，法令の適用解釈が行われる不利益処分手続にお

いては，名宛人の言い分を聴く機会は当然には存在せず，いわば不意打ち的な
不利益を与える可能性があるからである。行政手続法は，こうした意見陳述の
手続として，予定された行政行為の不利益性の程度に着目して，聴聞手続と弁
明手続の 2 種を定めている（13 条 1 項）。

　聴聞手続は，許認可等の取消処分や名宛人の資格・地位の剥奪処分など，不
利益性の度合いの大きい処分に関する意見陳述手続であり，口頭審査を原則と
する。弁明手続は，業務改善命令や許認可の停止処分など，不利益性のより軽
い行政行為をなす際に行われる手続で，書面審査を原則とする。もっとも許認
可の停止処分といっても，停止期間が長期にわたる場合には，その不利益性は
相当大きいものとなるのであり，両者の区別は画一的になされるべきではない。
行政手続法もこのような区別のほかに「行政庁が相当と認めるとき」には聴聞
を行う（裁量聴聞）としており（13 条 1 項 1 号ニ），口頭による弁明手続も認め
ている（29 条 1 項・30 条）。個別法で特例聴聞を定める例も多い（道交 104 条の 2
第 1 項，道運 90 条，電気通信事業法 161 条 1 項）。

　(c)　**聴聞手続**　　聴聞手続の概要は次の通りである。

　①**名宛人への聴聞の通知**　　通知書には，予定される不利益的行政行為の内
容と根拠法令の条項，処分原因事実などの所定の事項が記載されなければなら
ない（15 条 1 項）。これは，聴聞手続において名宛人に反論等をする準備をさ
せるためであるから，名宛人の攻撃・防御を実効あらしめるため，実際に聴聞
を行う期日まで相当の期間をおかなければならない（同条同項）。また，同様の
見地から，通知書には一定の事項（聴聞において意見表明・証拠書類等の提出の権
利があること，聴聞終結まで処分原因事実を証する資料の閲覧権があること）を教示
しなければならないとされている（同条 2 項）。この聴聞通知を受けた者は，聴
聞手続において「当事者」と位置づけられる（16 条 1 項）。

　②**当事者の資料閲覧権**　　当事者は，聴聞通知から聴聞終結までの間，行政
庁に対し，当該事案に関する調査結果に係る調書その他の処分原因事実を証す
る資料の閲覧権を有する（18 条 1 項）。行政庁は，第三者の利益を害するなど
正当な理由がなければこの閲覧請求を拒めないが，この閲覧拒否処分に対して
は，当事者や参加人（17 条）は，審査請求をすることができないとされ（27 条），
この理は訴訟提起にも妥当すると考えられている。聴聞手続中になされる手続

上の行政行為に瑕疵があったとしても，それは，聴聞手続を経てなされた最終の行政行為に対する争訟のなかで，その行政行為の手続上の瑕疵として主張できるので，それで足りると考えられたからである。

　③**聴聞期日の審理**　　聴聞期日の審理は，聴聞主宰者が主宰する（19条1項）。主宰者は，原則として行政庁の指名する職員がこれにあたることとされ，その公正さを担保するために当事者・参加人本人およびその親族等に該当する者らの除斥が定められている（同条2項）。この法定の除斥事由に該当しなくとも，不利益処分を決定する行政庁や，処分案の決定に至る過程に密接に関与した職員は，主宰者に指名されるべきではなかろう（金沢地判平成26・9・29判例自治396号69頁。ただし，この判決は名古屋高金沢支判平成27・6・24判例自治400号104頁によって否定された）。審理の冒頭，行政庁の職員が予定される不利益処分の内容・根拠法条・原因事実を説明し（20条1項），当事者は，これに対して意見を述べ，証拠書類等を提出し，行政庁の職員に質問をすることができる（同条2項）。審理は原則として非公開で行われる（同条6項）。主宰者は，審理の結果，必要があれば他日に聴聞を続行し（22条1項），そうでなければ聴聞を終結する。

　④**利害関係人の参加**　　不利益処分に関わる利害関係人（これには当事者と利害を共通にする者と，利害が反する者がいる）は，聴聞手続に参加することができ，また参加を求められることがある（17条1項）。参加人は，当事者と同じではないが，それに準ずる手続上の地位を与えられる（18条〜24条）。参加不許可処分に対しては，②の閲覧拒否処分と同様の争訟制限が妥当する（27条）。

　⑤**聴聞調書・報告書による決定**　　主宰者は，聴聞期日ごとに聴聞調書を作成し，かつ聴聞終結後，当事者等の主張に理由があるかどうかについての意見を記載した報告書を作成し，聴聞調書と共に行政庁に提出する（24条1項〜3項）。当事者等は，この聴聞調書と報告書の閲覧権を有する（同条4項）。行政庁は聴聞調書と報告書の記載内容を十分に参酌して不利益処分の決定をしなければならない（26条）。このことは，わざわざ聴聞手続を設けて相手方に意見の陳述の機会を与える以上，その批判・反論にさらされなかった証拠を基礎として決定がなされないことを要請しているものと解される。聴聞の終了後に新たな証拠が得られ，これを根拠に処分をするためには，聴聞を再開（25条）し

なければならない。

(d)　**弁明手続**　　弁明手続の概要は次の通りである。

①**名宛人への通知**　　通知書には，予定される不利益的行政行為の内容と根拠法令の条項，処分原因事実，弁明書の提出先と提出期限が記載されなければならない（30 条各号）。これは，弁明手続において名宛人に反論等をする準備をさせるためであるから，名宛人の攻撃・防御を実効あらしめるため，提出期限まで相当の期間をおかなければならない（同条柱書）。

②**弁明の方式**　　弁明は，原則として弁明書の提出をもって行い（29 条 1 項），書面審理主義がとられている。弁明書の提出にあわせて証拠書類等を提出することもできる（同条 2 項）。聴聞手続において認められている資料閲覧請求権は，弁明手続では認められていない。簡略な手続であるとはいえ，名宛人に十分な主張・立証の機会を与える公正手続の要請に鑑みて，この点について聴聞手続と区別する十分な合理性があるとは思われない。

③**弁明に基づく決定**　　聴聞手続において定められていた，主宰者が聴聞を主宰し，調書および報告書を作成して行政庁がこれを基に処分を決定するという仕組みは，弁明手続においては定められていない。とはいえ，行政手続法の趣旨目的に照らせば，行政庁は，弁明手続の結果を十分に考慮して決定を下す義務を負うものと解すべきである。

(e)　**理由の提示**　　不利益的行政行為をなす場合には，名宛人に，原則として処分と同時に（例外について，14 条 1 項但書と同条 2 項），その理由を提示しなければならない（14 条 1 項）。

理由提示の意義とその形式（書面によるか，その他の形式によるか），提示されるべき理由の程度，理由の追完が許されないことについては，申請拒否処分の場合と基本的に同様である。ただ，理由の追加・差替えは，申請拒否処分と異なり，不利益処分については，一般的に認められるべきではないであろう（第 4 章第 2 節 **3** (1)(b)参照）。それを認めることは，聴聞・弁明手続において当事者等の批判・反論にさらされなかった事由に基づいて不利益処分がなされることを認めることになり，行政手続法の趣旨を潜脱することになるからである（行政手続法の不利益処分手続の適用対象外である課税処分について，基本的な課税要件事実の同一性が失われない範囲内で処理理由の追加を認めたと解される判例として，最判

昭和 56・7・14 民集 35 巻 5 号 901 頁〔百選 II -179〕)。

6 行政行為の瑕疵

(1)　行政行為の瑕疵の種類

　行政行為が法の定める要件を欠いたり，裁量の行使の妥当を欠き公益に反する場合，それを「瑕疵ある行政行為」といい，前者を「違法な行政行為」，後者を「不当な行政行為」と呼ぶ。そして違法な行政行為には，はじめから全く行政行為たる効力を有せず，何人もその効力を無視しうる「無効な行政行為」と，違法ではあるが，権限ある行政機関または裁判所によって取り消されるまでは何人も一応その効力を承認せざるをえないものとされる「取り消しうる行政行為」とがあるとされてきた。したがって，行政行為の瑕疵には，その程度に応じて，①不当＝取消事由，②違法＝取消事由，③違法＝無効事由の 3 種類があることになる。かかる区別は，主として瑕疵ある行政行為の効力を争う争訟手続との関係で意味をもつ。不当＝取消事由は，行政不服審査法その他の法律に定める不服申立手続においてのみ争うことが可能であり，違法＝取消事由は，その他に行政事件訴訟法の取消訴訟（3 条 2 項）において争うことができる。そして，無効事由はさらに，出訴期間・不服申立前置等の制約がない無効等確認訴訟（同条 4 項），当該行政行為の無効を前提とする民事訴訟（争点訴訟。45条）または公法上の当事者訴訟（4 条）においても争うことができるのである（第 4 章第 2 節 **5** (1)，**Column 4-5** 参照）。

　なお，行政行為の無効と区別されるべきものとして，「行政行為の不存在」がある（明文の定めとして，行訴 37 条の 3 第 1 項 2 号）。行政行為がその成立要件を全く欠き，行政行為たる外観のない場合，もしくは行政機関の内部的意思決定があるだけで，いまだ外部に表示されていないような場合を指して，行政行為の「不存在」と呼ばれる（参照，最判昭和 57・7・15 民集 36 巻 6 号 1146 頁〔百選 I -54〕)。このほか，行政行為の法効果がある事項に及んでいないことを確認するために行政行為の不存在確認訴訟（行訴 3 条 4 項）が提起されることがある（最判平成 14・1・17 民集 56 巻 1 号 1 頁〔百選 II -149〕〈御所町二項道路指定事件〉。参照，第 4 章第 2 節 **2** (1)）。

　上記のような分類のほか，行政行為の瑕疵はその発生時期に即して，①原始

的瑕疵と②後発的瑕疵に，またその所在に応じて①主体に関する瑕疵（行政庁でない者が行政庁として行った行為，行政庁の権限外の行為，適法に組織されない合議機関の行為，詐欺・強迫・贈賄等の不正行為に基づく行為等），⑪形式に関する瑕疵（書面によってすべき場合に口頭によってなされた行為，行政庁の署名捺印・理由・日付を欠く行為等），⑫手続に関する瑕疵（法定されている利害関係人に対する告知・公告・聴聞，公聴会の開催，関係機関の同意，審議会への諮問等を欠く行為等），⑭内容に関する瑕疵（内容が違法，不明確，事実上・法律上不能な行為等），⑮判断過程の瑕疵（動機の不正，他事考慮，要考慮事項の考慮不尽等）に分けることもできる。

(2)　行政行為の無効と取消しの区別

　違法な行政行為も当然には無効とならず，権限ある機関による取消しがあるまでは有効なものとして扱われる。かかる法現象をさして，通常「行政行為には公定力がある」というが，このような公定力ある行為に対しては，行政庁が職権取消しをしない限り，名宛人その他の利害関係人は，短期の争訟提起期間内に不服申立てや取消訴訟を提起してそれを取り消させなければ，その行政行為は不可争力を生じ効力を保持し続けることになる。しかし他方，特別な違法事由としての無効原因を伴う行政行為は，はじめから行政行為たる効力を有さず，何人もその効力を無視しうるのであるから，関係人および裁判所はこのような取消争訟手続の排他性の制限を受けることなく，前述のような諸手段において当該行為の無効を主張し，認定できるのである。

　すなわち，行政行為の無効（事由）と取消し（事由）を区別する意義は，なにより争訟手段との関連にあり，取消しと区別して無効概念をおく意味は，取消訴訟の出訴期間を徒過した後でも，別の訴訟手続（無効確認訴訟，行政行為の無効を前提とする民事訴訟＝争点訴訟など）において当該行為の無効の主張を認めることにより，国民の権利救済を確保することにあるといってよい。逆にいえば，出訴期間内に行政行為の効果を争う抗告訴訟を提起している場合には，それが違法＝取消事由を争う取消訴訟なのか，違法＝無効事由を争う無効確認訴訟なのかを詮索する必要はなく，前者として取り扱えば足りる。

　かかる行政行為の瑕疵に関する無効と取消しの区別の基準，換言すれば無効事由たる瑕疵の判断基準について，通説・判例は「重大かつ明白な瑕疵」とい

う重大明白説をとっている（最大判昭和 31・7・18 民集 10 巻 7 号 890 頁，最判昭和 36・3・7 民集 15 巻 3 号 381 頁）。この説の中でも，瑕疵の明白性の要件の程度に応じて，外観上一見明白説と客観的明白説（職務誠実義務説）とがある。前者は最高裁判決（最判昭和 34・9・22 民集 13 巻 11 号 1426 頁〔百選 I -79〕，前掲最判昭和 36・3・7，最判昭和 37・7・5 民集 16 巻 7 号 1437 頁）の採用するもので「瑕疵が明白であるかどうかは，処分の外形上，客観的に，誤認が一見看取し得るものであるかどうかにより決すべきもの」とする。これに対し，後者は東京地判昭和 36・2・21 行集 12 巻 2 号 204 頁に代表されるもので，行政庁がその職務の誠実な執行として当然に要求される程度の調査を行えば判明する事実関係に照らして明らかに誤認と認められる場合も，明白性の要件を充足すると解する。

　以上のような重大明白説に対し，無効事由たる瑕疵について明白性要件は不要，あるいは場合によっては不要とする見解がある。前者は重大説と呼ばれ，後者は明白性補充要件説と呼ばれる。重大説は，行政行為の無効事由を格段に拡張するもので，処分の名宛人の権利保護には厚いものの，明白性要件の意義である行政上の法的安定と行政行為の有効性に対する第三者の信頼の保護の要請を軽視する点で問題がある。明白性補充要件説は，この相矛盾する 2 つの要請の調和を目指し，行政の法的安定・第三者の信頼保護の要請の程度に応じて明白性要件の強度を調整するものといえよう。すなわち，処分の性質上第三者の信頼を保護する必要がないような事案においては，明白性の要件が充たされなくとも無効が認められるとするのである（最判昭和 48・4・26 民集 27 巻 3 号 629 頁〔百選 I -80〕 判例 2-4 ）。

　そして現在では，上述のような利益衡量による明白性補充要件説をさらに徹底させ，無効と取消しの区別について一般的基準を定立することを放棄し，端的に処分の名宛人その他の関係人の権利保護の要請と行政目的の早期達成・法的安定性等の要請との具体的個別的利益衡量によって問題を処理しようとする，具体的価値衡量説も唱えられている。この見解によるならば，行政行為の無効の問題は，瑕疵の程度・内容のみならず，名宛人その他関係人の主観的事情や利害状況等をも広く考慮して，無効事由を認める意義であった取消訴訟外での国民の権利救済の必要の有無を見定めることに収斂することとなろう（名古屋高金沢支判平成 15・1・27 判時 1818 号 3 頁〈もんじゅ訴訟〉参照）。

◁ 判例 2-4 ▷ 最判昭和 48・4・26 民集 27 巻 3 号 629 頁〔百選Ⅰ-80〕

〈譲渡所得課税無効事件〉

【事実】 X_2 の姉の内縁の夫 A は，夫婦である X_1・X_2 に無断で自己所有の不動産につき彼らへの所有権移転登記等を行った。数年後，A は，X_1・X_2 名義の売買契約書・登記申請書・委任状等を偽造して彼ら名義の上記不動産を訴外第三者に売却した。税務署長 Y は，調査の上，主として登記簿の記載に基づいて X_1・X_2 に上記不動産に係る譲渡所得があるとして課税処分を行った。この処分に対する不服申立期間徒過後，X_1・X_2 は，処分無効確認訴訟を提起した。第一審・第二審とも，当該課税処分の**瑕疵**は，重大ではあるが明白ではないとして X_1 らの請求を退けたが，最高裁はこれを破棄し，差し戻した。

【判旨】「課税処分が法定の処分要件を欠く場合には，まず行政上の不服申立てをし，これが容れられなかつたときにはじめて当該処分の取消しを訴求すべきものとされているのであり，このような行政上または司法上の救済手続のいずれにおいても，その不服申立てについては法定期間の遵守が要求され，その所定期間を徒過した後においては，もはや当該処分の内容上の過誤を理由としてその効力を争うことはできないものとされている。」しかし「課税処分についても，当然にこれを無効とすべき場合がありうるのであつて，このような処分については，これに基づく滞納処分のなされる虞れのある場合等において，その無効確認を求める訴訟によつてこれを争う途も開かれているのである（行政事件訴訟法 36 条）。」

「一般に，課税処分が課税庁と被課税者との間にのみ存するもので，処分の存在を信頼する第三者の保護を考慮する必要のないこと等を勘案すれば，当該処分における内容上の過誤が課税要件の根幹についてのそれであつて，徴税行政の安定とその円滑な運営の要請を斟酌してもなお，不服申立期間の徒過による不可争的効果の発生を理由として被課税者に右処分による不利益を甘受させることが，著しく不当と認められるような例外的な事情のある場合には，前記の過誤による瑕疵は，当該処分を当然無効ならしめるものと解するのが相当である。」

まず，「本件課税処分は，譲渡所得の全くないところにこれがあるものとしてなされた点において，課税要件の根幹についての重大な過誤をおかした瑕疵を帯有するものといわなければならない。」また，「上告人ら〔X_1・X_2〕としては，いわば全く不知の間に第三者がほしいままにした登記操作によつて，突如として譲渡所得による課税処分を受けたことになるわけであり，かかる上告人らに前記の瑕疵ある課税処分の不可争的効果による不利益を甘受させることは，たとえば，上告人らが上記のような各登記の経由過程について完全に無関係と

はいえず，事後において明示または黙示的にこれを容認していたとか，または右の表見的権利関係に基づいてなんらかの特別の利益を享受していた等の，**特段の事情がないかぎり，上告人らに対して著しく酷であるといわなければならない。**」したがって，「本件は，課税処分に対する通常の救済制度につき定められた不服申立期間の徒過による不可争的効果を理由として，なんら責むべき事情のない上告人らに前記処分による**不利益を甘受させることが著しく不当と認められるような例外的事情のある場合に該当し**，前記の過誤による瑕疵は，本件課税処分を当然無効ならしめるものと解するのが相当である。」

【コメント】差戻後の東京高判昭和 49・10・23 行集 25 巻 10 号 1262 頁は，X_1 らの請求を認容して確定した。なお，本判決の判示の「例外的な事情」は，国民健康保険税の賦課処分に係る最判平成 9・11・11 判時 1624 号 74 頁においても認められている。他方，法人税等の更正処分に係る最判平成 16・7・13 判時 1874 号 58 頁は，この「例外的な事情」に該当しないとして処分無効の主張を退けている。

(3)　手続の瑕疵の効果

(a)　手続の瑕疵の特殊性と判例　　行政行為の瑕疵のうち，手続上の瑕疵については，特別な問題があり，この瑕疵を帯びた行政行為が，違法として当然に裁判所による取消判決に結びつくかは，なお問題である。なぜなら，当該行政行為に実体的な瑕疵が全くなければ，手続的瑕疵のみを理由に行政行為を取り消してみても，公正な手続を履践して再び同一の行為がなされることが予想されるのであり，そうであるとすると，こうした行政行為の取消しは無駄な手続を繰り返させることに帰着することになるからである。

最高裁は，最判昭和 46・10・28 民集 25 巻 7 号 1037 頁〔百選 I -114〕 判例 1-3 〈個人タクシー免許事件〉において，聴聞が不十分であった事案に関し，申請者に主張と証拠の提出の機会を与えその結果を考慮したとすれば，行政庁が先にした判断と異なる判断に到達する可能性がなかったとはいえないとして，申請拒否処分を取り消した。他方，道路運送法の乗合バス事業の免許申請拒否処分が争われた最判昭和 50・5・29 民集 29 巻 5 号 662 頁〔百選 I -115〕〈群馬中央バス事件〉においては，運輸審議会における公聴会の審理が申請者に主張・立証の機会を与えるに十分でないところがあったと認定しながらも，仮に十分な手続がとられたとしても，申請者が審議会の認定判断を左右するに足る意見およ

び資料を追加提出しうる可能性があったとは認め難く，審議会の諮問およびそれに基づく処分自体には瑕疵があるとはいえないとして，取消訴訟を棄却した。

　こうしてみると，最高裁の判例は，行政行為の手続上の瑕疵が取消訴訟における取消事由になるか否かについて，当該瑕疵がなければ処分の内容が変わりえたかどうかに着眼し，処分の内容に影響を及ぼさないと認められるときには，手続上の瑕疵のみを理由として行政行為を取り消さないとしているようにみえる（この理を審査請求における処分審査について明文で定めている例として，収用131条2項）。

　(b)　判例の再検討　　しかし，不利益処分や申請拒否処分について求められる理由の提示については，理由不備の瑕疵は，それ自体で独立に処分の取消事由になり（最判昭和38・5・31民集17巻4号617頁〔百選Ⅰ-116〕，最判昭和60・1・22民集39巻1号1頁〔百選Ⅰ-118〕〈旅券発給拒否事件〉，最判平成23・6・7民集65巻4号2081頁〔百選Ⅰ-117〕< **判例 2-3** >〈一級建築士免許取消事件〉），理由が処分時に提示されなかった瑕疵は，後に理由を示しても治癒されないとされている（最判昭和47・3・31民集26巻2号319頁，最判昭和47・12・5民集26巻10号1795頁〔百選Ⅰ-82〕，最判平成4・12・10判時1453号116頁）。

　さらに，理由提示のほかに，聴聞手続に係る瑕疵についても，下級審判決には，最高裁判決とは違った見解に立った注目判決がある。タクシー事業免許取消処分のための聴聞に際し，処分原因となる具体的違反事実の告知がなされなかったことの違法性が争われたニコニコタクシー事件で，大阪地判昭和55・3・19行集31巻3号483頁は，①違法性の重大性，②手続対象となった処分要件事実の処分に対し与える影響の重要性，③処分の被処分者に対する影響の重大性を根拠として，手続上の瑕疵がなかったならば行政庁の判断が変わりえたか否かを問題とせずに処分を取り消すべきことを判示している。また，聴聞手続を全く行わないまま処分がなされたような場合には，聴聞手続において処分権者の認定判断を左右する資料・意見を提出しうる可能性があったか否かを問うまでもなく，そうした手続的瑕疵は処分の違法事由となるとする判決もある（大阪地判平成元・9・12行集40巻9号1190頁とその控訴審・大阪高判平成2・8・29行集41巻8号1426頁）。

　手続上の瑕疵の効果に関するこうした判例法理は，どのようにとらえるべき

ものであろうか。まず，聴聞手続の瑕疵に関する最高裁の前述の 2 つの判例（前掲最判昭和 46・10・28，前掲最判昭和 50・5・29）は，いずれも申請拒否処分に関する事案であり，前述の下級審判決はいずれも不利益処分に係る事案である。申請拒否処分は，申請者に新たな不利益を生じさせるものではなく，その意味で行政行為の相手方の不利益性の程度が，不利益的行政行為に比して定性的には小さい。また，申請拒否処分のケースでは，申請された許認可等の行政行為がなされなければ原告の請求は満足されたといえないのに対し，不利益処分のケースでは，最終的に処分がなされうる事案でも，手続上の瑕疵を理由にとりあえず当該処分が取り消されることも原告の利益に資するという相違がある。このような意味で，前述のニコニコタクシー事件ほかの下級審判決は，最高裁の判例と矛盾しないといえる。

　次に，最高裁の 2 つの判例は，いずれも聴聞が不十分にしか実施されなかったという事案であり，行政手続の根幹にかかわる違法性があったとまではいえない。このような，ごく軽微とはいえないが，公正な行政手続の要請に対する重大な違反ともいえない瑕疵については，手続の結果としての行政行為の内容への影響を考慮して取消事由該当性を判断する，とするのが判例の立場であると解することもできる。

　(c)　**行政手続法制定後の判例・学説**　　いずれにせよ，最高裁の 2 つの判例は，いずれも 1993（平成 5）年の行政手続法制定前の判決である。実体法的内容に誤りがなければ手続的にどのような違法な行政行為をなしても，取消しというサンクションが生じないとすれば，行政手続法の定めた手続ルールは，画餅に帰するおそれもないとはいえない。したがって，行政手続法制定後の学説は，同法の主要な手続的規律違反については，独自の違法事由となるとする見解が有力とみられる。行政手続法制定後の判例も，「手続規定の趣旨，目的や瑕疵の程度，内容を勘案し」て，処分内容のいかんを問わず手続上の瑕疵のみで処分を取り消さなければならない場合があることを承認している（最判平成 14・7・9 判例自治 234 号 22 頁）。

　行政手続法制定後の裁判例では，公益上緊急に処分をする必要があるとして弁明の機会を付与せずになされた製品回収命令について，そうした事情は認められないとし，手続の瑕疵のみをもって当該命令を取り消した判決として，長

野地判平成 17・2・4 判タ 1229 号 221 頁，審査基準の設定・公開義務違反につ
いて，それが処分の取消事由となるとする判決として，東京高判平成 13・6・
14 判時 1757 号 51 頁〈医師国家試験受験資格認定事件〉や那覇地判平成 20・3・
11 判時 2056 号 56 頁がある。他方，行政手続法 18 条に基づく文書閲覧請求を
違法に拒否したことが不利益処分の取消事由となるのは，聴聞当事者の防御権
が実質的に妨げられた場合に限るとし，当該事案では処分の取消事由に当たら
ないとした判決として，大阪地判平成 20・1・31 判タ 1268 号 152 頁がある。

(4)　行政行為の瑕疵の動態

(a)　**瑕疵の治癒**　　瑕疵ある行政行為であっても，その後の行為や事実によ
って実質的に是正されたと解しうるとか，その瑕疵が軽微でそれを前提に次の
手続が進められたような場合には，法的安定性その他の公益的見地からその行
為を有効なものとして取り扱うことを，行政行為の「瑕疵の治癒」と呼ぶ。こ
れは法律の根拠なく学説・判例によって認められてきた法理であり（処分要件
の事後的充足について最判昭和 36・7・14 民集 15 巻 7 号 1814 頁，事実の変化による実
質的是正について最判昭和 47・7・25 民集 26 巻 6 号 1236 頁），法律による行政の原
理の重大な例外であるので，厳格に限定して認められるべきである（治癒の否
定例として，手続の追完に関する最判昭和 46・1・22 民集 25 巻 1 号 45 頁〔百選 I -
110〕，理由の追完について最判昭和 47・12・5 民集 26 巻 10 号 1795 頁〔百選 I -82〕）。

(b)　**違法行為の転換**　　ある行政行為が違法ないし無効であっても，これを
別個の行政行為としてみてみると瑕疵がないと認められる場合に，その別個の
行政行為として有効に成立しているとみなすことを「違法行為の転換」という。
たとえば死者を名宛人として行った処分をその相続人に対する処分とみて，そ
の効力を承認するような場合である（肯定例として最大判昭和 29・7・19 民集 8 巻
7 号 1387 頁。否定例として最判昭和 42・4・21 訟月 13 巻 8 号 985 頁）。かかる転換は，
行政行為の不必要な繰り返しを避け，行政効率に資するものではあるが，法律
による行政の原理の厳格な運用とは相容れないので，①当初の行政行為と転換
後の行政行為が目的を共通にすること，②転換後の行政行為の法効果が転換前
の行政行為のそれより関係人に不利益に働くことになっていないこと，③行政
庁が転換前の行政行為の瑕疵を知った場合に，その代わりに転換後の行政行為

を行わなかったであろうと考えられる場合でないこと，などの要件を少なくとも充たす必要があると解されている（最判令和3・3・2民集75巻3号317頁〔百選I-83〕）。

(c)　**違法性の承継**　　法令の明文の定めによらず，ある行政行為が違法であることが別の行政行為の違法事由とされることがある。かかる事象を，前者の違法性が後者に承継される，といい，このような承継関係は，ある（先行）行政行為がなされていることを前提に，別の（後行）行政行為がなされる場合に主に問題となる。通説・判例は，課税処分がなされ，後にその税に係る滞納処分がなされる場合や，その他の行政上の義務賦課処分がなされ，その後に代執行（戒告や代執行令書による通知）がなされる場合には，先行する義務賦課行政行為が（たとえ違法であっても）有効になされていれば，後行の強制執行処分は違法とはならない，としている。強制執行処分の適法要件は，義務賦課処分の有効性であって，その適法性ではないと解され，義務賦課処分の違法性は強制執行処分には承継されないのである。これに対し，土地収用法に基づく事業認定と収用裁決の関係（ Column 5-4 　参照）では，前者が適法であることが後者の適法要件であると解されて，前者の違法性は後者に承継されるとするのが多数説である（札幌地判平成9・3・27判時1598号33頁〈二風谷ダム事件〉，東京地判平成16・4・22判時1856号32頁〈圏央道あきる野IC事件〉）。このほか，東京都建築安全条例に基づく，建築物の敷地の接道義務に係る安全認定の違法性が，当該建築物の建築確認に承継されるとした最判平成21・12・17民集63巻10号2631頁〔百選I-81〕がある。安全認定と建築確認の間で違法性の承継が認められた根拠は，①先後の両処分が同一の目的を有し，両者が結合して初めてその効果を発揮すること，②先行行為たる安全認定の適否を争うための手続的保障が処分の第三者には十分でないこと，③不利益が現実化する後行処分の段階で争訟を提起する原告の判断に不合理性がないこと，である。

違法性の承継が認められたとしても，後行行政行為の取消判決によって先行行政行為の法効果が否定されるわけではない。しかし，先行行政行為が後行行政行為をまってその最終的効果の実現が図られるような仕組みになっている場合には，後行行政行為の法効果が否定されることは，結果として先行行政行為の法効果が，その違法性を理由に事実上実現されないことを意味する。したが

って，先行行政行為の公定力や不可争力は，事実上弛緩することになる。

　なお，先行行政行為が存在することを前提に後行行政行為がなされることとされている場合，前者が無効であれば，後者は当然に違法となる。これは，両行為に上記のような関連性があるかどうかや先行行為段階での救済手段の利用可能性などを論ずるまでもなく，当然に認められることである（たとえば，課税処分が無効であれば，それに基づく滞納処分は違法となる）。

7　行政行為の裁量

（1）　行政行為の裁量の意味

（a）　要件裁量と効果裁量　　行政裁量とは，法令・条例により行政庁に与えられた独自の最終的判断の余地である。こうした判断の余地は，行政行為をなすについても認められる。以下では，まずこの行政行為の裁量の意味を明らかにしておこう。

　行政行為は，法令ないし条例の定めに基づいてなされるものであり，その意味で行政行為は，その根拠規範を個別事案に適用する法適用の結果にほかならない。したがって，行政行為をなす行政庁の判断は，①処分根拠法規を中心とする法の解釈（法文の意味の確定），②法の適用対象たる個別事実の認定（事実認定），③当該事実への法の適用（法への事実の包摂），④法適用の結果，行政行為を行うか否か，またどのような内容の行政行為を行うかの決定，というプロセスをたどると考えられる。①と②については，法律による行政の原理と裁判所による行政統制の要請から，裁判所の法解釈と事実認定が行政庁のそれに優越するとされてきており（いわば全面的・判断代置的司法審査が認められている），行政庁の判断に終局的に委ねられる可能性があるのは，③と④の段階であると考えられている（ただし，実質的証拠法則〔 Column 2-2 参照〕が認められる場合は，②の事実認定について裁判所の審査は限定されることになる）。そして，③の段階の行政庁の判断に終局性が認められる（すなわち裁判所の判断に対して優越する）場合が要件裁量と呼ばれ，④の段階の行政判断に終局性が認められる場合が効果裁量と呼ばれている。効果裁量は，行政行為の根拠規定が「行政庁は……できる」というように行為の効果選択の余地を与えるような定め方をしている場合に認められることが多く，行政行為をなすか否かの裁量（決定裁量）とどのよ

うな内容の行政行為をなすかの裁量（選択裁量）に区別することができる。

　具体例をあげると，最高裁が「出入国管理令 21 条 3 項所定の『在留期間の更新を適当と認めるに足りる相当の理由』があるかどうかの判断における法務大臣の裁量権」について語り（最大判昭和 53・10・4 民集 32 巻 7 号 1223 頁〔百選 I -73〕〈マクリーン事件〉），宅建業法 66 条 9 号が「業務の停止事由に該当し情状が特に重いときを免許の取消事由と定めている」ことにつき「その要件の認定に裁量の余地がある」（最判平成元・11・24 民集 43 巻 10 号 1169 頁〔百選 II -216〕）としているのは，要件裁量を認めたものである。これに対し，「国公法に定められた懲戒事由がある場合に，懲戒処分を行うかどうか，懲戒処分を行うときにいかなる処分を選ぶかは，懲戒権者の裁量に任されている」（最判昭和 52・12・20 民集 31 巻 7 号 1101 頁〔百選 I -77〕〈神戸税関事件〉）としたのは，効果裁量を認めたものである（第 1 章第 2 節 **1** (3)(d)参照）。

　(b)　**自由裁量と覊束裁量**　　どのような場合に要件裁量が認められるかについて，行政行為の要件規定に不確定な法概念（「土地の適正且つ合理的な利用に寄与する」とか「急施を要する場合」など）が用いられている場合に広くそれを認める見解がドイツなどで唱えられたことがあった。これに対し，日本では，およそそれを認めない説（東京学派の美濃部達吉説）と法文が全く要件を定めていない場合（白地要件規定）か行政の究極目的である公益要件しか定めていない場合にそれを認める説（京都学派の佐々木惣一説）が，戦前に提唱されていた。ただ，戦後の判例は，専門技術的判断や政治政策的判断に関わる行政行為を中心に，比較的広く要件裁量を認め（前記の諸判例のほか，温泉掘削許可に関する最判昭和 33・7・1 民集 12 巻 11 号 1612 頁，教科書検定に関する最判平成 5・3・16 民集 47 巻 5 号 3483 頁〔百選 I -76 ①〕〈第 1 次教科書裁判〉など），そのうえで後述する裁量権の逸脱と濫用の法理を展開してそれを制約するという傾向をたどっている。

　もっとも，不確定法概念一般に裁量を認めることは判例上もなく，学説は伝統的に不確定法概念への個別事案の包摂に係る判断を「覊束裁量（法規裁量）」と呼んで裁判所の司法審査を認め，司法審査を免れる本来的な裁量である「自由裁量（便宜裁量）」と区別してきた。最近の判例でも，不確定な要件規定であっても通常人の経験則や社会通念によって客観的に認定されるべき要件は，裁量を認めた定めとは解されないとしている（土地収用法 71 条の補償金の額を「相

当な価格」としている規定につき，最判平成 9・1・28 民集 51 巻 1 号 147 頁〔百選Ⅱ-
203〕。酒類販売免許に係る「経営の基礎が薄弱」，「酒類の需給の均衡を維持する必要」，
「免許を与えることが適当でない」といった免許拒否要件について最判平成 10・7・3 判
時 1652 号 43 頁。公害健康被害の補償等に関する法律に基づき同法施行令の定める「水
俣病」のり患の認定について最判平成 25・4・16 民集 67 巻 4 号 1115 頁〔百選Ⅰ-75〕）。

(c)　**時の裁量と手続裁量**　　上のような行政行為の裁量の中核をなす効果裁
量と要件裁量のほかに，「時の裁量」の存在も近年注目されている（第 1 章第 2
節 **1** (3)(e)参照）。すなわち，行政行為を行うとしてもいつの時点でそれを行う
かについて判断の余地が行政庁に認められることがあるのである（車両制限令
12 条の認定留保について最判昭和 57・4・23 民集 36 巻 4 号 727 頁〔百選Ⅰ-120〕，宅建
業の免許取消処分権限行使の時期について前掲最判平成元・11・24〔百選Ⅱ-216〕）。

　そのように考えれば，行政行為を行う場合にもいかなる手続を経てそれを行
うかについての裁量，すなわち「手続裁量」を観念することもできるであろう
（たとえば，行政手続法 13 条 1 項 1 号ニに基づく裁量聴聞など）。ちなみに，行政手
続法制定前に，「行政庁としては，事実の認定につき行政庁の独断を疑うこと
が客観的にもつともと認められるような不公正な手続をとつてはならない」と
して，法律上要求されていなかった審査基準の設定とその適用上必要な事項に
係る主張・証拠提出の機会提供などの手続上の義務付けをおこなった最判昭和
46・10・28 民集 25 巻 7 号 1037 頁〔百選Ⅰ-114〕　**判例 1-3**　〈個人タクシー免許
事件〉は，この手続裁量を事案の性質に照らして狭めたものであるということ
ができる。

(2)　裁量の司法統制の準則

　行政庁が裁量を認められた行政行為をなすにあたりその裁量判断を誤ったと
しても，それは当・不当の問題であって適法・違法の問題を生ぜず，行政機関
たる審査庁の審査を受ける行政上の不服申立てにおいて審査され，不当として
取り消されることはあっても，裁判所による適法性の審査において違法と判断
されることはないとされてきた（裁量不審理の原則。第 1 章第 2 節 **1** (3)(f)参照）。
しかし，行政庁の裁量も，行政行為の根拠法規によって行政庁に授権されたも
のであるから，その授権の範囲で授権の目的に即したものである必要がある。

このような要請に反すること，すなわち授権された範囲を越えたり，授権目的に反する目的でこれを行使することは，「裁量権の逸脱と濫用」として違法の問題を生ずる（行訴30条）。今日では，裁量行為は，司法審査を受けない行為を意味するのではなく，覊束行為とは異なった方法で裁判所の審査に服する行為を意味するにとどまる。

　すなわち，行政の裁量判断に委ねられた部分のない覊束行為の場合は，裁判所自ら法規への個別事案の包摂判断を行い，行政行為をなすか否か，どのような内容とするかの判断も行い，その結果と照らして実際になされた行政行為の適否を判断する（判断代置的審査）。これに対して，裁量行為の司法審査については，当該処分を行った行政庁と同一の立場に立って当該処分をすべきであったかどうか等について判断し，その結果と当該処分とを比較してその適否，軽重等を論ずべきものではなく，「全く事実の基礎を欠くか又は社会観念上著しく妥当を欠き，裁量権の範囲を超え又は裁量権を濫用してされたと認められる場合に限り，違法であると判断すべきもの」とされている（最判昭和29・7・30民集8巻7号1463頁，最判昭和29・7・30民集8巻7号1501頁，最判昭和49・7・19民集28巻5号790頁，最判昭和52・12・20民集31巻7号1101頁〔百選Ⅰ-77〕，最判平成8・3・8民集50巻3号469頁〔百選Ⅰ-78〕）。また，典型的な裁量処分である地方公務員法に基づく分限処分について，「分限制度の……目的と関係のない目的や動機に基づいて分限処分をすることが許されないのはもちろん，処分事由の有無の判断についても恣意にわたることを許されず，考慮すべき事項を考慮せず，考慮すべきでない事項を考慮して判断するとか，また，その判断が合理性をもつ判断として許容される限度を超えた不当なものであるときは，裁量権の行使を誤つた違法のものであることを免れない」（最判昭和48・9・14民集27巻8号925頁）ともされている。

　こうした最高裁の判示からは，以下のような裁量処分の司法審査の準則（裁量それ自体は司法審査を受けない領域であるから裁量の外延部分の審査の準則というのが正確であろう）が引き出されるであろう。

　①事実誤認　　「判断の基礎とされた重要な事実に誤認があること等により右判断が全く事実の基礎を欠く」（最大判昭和53・10・4民集32巻7号1223頁〔百選Ⅰ-73〕〈マクリーン事件〉），すなわち人違いの学生を処分する（最判昭和29・

7・30 民集 8 巻 7 号 1463 頁）など，行政行為をなす際の裁量判断の基礎とされた主要な要件事実が欠如することが裁量権の逸脱・濫用となることは当然と考えられている。

②**目的違反・動機の不正**　　行政行為の根拠法規と関係のない目的あるいは動機に基づいて当該行為を行うことが違法となることも当然で，上述の地方公務員法上の分限処分に関する最高裁判決がこの理を明らかにしている。このほか，羈束行為ではないかと考えられる児童遊園設置認可処分についてではあるが，それを行ったことが，個室付浴場営業を阻止するという当該認可処分の目的とは異なった目的のためになされたことを理由に，「行政権の濫用」であるとした判例として，最判昭和 53・5・26 民集 32 巻 3 号 689 頁〔百選 I -25〕

◀ **判例 1-5** ▶，最判昭和 53・6・16 刑集 32 巻 4 号 605 頁〔百選 I -66〕がある。

③**行政上の一般法原則違反**　　行政裁量を統制する一般法原則として，次のような諸原則が援用されてきている。

ⅰ**平等原則違反**　　裁量行為であっても，「何等いわれがなく特定の個人を差別的に取り扱いこれに不利益を及ぼす自由」を行政庁に認めるものではないことは憲法上当然であり，平等原則違反は，裁量権の逸脱・濫用となる（最判昭和 30・6・24 民集 9 巻 7 号 930 頁，最大判昭和 39・5・27 民集 18 巻 4 号 676 頁）。

ⅱ**比例原則違反**　　比例原則は，行政行為の目的適合性，必要性，行政行為によって達成される利益と生ずる不利益との比例性を要請する行政上の一般法原則であり（第 1 章第 2 節 **4**(2)），これも行政裁量権の逸脱・濫用の審査原則として用いられる（公務員に対する懲戒処分を「過酷に失」するとする最判昭和 59・12・18 判例自治 11 号 48 頁，やはり懲戒処分に関して戒告 1 回の処分歴のみを理由とする減給処分が重きに失するとした最判平成 24・1・16 判時 2147 号 127 頁〈日の丸君が代訴訟〉。逆に，公務員に対する懲戒処分につき，停職 6 月という量定の選択が裁量権の逸脱・濫用にあたらないとした判例として，最判平成 30・11・6 判時 2413 = 2414 号 22 頁，最判令和 2・7・6 判時 2472 号 3 頁）。前述の最高裁の諸判決が「社会観念上著しく妥当を欠」くとしている場合の典型的事例が比例原則違反の場合であろう。

ⅲ**信義則違反**　　法令の定めからは裁量の範囲内の行政行為とみられる場合でも，それがなされるに至った具体的な経緯を考慮すると信義誠実の原則に反

し，裁量権の逸脱・濫用があるとされることがある（第 1 章第 2 節**3**）。最判平成 8・7・2 判時 1578 号 51 頁は，外国人の在留期間更新許可申請について，当該外国人の在留資格が変更された際の行政側の妥当性を疑われる措置に鑑みれば，信義則上在留期間更新許可をする義務があったと認め，不許可処分を違法と判断した。

　ところで，これらの適法性審査準則は，裁量的行政行為についてのみ妥当するものではなく，覊束的行政行為についても当然妥当する。たとえば，処分要件事実の誤認は，処分要件事実の欠如を意味し，覊束処分においても当然違法事由である。法の一般原則違反についても同様である。これに対して，裁量的行政行為に固有な適法性審査の準則といえるのが，次の判断過程の統制法理である。

　④判断過程の統制法理　　行政庁の判断結果としての処分内容それ自体とは区別された，行政庁の判断過程の適正さの審査方法として，行政庁が行政行為をしないことも含めてその内容を決定する過程において考慮した事項・要素に着目した審査方法が，今日重視されている。すなわち，ある行政行為の内容を決するうえで考慮しなければならない事項を考慮せずに判断した場合には「要考慮事項遺脱」の瑕疵，逆に考慮してはならない事項を考慮して判断した場合には「他事考慮」の瑕疵が認められ，当該行為は違法となる（形式的考慮事項審査）。さらに，考慮に入れるべき，あるいは入れることができる事項・要素にも軽重の差があるので，そのバランスがとれていなければならない。たとえば，重視されるべき事項・要素を不当に軽視した場合，逆に過大に評価すべきでない事項・要素を過重に評価した場合には，「考慮不尽」の瑕疵が認められ，当該行為は違法となる（実質的考慮事項審査）。

　最高裁判決としては，前掲最判昭和 48・9・14 が，この理を述べた端緒とみられ，その後，前掲最判平成 8・3・8，最判平成 18・2・7 民集 60 巻 2 号 401 頁〔百選 I -70〕　**判例 2-5**　，最判平成 19・12・7 民集 61 巻 9 号 3290 頁が，こうした判断過程の統制法理に即した審査を行い裁量権の逸脱・濫用を認めている。著名な日光太郎杉事件の東京高判昭和 48・7・13 行集 24 巻 6 = 7 号 533 頁も，道路拡幅事業に関わって，太郎杉の文化財的価値を重視すべき要考慮事項，東京オリンピックの開催を過大に評価すべきでない事項として位置づけ，

行政庁の判断の過程に過誤があったとしている。

　なお，原子炉設置許可処分に係る最判平成 4・10・29 民集 46 巻 7 号 1174 頁〔百選 I -74〕〈伊方原発訴訟〉における，原子力委員会等の調査審議・判断の過程，調査審議で用いられた具体的審査基準の合理性などを司法審査の対象とする方法も，判断過程の統制といえよう。そして，行政手続法上の不利益処分の処分基準に，先行処分を受けたことを理由として後行処分の量定を加重する旨の定めがある場合に，この処分基準と異なる取扱いをすることは，特段の事情がない限り，裁量権の逸脱・濫用になるとする判例もある（最判平成 27・3・3 民集 69 巻 2 号 143 頁〔百選 II -167〕〈北海道パチンコ店営業停止命令事件〉）。

　⑤純粋手続過程の瑕疵の統制　　以上が，前述の最高裁判決の定式に含まれると考えられる裁量審査の諸準則であった。なお，こうした行政庁の裁量判断の結果および過程の審査のほかに，行政手続法等の定める手続規律（審査基準・処分基準の適切な設定・公開，告知・聴聞などの手続の適切性，審議会諮問手続の適切な履行など）に係る瑕疵の審査も，結果として裁量的行政行為のもう 1 つの統制手段となる。行政庁の判断が形成されるプロセスの審査であるという点で，前述の判断過程の統制と類似するが，それが行政行為をなす際の行政庁の内部的判断過程（行政行為の関わる諸利益・諸事由の比較衡量過程）の審査であるのに対し，行政手続法等の諸法令が定める手続ルールの履行の審査は，外部的判断過程の審査である点で異なることになる。この審査方式を採って，行政行為の内容を決するための事前の手続に関する義務違反を問責したのが最判昭和 46・10・28 民集 25 巻 7 号 1037 頁〔百選 I -114〕　判例 1-3　〈個人タクシー免許事件〉であった。

　こうした行政処分手続のルールに即した審査は，覊束行為においても当然なされるが，覊束行為においてはその実体内容要件を充足している場合には，最終的にはなされざるをえないもので，場合によってはたとえ手続上違法であっても取り消されない可能性も否定できない（本節**6**(3)参照）。これに対して，裁量行為の場合には，手続上の瑕疵の故に当該行為を取り消され，再度適正な手続を履践すれば処分内容が変わる可能性は否定できないのであるから，当然取消判決に結びつくことになる。この意味で，処分手続ルールの適法性審査は，裁量行為においてより重要な意味をもつのである。

◇判例 2-5 ◇ 最判平成 18・2・7 民集 60 巻 2 号 401 頁〔百選 I -70〕

〈呉市学校施設使用不許可事件〉

【事実】広島県の公立小中学校等に勤務する教職員によって組織された職員団体 X は，その主催する教育研究集会の会場として，A 中学校の体育館等の学校施設の使用を申し出たところ，いったんは口頭でこれを了承する返事を当該中学校の校長から得たのに，その後，呉市教育委員会からその使用を拒否されたとして，呉市に対して国家賠償法に基づく損害賠償を求めた。原審は，本件不許可処分は裁量権を逸脱した違法な処分であると判断した。上告棄却。

【判旨】「学校施設は，一般公衆の共同使用に供することを主たる目的とする道路や公民館等の施設とは異なり，本来学校教育の目的に使用すべきものとして設置され，それ以外の目的に使用することを基本的に制限されている……ことからすれば，**学校施設の目的外使用を許可するか否かは，原則として，管理者の裁量にゆだねられている**ものと解するのが相当である。すなわち，学校教育上支障があれば使用を許可することができないことは明らかであるが，そのような支障がないからといって当然に許可しなくてはならないものではなく，行政財産である学校施設の目的及び用途と目的外使用の目的，態様等との関係に配慮した合理的な裁量判断により使用許可をしないこともできるものである。学校教育上の支障とは，物理的支障に限らず，教育的配慮の観点から，児童，生徒に対し精神的悪影響を与え，学校の教育方針にもとることとなる場合も含まれ，現在の具体的な支障だけでなく，将来における教育上の支障が生ずるおそれが明白に認められる場合も含まれる。また，**管理者の裁量判断は，許可申請に係る使用の日時，場所，目的及び態様，使用者の範囲，使用の必要性の程度，許可をするに当たっての支障又は許可をした場合の弊害若しくは影響の内容及び程度，代替施設確保の困難性など許可をしないことによる申請者側の不都合又は影響の内容及び程度等の諸般の事情を総合考慮してされるものであり，その裁量権の行使が逸脱濫用に当たるか否かの司法審査においては，その判断が裁量権の行使としてされたことを前提とした上で，その判断要素の選択や判断過程に合理性を欠くところがないかを検討し，その判断が，重要な事実の基礎を欠くか，又は社会通念に照らし著しく妥当性を欠くものと認められる場合に限って，裁量権の逸脱又は濫用として違法となる**とすべきものと解するのが相当である。」

①「教育研究集会は，被上告人〔X〕の労働運動としての側面も強く有するものの……教員らによる自主的研修としての側面をも有して」おり，本件集会前のほとんど全ての研究集会において学校施設が会場として使用されてきており，広島県においては本件集会を除いて学校施設の使用が許可されなかったこ

とはなかった。②「過去，教育研究集会の会場とされた学校に右翼団体の街宣車が来て街宣活動を行ったことがあった」が，「本件不許可処分の時点で……具体的な妨害の動きがあったことは認められず……本件集会の予定された日は，休校日である土曜日と日曜日であり，生徒の登校は予定されていなかったことからすると，仮に妨害行動がされても，生徒に対する影響は間接的なものにとどまる可能性が高かった」。③「教育研究集会の要綱などの刊行物に学習指導要領や文部省の是正指導に対して批判的な内容の記載が存在することは認められるが，いずれも抽象的な表現にとどまり，本件集会において具体的にどのような討議がされるかは不明であるし，また，それらが本件集会において自主的研修の側面を排除し，又はこれを大きくしのぐほどに中心的な討議対象となるものとまでは認められない」。④「教育研究集会の中でも学校教科項目の研究討議を行う分科会の場として……多くの教科に関する教育用具及び備品が備わっている学校施設を利用することの必要性が高いことは明らかであり，学校施設を利用する場合と他の公共施設を利用する場合とで，本件集会の分科会活動にとっての利便性に大きな差違がある」。⑤「本件不許可処分は，校長が，職員会議を開いた上，支障がないとして，いったんは口頭で使用を許可する意思を表示した後に……右翼団体による妨害行動のおそれが具体的なものではなかったにもかかわらず，市教委が，過去の右翼団体の妨害行動を例に挙げて使用させない方向に指導し，自らも不許可処分をするに至ったというものであり，しかも，その処分は，県教委等の教育委員会と被上告人との緊張関係と対立の激化を背景として行われた」。

　「上記の諸点その他の前記事実関係等を考慮すると，本件中学校及びその周辺の学校や地域に混乱を招き，児童生徒に教育上悪影響を与え，学校教育に支障を来すことが予想されるとの理由で行われた**本件不許可処分は，重視すべきでない考慮要素を重視するなど，考慮した事項に対する評価が明らかに合理性を欠いており，他方，当然考慮すべき事項を十分考慮しておらず，その結果，社会通念に照らし著しく妥当性を欠いたものということができる。**」
【コメント】一般公衆の利用に供することを主たる目的とする自治体の公共施設（市民ホール，都市公園など）の使用許可については，正当な理由がない限り住民の利用を拒むことはできず（自治244条2項），学校施設の目的外使用許可のような広範な裁量は，もともと認められない（最判平成7・3・7民集49巻3号687頁〈泉佐野市市民会館事件〉，最判平成8・3・15民集50巻3号549頁〈上尾市福祉会館事件〉）。

第 4 節　行 政 契 約

1　行政契約の概念と種類

(1)　行政契約の概念

　国や地方公共団体などの行政主体が締結する契約を総称して「行政契約」と呼ぶ。行政契約も行政行為と同様，具体的な法効果を生じ，契約当事者間の法律関係を形成・変更するものであるが，当事者の意思の合致を要するので非権力的な法行為であり，この点で行政行為と区別される（ただ，公務員の任命行為のような私人の同意を要する行政行為は，制度的にはともかく本質的には契約と変わらず，行政契約とみる学説もある）。こうした行政契約の契約としての性質上，権力説的な公法観が支配的であったドイツと日本においては，行政主体が締結する契約はほとんど私法上の契約とされ，行政法学の研究対象から除かれてきた。ただ，例外的に民商法が適用されないと考えられた特別な契約（市町村が電力会社・ガス会社と独占的な経営権や道路占用権等を約す見返りに報償金を受け取り，施設の将来の買収に応ずることを約束させるような報償契約や，行政主体間の一定の合意）が「公法契約」と呼ばれ，行政法学の固有の研究対象となってきた（診療報酬請求事務の委託を公法契約としたものとして，最判昭和 48・12・20 民集 27 巻 11 号 1594 頁）。

　したがって，「行政契約」概念は，こうした「公法契約」の観念に対して，いわゆる「私法契約」をも含めて行政活動として行われる契約的行為を包括的に行政法学の研究対象とするところに意義があるのである。

(2)　行政契約の種類

　前述したように，行政契約には，公法と私法の区別を前提とすれば，通常の民事法とは異なる公法的な原理が妥当する「公法契約」と，民法の原理と諸規定が原則として妥当する「私法契約」の両方が含まれる。前者の例として，前述の報償契約が数少ない例として挙げられ，後者の例として，行政が使用する物品の購入契約や公共事業に係る工事請負契約などが挙げられてきた。

　また，契約の当事者に即して，行政契約は，「行政主体相互間の行政契約」
と「行政と私人間の行政契約」に区別される。前者の例として，国と地方公共
団体との間では，国有財産の地方公共団体への売却が，地方公共団体相互間の
契約としては，事務委託（自治252条の14，学教40条），公の施設の区域外設置
の協議（自治244条の3），費用負担の分担協定（道54条，河川65条）などがあ
げられる。なお，私人間の契約であっても，行政庁の認可を受けることにより
土地の承継者等にも契約上の拘束力を当然及ぼすような特殊な契約もある（建
築協定〔建基69条以下〕，緑地協定〔都市緑地45条以下〕，景観協定〔景観81条以下〕）。
規制行政分野の行政契約の典型として後に紹介する公害防止協定も，施設管理
者（地方自治体）と周辺住民との間（東京高判平成9・8・6判時1620号84頁）でも，
事業者と住民の私人間でも，締結されることがある。

　本書では，紙幅の制約もあるので，もっぱら行政主体と私人の間の行政契約
を対象としてとりあげることとする。こうした行政契約は，しばしば行政分野
の大まかな区別に即して，①調達行政（行政手段としての財貨や労力の調達に係る
準備行政）における契約，②給付行政における契約，③規制行政における契約
に分類することができる。

　調達行政における契約には，行政が使用する物品の売買契約，公共用地に用
いるための私有地の売買契約，公共工事の工事請負契約，財政目的で国公有財
産を売却する売買契約などがある。とくに国が締結する場合の多くは，狭義の
「政府契約」と呼ばれるものに相当する。

　給付行政においても行政行為の形式がしばしば用いられるが（補助金の支給
決定，地方公共団体の公の施設の利用許可，生活保護などの社会保障の支給決定など），
本来的には，契約形式になじむ行政分野である。水道の供給契約，鉄道・バス
等の自治体が運営する公共交通の運送契約はいうまでもなく，公立病院・公営
住宅の利用関係も契約関係とされている（公立病院の「診療に関する法律関係は本
質上私法関係というべきであるから，公立病院の診療に関する債権の消滅時効期間」は
民法の定めによるとした判例として，最判平成17・11・21民集59巻9号2611頁〔百
選I-27〕，公営住宅の使用関係が民法・借家法の適用がある契約関係であるとする判例
として，最判昭和59・12・13民集38巻12号1411頁〔百選I-7〕）。さらに，こうし
た公共サービスの実施を民間事業者等に委託する場合にも（たとえば，廃棄物6

条の2），民間委託契約が締結される。

　規制行政分野は，行政行為がその典型的な行為類型であるが，行政契約の形式を用いることもある。たとえば，公害防止協定や原子力安全協定などである。前述した建築協定，緑地協定，景観協定なども私人間の契約であるが，まちづくりに係る規制行政分野に属している。これらの私人間の諸協定は，法律に根拠を有し，その法的拘束力は明確である。他方，公害防止協定などは，法律の根拠なしに結ばれるもので，その拘束力をめぐって争いがあり，（包括的行政指導とみる）紳士協定説も唱えられてきた。法律による行政の原理に鑑みて法律の根拠に基づいてのみ制限しうるはずの市民の権利・自由を，法律に基づかずに当事者の合意を根拠に制約することになるからである。しかし，そこで制約されるのは企業の経済的自由にとどまり，それも企業が自己の判断でその自由を一部自己放棄するのである以上，拘束力のある正規の契約と考えてよい（産業廃棄物最終処分場に関する公害防止協定について最判平成21・7・10判時2058号53頁〔百選Ⅰ-90〕，新幹線車両基地に関する環境保全協定について大阪高判平成29・7・12判例自治429号57頁）。なお，協定の当事者以外の者が協定内容の実施を求める権利を有するかが問題となりえ，企業と自治体が締結した協定上の自治体の権利を住民が代わって行使することができるかが争われたことがある（否定例として，札幌地判昭和55・10・14判時988号37頁，仙台高判昭和46・4・28判時646号52頁）。

2 行政契約の実体法的統制

(1) 法律の留保と法律の優位

　行政契約も契約である以上，当事者の意思の合致を前提としている。その限りで，民法上の契約と考えられる契約はもちろん，それ以外の行政契約であっても，議会制定法たる法律や条例の根拠がなくともなしえることに今日では争いはなく，先にみたように法定外の契約も実務上多い。とはいえ，強行法規たる法律に違反する契約は原則として無効である。たとえば，議会権限を制約したり，課税権を放棄するなどする契約は許されない（京都地判昭和59・3・30行集35巻3号353頁〈京都市古都保存協力税事件〉）。また，法律・条例で定めるべき行政権限（代執行権等）は，その性質上，法律の根拠があっても委託契約のよ

うな契約の形式で私人に与えることはできないという議論が有力である（他方，法律に基づく指定処分などによって私人に行政処分権限が与えられることは，しばしばみられる。 **Column 1-3** 参照）。

他方，産業廃棄物処分場に係る市町村と事業者間の公害防止協定における処分場の使用期限に関する定めは，そのことだけでは知事の許可権限に関する廃棄物処理法の規定に抵触するものではないと解される（最判平成 21・7・10 判時 2058 号 53 頁〔百選Ⅰ-90〕）。

行政契約の締結後，その内容をめぐって行政と私人との間で紛争が生じることもあり，その際の行政側の裁量性の広さが問題となりうる（仙台高秋田支判平成 7・7・11 判時 1545 号 26 頁〈八郎潟干拓地訴訟〉）。

(2)　行政上の一般法原則と民法の準用

契約の当事者が行政主体である以上，基本的人権の保障は，行政契約の統制法理として直接妥当し，人権を侵害する契約は無効である。平等原則，比例原則，信義則などの行政上の一般法原則も行政契約の統制法理となる。公共サービスに係る民間委託契約については，行政主体と受託者との間で役割の分担と責任の所在の明確化が求められる（公共サービス基 8 条）。

従前から私法契約とされてきた財貨に関わる行政契約については，民法の契約に関する諸規定が適用される（最判平成 17・11・21 民集 59 巻 9 号 2611 頁〔百選Ⅰ-27〕）。そうした例として，自治体の長が当該自治体を代表して行う契約の締結に双方代理の禁止（民 108 条）や無権代理の追認（同 116 条）が類推適用されるとした判例がある（最判平成 16・7・13 民集 58 巻 5 号 1368 頁〔百選Ⅰ-4〕〈名古屋市世界デザイン博事件〉）。

(3)　個別法の定め

行政主体の財貨に関わる契約については，一般的に財務・会計法規や財産管理法規が妥当することになる。国では会計法や国有財産法，自治体では地方自治法や公営住宅法などがそうした法律の典型である。たとえば，一般原則的な規定として，地方自治法 2 条 14 項は，「地方公共団体は，その事務を処理するに当つては，住民の福祉の増進に努めるとともに，最少の経費で最大の効果を

挙げるようにしなければならない」と定め（地方財政法 4 条 1 項にも類似の規定がある），自治体の公費の無駄遣いを違法とする重要な根拠となっている。公営住宅法は，公営住宅の賃貸借関係について借地借家法の特則を定めているとされる（最判昭和 59・12・13 民集 38 巻 12 号 1411 頁〔百選 I -7〕参照）。このほか，役務や物品の発注者たる国や自治体が契約の相手方に不当な負担を与えないように対価の支払時期を定めた法律として，政府契約の支払遅延防止等に関する法律がある。

　給付行政に係る公共サービス契約は定型化した附合契約としての性格を有することが多く，他方で行政側に契約締結義務を負わせている（水道 15 条 1 項。最判平成 13・12・13 判時 1773 号 19 頁参照）。こうした契約締結義務に関わって，契約締結を拒否できる「正当の理由」（同条同項）に該当しないとされた事案として，最決平成元・11・8 判時 1328 号 16 頁〔百選 I -89〕〈武蔵野マンション事件〉があり，該当するとした事案として，最判平成 11・1・21 民集 53 巻 1 号 13 頁〈志免町給水拒否事件〉がある（最判昭和 56・7・16 民集 35 巻 5 号 930 頁 判例 3-3 〈豊中市給水保留事件〉も参照）。また，締結された給水契約に係る水道事業者の常時給水義務とそれが免除される「正当な理由」（同条 2 項）について参照，最判令和 4・7・19 民集 76 巻 5 号 1235 頁。このほか，行政が契約締結の相手方を決するについて選考基準を定めている法律もある（公住 25 条 1 項など）。

> **Column 2-3　公契約条例**
>
> 　公契約条例とは，地方自治体が公共工事や施設管理等の業務委託のために私企業等と締結する請負契約や委託契約において，当該事業に従事する労働者の賃金の最低限を定める「賃金条項」等の労働条件を確保する条項を設けた，調達行政に係る行政契約に関する条例である。行政の民営化の潮流の下の民間委託の増大，地方財政のひっ迫によるコスト削減，バブル経済崩壊後の公共工事の削減などを背景として，建設業界や委託事業者の競争が激化し，競争入札におけるダンピング受注等，自治体にとって割安な調達契約が増加した。しかし，これが原因で，受注企業の労働者の賃金が低下し，いわゆる「官製ワーキングプア」問題は，自治体の非常勤・臨時職員から自治体事業に従事する民間労働者にも波及することになったのである。
>
> 　こうした事態に対して公共事業等に従事する労働者の賃金の適正な水準を確保することを目的とした公契約条例の制定を求める運動が各地で起こり，2009

（平成 21）年に千葉県野田市で初めて労働者の賃金の下限額の基準を定めた公契約条例が制定された。その後，川崎市，相模原市，多摩市，東京都渋谷区，足立区，千代田区，福岡県直方市，兵庫県三木市，高知市などで同様の条例が制定されている。また，公契約の理念やあり方のみを定めた公契約基本条例も，山形県，長野県，奈良県，岩手県，岐阜県，秋田市，前橋市，京都市などで制定されている。

　最低賃金法の定める地域別最低賃金額を上回る最低賃金額を条例で定めることの是非が論じられることがあるが，契約の一方当事者としての自治体がその契約内容として私人間の労働条件を条例であらかじめ定めておくことは，その労働条件が違法でなければ条例の違法性の問題を生じないと解される。国の公共サービス基本法 11 条も，「国及び地方公共団体は，安全かつ良質な公共サービスが適正かつ確実に実施されるようにするため，公共サービスの実施に従事する者の適正な労働条件の確保その他の労働環境の整備に関し必要な施策を講ずるよう努めるものとする」と定めている。

3　行政契約の手続法的統制

　公共調達契約や公共事業契約は，伝統的に民法上の契約と解され，特則として会計法 29 条の 3 以下や地方自治法 234 条の定める入札制度の契約手続ルール（一般競争入札の原則）が妥当するとされてきた（2006〔平成 18〕年に導入された官民競争入札の手続については，公共サービス改革法〔競争の導入による公共サービスの改革に関する法律〕がある）。ただ，実務上は，指名競争入札が行われることが多く，談合，場合によっては発注者側の公務員も関わった官製談合が疑われることもあり，近年は摘発される事案も増えてきた。そこで，入札の適正化を目的として，「公共工事の入札及び契約の適正化の促進に関する法律」や「入札談合等関与行為の排除及び防止並びに職員による入札等の公正を害すべき行為の処罰に関する法律」（官製談合防止法）などの法律も制定されてきている。

　ただ，判例上，入札の例外としての随意契約方式による契約締結に関する行政の裁量は広く認められており（最判昭和 62・3・20 民集 41 巻 2 号 189 頁），入札ルールに反して違法に随意契約が結ばれても，法的安定性確保の見地から，その私法上の効果が無効になる場合は限定されている（最判昭和 62・5・19 民集 41 巻 4 号 687 頁。さらに参照，最判平成 20・1・18 民集 62 巻 1 号 1 頁〔百選 I -92〕）。一

方，指名競争入札にあたっての地元企業優先の指名について，そうした指名を行う裁量を認めつつも「およそ村内業者では対応できない工事以外の工事は村内業者のみを指名するという運用」は，常に合理性があり裁量の範囲内であるとはいえない，とする判例も現れている（最判平成 18・10・26 判時 1953 号 122 頁〔百選 I-91〕）。

　地方自治体が締結する契約については，議会の議決が求められている場合もある（自治 96 条 1 項 5 号以下）。

4　行政契約の裁判的統制

(1)　民事訴訟と公法上の当事者訴訟

　行政契約は，公権力の行使ではないと解されているので，抗告訴訟（行訴 3 条）の可能性は基本的に考えられない。契約の違法・無効等を裁判上争う途は，通常の民事訴訟となろう。入札談合のあった契約について，発注者たる国からの支払い済み代金の一部の不当利得返還請求が認められている（東京高判平成 13・2・8 判時 1742 号 96 頁〈社会保険庁シール談合事件〉）。ただ，行政契約の中で公法契約を観念し，そうした契約上の法律関係を公法関係とみるとすると，それをめぐる紛争の裁断は公法上の当事者訴訟（行訴 4 条）によることになる。しかし，いずれの訴訟形態でもその訴訟手続に大差はない（第 4 章第 2 節 **5** (5) 参照）。

　また，指名競争入札における指名は単なる契約の準備行為（宮崎地都城支判平成 10・1・28 判時 1661 号 123 頁）ではなく行政処分とみるべきであるとする見解もある。そうすると，指名から外された事業者からの抗告訴訟の可能性が開かれることになる。ただ，多くの指名回避をめぐる事件は，過去の指名・入札の実績に照らして得られるはずであった利益を損害としてその賠償を求める国家賠償請求訴訟の方法で争われている（前掲最判平成 18・10・26 など）。

(2)　住民監査請求と住民訴訟

　自治体の機関が行った契約の締結であれば，自治体の財務会計上の行為として住民監査請求（自治 242 条）の対象となりえ，その適法性と妥当性が当該自治体の監査委員の監査に服し，さらに住民訴訟（同 242 条の 2）を通じて裁判的

統制の対象になる（**Column 4-6** 参照）。

　たとえば，自治体の締結した入札契約における談合については，被害者たる自治体が裁判を起こさない場合には，談合企業に対して請求をすべく住民から自治体の執行機関等に対して住民訴訟を提起できる（住民監査請求の請求期間をめぐって，談合事案につき最高裁が門戸を広く開いた判決として，最判平成 14・7・2 民集 56 巻 6 号 1049 頁）。住民訴訟において，一般競争入札における最高制限価格の設定を違法とした判決として，最判平成 6・12・22 民集 48 巻 8 号 1769 頁などもある。

第 5 節　行 政 指 導

　行政作用には，前述した行政立法，行政規則，行政行為，行政契約のほかにも，固有の法的効果を当然には有さない多様な事実行為が存在する。そうした事実行為は，それ自体で独立に行われるほか，行政上の強制執行や行政調査などの行政上の制度の中に組み込まれてなされることもある。

　事実行為の中でも，精神作用的なそれとして行政指導があり，わが国の行政運営の実際において重要な機能を果たしてきた。行政手続法 32 条〜36 条の 3 は，行政指導に関する実体法的および手続法的統制法理を一般的に定めている。行政指導をめぐる法律問題は，行政行為の申請手続において生ずることが多く，判例もそうした局面に係るものが多い。本節では，そうした行政指導の実体法的・手続法的・裁判的統制法理を明らかにする。

1 行政指導の種類と機能

（1）　行政指導の種類

　行政指導とは，「行政機関がその任務又は所掌事務の範囲内において一定の行政目的を実現するため特定の者に一定の作為又は不作為を求める指導，勧告，助言その他の行為であって処分に該当しないもの」（行手 2 条 6 号）をいう。したがって，行政目的を実現する意図なしに行われる単なる情報提供などは，行政指導ではない。

　かかる行政指導は，その機能に即して，①調整的行政指導（隣人建築紛争の調

整や放送免許の一本化調整，かつての大規模小売店舗の出店に係る地元商店街との調整など私人間の紛争予防・解決のための行政指導），②規制的行政指導（かつての不況対策としての競争制限的操業短縮を求める業界指導，地域環境維持のための開発・建築指導など公益的見地から私人の活動の自由を規制する行政指導），③助成的行政指導（農業振興のための作付指導・経営指導，中小企業対策としての経営指導・技術指導など一定の政策目的を実現するために私人に情報を提供してその活動の助成を図る行政指導）に分けられる。

　また，行政指導は，法令・条例の直接の根拠の有無に即して，①法定の行政指導と②法定外の行政指導に分けることができる。法定の行政指導の例として，たとえば，騒音規制法 15 条の改善勧告，ストーカー規制法（ストーカー行為等の規制等に関する法律）4 条の警告，環境影響評価法 34 条の勧告，児童福祉法19 条の指導などがある。法定外の行政指導にも多種多様なものがあるが，行政規則としての性格しかない要綱（指導要綱）に基づく行政指導は，その一種である。

> **Column 2-4　要綱行政とその変化**
>
> 　要綱なかんずく指導要綱という言葉は，行政指導の指針を定めた自治体のルールを指して用いられることが多い。その法的性質は，講学上の行政規則として当該自治体の行政組織内部のルールにすぎないのであるが，わが国における行政指導の事実上の実効性の高さもあって，高度経済成長期において活用され，そうした行政運営は「要綱行政」と呼ばれた。要綱行政の端緒・典型は，宅地開発指導要綱による開発規制であり，川崎市の団地造成事業施行基準（1965年）を嚆矢に，川西市宅地開発指導要綱（1967 年）が最初の宅地開発指導要綱といわれ，1970 年代以降，全国に普及した。その社会的背景を一瞥しておこう。
>
> 　都市への人口集中により都市の過密化，肥大化，地価高騰が生じ，その結果既存住宅地の中に周辺との調和を無視した高層マンションの建築，狭小過密な建売住宅の建設が行われ，近隣住民とのトラブルをもたらした。また，大規模な住宅団地建設による急激な人口流入は行政需要の急増をもたらし，地元自治体の行財政に極度な負担をかけ，地域の行政サービスの低下をも招いた。こうした課題に対処すべく，自治体は，行政との協議，近隣住民の同意取得，法定外の規制，公共用地の提供その他の負担金の拠出などを内容とする開発指導要綱を定め，これに基づく行政指導を行った。本来は，法律ないし条例の制定によるべき事柄であったが，開発推進に偏った国の施策と条例制定権に対する国

法の制約を重んずる当時の一般的通念の故に，そうした立法化は困難であったのである。こうして窮余の策としてとられた要綱行政であったが，これらの多くは地域社会の安定的な形成に一定の貢献をし，建築基準法における日影規制導入の契機にもなるなど，法律にも影響を与えた。

　しかし，今日では，周辺住民の同意取得を許認可申請の条件とし，申請それ自体を受理せず返戻するなどすることは，行政手続法に真っ向から抵触し，かつ行政も一定の責任を負うべき地域環境の維持・発展を地元住民と業者との合意にもっぱら委ねることにもなり，裁判例でも否定されてきている（宇都宮地判平成3・2・28行集42巻2号355頁，仙台地判平成10・1・27判時1676号43頁）。このような行政手続法制定前後のインパクトに加え，条例制定権の限界論に関する理論的発展（判例のスタンダードとして最大判昭和50・9・10刑集29巻8号489頁〔百選Ⅰ-40〕〈徳島市公安条例事件〉）や2000年の地方分権改革による市町村まちづくり権限の拡大と条例制定権の拡大は，従前要綱に定められていた事項の一定部分を条例で定める途を各地の地方公共団体に開くことになった。その結果，各地で開発指導要綱等の要綱に代わる条例の制定が進んでいる（たとえば，横須賀市の特定建築等行為に係る手続き及び紛争の調整に関する条例など）。

(2) 行政指導の機能

　わが国で，行政指導とりわけ法定外の行政指導が多用される理由は，次のような機能的メリットがあるからであるといわれている。すなわち，①法令の不備・欠陥を補う補完機能，②行政需要への臨機応変の対応措置が可能，③指導の受け手が心理的に抵抗感が少なく受容しやすいソフトな性格，などである。

　その反面，行政指導とりわけ法定外のそれのデメリットとして，次のような問題点も指摘されてきた。すなわち，①行政責任の所在の不明確化，②行政の恣意的活動の招来（具体的には，直接的関連性のない権限の行使・不行使をアメないしムチに利用する行政権限の融合，指導によって実効性が挙がれば挙がるほど生ずる権力行政に対する代替物化，インフォーマルな手段であるがゆえの被規制者〔とくに業界〕との密室での癒着など），③その適法性に疑義があっても処分性がないため使える争訟手段が明らかでなく，国家賠償請求が可能としても強制されたことの証明が困難，④逆に，行政指導には強制力がなく実効性に欠ける面も否定できない，などである。

2 行政指導の実体法的統制

(1) 法律の根拠

　行政指導は，その定義規定にあるように，「行政機関がその任務又は所掌事務の範囲内において」なす行為であり（行手 2 条 6 号），「当該行政機関の任務又は所掌事務の範囲を逸脱してはならない」（同 32 条 1 項）。したがって，それをなすには組織法上の根拠は必要であるといってよいが，問題は作用法上の根拠の要否である。判例は，不要説にたっているものと思われ（最判昭和 59・2・24 刑集 38 巻 4 号 1287 頁〔百選 I -93〕〈石油カルテル事件〉，最判昭和 60・7・16 民集 39 巻 5 号 989 頁〔百選 I -121〕 判例 2-6 〈品川区マンション事件〉，最大判平成 7・2・22 刑集 49 巻 2 号 1 頁〔百選 I -15〕〈ロッキード事件〉，最判平成 9・8・29 民集 51 巻 7 号 2921 頁〔百選 I -94〕〈家永教科書裁判第 3 次訴訟〉），臨機応変に事態に対処できるその性質に鑑みて，法律に根拠のない指導を行わなかったことが違法とされることもありうる（東京高判昭和 63・3・11 判時 1271 号 3 頁〈クロロキン薬害 1 次訴訟〉，東京地判平成 4・2・7 判時臨増平成 4 年 4 月 25 日号 3 頁〈水俣病東京訴訟〉，京都地判平成 5・11・26 判時 1476 号 3 頁〈水俣病京都訴訟〉）。

　他方，学説では，侵害行政留保説に立脚する説でも，規制的行政指導については法律・条例の根拠を要するとする説さえあるほどで，一概に不要説が通説ともいいにくい。また，最近の注目すべき指摘として，指導行為それ自体については具体の根拠規定は必要ないが，その指導によって実現しようとする政策内容については，法律や条例に手がかりとなる規定が必要であるとの見解がある。

(2) 関連法の規制内容

　行政指導にも，法律の優位の原則は当然に妥当し，当該行為を規律する実定法規に違反する指導行為は違法となる。ただ，法定の行政指導であっても，法令上の規律密度は薄いのが通常であり，さらに法定外の行政指導についてはその要件や手続を定めた明文の規定が存在しないのであるから，それが関連法に違反するとされることは，あまり多くは生じないであろう。たとえば，玩具拳銃を誤って銃砲に当たると判断してその製造・販売の中止を求めた行政指導が

違法であるとされた東京地判昭和 51・8・23 判時 826 号 20 頁〈コンドルデリンジャー事件〉（ただし，過失は否定された）があり，また前掲最判昭和 59・2・24〈石油カルテル事件〉は，（結論的には否定しているが）原油価格に関する行政指導が独占禁止法に違反する可能性のあることを認めている。

　実体的・手続的規律を伴った法定の行政指導が定められている場合に，同種の指導を別に法定外の形で行うことができないかどうかは，当該法律の趣旨に即して個別に判断されるべきであり，そうした法定外の行政指導が当然に違法であるとはいえないであろう。

(3)　任意性の確保

　行政指導の適法要件として最も重要で，かつ争われることも多く判例の蓄積があるのが，相手方の任意性の要請である。行政指導は，その「内容があくまでも相手方の任意の協力によってのみ実現されるもので」（行手 32 条 1 項）なければならない。したがって，行政指導に強制力・拘束力をもたせるようなことをしてはならないのであり，まず，「相手方が行政指導に従わなかったことを理由として，不利益な取扱いをしてはならない」（同条 2 項）。教科書検定における改善意見は，助言指導にとどまり行政指導たる性格のものとされ，教科書の執筆者や出版社がその意に反してそれに服さざるをえなくなるなどの事情がない限りは適法であり（最判平成 9・8・29 民集 51 巻 7 号 2921 頁〔百選 I -94〕〈家永教科書裁判第 3 次訴訟〉），教育施設負担金の納付を求める行政指導は，水道給水契約の締結拒否等の制裁措置を背景としてなされる場合には違法となる（最決平成元・11・8 判時 1328 号 16 頁〔百選 I -89〕，最判平成 5・2・18 民集 47 巻 2 号 574 頁〔百選 I -95〕）。

　また，許認可の申請の取下げ・内容変更を求める行政指導は，申請者がそれに従う意思がない旨を表明した場合には，指導を継続する等して申請者の権利行使を妨げてはならない（行手 33 条）。逆にいえば，申請者からそうした意思が表明されるまでは，行政指導中であることを理由に許認可処分を留保することは直ちには違法とはいえず，さらにそうした意思が表明されたとしても客観的状況によっては許認可処分を留保することが違法ではないとされる余地もある（最判昭和 56・7・16 民集 35 巻 5 号 930 頁 **判例 3-3** 〈豊中市給水保留事件〉，最

判昭和 57・4・23 民集 36 巻 4 号 727 頁〔百選 I -120〕，最判昭和 60・7・16 民集 39 巻 5 号 989 頁〔百選 I -121〕 ◁判例 2-6▷ 〈品川区マンション事件〉)。

　最後に，許認可ないしその取消しの権限その他関連する権限を有する行政機関が，その権限を行使できない場合等に行使できる旨を示すなどして行政指導に従わせるようなことも，前述のような行政指導の性格上当然に違法となる（行手 34 条）。なお，権限を行使できるときには，その旨を示すことは当然できるが，その場合には相手方に，当該権限行使の根拠法令の条項とそこで定められた要件そして当該要件適合の理由を示さなければならない（行手 35 条 2 項）。

> ◁判例 2-6▷ 最判昭和 60・7・16 民集 39 巻 5 号 989 頁〔百選 I -121〕
> 〈品川区マンション事件〉
>
> 【事実】原告 X は，品川区内にマンションを建築するために建築確認の申請をしたところ，その建設に反対する付近住民の陳情を受けた被告東京都（Y）の職員が住民との話し合いによる円満解決を指導した。X はこの行政指導に協力して住民と話し合いを続けたが解決に至らず，その間に Y が約 2 ヵ月後に新高度地区案を実施することを発表し，X の申請についてもこの案に従った設計変更と付近住民との話し合い解決を勧告した。X は，新高度地区実施以前の話し合い解決は困難で，紛争未解決のままでは新高度地区制によって設計変更を余儀なくされるため，建築確認処分留保を背景とする行政指導にはもはや従えないとして，建築審査会に確認申請に対する不作為の違法を理由とする審査請求を行った。ただその後も住民との話し合いは継続され，建築審査会の裁決を待っていたのでは新高度地区による高度制限を受けるおそれがあることから，X は金銭補償によって住民との紛争を解決して審査請求を取り下げた。そこで Y の建築主事は建築確認処分を行った。
>
> 　X は，建築確認はその審査終了後直ちに結果を通知すべきであり，審査が終了しているにもかかわらず，付近住民との話し合いを求める行政指導がなされていることを理由に確認処分を留保することは違法であるとして，留保期間中の建築請負代金増加額と金利相当額の損害賠償を請求した。第一審は X の請求を棄却し，第二審は容認。最高裁は Y の上告を棄却。
>
> 【判旨】地方公共団体の責務および建築基準法の趣旨目的に照らせば，「地域の生活環境の維持，向上を図るために，建築主に対し，当該建築物の建築計画につき一定の譲歩・協力を求める行政指導を行い，建築主が任意にこれに応じているものと認められる場合においては，社会通念上合理的と認められる期間建築主事が申請に係る建築計画に対する確認処分を留保し，行政指導の結果に期

待すること」は「直ちに違法な措置であるとまではいえない」。もっとも**建築主**が「**自己の申請に対する確認処分を留保されたままでの行政指導には応じられないとの意思を明確に表明している場合には**」，「**当該建築主が受ける不利益と右行政指導の目的とする公益上の必要性とを比較衡量して，右行政指導に対する建築主の不協力が社会通念上正義の観念に反するものといえるような特段の事情が存在しない限り，行政指導が行われているとの理由だけで確認処分を留保することは，違法である**」。

　「したがつて，いつたん行政指導に応じて建築主と付近住民との間に話合いによる紛争解決をめざして協議が始められた場合でも，右協議の進行状況及び四囲の客観的状況により，建築主において建築主事に対し，確認処分を留保されたままでの行政指導にはもはや協力できないとの意思を真摯かつ明確に表明し，当該確認申請に対し直ちに応答すべきことを求めているものと認められるときには，他に前記**特段の事情**が存在するものと認められない限り，……それ以後の右行政指導を理由とする確認処分の留保は，違法となる」。

【コメント】本判決は，行政手続法 33 条の規定の基礎となったものであり，この判示にある指導拒否の「真摯かつ明確な表明」，指導継続を理由とする確認留保を正当化しうる「特段の事情」などが同条の解釈にあたって重要な意味を有している。自治体の行政手続条例には，これらの点を明文化しているものもある（ Column 2-5 　参照）。

(4)　行政上の一般法原則

　行政指導についてもその統制法理として，平等原則や比例原則などの一般法原則が妥当する。行政指導が比例原則に反するとしたものとして，退職勧奨を執拗に行ったことが違法とされた下関市立商業事件（最判昭和 55・7・10 判タ 434 号 172 頁）がある。また，行政手続法 36 条の行政指導指針の公表制は，行政指導に係る平等原則を担保する機能を有するであろう。

　このほか，誤った行政指導とりわけ助成的行政指導を信頼して行動した結果不測の損害が生じた場合，その信頼が保護に値する限り，被害者には信義則に基づく損害賠償が認められるであろうし（市職員の誤った指導に基づいてなされた過少申告について生じた加算税相当額の損害賠償が認められた例として，最判平成 22・4・20 集民 234 号 63 頁），場合によっては信頼に即した状態をたとえ適法でなくても確保すべきとされることもある（東京高判昭和 58・10・20 行集 34 巻 10 号 1777 頁）。

3 行政指導の形式的・手続的統制

　行政手続法は，行政指導に関する形式的および手続的統制のための一般的な規定を設けている。まず，行政指導の明確化原則として，行政指導の相手方に当該行政指導の①趣旨，②内容，③責任者を明確に示さなければならない（35条1項）。さらに，行政指導をする際に許認可権限あるいは許認可の取消し・停止等の権限を行使できる旨を示すことがあるが，そのような場合には，相手方に①当該権限の根拠法令の条項，②当該条項の定める要件，③当該権限が当該要件に適合する理由を示さなければならない（同条2項）。また，そうした明確化を確保するため，口頭による指導の場合には，上述の諸事項について請求に基づく書面交付制が原則的に定められている（同条3項。生活保護法施行規則19条の定める同法27条の指導・指示の一定の場合の書面主義の意義について参照，最判平成26・10・23判時2245号10頁）。

　一定の方針に基づいて系統的になされている行政指導（要綱行政がその典型）については，行政指導指針（2条8号ニ）を策定し，それを公表する原則的義務が課せられている（36条）。行政指導指針は，その実施状況や社会情勢の変化等を勘案し，その内容を再検討し適正を確保するよう努めなければならず（38条2項），それを定めるときには，原則として命令等制定手続（39条以下）にのっとり，広く一般の意見を求めなければならない（本章第2節**2**(5)参照）。

　さらに，法令違反行為の是正を求める，法律を根拠とする行政指導については，次のような申出制度が2014（平成26）年改正によって設けられている。

　まず，そのような行政指導がなされたとき，相手方は，その指導が根拠法律の要件に適合しないと思料するときは，指導をした行政機関に対し，所定の申出書をもって当該行政指導の中止その他の必要な措置をとることを求めることができる（36条の2第1項・2項）。申出を受けた行政機関は，必要な調査を行い，法定要件に適合しない行政指導の中止その他の必要な措置をとらなければならない（同条3項）。

　逆に，そのような行政指導がなされるべき場合にもかかわらずなされていないと思料する者は何人も，当該行政指導をする権限を有する行政機関に対し，所定の申出書をもって当該行政指導をすることを求めることができる（36条の

3第1項・2項）。申出を受けた行政機関は，必要な調査を行い，必要があると認めるときは当該行政指導をしなければならない（同条第3項）。

　なお，自治体の行政手続条例には，広く行政指導一般に対する苦情（異議）の申出に関する規定を設けている例（横浜市条例37条，長野市条例20条）や，行政指導にとどまらない行政手続条例違反全般についての苦情の申出を定めている例（葛飾区条例39条）もある。

> ◖**Column 2-5**◗　**自治体の行政指導と行政手続法**
>
> 　行政手続法3条3項は，自治体の機関がする行政指導などについては，同法第2章から第6章までの規定は適用しないと定めている。したがって，自治体の行う行政指導は，法令に根拠のあるものもないものも全て，行政手続法第4章および第4章の2（32条〜36条の3）の定めは適用されない。しかし，同法32条の規定が，行政指導たるものに当然に妥当するルールであるというにとどまらず，同法46条は地方公共団体に，同法の趣旨にのっとり必要な措置を講ずるよう努めるべきことを定めている。その結果，大多数の自治体において，行政手続法に相当する行政手続条例が定められている。
>
> 　他方，行政の第一線にある市町村を中心とした自治体行政において，行政指導は，要綱行政（◖**Column 2-4**◗ 参照）にみられるように，地域におけるまちづくりに重要な役割を果たしてきた。したがって，各地の行政手続条例の行政指導に関する諸規定は，行政手続法のそれとは異なった定めを含んでいることが多い。たとえば，①行政手続法に倣った条例の諸規定が，必要な行政指導の行使を妨げるものではないことの確認規定（徳島県条例35条，岐阜県条例35条など），②行政指導の相手方に対する指導尊重責務の定め（京都府条例32条1項，京都市条例32条など），③一定の要件の下で申請に関連する行政指導を継続できる旨の定め（神奈川県条例31条2項，島根県条例31条2項，足立区条例31条但書など），④相手方の不協力の意思表示について，前掲最判昭和60・7・16に倣って明確性や真摯性の要件を付加する定め（横浜市条例32条，仙台市条例29条，葛飾区条例33条，多摩市条例31条など），⑤行政指導に対する不協力の事実等を公表する旨の定め（青森県条例30条3項，富山県条例30条2項但書，静岡県条例30条2項但書など）などがある。

4　行政指導の裁判的統制

（1）　行政訴訟

　行政指導が違法であるとして，その相手方などが裁判でそれを争う場合，ど

のような争訟手段を用いることができるであろうか。

まず，行政指導の取消しを求める取消訴訟については，行政指導が法効果のない非権力的事実行為であることから，原則的には取消訴訟の対象性たる処分性が認められない。ただ，具体の行政指導が関連する許認可やその他の権力的行為との関係で事実上有している効果等に鑑みて処分性が認められる例もないではなく（医療法に基づく病院開設中止勧告に関する最判平成 17・7・15 民集 59 巻 6 号 1661 頁〔百選 II-154〕◀ 判例 4-2 ▶），その判断は困難な面を有している。そもそも，指導への不服従に対する措置として公表よりも強力な措置，たとえば給付の停廃止や業務停止命令が定められている指示（生活保護法 62 条，宅地建物取引業法 65 条など）などについては，それが行政指導なのか行政行為であるのかが曖昧で，議論のあるところである。

仮に取消訴訟が認められないとすれば，行政指導の違法確認訴訟（行訴 4 条）や，不協力を貫いてこれに対して公表等の措置がなされたときに，その公表等を権力的事実行為とみたてての取消訴訟（同 3 条 2 項）あるいはそれの事前差止訴訟（同条 7 項）なども考えられる。

(2)　国家賠償訴訟

違法な行政指導によって損害が生じていれば，国家賠償法に基づいて損害賠償請求訴訟を提起することができる（最判平成 22・4・20 集民 234 号 63 頁）。前掲東京地判昭和 51・8・23〈コンドルデリンジャー事件〉や教育施設負担金に係る行政指導を違法とした前掲最判平成 5・2・18 が，その例である。

第 6 節　行　政　計　画

1 行政計画の意義と特色

行政計画は，行政機関が策定する計画を総称する講学上の概念であり，実定法上これに相当する用語は存在しない。講学上にいう，行政計画とは，「行政権が一定の公の目的のために目標を設定し，その目標を達成するための各種の諸手段を調整・体系化しつつ総合的に提示した行政活動基準」を大まかに指す

ものといってよいであろう。

　今日，国の作成する防災基本計画や都道府県の策定する公害防止計画，市町村の狭域のまちづくりに関する地区計画など，行政主体はそれぞれ多くの行政計画を策定するようになっており，行政の計画化は，現代行政の一大特色である。2013（平成 25）年末の時点で計画についての定めを有する法律は 400 以上，そこで法定された計画の数は 800 以上に及ぶ。ただ，行政計画は，行政立法，行政規則，行政行為，行政契約，行政指導といった，これまでみてきた確立した行政の行為形式と並び立つ独自の行為形式ではなく，その中には行政立法や行政規則に相当するもの，行政処分に該当するもの，あるいは事実上の行為などが含まれている。したがって，行政計画は，本来こうした行政の諸行為形式と同列に論ずべきカテゴリーではなく，他の行為形式は計画実現の手段として位置づけられることも多い。しかし他方，行政計画には，行政が一定の目標を設定し，それを達成するための手段を総合的に提示するという大まかな共通性があり，それが現代行政において非常に重要な役割を果たすようになってきているので，それに係る法理がまとめて論ぜられるようになっている。

　行政計画は，その①時間的なスパンに即して，長期計画・中期計画・短期計画，②適用地域の広狭に即して，全国計画・地方計画・地域計画（たとえば，国の交通安全基本計画と道府県交通安全計画と市町村交通安全計画），③対象分野に即して経済計画，土地利用計画，財政計画，環境計画，福祉計画等々（たとえば，ものづくり基盤技術振興基本計画，道路整備 5 箇年計画，財政投融資計画，廃棄物処理計画，障害者基本計画など），④内容の具体性に即して，目標計画，基本計画，整備計画，実施計画（たとえば，首都圏整備計画は，基本計画・整備計画・事業計画の 3 段階で構成されている），⑤法律の根拠の有無に即して，法定計画と事実上の計画（たとえば，前記の諸計画はいずれも法定計画であるが，後出の荒尾市市営住宅団地建設計画は法定外の事実上の計画である），⑥私人に対する効力の有無に即して，外部効計画と内部効計画（たとえば，都市計画法の都市計画は外部効計画であり，市町村の基本構想〔自治旧 2 条 4 項〕は，当該市町村の長期的総合的ビジョンを定めたもので，住民に対する直接的な効果を有さない），といった分類がなされることが多い。そして，法律学としての行政法学においては，法定の外部効計画が重要であることはいうまでもないが，内部効計画であっても，それ自体の合理性

が，それに基づく行政作用の適否に関わることは否定できない（河川改修計画について最判昭和 59・1・26 民集 38 巻 2 号 53 頁〔百選 II-232〕〈大東水害訴訟〉，上水道の供給計画について最判平成 11・1・21 民集 53 巻 1 号 13 頁〈志免町給水拒否事件〉，一般廃棄物処理計画について最判平成 16・1・15 判時 1849 号 30 頁〔百選 I-59〕〈松任市廃棄物処理業不許可事件〉）。

2 行政計画の実体法的統制

(1)　法律の根拠

　行政計画を策定するにあたって，あらかじめ議会制定法たる法律や条例の根拠を要するかどうか（すなわち法定計画でなければならない範囲，いいかえれば事実上の計画で構わない範囲）という問題については，法律の留保論における考え方によるし，それは問題とする計画の法的性格や内容次第であって，一義的な回答を与えることはできない。私人に対する効力とりわけ拘束的効果を有する拘束的計画は，法律の根拠を要するというのが通常であろうが，そもそも私人に対する拘束力を有するには何らかの法律上の根拠があるはずで，されば上記の命題は一種のトートロジーともいえる。これに対し，行政実務上多くみられる行政活動の大綱的指針としての非拘束的計画については，法律の根拠を要さないとするのが学説の大勢と思われるが，国の将来の国土のあり方を全体として方向づけるような総合的な国土形成計画などは，民主的コントロールの見地から法律の根拠を要するとする有力説もある。

(2)　その他の実体法的統制

　行政計画について法律の根拠がある場合，その法律の定めに反してはならないことは当然であるが，さらにその法律において別の計画（たとえば，上位計画や国レベルの計画）との整合性が要請され（計画間調整），また計画を策定するにあたっての考慮事項や計画において定めるべき事項が指示されるなどすることがある。たとえば，土地利用基本計画は，全国計画を基本とするものとされ（国土利用 9 条 9 項），都市計画は公害防止計画に適合することが求められる（都計 13 条。この点について参照，最判平成 11・11・25 判時 1698 号 66 頁〔百選 I-53〕〈環状 6 号線訴訟〉，最大判平成 17・12・7 民集 59 巻 10 号 2645 頁〔百選 II-159〕

判例 4-4 〈小田急訴訟〉）。都市計画は，その策定の内容や基準が一定程度詳しく定められ，自然環境の整備・保全に配慮すべきことが求められる（都計13条）。広域的水道整備計画は，種々の自然的・社会的条件，水需要の長期的見通し，水道整備の状況を勘案して定められるとされている（水道5条の2）。こうした諸規定は，行政計画に係る実定法制に少なからず存在する。

　また，行政計画が，平等原則，比例原則，信義則などの法の一般原則に反してはならないこともいうまでもない。

　ただ，いずれにせよ，行政計画の根拠法律は，抽象的な目的と，とくに定めるべき手段を規定しているにすぎないことが多く，計画の具体的・実質的内容は，行政庁がその判断で定めることになる。この点で，行政行為の裁量に比して広範な「計画裁量」が語られることがあり（参照，第1章第2節 **1**(3)(e)），判例も，土地区画整理事業計画は「高度の行政的・技術的裁量によつて」決定されるとしている（最大判昭和41・2・23民集20巻2号271頁）。この限りで，行政計画の内容を実体法上統制する余地はそれほど広くない。

　もっとも，都市計画決定をめぐる最近の諸判例では，行政行為の裁量統制準則である判断過程の統制法理などの裁量権の逸脱・濫用の審査（参照，本章第3節 **7**(2)④）を，行政計画についても積極的に行うものが目立ってきている（最判平成18・11・2民集60巻9号3249頁〔百選Ⅰ-72〕〈小田急訴訟本案〉，東京高判平成17・10・20判時1914号43頁〈伊東大仁線訴訟〉）。たとえば，最判平成18・9・4判時1948号26頁〈林試の森公園訴訟〉は，都市公園設置の都市計画決定に際して，民有地に代えて公有地を利用することができるときは，そのことも計画の合理性を判断する考慮要素となりうるとして，民有地を公園区域に含めた計画が直ちに不合理ではないとはいえないと判示した。

3 行政計画の手続法的統制（計画策定手続）

　行政計画は，先にみてきたように，その性質上実体法的統制が容易ではないうえに，計画裁量を広く認めざるをえないので，手続的統制が重要である。たとえば，①議会による議決・承認（国会への報告として，食料・農業・農村基本法15条6項，循環型社会形成推進基本法15条6項），②諮問に基づく審議会審議（国土利用5条3項・9条10項，都計18条1項），③公聴会の開催（河川16条の2第4項，

国土利用8条3項，都計16条1項），④関係者や学識経験者等の意見聴取・意見
書の提出・意見反映（都計17条2項，森林6条2項・10条の5第6項，社会福祉
107条2項・108条2項），⑤地方自治体の意見聴取（国土利用5条3項・7条3項，
特定多目的ダム法4条4項），⑥地方自治体による原案作成（離島振興法4条3項，
水源地域対策特別措置法4条1項），⑦関係者の計画提案（都市再生特別措置法37条，
都計21条の2）などの手続ルールが定められている例がある。

　計画策定手続に関する一般法はいまだ存在せず，行政手続法は，行政処分，
行政指導，届出の受付そして行政立法等の一般的手続ルールを定めるのみであ
る。しかし，行政計画の策定手続の整備は，現代行政において喫緊の課題であ
り，1983年の行政手続法研究会の法律案要綱案（ジュリスト810号53頁以下）
以来，その具体案も示されている。ちなみに，行政手続法の命令等制定手続の
適用除外となっている「法律の規定に基づき施設，区間，地域その他これらに
類するものを指定する命令又は規則」（行手3条2項4号）は，計画等策定手続
とも密接に関連するので，それと併せて検討すべきであるとして，適用除外と
されたのであった。

　なお，自治体のパブリック・コメント条例では，総合計画等市町村の基本的
政策を定める計画等を，意見公募手続の対象としているものもある（たとえば，
横須賀市市民パブリック・コメント手続条例，川崎市パブリックコメント手続条例な
ど）。

4 行政計画の裁判的統制

(1) 取消訴訟

　行政計画に対する裁判的統制としてまず論ずべきは，計画を策定・変更・廃
止する行政の行為が取消訴訟の対象となる（処分性がある）か否かである。私
人に対する拘束力がないとされる非拘束的計画については，処分性がないとさ
れることはいうまでもない（新産業都市計画について，大分地判昭和54・3・5行集
30巻3号397頁）。ただ，拘束的計画については処分性が認められることも少な
くないが（第二種市街地再開発事業計画決定について最判平成4・11・26民集46巻8
号2658頁，土地区画整理事業計画について最大判平成20・9・10民集62巻8号2029
頁〔百選Ⅱ-147〕　判例 2-7　），地域住民の権利利益に多大の影響を及ぼす種々

の都市計画について処分性を認めない判例も散見される（道路に関する都市計画決定について最判昭和 62・9・22 判時 1285 号 25 頁，都市計画決定としてなされる用途地域指定について最判昭和 57・4・22 民集 36 巻 4 号 705 頁〔百選Ⅱ-148〕，地区計画について最判平成 6・4・22 判時 1499 号 63 頁）。

　また，ある種の行政計画は，その策定・変更・廃止・事業実施が別の行政庁の許認可に依らしめられていることがあり，そのような許認可に対する取消訴訟も行政計画の裁判的統制の手段となりうる（処分性肯定例として，市長村営土地改良事業計画の施行認可に関する最判昭和 61・2・13 民集 40 巻 1 号 1 頁，鉄道事業等に関する都市計画決定の事業認可に関する最大判平成 17・12・7 民集 59 巻 10 号 2645 頁〔百選Ⅱ-159〕◆ **判例 4-4** 〈小田急訴訟〉などがあり，処分性否定例として，成田新幹線工事実施計画の認可に関する最判昭和 53・12・8 民集 32 巻 9 号 1617 頁〔百選Ⅰ-2〕〈成田新幹線事件〉，市の住宅地区改良事業計画の建設大臣認可に関する最判昭和 50・11・28 訟月 24 巻 2 号 317 頁など。以上について，第 4 章第 2 節 **2**(1)(e)を参照）。

◆ **判例 2-7** ▷ 最大判平成 20・9・10 民集 62 巻 8 号 2029 頁〔百選Ⅱ-147〕

〈浜松市土地区画整理事業計画事件〉

【事実】 浜松市 Y_1 は，鉄道線の連続立体交差事業の一環として，駅の高架化と駅周辺の公共施設の整備改善等を図るため土地区画整理事業を計画し，土地区画整理法に基づいて静岡県知事 Y_2 の設計概要の認可を受けて同土地区画整理事業の事業計画決定をした。同事業の施行地区内の土地所有者である X らは，右土地区画整理事業は公共施設の整備改善および宅地の利用増進という法所定の事業目的を欠く等と主張して，Y_2 の認可および Y_1 の事業計画決定の取消訴訟を提起した。

　第一審・第二審判決は，Y_2 の認可および Y_1 の決定ともにその処分性を否定して取消訴訟を却下したが，最高裁第三小法廷は，Y_2 の認可の取消請求を上告不受理とする一方，Y_1 の事業計画決定の取消請求については上告受理して大法廷に回付した。大法廷は，以下のように判示して Y_1 の決定の処分性を肯定し，事件を地裁に差し戻した。

【判旨】 土地区画整理「事業計画が決定されると，当該土地区画整理事業の施行によって施行地区内の宅地所有者等の権利にいかなる影響が及ぶかについて，一定の限度で具体的に予測することが可能にな」り，「いったんその決定がされると，特段の事情のない限り，その事業計画に定められたところに従って具体的な事業がそのまま進められ，その後の手続として，施行地区内の宅地につ

いて換地処分が当然に行われることになる。」そして，その決定の公告がなされると，換地処分の公告まで，施行地区内における一定の土地の形質の変更，建築物等の新築・改築・増築，移動の容易でない物件の設置・たい積は，知事の許可を要することとなり，これに違反すると土地の原状回復等を命じられ，この命令違反は処罰される等の制約を受けるが，こうした建築行為等の制限は，事業計画決定に基づく事業の施行の障害となる事態を防止するために設けられているのであり，しかもそうした制限は，換地処分の公告がある日まで継続的に課され続ける。「そうすると，**施行地区内の宅地所有者等は，事業計画の決定がされることによって，前記のような規制を伴う土地区画整理事業の手続に従って換地処分を受けるべき地位に立たされるものということができ，その意味で，その法的地位に直接的な影響が生ずるものというべきであり，事業計画の決定に伴う法的効果が一般的，抽象的なものにすぎないということはできない。**」

「もとより，換地処分を受けた宅地所有者等やその前に仮換地の指定を受けた宅地所有者等は，当該換地処分等を対象として取消訴訟を提起することができるが，換地処分等がされた段階では，実際上，既に工事等も進ちょくし，換地計画も具体的に定められるなどしており，その時点で事業計画の違法を理由として当該換地処分等を取り消した場合には，事業全体に著しい混乱をもたらすことになりかねない。それゆえ，換地処分等の取消訴訟において，宅地所有者等が事業計画の違法を主張し，その主張が認められたとしても，当該換地処分等を取り消すことは公共の福祉に適合しないとして事情判決（行政事件訴訟法31条1項）がされる可能性が相当程度あるのであり，**換地処分等がされた段階でこれを対象として取消訴訟を提起することができるとしても，宅地所有者等の被る権利侵害に対する救済が十分に果たされるとはいい難い。そうすると，事業計画の適否が争われる場合，実効的な権利救済を図るためには，事業計画の決定がされた段階で，これを対象とした取消訴訟の提起を認めることに合理性がある**というべきである。」

【コメント】本判決は，土地区画整理事業の事業計画の決定の処分性について，①計画決定の本来的内容の一般性・抽象性（青写真論），②建築行為の制限等の効果は計画決定の本来的効果ではなく公告に付随する効果にすぎないこと（付随的効果論），③後続の換地処分等の処分性が明白な行為を争えば権利救済の目的を達成することができること（紛争の成熟論）を論拠にそれを否定した最大判昭和41・2・23民集20巻2号271頁〈高円寺土地区画整理事業計画事件〉の判例変更を行った重要判決である。

本判決は，土地区画整理事業の事業計画決定が，施行地区宅地所有者等を換

地処分を受けるべき地位に立たせることを，同決定の直接的・具体的な法的効果ととらえ，これに焦点を当てて処分性を肯定したが，本判決に付された涌井紀夫裁判官の意見は，同決定に伴う建築行為等の制限効果をもって処分性を認めるべしとする。この点は，建築行為等の制限効果をその本来的効果とする用途地域の指定や地区計画等のいわゆる完結型土地利用計画の処分性を認めるかどうかという問題と関わり（これまでの判例では，こうした計画は，法令制定行為と同様の一般的・抽象的行為であることを理由に処分性が否定されてきた。前掲最判昭和 57・4・22，最判平成 6・4・22），今後の重要な課題として残されている（第 4 章第 2 節 **2**(1)(e)②参照）。

(2) 計画の適法性を争うその他の訴訟

　前述のように，拘束的計画であっても，その処分性が否定されて取消訴訟が認められないとしても，その計画を具体化する行政処分がなされたり，工事の実施等の事実行為がなされたときに，利害関係を有する市民からその具体的処分の取消訴訟や事実行為の差止訴訟等の民事訴訟を提起しうることはいうまでもない。そして，その訴訟の中で計画の違法・無効を主張することができるのである。したがって，用途地域を定める都市計画決定等の処分性を否定した最高裁の判例理論によれば，用途地域制限に反する建築確認申請に対する拒否処分の取消訴訟などを提起し，その中で計画の違法性を争うことができるということになる。

(3) 計画の策定・変更・廃止に対する損害賠償訴訟

　国家賠償法 1 条の「公権力の行使」の解釈については，広義説が通説・判例であり（第 5 章第 2 節 **2**(1)(b)①参照），処分性のある行政行為等に加えて，行政立法や行政指導そして事実行為など，いわゆる私経済作用を除く国家的作用全般を包含するとされている。したがって，行政計画に対しては，国家賠償請求が認められうる。

　ただ，計画が拘束的計画で，法令上の実体的・手続的規律がある程度なされている場合には，その計画の違法およびそれによる損害を語ることができるとしても，問題の計画が内部効計画であるときは，それによる直接の損害というものが想定しにくく，かつ法令上の規律も乏しいことから，違法と認められる

場合も多くはないと考えられ，裁判の事案もほとんど無い。他方，拘束的計画である都市計画による土地利用の制限などは，不動産所有者の財産権に対する制約であるが，多くの場合，財産権内在的な制限として損失補償も認められていない（第5章第3節**3**参照）。

　しかし，いったん策定された計画が事後的に変更ないし廃止される場合には，その計画が存続することを信頼して資本を投下した者が不測の損害を被ることがありうる。この点に，元の計画を遵守する責任，あるいは代償措置等を採った上で計画を変更・廃止する責任が論じられる原因がある。これらを称して，学説では，「計画担保責任」あるいは「計画保障請求権」と呼ぶことがある。

　この問題について先鞭を付けた著名な裁判例として，熊本地玉名支判昭和44・4・30判時574号60頁〈荒尾市市営住宅団地建設計画事件〉がある。そこでは，市の住宅団地建設計画の策定に伴い，団地内の公衆浴場の設置を促進するために浴場用地の払下げ契約を締結し，計画の実現は間違いない旨の確約をした後に一方的に計画を廃止することは，信義則や禁反言の法理に反するとされ，市の不法行為責任が認められている。また，市が有料猟区運営事業を民間に委託して実施することを計画し，住民にその事業計画への協力を呼びかけ，養殖事業を勧誘・要望したため，これを信頼した住民が多額の資金と労力を投下した後に前記事業が計画倒れに終わった事案につき，高知地判昭和57・6・10判時1067号114頁〈中村市有料猟区運営事業計画事件〉も，計画の廃止そのものではなく，計画の遂行過程や担当職員の斡旋指導行為をとらえて，その違法性を認定している。市の駅前再開発事業計画が市長の交代に伴い変更され，そのために大規模店が進出を断念し，その結果被害を被った地権者が損害賠償を求めた事件について，福島地郡山支判平成元・6・15判時1521号59頁は請求を認容したが，上級審判決（仙台高判平成6・10・17判時1521号53頁，最判平成10・10・8判例自治203号79頁）では請求が退けられている。

　行政計画は，社会・経済情勢の変動に併せて柔軟に変更・廃止されていくべきで，その変更・廃止それ自体を違法とみるべき場合はほとんどない。ただ，計画に即して行政側から計画の実施が確実であるとの信頼を惹起するような具体的働きかけがあり，それを信頼した結果生じた積極的損害は，行政としてそれを補填するか代償措置をとるべきで，それを怠ることは違法と評価されるの

である（行政計画そのものに関する事案ではないが，工場誘致施策の変更に関する最判昭和56・1・27民集35巻1号35頁〔百選Ⅰ-21〕◁判例 1-4▷〈宜野座村工場誘致事件〉）。

■ 練 習 問 題 ■

1　政省令は，原則として法律の委任に基づき，委任の範囲内でのみ制定することができるとされているのに対し，自治体の条例は，「横だし条例」，「上乗せ条例」などといわれるように，法律の定めのない事項を規定したり，法律よりも厳しい規制を定めたりすることができるとされ，現実にそうした条例も少なくない。こうした条例の制定は，「法律の法規創造力」の原則に反しないか。また，政省令と条例の違いは，如何なることによると考えられるか。

2　Xは，○○業の営業許可を取得すべくその許可基準を閲覧し，その基準を充足する事業計画を立てて許可申請を行った。行政庁がこの許可基準にない事項を理由に申請を拒否した場合，Xは許可基準違反を根拠として取消訴訟を提起し勝訴することができるか。

3　Xは，パチンコ店を営業するため公安委員会に許可申請を行った。Xが営業を予定している建物の所有権をめぐってはXとYとの間で紛争があり，YはXの営業を断固認めないと言明していたので，所有権がYにある場合にはXが営業をなしうる余地はない。公安委員会は，このことを理由に上記申請を拒否することができるか。

4　屋外広告物法7条1項の定めるところにより制定された県条例に基づいてなされた広告物除却命令の処分手続には，行政手続法が適用されるか，それとも県行政手続条例が適用されるか。

5　事業者Xに法令違反行為があり，処分庁はその事業に係る許可を取り消す処分を行った。その取消処分をなす際の聴聞手続において，聴聞実施まで十分な期間が与えられず，根拠資料の閲覧をすることもできなかったので，Xは十分な反論をすることができなかった。ただ，Xに法令違反行為があることは明らかであって，仮に上記手続違反を理由に取消判決をなしたところで，再び適切な聴聞手続を経て取消処分がなされることは確実であった。Xが提起した上記取消処分の取消訴訟は容れられるべきか。

6　平和団体の代表Xは，○○年9月11日を期してアメリカ大使館周辺でのデモ行進を企画し，東京都公安条例に基づいて許可申請を行ったところ，別の特定行進ルートに変更する旨の条件づきで許可がなされた。あくまで9月11日にアメリカ大使館周辺でデモをするためにXはどのような訴訟を提起するべきか。

7　自治体の公共事業に係る請負契約の締結については入札手続がとられ，一定の条件を満たす場合は指名競争入札や随意契約によることができる（自治234条）。X建設会社は，従前落札してきた県の公共事業に係る工事と同種の工事の入札に半年前から入札参加者に指名されなくなった。その原因は，約1年前の知事選挙においてXが支持した候補が落選し，対立候補が当選したからであるとXは推測している。指名競争入札手続からの指名外しをXは裁判上争うことができるか。

8　自治体が，随意契約の方式によりその所有地をYに売却したが，地方紙の記者Xは，その売却価格が安すぎるため，Yに不当に利益を与えるためになされた措置ではないかと疑っている。Xは，どのような訴訟を提起することができるか。

9　行政庁が，ある建物に対して建築基準法違反を是正する行政指導を行ったが，改善の様子が全くみられないため，同法9条に基づく是正命令を行うこととした。これは，行政手続法32条2項の禁ずる，行政指導に従わなかったことを理由とする不利益取扱いに該当しないか。

10　申請に関連する行政指導に関する行政手続法33条の定めは，最判昭和60・7・16民集39巻5号989頁〔百選Ⅰ-121〕 ◀ **判例 2-6** ▶ に基づいて制定されたといわれている。この判決の判決理由を検討して，同条のあるべき解釈を論ぜよ。

11　行政指導をしていることを理由とする許認可等の留保の適否に関する最判昭和57・4・23民集36巻4号727頁〔百選Ⅰ-120〕と最判昭和60・7・16〔百選Ⅰ-121〕 ◀ **判例 2-6** ▶ を比較検討し，両判示の関係をいかに考えるか述べよ。

12　都市計画法上の用途地域の変更の違法性を争う場合，当該変更行為の取消訴訟ではなく，変更後なされる個別行政処分に対する取消訴訟の中でその変更の違法を主張すれば足りるという議論がある（最判昭和57・4・22民集36巻4号705頁〔百選Ⅱ-148〕）。こうした主張が成り立ちがたい紛争事案を挙げよ。

13　いったん策定された計画の事後的変更の場合に，その計画の実現を信頼した私人の損害の補填を根拠づける法律構成としていかなるものが考えられるか。考えうる限り全てを挙げよ。

参 考 文 献

1　行政基準に関するもの

平岡　久『行政立法と行政基準』（有斐閣，1995年）

大橋洋一『行政規則の法理と実態』（有斐閣，1989年）

高木　光『技術基準と行政手続』（弘文堂，1995年）

常岡孝好『パブリック・コメントと参加権』（弘文堂，2006年）

2 行政行為に関するもの

 塩野　宏『行政過程とその統制』（有斐閣，1989 年）

 兼子　仁『行政行為の公定力の理論〔第 3 版〕』（東京大学出版会，1971 年）

 遠藤博也『行政行為の無効と取消』（東京大学出版会，1968 年）

 乙部哲郎『行政行為の取消と撤回』（晃洋書房，2007 年）

 宇賀克也『行政手続三法の解説——行政手続法，デジタル手続法，マイナンバー法〔第 3 次改訂版〕』（学陽書房，2022 年）

 阿部泰隆『行政裁量と行政救済』（三省堂，1987 年）

 亘理　格『公益と行政裁量』（弘文堂，2002 年）

3 行政契約に関するもの

 碓井光明『公共契約法精義』（信山社，2005 年）

 同『行政契約精義』（信山社，2011 年）

 石井　昇『行政契約の理論と手続』（弘文堂，1987 年）

 岸本太樹『行政契約の機能と限界』（有斐閣，2018 年）

4 行政指導に関するもの

 山内一夫『行政指導の理論と実際』（ぎょうせい，1984 年）

 千葉勇夫『行政指導の研究』（法律文化社，1987 年）

 中川丈久『行政手続と行政指導』（有斐閣，2000 年）

5 行政計画に関するもの

 西谷　剛『実定行政計画法』（有斐閣，2003 年）

 見上崇洋『行政計画の法的統制』（信山社，1996 年）

 手島　孝『計画担保責任論』（有斐閣，1988 年）

第3章 行政の手段・制度

　　前章では，行政作用を「行政の行為形式」の視点から整理して論じたが，本章では，行政作用に見られる一般的（共通的）な制度ないし手段を扱う。具体的には，あらゆる行政作用の前提となる行政調査その他の情報収集制度（第1節），高度情報通信ネットワークを通じたデジタル社会の形成を目指すうえでますます重要度を増している行政情報の管理・公開と保護の制度（第2節），行政目的の確実な達成のために不可欠な行政上の義務履行確保制度（第3節），そして，実力行為という点で強制執行行為に類似する即時強制（即時執行とも呼ばれる）をとりあげる（第4節）。

第1節　行政調査・情報収集制度

1 行政調査

(1) 概念と種別

(a) 行政調査の概念　　行政調査とは，行政機関により，行政目的の達成のため私人に対して行われる調査活動・情報収集活動である。一般に，行政目的に即した適法・妥当な行政作用を行うため，行政機関には必要かつ適切な調査を行う責務がある。したがって，行政調査の中でも，行政機関がある決定を行う際に事実関係や市民の意見等を明らかにする目的で行われるものが重要であ

るが，個別の行政決定のためのものではなくても，国勢調査（統計 5 条）のように，各種行政施策の基礎資料を提供する役割を担っている点等で重要な意味を有するものもある。

　(b)　**行政調査の種別**　　行政調査には，質問・報告の要求（徴求）・資料提出命令・検査・立入り（臨検検査）・物の収去など様々なものがある（食品衛生 28 条 1 項参照）が，法的観点からは，次のような「強制」の有無・態様による 3 区分が重要である。

　①**実力強制調査**　　相手方の抵抗を実力で制圧することが可能な調査である。例として，脱税に代表される租税犯の容疑がある場合（租税犯則事件），それを解明して告発等を行うため査察官などの収税職員によってなされる，国税通則法に基づく犯則調査としての臨検・捜索・差押えがある（132 条。2017〔平成29〕年の同法改正前は，国税犯則取締法〔明治 33 年法律 67 号〕の定めによっていたが，同年の改正で国税犯則取締法は廃止され国税通則法に編入された。他の例として，関税 121 条，独禁 102 条，金商 211 条，児童虐待 9 条の 3 などがある）。

　②**間接強制調査**　　罰則によって調査に応じる義務の履行が担保されている調査である。「強制的な」行政調査といわれるものの大半がこれに当たる。例として，税務調査（適正課税のための調査）としての質問・検査，帳簿書類等の提示・提出要求（税通 74 条の 2〜74 条の 6・128 条 2 号・3 号，地税 72 条の 49 の 5 以下・72 条の 63 以下など），国勢調査などの基幹統計調査における報告要求・立入検査等（統計 13 条，15 条，61 条 1 号・2 号），原子力発電工作物設置者の報告・資料提出（電気 106 条 1 項・117 条の 2 第 14 号）などがある。

　調査を拒むと生活保護等の給付を拒否・停止される仕組みになっている場合（生活保護法 28 条，厚年 77 条）も，これに準じて扱うことができよう。

　③**任意調査**　　相手方の任意の協力によってなされる調査である。①②が可能な場合にも，まずもって任意の協力を求める形で調査が行われることが多い。なお，最決昭和 55・9・22 刑集 34 巻 5 号 272 頁〔百選 I -104〕◀ **判例 1-2** 〈自動車一斉検問事件〉によれば，自動車の一斉交通検問は任意調査ということになろう。

(2)　行政調査の法的統制

(a)　法律の根拠の要否　少なくとも実力強制調査・間接強制調査（罰則）には，法律（条例を含む）の根拠を要することはいうまでもない。任意調査については，およそ行政活動には行政調査がつきもの（行政には調査義務がある）との前提に立てば，当該行政活動の根拠規範において予定されているともいえ，また，当該行政活動（たとえば，行政指導）に根拠規範が不要な場合には，それに関連する任意調査にも根拠規範は不要としてよいのではないかと思われる（行政調査の付随性）。もっとも，警察官の職務質問（警職2条1項）のように濫用の危険があり，任意性の有無が問題になりやすいものは，法律の根拠が必要であろう（この点，警察官による所持品検査については明文の根拠規定を欠くため，特に，「職務質問に付随して行われる所持品検査」の許容性をめぐって議論がある。最判昭和 53・6・20 刑集 32 巻 4 号 670 頁〔百選Ⅰ-103〕および最判昭和 53・9・7 刑集 32 巻 6 号 1672 頁は，「捜索に至らない程度の行為は，強制にわたらない限り」，所持人の承諾がなくても，必要性・緊急性・個人の法益保護と公共の利益との「権衡」などを考慮して「具体的状況のもとで相当と認められる限度において」許される場合があるとしており，前者の判例は，相手方が「携行中の所持品であるバッグの施錠されていないチャックを開披し内部を一べつした」警察官の行為について許容範囲内としたが，後者の判例は，相手方の上衣の内ポケットに手を入れて所持品を取り出し検査をした警察官の行為について「許容限度を逸脱した」違法な行為と認定した）。

　なお，調査（研究）自体を自己目的とするタイプの任意調査については，行政指導など他の任意的手段と基本的に同様に（原則として，根拠規範不要と）考えればよいであろう。

(b)　客観的必要性の原則　税務調査（質問検査）の要件として，調査の「必要があるとき」と定めるにとどまる所得税法 234 条 1 項（2011〔平成 23〕年改正後は，税通 74 条の 2 第 1 項）について，最決昭和 48・7・10 刑集 27 巻 7 号 1205 頁〔百選Ⅰ-101〕〈荒川民商事件〉は，「当該調査の目的，調査すべき事項，申請，申告の体裁内容，帳簿等の記入保存状況，相手方の事業の形態等諸般の具体的事情にかんがみ，客観的な必要性があると判断される場合」に質問検査をする権限を認める趣旨である，としている。客観的に見て不必要な行政調査は，調査権の濫用に当たるといえよう。

この原則は，個人情報保護の観点からも重視すべきものであり，行政機関の保有する個人情報の保護に関する法律 3 条 1 項によれば，「行政機関は，個人情報を保有するに当たっては，法令の定める所掌事務を遂行するため必要な場合に限り，かつ，その利用の目的をできる限り特定しなければならない」と定めている。この規定にいう「保有」とは，作成・収集・管理を含むから，同項は，行政調査に関する原則を包含するといえる。

(c)　**他目的利用の禁止原則**　　行政調査の必要性がある場合であっても，さらに，調査権限が付与された目的と異なる目的に当該行政調査権限を用いてはならない。行政調査について，「犯罪捜査のために認められたものと解してはならない」との明文規定が置かれている例がある（食品衛生 28 条 3 項，税通 74 条の 8 など）が，それは当然の理を確認したものというべきであろう。この点，最決平成 16・1・20 刑集 58 巻 1 号 26 頁〔百選 I -102〕は，法人税法 153 条〜155 条（2011〔平成 23〕年改正後は税通 74 条の 2 第 1 項）による質問検査権について「犯罪の証拠資料を取得収集し，保全するため……の手段として行使することは許されない」としつつ，当該権限の「行使に当たって，取得収集される証拠資料が後に犯則事件の証拠として利用されることが想定できたとしても，そのことによって直ちに……犯則事件の調査あるいは捜査のための手段として行使されたことにはならない」とした。これによれば，調査時点において，いかなる目的のために用いられたかが基準となる。

(d)　**手続面での統制**　　(i)　行政調査に当たり，身分証明書の携帯・提示を求める規定（税通 74 条の 13，食品衛生 28 条 2 項など），さらに，裁判官の許可（状）を要するとするもの（税通 132 条 1 項・3 項，児童虐待 9 条の 3 第 1 項，退去強制手続の一環としての不法滞在外国人の「違反調査」である臨検・捜索・押収に関する入管 31 条 1 項など）がある。

(ii)　そこで，そもそも憲法 35 条の令状主義が行政調査にも及ぶか，それとも，同条の適用対象は刑事手続に限られるかという疑問が生ずるが，最大判昭和 47・11・22 刑集 26 巻 9 号 554 頁〔百選 I -100〕〈川崎民商事件〉は，「刑事責任追及を目的とするものでないとの理由のみで」当然に憲法 35 条の「保障の枠外にあると判断することは相当ではない」としつつ，当該税務調査（質問・検査）には令状不要との結論をとった（最判平成 28・12・9 刑集 70 巻 8 号 806 頁も，

同様な見解に立って，税関職員による無令状での郵便物検査につき憲法35条に反しないとした）。これによると，少なくとも刑事手続に類似し，刑事責任追及の資料収集に直結する上，実力強制調査に該当するような場合には，令状主義が及びうるであろう。犯則調査としての臨検・捜索・差押えは，まさにこのような犯罪捜査のための強制行為であるから，それに裁判官の令状（許可状）が要るのは，憲法上の要請でもある（ちなみに，最判昭和59・3・27刑集38巻5号2037頁は，国税犯則取締法（2017年改正後は，国税通則法）上の質問調査手続には，憲法38条1項に定める自己に不利益な供述を強要されないという自己負罪拒否特権の保障が及ぶとしている）。

　(iii)　もっとも，税務調査のような間接強制調査について，たとえ令状主義の適用が認められないとしても，適正手続の保障自体が不要なわけではない。従来，特に税務調査との関係でその要否が論じられてきたのは，「実施の日時場所の事前通知，調査の理由および必要性の個別的，具体的な告知」（前掲最決昭和48・7・10〔この点につき，「質問検査を行なううえの法律上一律の要件とされているものではない」と判示〕）についてであった。しかし，行政調査（情報収集活動としての処分・行政指導）については，その「特殊性」（手段的なものであるため理由提示の意義に乏しい，事前通知により証拠隠滅等のおそれがあることなど）を考慮して行政手続法の関係規定が適用除外とされており（行手3条1項14号），事務所等への立入・検査・対象物件の持ち帰りなどの「事実上の行為」も，その多様性と狭義の処分との異質性などを理由に同法の「不利益処分」の定義から除外されていた（行手2条4号イ）ため，税務調査の特色を踏まえた（事前）手続を整備することは，租税法令の改正等によって対処すべき立法課題となっていた。そして，これまでの実務運用をも踏まえ，この課題への一定の対処を示したのが，2011（平成23）年の国税通則法改正である。これによって，あらかじめ，調査の開始日時・場所・目的・対象税目・対象期間・対象物件などを納税者に通知する「事前通知」，調査開始日時・場所の変更に関する協議，事前通知の免除，調査終了時の手続（更正決定等の要否の通知など）等からなる国税に係る税務調査（質問検査等を行う実地の調査）の通則的手続が整備されることとなった（税通74条の9以下）。

(3)　違法調査の法効果

　行政調査が違法なとき，それによって収集された資料に依拠して事実認定等がなされ，それを前提として行政行為等が行われた場合，当該行政行為等も違法な瑕疵を帯びることになるであろうか。情報収集の手段が違法に行使されたことと，収集された情報自体の真偽の問題とは，さしあたり別問題であり，また，行政調査とそれに続く行政行為等とは，別の行為である。しかし，違法収集証拠の排除原則を行政調査にも及ぼすならば，他の資料によっては当該行政行為等の内容的適正さを支えうるだけの根拠を見出すことができないという事態も考えられ，その場合，当該行政行為等を違法なものとして扱うことになろう。適正手続の観点から，行政調査に重大な瑕疵があるときは当該行政調査を経てなされた行政行為も瑕疵を帯びるという学説，また，「調査手続の違法性の程度がたとえば刑罰法令に触れたり……公序良俗に反する程度にまで至った場合にも……その違法は更正処分の取消事由にあたらないといいきれるかどうかは，憲法における適法手続保障の精神との関係で問題がある」とする裁判例（東京地判昭和 48・8・8 行集 24 巻 8 = 9 号 763 頁）もあり，大阪地判平成 2・4・11 判時 1366 号 28 頁は，「税務調査手続に何らかの違法があったとしても，それが，全く調査を欠き，あるいは公序良俗に違反する方法で課税処分の基礎となる資料を収集したなどの重大なものでない限り，課税処分の取消理由とはならないものと解される」として，調査（手続）の重大な違法（調査の懈怠・公序良俗違反）が処分の取消事由となりうることを示唆している。

2　その他の情報収集制度

　以上の行政調査は，行政機関の側から私人に働きかけて情報を収集する場合を念頭に置いたものであるが，それ以外にも，様々な形で行政上の情報収集手段が用意されている。許認可等の申請（更新を含む）に際し必要資料（書類）の提出や必要事項の記載等を法令上義務づける例，一定の者に（定期的な）報告を義務づける例（自治 244 条の 2 第 7 項〔指定管理者の事業報告書提出義務〕・土壌汚染対策法 3 条 1 項〔使用を廃止した有害物質使用特定施設に係る工場等の敷地であった土地の調査・報告義務。これらの義務を負うのは当該施設の設置者または土地の所有者等であるが，両者が異なるとき，土地所有者等が義務を負うのは知事から廃止通知を受

けた場合とされている。この通知の法的性質を含め，最判平成 24・2・3 民集 66 巻 2 号 148 頁参照）・鳥獣の保護及び管理並びに狩猟の適正化に関する法律 66 条〔狩猟登録者の狩猟結果報告義務〕など）等が代表的なものといえるが，さらに，一般的な制度として「届出制」がある。

(1) 届 出 制

水質汚濁防止法は，一定の汚水・廃液を排出する「特定施設」を設置しようとする者に知事に対する事前の届出を義務づけ（5 条），これを受けて，排水基準・総量規制基準に適合しないものについて知事が計画変更命令等を行うという仕組み（届出・命令制）を採用しており（8 条），他の環境行政の分野にも同様な例が見られる（大気汚染 6 条・9 条など）。また，風俗営業等の規制及び業務の適正化等に関する法律は，風俗関係の営業を，「風俗営業」と「性風俗関連特殊営業」とに大別し，前者の「風俗営業」を営む場合には営業許可を要する（許可制。3 条）が，後者の「性風俗関連特殊営業」については，営業等の届出を義務づけるという仕組み（届出制。27 条）をとっている。これは，決して前者より後者の方が自由度が高いということではなく，むしろ，「性風俗関連特殊営業」（個室付き浴場業やいわゆるラブホテルなど）に独自の規制（禁止区域指定・禁止行為の定めなど）を及ぼす趣旨による。

ここで「届出」とは，「行政庁に対し一定の事項の通知をする行為（申請に該当するものを除く。）であって，法令により直接に当該通知が義務付けられているもの（自己の期待する一定の法律上の効果を発生させるためには当該通知をすべきこととされているものを含む。）をいう」（行手 2 条 7 号）。行政手続法は，これを，許認可等の利益処分を求める行為で「当該行為に対して行政庁が諾否の応答をすべきこととされているもの」（同条 3 号）を意味する「申請」と区別して，1 カ条設けている。それによると，「届出をすべき手続上の義務」は，「届出の形式上の要件に適合して」いる「当該届出が法令により当該届出の提出先とされている機関の事務所に到達したとき」に履行されたことになる（到達主義＝行手 37 条）。これは，届出に際して受理を拒んだり返戻したりする行政庁の不適切な扱いを防止するために，届出義務の履行については，行政庁の意思・判断が介在する余地や必要性がないことを確認的に明らかにしたもの

である。したがって，戸籍法に基づく「届出」のように，その内容を審査して
受理・不受理（許否）の決定を行うことが予定されている（戸籍34条・48条参
照）ものは申請に当たる。

　届出には，一定の行為を行おうとするときにあらかじめ通知する「事前届
出」と，一定の事実の発生等があったときその旨を通知する「事後届出」があ
る。届出義務は，通常，罰則（刑罰・過料）によって担保されているが，先の
定義中にもあるように，「自己の期待する一定の法律上の効果を発生させるた
めには」届出を必須とするタイプ（国籍法17条の国籍再取得のための届出など）
もある。このような各種の届出を通じて，行政機関には，いわば居ながらにし
てその所掌事務に関わる情報が集まることになる。

> **Column 3-1** **行政過程における私人**
>
> 　以上に見た申請や届出の例からもうかがえるように，行政過程において，私
> 人は単に行政の客体にとどまるものではなく，多分に主体的な役割を果たして
> いるということができる（他の例として，自己の租税債務を確定させる「納税申
> 告」〔税通16条参照〕のほか，行政情報の目的外利用〔個人情報69条2項1号〕
> など一定の場合に要求される関係私人の「同意」などがある）。この場合，私人の
> 当該行為に無効原因・取消原因となる瑕疵が付着しているときは，それを前提
> としてなされた行政行為等も瑕疵を帯びることになる。たとえば，公務員の退
> 職願が，詐欺・強迫を理由として取り消された場合，当該退職（承認）処分は
> 違法となる。

(2)　公益通報制度

　公益通報制度とは，私人（公務員を含む）が職場等において知りえた一定の
犯罪事実等「公益」に関連する事項（通報対象事実）を，不正な目的を持たず
に一定の者（行政機関を含む）に通報したとき，当該私人が不利益に取り扱われ
ないように，「公益通報者の保護」をはかる制度である。公益通報者保護制度
ともいう。個別法上も，そのような趣旨の規定を設ける例が存在するが（たと
えば，労基104条2項・119条1号＝不利益取扱いの禁止と刑事罰を規定する），より
一般的なものとして「公益通報者保護法」（平成16年法律122号）が制定され，
2006（平成18）年4月1日から施行されている。

　同法の保護対象となる通報対象事実については，あらかじめ指定された法令

（施行時においては，国民の生命・身体・財産等の利益の保護に関わりをもつものとしてピックアップされた法定7法律〔刑法・食品衛生法・個人情報の保護に関する法律など〕および政令指定の407法律〔2022（令和4）年1月24日現在では，473法律およびこれらの法律に基づく命令〕）に定める「罪の犯罪行為の事実」など最終的に刑事罰の対象となる法令違反行為に加え，2020（令和2）年の改正により，最終的に過料（行政罰）の対象となる法令違反行為もそれに含まれることとなった。この「通報対象事実の拡大」は，制度を利用しやすいものにして，その活用を促すことをねらいとするものであるが，立案過程では論じられていた「行政処分の対象となる規制違反行為の事実」にまで拡大されるには至らなかった。

　同法は，労働基準法9条にいう「労働者」（公務員を含む〔公益通報9条〕）・退職後1年以内の「退職者」および法人の「役員」が3条所定の公益通報をしたことを理由として事業者により行われた解雇・解任等につき，これを無効とし，また，事業者による不利益な取扱いを禁止すると共に，公益通報を理由とする損害について事業者に対して賠償義務を負わない等と定めている（公益通報3条〜7条）。もっとも，不利益取扱いの禁止が刑事罰によって担保されているわけではなく，公益通報者の保護は，いわば「民事的ルール」によって行われているといえよう。

　この公益通報には3つのタイプがある。①役務提供先である事業者に対して行われる公益通報（1号通報），②当該通報対象事実について処分・勧告等の権限を有する行政機関に対して行われるもの（2号通報），そして，③権限を有する行政機関以外の外部（報道機関・消費者団体・事業者団体・労働組合など）におけるもの（3号通報）である（公益通報3条）。このうち，「行政機関」（議会を除く地方公共団体の機関を含む〔2条4項〕）と密接な関係にあるのは，①と②である。同法上の事業者には，行政機関でもあって①の内部通報を受けるものも含まれ，この場合，通報への対応は，基本的に民間事業者と共通している。具体的には，通報を受けて調査を行い是正に必要な措置をとる「公益通報対応業務従事者」を定めるほか，通報に対応する「体制の整備」等をはかるものとしている（公益通報11条）。他方，②は外部通報に該当するものであり，必要な調査と適当な措置をとる義務，適切な対応をするために必要な体制を整備する義務，そして，権限外事項が通報されたときは権限を有する行政機関を教示する義務など

が定められている（公益通報 13 条・14 条）。

　このように多数の行政関係法律に係る犯罪等の事実が通報対象事実とされており，内外にわたる通報が，行政機関による調査・是正の措置等の端緒として機能することになるため，公益通報制度は行政情報の収集（獲得）手段としても位置づけることができる。

> **Column 3-2**　リーニエンシー制度
>
> 　公益通報制度に類似した私人側からの情報提供を促進させる機能をもつものとして，「リーニエンシー・プログラム」（制裁減免制度）等とよばれている制度がある。これは，自首を刑の減免理由とする（刑 42 条 1 項・80 条など）場合のように，一定の違反行為を自己申告した者に，制裁を減免する制度のことである。独占禁止法が 2005 年改正（平成 17 年法律 35 号）で導入した，課徴金の減免制度（調査開始日前における最初の減免申請者については，全額免除され，第 2 位以下の減免申請者については，令和元（2019）年に導入された調査協力減算制度の運用により，申請の順位と調査協力の度合いに応じて最大 60%〔調査開始日前。調査開始日以後は最大 30%〕の範囲内で，申請者と公正取引委員会との協議に基づく合意によって決める。独禁 7 条の 4・7 条の 5）がその例といえる。

第 2 節　情報の管理・公開・保護制度

1 概説——行政と情報

（1）　行政情報関係主要法律の制定・整備

　前節で触れたような情報収集手段・制度を通じて行政機関が保有するに至った情報については，その管理・保存・利用・提供等をめぐって，さらに様々な法律問題が生ずる。

　21 世紀に入って，わが国でもようやく「行政機関の保有する情報の公開に関する法律」（2001〔平成 13〕年 4 月 1 日全面施行。以下，「行政機関情報公開法」とする），「個人情報の保護に関する法律」（行政情報に関係する部分は，2003〔平成 15〕年 5 月 30 日施行。以下，「個人情報保護法」とする），「行政機関の保有する個人情報の保護に関する法律」（2005〔平成 17〕年 4 月 1 日施行。以下，「行政機関個人情報保護法」とする）などが施行され，行政保有情報の「公開」と「保護」の

仕組みが整備された（ただし，地方公共団体では，すでに 1980 年代から条例等で対応してきたところも少なくない）。また，2009（平成 21）年 7 月に至って「公文書等の管理に関する法律」が公布され，2011（平成 23）年 4 月 1 日をもって全面施行されることとなった（以下，「公文書管理法」とする）。これによって，「行政と情報」に関する法制度がようやく整ったといえよう。

(2)　その後の展開──個人情報の「活用」強化

さらに，2013（平成 25）年には「行政手続における特定の個人を識別するための番号の利用等に関する法律」（以下，「マイナンバー法」とする）が制定され，2016（平成 28）年 1 月から個人番号（いわゆる「マイナンバー」）の利用が開始されることになった。また，2015（平成 27）年の個人情報保護法およびマイナンバー法の一部改正法（以下，本節において「2015 年改正法」とする）による「匿名加工情報制度」の導入をうけて，翌年に「行政機関等の保有する個人情報の適正かつ効果的な活用による新たな産業の創出並びに活力ある経済社会及び豊かな国民生活の実現に資するための関係法律の整備に関する法律」（以下，本節において「2016 年改正法」とする）が制定され，当該制度の行政版といえる「行政機関（または独立行政法人等）非識別加工情報提供制度」が新設されることとなった。これらは，いずれも個人情報の利活用を促進しようとするものであり，それだけに一層個人情報保護の要請との適切な調整が求められよう。

そこで，本節では，これらの法律に基づく公文書管理制度・情報公開制度および個人情報保護制度を中心に，それぞれの概要・特色等について述べることとする。

(3)　2021 年改正──個人情報保護法制の一元化

2021（令和 3）年，デジタル社会形成基本法，デジタル庁設置法，デジタル社会の形成を図るための関係法律の整備に関する法律（以下，本節において「整備法」とする）が公布され，順次施行される（行政機関・独立行政法人等に関する整備法 50 条関係は公布から 1 年以内の施行）に至った。そこで，各制度について述べる前に，この整備法による「個人情報保護法制の一元化」について，述べておこう。

　わが国の従前の個人情報保護法制は，一面では，一般法としての個人情報保護法を中軸としてマイナンバー法等の特別法を擁する体制という理解も可能であるが，民間部門と公的部門の規律という観点から見ると，国レベルでは，3本の一般法からなる点（セグメント方式）に特色があった。すなわち個人情報保護法は，「基本理念」を含む総則的規定（第1章）のほか「国及び地方公共団体の責務等」（第2章），「個人情報の保護に関する施策等」（第3章）について定めており，民間部門・公的部門のいずれにも適用される「基本法的一般法」といえる。また，同法の第4章以下は，「個人情報取扱事業者の義務等」および「個人情報保護委員会」等についての規律を中心としており，民間部門における個人情報保護の一般法ということができる。これに対し，公的部門の一般法が行政機関個人情報保護法および「独立行政法人等の保有する個人情報の保護に関する法律」（以下，「独立行政法人個人情報保護法」とする）ということになる。また，地方公共団体においては，早期から各地方公共団体ごとに国に先駆けて対応してきた例も多く，今日では，普通地方公共団体のすべてにおいて，個人情報保護条例の制定がなされている状況にある。しかし，その反面，制度の縦割りに起因する不均衡・不整合が目立つようになり，国際的な信頼の確保，および一元的な監視監督のシステム構築といった課題が生じていた。個人情報保護法制の一元化（一本化）（ Column 3-3 　参照）は，これらの課題への対応策の一環といえる。

> **Column 3-3**　**デジタル社会の個人情報保護法制**
>
> 　「デジタル社会」とは，「高度情報通信ネットワーク」を通じて多様な情報を世界的規模で入手・共有・発信し，大量の情報処理を可能とする情報通信技術を用いて，電磁的記録として記録された多様かつ大量の情報（ビッグ・データ）を適正かつ効果的に活用することにより，あらゆる分野で創造的かつ活力のある発展が可能となる社会とされ（デジタル社会形成基本法2条），このデジタル社会の形成に関する行政事務の迅速かつ重点的遂行をはかるため，内閣総理大臣を長とするデジタル庁が内閣に置かれることとなった。そしてこれと同時に行われたのが，個人情報保護法制の抜本的見直しである。①行政機関個人情報保護法および独立行政法人個人情報保護法が廃止され，両法の規定は実質的に個人情報保護法に統合・移行され，新たな「個人情報の保護に関する法律」に一元化された。②あわせて，地方公共団体の個人情報保護制度についても，個

人情報保護法が「全国的な共通ルール」として適用されることになった。その
ほか，③医療分野・学術分野の規制を統一し，国公立の病院・大学等には原則
として，民間と同様の規律を適用（原則として民間の個人情報取扱事業者と同様
な規律を受けることとなる独立行政法人等を「規律移行法人」という），④個人情
報保護委員会による一元的監視・監督体制，⑤「個人情報」の定義の統一，⑥
匿名加工情報制度への名称の一本化（統合），などが行われた。

② 公文書管理制度

(1)　公文書管理法の制定

　国の行政機関における情報管理に関しては，従来，行政機関情報公開法が，
情報公開（開示請求権）制度の「適正かつ円滑な運用に資するため」，行政機関
の長に対して「行政文書を適正に管理する」責務を課し，各行政機関の長は，
「政令で定めるところにより行政文書の管理に関する定め」を設け，窓口に備
え置くなどして「一般の閲覧に供しなければならない」と定めてきた（2009
〔平成 21〕年改正前の 22 条）。つまり，文書管理規程の制定が法律で義務づけら
れることとなり，実際，行政文書に係る分類，原則的文書作成義務，保存，
（独立行政法人）国立公文書館等への移管，廃棄，ファイル管理簿の調製と閲覧，
管理体制の整備等について，政令（2010〔平成 22〕年の改正で削除される前の行政
機関情報公開法施行令 16 条）が示す基準に従って文書管理のルールが定められて
きた。他方，歴史的・文化的・学術的価値のある資料で，公文書館・博物館等
一定の機関によって保存され，原則として一般の利用制限が行われていない等
の要件を充たすものについては，別に対応することが適切であるため，行政機
関情報公開法の適用対象となる「行政文書」から除かれており（2009 年改正前
の同法 2 条 2 項 2 号），公文書館法（昭和 62 年法律 115 号）および国立公文書館法
（平成 11 年法律 79 号）が歴史資料として重要な公文書等の移管・保存・利用等
について規定していた。

　しかし，文書管理の運用は各府省まかせであり，現に誤廃棄・不作成等の問
題が発生したこと，国立公文書館への移管が進んでおらず同館の利用も低調で
あること，現用文書（業務において使用中の文書および利用可能性を考慮して保存中
の文書で，保存期間が満了していないもの）と非現用文書（業務における使用・保存

の期間が満了した文書）とで管理システムが区分されており移管の場面で問題が
生じていること等から，文書の作成・取得から整理・保存・移管（または廃
棄）・利用にいたるライフサイクル全体を規律する統一的な文書管理ルールを
定める公文書管理法が，公文書管理に関する一般法として制定されることとな
った（同法 3 条参照。同法との関係では，たとえば，行政機関情報公開法は，開示請求
権制度等に係る特別法と位置づけられることになった）。

(2) 公文書管理制度の概要

　公文書管理法が規律対象とする「公文書等」とは，「行政文書」（行政機関情
報公開法が対象とする後述の「行政文書」と同様）・「法人文書」（「独立行政法人等の
保有する情報の公開に関する法律」〔2002（平成 14）年 10 月 1 日施行。以下，「独立行
政法人等情報公開法」とする〕が対象とする「法人文書」と同様）および「特定歴史
公文書等」（歴史資料として重要なもの〔「歴史公文書等」〕のうち，国立公文書館等
〔独立行政法人国立公文書館および政令で定める類似施設〕に移管・寄贈・寄託された
もの）である。なお，この移管文書には，行政機関を除く「国の機関」，すな
わち国の立法機関・司法機関から内閣総理大臣を通じて国立公文書館に移管さ
れたものも含まれる（14 条）。

　同法は，これらの公文書等が民主主義を支える「国民共有の知的資源として，
主権者である国民が主体的に利用し得るものである」（1 条）ことを踏まえ，①
適正で効率的な行政運営をはかり，②現在および将来の国民への説明責任を果
たすことを目的として，(a)公文書（行政文書・法人文書）の管理および(b)（特定）
歴史公文書等の保存・利用等について定め，さらに，内閣府を公文書管理の
「司令塔」と位置づけ，外部有識者の知見の活用と第三者的視点の確保等の観
点から内閣府に「公文書管理委員会」を設置して諮問事項等（特定歴史公文書等
の利用に関する審査請求の審査など）の調査・審議・答申に当たらせることとし
た（なお，地方公共団体の文書管理については，同法の「趣旨にのっとり」必要な施策
を策定・実施する努力義務を課すにとどめている〔34 条。以下，条文は同法のもの〕）。
以下，(a)(b)について概要を述べる。

(a) 行政文書・法人文書の管理

　①文書作成義務　　文書管理は文書の作成・取得から始まる。そこで，まず，

行政機関・独立行政法人等の職員は、「処理に係る事案が軽微なもの」である場合を除き、経緯も含めた意思決定の過程および事務事業の実績を合理的に跡付け検証できるように、文書（図画・電磁的記録を含む）を作成しなければならない（文書主義。4条、11条1項）。

　②**文書の整理**　　行政機関の長・独立行政法人等（以下、「行政機関の長等」とする）は、作成・取得された文書を政令で定める基準に従って分類し、名称を付け、保存期間とその満了日を設定しなければならない。そのうえで、原則として、適時に「行政文書ファイル」・「法人文書ファイル」（保存期間を同じくする相互に密接な関連を有する文書を1つの集合物にまとめたもの）を作成し、分類し、名称を付け、保存期間とその満了日を設定し（場合により延長も可）、この「ファイル」を単位として管理を行う（5条1項～4項、11条1項）。これにより、事務事業の能率的な処理・文書の適切な保存をはかろうとするものである。

　③**文書の保存**　　行政機関の長等は、ファイル等（各ファイル・個別管理文書）の保存期間満了日まで、「その内容、時の経過、利用の状況等」（機密性の高さ・利用頻度・利用態様等）に応じ、「適切な保存及び利用を確保するために必要な場所」（事務室の書棚・書庫・セキュリティを施した特別室等）において、「適切な記録媒体」により（耐用年数等に応じた媒体の変換を含む）、「識別を容易にするための措置」（種別や年度別等による分類・分かりやすい表示等）を講じた上で保存しなければならない。また、その際「集中管理」の推進に努めることとされている（6条、11条1項）。文書の劣化や散逸を防止し移管業務が円滑に行われるよう、共用の中間書庫（一定期間の経過した行政文書等について保存期間満了前に一括して管理する制度ないし仕組み）を設置したり、国立公文書館等が中間書庫の役割を果たすことが期待されている。

　④**ファイル管理簿への記載とその閲覧・公表**　　行政機関の長等は、原則として、行政文書・法人文書ファイル等の分類・名称・保存期間・保存期間満了日・満了時の措置（移管か廃棄か）・保存場所その他の必要な事項（ただし、行政機関情報公開法5条・独立行政法人等情報公開法5条の不開示情報に該当する事項は除く）を「帳簿」（行政文書ファイル管理簿・法人文書ファイル管理簿）に記載し、これを事務所に備えて一般の閲覧に供するとともに、情報通信技術を利用して公表しなければならない（7条、11条2項・3項）。これにより、公文書へのアクセ

スが容易になる。

　⑤**文書の移管・廃棄**　　行政機関の長等は，保存期間が満了したファイル等を，国立公文書館等に移管する（歴史公文書等に当たる場合）か，または廃棄しなければならない（8条1項，11条4項）。ただし，行政文書（独立行政法人等の独立性・自律性に配慮して，法人文書には同様な規定を設けていない）の廃棄については，事前に内閣総理大臣の同意を要することに加え，内閣総理大臣は，保存の必要があると認める場合，廃棄の措置をとらないよう行政機関の長に対して（能動的に）求めることができる（8条2項・4項）。

　なお，この移管・廃棄の振り分けについては保存期間満了前の「できる限り早い時期に」行うこととされている（5条5項，11条1項）。これは，「レコードスケジュール」（公文書等移管・廃棄計画）の手法を導入することにより，歴史資料として重要な公文書が確実に移管されることをねらいとするものである。

　⑥**文書管理規則の制定・公表**　　行政機関の長等は，各行政機関・独立行政法人等ごとに行政文書・法人文書の管理（作成・整理・保存・ファイル管理簿・移管・廃棄・管理状況の報告等）に関する定め（行政文書管理規則・法人文書管理規則）を設け，これを遅滞なく公表しなければならない（10条，13条）。公文書管理が適正に行われることを確保するためであるが，さらに，行政文書管理規則の制定・変更については事前に内閣総理大臣の同意を得なければならない。

(b)　特定歴史公文書等の保存・利用等

　①**特定歴史公文書等の保存**　　国立公文書館等の長は，移管等を受けた特定歴史公文書等を，それが劣化等により判読不能になるなど，もっぱらその外形的な状態において歴史資料としての重要性を失い（内閣総理大臣の同意を得て）廃棄されるに至る場合（25条）を除き，「適切な保存及び利用を確保するために必要な場所において，適切な記録媒体により，識別を容易にするための措置を講じた上で」永久保存しなければならず，その際，「目録」の作成・公表の義務を負う。また，個人（識別）情報の漏えい防止のために必要な措置も講じなければならない（15条）。

　②**特定歴史公文書等の利用**　　特定歴史公文書等の利用については，後述する行政機関情報公開法に基づく開示請求権類似の「利用請求」権を保障するシステムがとられている。すなわち，法定の利用制限事由（16条1項1号～5号。

個人情報・法人等情報・国家秘密等情報・公安情報・一定の事務事業情報などがそれに
該当するが，行政機関情報公開法の不開示事由よりは狭い）に当たる場合を除き，利
用の請求があったときは「利用させなければなら」ず（16 条），「利用請求に対
する処分又は利用請求に係る不作為について不服がある者」は，行政不服審査
法が定める審査請求をすることができる（21 条）。また，部分開示に相応する
部分利用の制度もある。

　なお，個人情報であってもその「本人」から利用請求が行われた場合には，
本人の生命・健康・生活・財産を害するおそれがあるときを除き，その利用を
認めることとされている（17 条）。この点では，後述の個人情報保護制度に類
似した面をも有する。

　なお，2021 年改正による本法への影響は少ないが，特定歴史公文書等の保
存・利用に当たり，それが「個人情報」を含むときは漏えい防止のための措置
をとらなければならないところ（公文書管理法 15 条 3 項），個人情報の定義につ
き個人情報保護法の定義と平仄を合わせるための改正（容易照合可能性があれば
該当）が行われている（同条同項）。

　このように，特定歴史公文書等については，行政機関情報公開法・個人情報
保護法などによってではなく，本法に基づいて「利用」（開示に相当）が保障さ
れることとなる。

　③利用等規則の制定・公表　　国立公文書館等の長は，あらかじめ内閣総理
大臣の同意を得て，特定歴史公文書等の保存・利用・廃棄に関する定め（利用
等規則）を設け，遅滞なくこれを公表しなければならない（変更の場合も同じ。
27 条）。

3 情報公開制度

(1)　行政情報の公開と情報開示請求権制度

　(a)　広義の情報公開制度　　行政機関情報公開法が定める情報公開制度の中
核は，狭義の情報公開制度，すなわち，私人に行政情報の公開を求める権利
（行政情報へのアクセス権）を与え，私人の請求に応じて行政側に公開を義務づ
ける制度（以下，「情報開示請求権制度」とする）である。しかし，同法は，それ
にとどまらず，政府の保有する情報の公開を総合的に推進するため，自主的な

情報提供施策に努めるものとしている（2009〔平成21〕年改正後の24条）。この点，同法の「兄弟法」ともいえる独立行政法人等情報公開法22条では，類似の情報提供施策に係る努力義務を定めるほか，独立行政法人等の組織・業務・財務に関する基礎的情報や評価・監査情報等について，積極的に記録を作成して適時・適切に国民の利用に供することを義務づけている。後者は，私企業における企業内容・経営情報の開示（ディスクロージャー）制度に類似するものといえよう。

　これらは，いわば行政側から積極的に情報提供を行う，自主的な情報公開施策としての情報提供活動であり，広報活動を含め，広い意味では情報公開制度の一環をなすといえる。また，会議の公開や議事録の公表（中央省庁等改革基本法30条5号，農委32条，漁業145条3項・4項など），上述のファイル管理簿の公表（公文書管理法7条2項），政策評価結果の公表（行政機関が行う政策の評価に関する法律11条）のように，必ずしも開示請求を前提としない情報公開義務制度もある。

(b)　広義の情報公開制度の役割・機能　　これらの情報公開制度・施策には，主に，次のような意義・機能が認められる。

　①行政への参加を促進させる（参加機能）。市民が行政情報を共有すること自体が，行政情報への参加といえるが，さらに，政治・行政過程への市民参加を有効に行うためには有用な情報が不可欠であるから，情報公開制度は，市民参加の基盤になるものといえる。

　②行政への監視を容易にし，監視や批判に耐えうる行政の実現に寄与する（監視機能）。

　③「開かれた政府」を通じて，行政に対する市民の信頼獲得に資する（信頼機能）。

　④社会・個人生活レベルでの行政情報の有効活用を容易にする（私的機能）。

(2)　情報開示請求権制度の概要

　以上を前提として，行政機関情報公開法が定めている情報開示請求権制度の概要を見ることにする（以下，とくに断らない限り，条文は2016年および2021年改正法による改正後のもの。なお，地方公共団体の条例に基づく情報開示請求権制度にお

いても，基本的には同様な仕組みがとられている）。

　(a)　**目　的**　　開示請求権制度のねらいは，情報の公開性を高めることによって，政府の国民に対する説明責任（アカウンタビリティ）を果たすこと，および，国民の理解と批判の下で公正・民主的な行政を推進することであり，制度を支えているのは「国民主権の理念」である（1 条。この点では，公文書管理制度と共通する）。したがって，この制度は民主主義を基盤とするものであるから，前記の参加機能・監視機能が中心的なものとなる。ただし，「説明責任」が全うされるためには，国民の納得を得ることが必要であり，国民の理解を得ることができる公正・透明な行政が現に行われていることが前提となる。

　なお，行政機関情報公開法は，「知る権利」の保障を目的として明示していない。これに対し，地方公共団体の情報公開条例の中には，「知る権利」を何らかの形で明記しているものも多く（前文での明記例として，北海道・大阪府の条例，第 1 条の目的規定に明記する例として，岩手県・高知県の条例など），そこでは，情報開示請求権制度が，憲法（人権）に基礎をもつものであることを示す点に主たるねらいがあるのではないかと思われる。しかし，「知る権利」の理解の仕方については，その憲法上の根拠（13 条・15 条・21 条など）を含めて帰一せず，最高裁判例でも具体的開示請求権という意味での「知る権利」は認知されるに至っていなかったため，同法ではその明文化が見送られた（ちなみに，その後，補足意見においてではあるが，「知る権利」を情報開示請求権の意味で用いる最決平成 21・1・15 民集 63 巻 1 号 46 頁〔百選 I -35〕が登場している）。もっとも，「国民主権の理念」を基盤にすることは明記されており，そこから情報開示請求権制度が憲法の要請によるものとして位置づけられていることがうかがえる。

　(b)　**開示請求権者**　　「何人も」行政文書の開示を請求できる（3 条）。自然人・法人のほか，法人格なき社団等も含まれ，外国人にも本法による開示請求権が保障されている。国民主権の理念から見ると，外国人への開放は当然の帰結とまではいえず政策的考慮によるものといえよう。

　なお，開示請求権は「請求権者の一身に専属する権利であって相続の対象となるものではない」ので，不服審査や訴訟の継続中に当該請求権者が死亡した場合，訴訟等は当然に終了する（最判平成 16・2・24 判時 1854 号 41 頁参照）。

　(c)　**対象機関**　　開示請求は，「行政機関の長」に対して行う（3 条）。ただし，

この「行政機関」には，国会・裁判所はもとより内閣も含まれない（内閣関係文書は，その補助機関である内閣官房等が保有していることによる）。また，各地方公共団体（地方公共団体の条例で対応すべきこととされている。25条参照）が除かれるほか，独立行政法人・国立大学法人等も，本法ではなく，独立行政法人等情報公開法の適用を受ける。

(d)　開示請求の一般的対象　「行政文書」が対象となる（3条）。それは，文書・図画・電磁的記録で，行政機関の職員が職務上作成・取得し組織的に用いるものとして，当該行政機関が保有しているものを意味する（2条2項）。したがって，電子情報の記録や録音テープなども含まれる。また，いわゆる「組織的共用文書」であることが要件となっているため，職員が個人的に使うメモ類などはこれに当たらないが，正式に文書収受の手続（決裁・供覧）が済んでいなくてもよい。なお，「保有」とは，事実上の支配が及んでいることを意味する。

(e)　不開示情報　行政文書の原則開示を前提とした上で，例外的に開示しないこととされている情報を，不開示情報という（ただし，そのさらなる例外として，不開示情報でも，強度の公益上の必要性がある場合，行政機関の長の高度な政策的・専門的判断で開示可能とする，「公益上の理由による裁量的開示」すなわち公益裁量開示制度がある＝7条。ただし，この制度は，後述②の「1号の2情報」には適用されない）。この不開示情報（該当性）が広く認められると，「情報非公開制度」になりかねないから，不開示情報の扱いは，制度設計・運用上の最大のポイントとなる。

行政機関情報公開法は，5条で次のような不開示情報を列記している。

①1号情報（個人情報）　当該情報に含まれる氏名などの「記述等」により特定の個人が識別できる情報，または，識別不可能でも（匿名の反省文などのように）公になると特定個人の権利利益を害するおそれのあるものは不開示とされる。特色は，個人情報の定義において「個人識別型」をとり，識別可能であることに加えて，個人の権利利益侵害のおそれをも要求する「プライバシー保護型」を採用しなかった点にある。その結果，個人情報の範囲が広くならざるをえないため，個人識別情報でも次の類型に当てはまるものは，開示しなければならないとされている（5条1号但書）。

㈠法令上・慣行上オープンにされる（べき）もの，㈡人の生命・健康・生

活・財産を保護するため開示が必要と認められるもの（義務的公益開示），(ハ)公務員の職務遂行に係る情報のうち，その職および当該職務遂行の内容に関するもの，である。白書・新聞・書籍など不特定多数者への販売目的で発行されるものは，そもそも本法の「行政文書」に当たらない（2条2項1号）から，(イ)は，それ以外で公表慣行等のあるものを指す。公務員の氏名については，(ハ)ではなく，公表慣行の範囲内で開示することになる（情報公開に関する連絡会「各行政機関における公務員の氏名の取扱いについて」（2005年8月3日）により，原則公開とする運用がされている）。また，(ハ)との関係では，公務員に関する情報といえども，その「私事に関する情報」は開示義務の対象とならない（最判平成15・11・21民集57巻10号1600頁は，出勤簿に記録された各職員の「休暇の種別，その原因ないし内容や取得状況を示す情報」および「停職」の記載について，「私事に関する情報」に当たるとする。ただし，富山県条例に関する事案）。なお，2016年改正法によって上記「記述等」の意味につき，文書・図画・電磁的記録に記載・記録され，または音声・動作などによって表現された「一切の事項」を指す旨の明記がなされた（行政機関情報公開5条1号）。これは，個人情報の記録方式・媒体・再現方式を明確にするためのものであり，動作の例として手話がある。

なお，上記の識別可能性をめぐっては，「他の情報と照合することにより，特定の個人を識別することができることとなるものを含む」（行政機関情報公開5条1号）とされ，いわゆるモザイク・アプローチによることが明記されている。個人情報保護法における「個人情報」の定義は，「他の情報と容易に照合することができ，それにより特定の個人を識別することができることとなるものを含む」（2条1項1号）というもので，2021年の改正後は，いわゆる個人情報保護制度の統合に伴い，この定義が行政機関等にも適用されることとなった（個人情報の定義の統一）。照合の《容易性》について，情報公開制度と個人情報保護制度とで異なった取扱いをするということになりそうであるが，「容易」とは何を意味するか，「照合」が行政組織内で行われる場合の特殊性を強調する見解，換言すれば，行政組織全体を一体的に捉えて識別のため他の行政機関への照会を必要とする情報も容易に照合可能なものとみる考え方についてどのように理解するかなど，解釈の余地がないわけではない。

この問題について，2021年改正前の裁判例（いずれも行政機関情報公開法に関

するもの）は一致をみておらず，①一般人が通常入手しうる情報との照合により識別可能となる場合に限るという見解（一般人基準説）と，②近親者・職場の同僚など，特定範疇の者だけが入手可能な情報との照合によって識別可能となる場合も含まれる（特定人基準説）とがある（①説をとるものとして，東京地判平成 15・5・16 裁判所 HP，大阪地判平成 23・11・10 労判 1039 号 5 頁，②説に立つものとして大阪高判平成 24・11・29 判時 2185 号 49 頁などがある）。開示請求権が何人にも開かれていることから，請求者にも多様なケースがありうると想定され，①説では適切な対応が困難であろう。

　②**1 号の 2 情報（行政機関等匿名加工情報）**　行政機関情報公開法の 2016 年改正で新規に登場した不開示情報の類型として，①行政機関非識別加工情報，②その作成に用いた保有個人情報から匿名化をはかるために削除された「記述等」（氏名・生年月日など），そして③「個人識別符号」（指紋データ・声紋データのようなタイプと個人番号・旅券番号のようなタイプがある）から成る「1 号の 2 情報」がある。①は，②・③の一部または全部削除によって特定個人を識別できないように個人情報を加工して得られる個人に関する情報で，当該個人情報を復元できないようにしたものを意味する。このうち①は，2021 年の個人情報保護法制の一元化により，名称が民間部門と同一の「匿名加工情報」（正式には，「行政機関等匿名加工情報」）に変更されると共に，その性格付けも従前の個人情報から「非個人情報」へと変わったとされているものの，2021 年整備法（附則 34 条・40 条関係）は，独自のルートとして設けられた匿名加工情報提供制度への信頼確保と国民の利益保護等の観点から，不開示情報の一類型として残した（行政機関情報公開法 5 条 1 号の 2，独立行政法人等情報公開法 5 条 1 号の 2）。「低調」な利用にとどまった「官民データ流通」の再生をはかろうとするものといえよう。

　③**2 号情報（法人等情報・個人の事業活動情報）**　開示によって，法人その他の団体（行政主体は含まれない）や個人の競争上の地位・財産権・その他の正当な利益を害するおそれがあるもの，および，行政側の要請で非公開約束の下に任意に提供したもので，その約束に合理性があるもの（任意提供情報）は，不開示とされる。ただし，1 号の(ロ)と同様，人の生命・健康等の保護の要請がより強く働くときは，開示しなければならない。

　なお，個人の事業活動情報は，1 号（個人）情報から除外され法人等情報と

同列に扱われている。一般に，法人等の従業員が職務として行った行為に関する情報は，個人情報と見る余地があるが，上記のように1号情報と2号情報との区分がなされている法制の下では，「法人等の代表者又はこれに準ずる地位にある者が当該法人等の職務として行う行為に関する情報」のほか，「その他の者の行為に関する情報であっても，権限に基づいて当該法人等のために行う契約の締結等に関する情報」も，「法人等の行為そのものと評価される行為に関する情報」として，法人等情報に当たる（最判平成15・11・11民集57巻10号1387頁。ただし，大阪市条例に関する事案）。

　最判平成23・10・14判時2159号53頁（②事件）〔百選 I -32〕によれば，本号の《利益侵害情報》該当性の判断は，本件情報の内容・性質・法制度上の位置付け，本件情報をめぐる競業者・需要者・供給者と各事業者間の利害状況等諸事情を総合勘案して行うことになるが，より一般的には，《正当な利益を害される蓋然性が客観的・合理的に認められるか否か》による（法的保護に値する蓋然性説）。

　④3号情報（国家秘密・安全情報ないし外交・防衛情報）　　開示によって，国の安全を害し，他国等との信頼関係を損ない，外交上の不利益を被るおそれがあると，「行政機関の長が認めることにつき相当の理由がある情報」は，不開示とされる。次の4号情報と同様，長の判断に「相当の理由がある」という文言が使われているのは，その裁量権を認める趣旨を示すためである。

　⑤4号情報（公安情報ないし公共の安全等情報）　　開示によって，犯罪の予防・鎮圧・捜査，公訴の維持，刑の執行などの「公共の安全と秩序の維持」に支障を及ぼすおそれがあると「行政機関の長が認めることにつき相当の理由がある情報」は，不開示とされる。

　⑥5号情報（審議・検討情報）　　行政機関内部や行政機関・行政主体相互間での審議・検討・協議に関する情報で，開示により，率直な意見交換・意思決定の中立性を「不当」に損ない，国民の間に「不当」に混乱を生じさせ，特定の者に「不当」に利益・不利益を及ぼすおそれがあるものは，不開示とされる。ここで，「不当」という文言が付加されているのは，要件を厳格にするねらいがあり，審議・検討情報をオープンにする民主主義的要請等を考慮してもなお弊害が上回ることを意味している。したがって，行政内部の意思形成過程にお

ける情報であるというだけで，当然に不開示となるものではない。

⑦ **6 号情報（事務・事業情報ないし行政執行情報）**　　監査・検査・試験等に関する事務，契約・交渉・争訟に関する事務，調査研究に係る事務，人事管理に係る事務，国公営企業関係事務などの行政の事務・事業に関する情報で，開示することにより，当該事務・事業の遂行に支障を及ぼすおそれのあるものは，不開示とされる。

(f)　開示請求に対する決定

①**開示等決定の期間**　　開示請求を受けた行政機関の長は，原則として 30 日以内に決定を行う。ただし，事務処理上の困難等の正当な理由があるときは，さらに最大 30 日延長でき，著しい大量請求の場合，請求から 60 日以内に一部について決定を行い，残りの文書については相当の期間内に決定をすれば足りる（10 条・11 条）。

②**部分開示**　　行政機関の長が行う決定は，開示決定と不開示決定（「開示をしない旨の決定」）とに分かれる。開示決定には，全部開示決定と一部開示（部分開示）決定とがある。すなわち，開示請求の対象となっている行政文書の一部に不開示情報が記録されている場合でも，その部分を容易に区分して（墨塗りなどにより）除くことができれば，当該部分を除いた（残りの）部分を開示しなければならない（6 条 1 項）。ただし，残りの部分に「有意の情報」がない（無意味な文字や記号の羅列などにとどまる）ときは，開示する必要がない。また，この部分開示の処理においては，当該行政文書に 1 号情報のうちの個人識別情報が記録されている場合には，その識別要素となっている氏名等の部分を除くことで，開示しても個人の権利利益を害するおそれがなければ，それを除いた部分は（本来は識別要素と一体となって 1 号情報を構成するものであるが） 1 号情報に含まれないものとみなす（6 条 2 項）。つまり，個人識別情報に関するこのような規定を設けることによって， 1 号情報も他の不開示情報と同様に，不開示事由とされている「おそれ」等の有無によって不開示（被覆）部分を決めることができるようにする趣旨である（ただし， 6 条 2 項を，同条 1 項の趣旨が徹底されるように「念のために置かれた，確認規定」と解する見解もある。最判平成 19・4・17 判時 1971 号 109 頁〔百選Ⅰ-34〕の藤田宙靖裁判官補足意見参照）。

③**不開示決定**　　不開示決定には，文字通り全面不開示情報であることを理

由とする全部不開示決定のほか，㈠開示請求に形式的不備（手数料の未納付，行政文書の特定が不十分など）があるため不適法な請求であるとき，㈡開示請求の対象が，本法に基づく開示請求の対象となる「行政文書」に該当しないとき，㈢開示請求に係る行政文書を，請求された行政機関が保有していないとき（文書不存在），㈣いわゆる「存否応答拒否」（グローマー拒否）を理由とする場合（8条）などがある。たとえば，特定個人の刑務所への入所歴を記載した行政文書の開示請求（名指し型探索請求）に対し，1号情報該当を理由に不開示とした場合，入所歴があることがわかってしまい，それ自体が，1号情報を開示することになるときのように，「当該開示請求に係る行政文書が存在しているか否かを答えるだけで，不開示情報を開示することとなるとき」，存否自体を応えられないとして不開示決定を行う場合が㈣に当たる。

　なお，不開示決定の取消訴訟における主張立証責任について，判例は一般に，不開示事由該当性に係る主張立証責任は対象機関（実施機関）側にあるとしている（大阪府条例に関する事案であるが，最判平成6・2・8民集48巻2号255頁参照）が，他方，行政文書の（物理的）保有（文書の存在）に係る主張立証責任は請求者側にあるとされている（最判平成26・7・14判時2242号51頁〔百選Ⅱ-187〕〈沖縄返還「密約」文書開示請求事件〉）。前者では，公開原則の例外，すなわち開示請求権の成立を妨げる事由が問題となっているのに対し，後者では，当該行政文書の「保有」という，「開示請求権の成立要件」が問題となっていることが，そのような違いをもたらした要因であろう。ただし，不開示決定時における保有の事実を直接に立証できなくても，ある時点における作成・取得の事実を立証することによって，決定時に保有していたことの（事実上の）「推認」が認められることもある（結論的には推認を否定しているが，前掲最判平成26・7・14及びその原審・東京高判平成23・9・29判時2142号3頁参照）。

> **Column 3-4　インカメラ審理**
>
> 　開示請求に対する処分庁の決定に不服がある者は，行政不服審査法の定めるところにより審査請求を行うことができるが，その裁決をすべき行政庁は，原則として情報公開・個人情報保護審査会に諮問し，その答申を尊重して裁決を行わなければならない（行政機関情報公開法19条1項，独立行政法人等情報公開法19条1項，および2021年改正後の個人情報保護法105条1項にも同様な定めが

ある）。同審査会は，「情報公開・個人情報保護審査会設置法」によって総務省に置かれる 15 人の委員からなる合議制機関であり，通例，3 人の委員で構成される部会で調査審議を行うが，その際，非公開で直接に開示請求の対象となっている行政文書等を見る（見分する）ことのできる権限，すなわち「インカメラ審理の権限」を与えられている（同設置法 9 条 1 項。なお，公文書管理法 28 条 1 項により設置される公文書管理委員会にも同様な権限が認められている〔同法 22 条〕）。これにより，第三者的・中立的な立場から判断を加えて客観的で合理的な解決をはかるという同審査会の役割が，より十全に果たされることになる（なお，会計検査院長が審査請求の裁決を行う場合には，会計検査院情報公開・個人情報保護審査会が調査審議に当たる）。

　これに対し，訴訟手続においてはインカメラ審理を認める明文規定が存在しない。最決平成 21・1・15 民集 63 巻 1 号 46 頁〔百選 I -35〕は，「情報公開訴訟において証拠調べとしてのインカメラ審理を行う」ことは，訴訟で用いられる証拠は当事者の吟味・弾劾を経たものに限られるという「民事訴訟の基本原則に反するから，明文の規定がない限り，許されない」としている。訴訟手続にインカメラ審理を導入することについては，従来，憲法 82 条（裁判の公開原則）との関係で疑義を表する見解も存在したが，本決定はそのような見解を斥けているように思われる（補足意見では，憲法 82 条に違反しない旨明言されている）。ちなみに，2011（平成 23）年 4 月に国会に提出された「行政機関の保有する情報の公開に関する法律等の一部を改正する法律（案）」は，条例に基づく場合も含め，インカメラ審理（「弁論期日外証拠調べ」）を導入することとしていたが，翌年の衆議院解散により廃案となった。

⟨ 判例 3-1 ⟩ 最判平成 13・7・13 訟月 48 巻 8 号 2014 頁〔百選 II -138〕
〈那覇市自衛隊基地情報公開事件〉

【事実】 国の機関である那覇防衛施設局長は，建築基準法 18 条 2 項により，海上自衛隊第 5 航空群司令部庁舎の建築工事計画について那覇市建築主事に通知し，同主事から当該計画が同法に適合している旨の通知を受けた。これに対し，那覇市情報公開条例に基づいて，当該庁舎の地下に設置される予定の「対潜水艦戦作戦センター（ASWOC）に関する建物の設計図及び建築申請に関する資料」の公開を求める請求がされたところ，那覇市長がその一部を公開する決定を行ったため，国がその取消しを求めた。上告棄却。

【判旨】 「上告人〔国〕は，本件文書の公開によって国有財産である本件建物の内部構造等が明らかになると，警備上の支障が生じるほか，外部からの攻撃に対応する機能の減殺により本件建物の安全性が低減するなど，**本件建物の所有**

者として有する固有の利益が侵害されることをも理由として，本件各処分の取消しを求めていると理解することができる。そうすると，本件訴えは，法律上の争訟に当たる」。

【コメント】開示請求に係る行政文書に「第三者」の情報が含まれている場合，行政機関の長は，当該「第三者」に意見書提出の機会を与えることができ（公益裁量開示等の場合は義務），開示の実施に反対する当人に行政争訟を提起する機会を保障するため，決定から実施までに最低 2 週間置かなければならない（行政機関情報公開 13 条・20 条。情報公開条例にも同様な例が多く見られる）。いうまでもなく，「第三者」の権利利益を保護するためである。しかし，国・地方公共団体等はこの「第三者」から除かれており，そもそも，国が本件のような「防衛上の秘密保持の利益」を主張して，取消訴訟を提起できるかという問題がある。原審（福岡高那覇支判平成 8・9・24 行集 47 巻 9 号 808 頁）は，本件をもって「両行政主体又はその機関の間」の紛争であり「法律上の争訟には該当しない」とした。後掲の「宝塚市パチンコ店建築中止命令事件」に係る最判平成 14・7・9 民集 56 巻 6 号 1134 頁〔百選 I -106〕◀ 判例 3-2 ▶と同様な「法律上の争訟」観に立ってのものといえる。他方，本判決は，建物所有者（財産権の主体）としての国の利益に着目して上記のように「法律上の争訟」要件を充たしうると述べ，この問題に直接言及することを避けたが，学説では，端的に，国は防衛秘密保持の利益を主張して取消訴訟を提起しうるとする見解が有力である。

4　個人情報保護制度

(1)　個人情報保護法制の一元化

2021 年の改正により，新たな個人情報保護法の編成は，①総則的・基本法的部分（民間・公的部門共通〔法第 1 章～第 3 章〕），②個人情報取扱事業者等民間部門に関する規律（法第 4 章），③行政機関等公的部門に関する規律（法第 5 章），④その他（個人情報保護委員会・雑則・罰則〔法第 6 章～第 8 章〕）となった。以下，③を中心に概要を述べるが，その前に，同法と同様情報管理法制に属する 2 法律について，簡単に触れておく。

(a)　**マイナンバー法（番号法）**　本法は，個人番号および法人番号の利活用と保護を主眼とする法律である。法人番号が，特定の法人や（民間）団体等を識別するために国税庁長官によって指定（付番）され広く流通することが期待

されているため，保護措置も限定的であるのに対し，個人番号は，住民票コードを変換して得られる 12 桁の番号で，全国民および一定の外国人に対し，市町村長によって重複がないように付番されるものであり，その「悉皆性」・「唯一無二」の性格などから，個人識別性のきわめて強い個人情報といえる。そのため，本法は，個人情報および「特定個人情報」（個人番号をその内容に含む個人情報）の取扱いが「安全かつ適正に」行われるよう，個人情報保護法の「特例」を定めることを「目的」のひとつにしている。

　一例をあげると，マイナンバー法にあっては，そもそも利用できる事務の範囲が限定されており（9 条 1 項・2 項＝社会保障・税・防災），特定個人情報の提供（本人への提供も含む）および収集・保管は，19 条 1 号から 17 号までに列挙された事由に該当する場合に限り許される（19 条・20 条）。さらに，特定個人情報ファイルを保有しようとする行政機関の長等は，事前にプライバシーに対する影響評価を実施して個人情報保護委員会の審査・承認を得なければならない（特定個人情報保護評価制度）。

　なお，行政情報の管理の効率化のためには，事務対象者を特定する（本人確認の）簡易な手段が必要であるとして，「個人番号カード」の利活用が推奨されている（3 条 3 項・18 条）。

(b)　特定秘密の保護に関する法律（平成 25 年法律 108 号）　　本法は，「国の安全保障」に関する情報のうち「秘匿」性の高い情報を「特定秘密」に指定して，その漏えい防止等のために必要な措置（厳格な提供制限，漏らすおそれの有無・程度に係る「適性評価」による取扱者の制限など）を講じることにより，国と国民の安全を確保しようとするものであるのに対し，個人情報保護法は「個人の人格尊重の理念」のもと，個人情報の有用性にも配慮しつつ「個人の権利利益」を保護することを目的とするもので，目的においては対極的ともいえる。他面，特定秘密は，行政機関情報公開法 5 条 3 号・4 号（個人情報保護法 78 条 1 項 4 号・5 号）の「国の安全」・「公共の安全と秩序の維持」という不開示情報（類型）にも該当しうるものであり，当該不開示情報の規定が適用される点においては他の行政文書と基本的に異なるものではない。

(2)　公的部門における個人情報の保護

　行政機関個人情報保護法は，適用範囲の限定（電算処理情報のみ）だけでなく，そもそも，訂正・利用停止請求権を認めない等，個人の権利利益保護の視点から見て問題を抱えていた「行政機関の保有する電子計算機処理に係る個人情報の保護に関する法律」（昭和63年法律95号）を全部改正したものである。2021年改正まで存続し，同年の改正（整備法附則2条）によって廃止・統合されることとなった。公的部門（行政機関等を適用対象機関とする）に対する規律は，(a)適用対象（機関・情報など），(b)個人情報取扱いのルール，(c)個人情報ファイルに関するルール，(d)開示・訂正・利用停止請求権，(e)行政機関等匿名加工情報提供制度，さらに(f)地方公共団体に対する共通ルールの提示，(g)一元的に監視・監督の役割を担う個人情報保護委員会に関する規定，に区分することができる（以下，条文は個人情報保護法のもの）。

(a)　適用対象

　① 2021年改正後の個人情報保護法（以下，「本法」とする）は，それが規律する公的部門を「行政機関等」という文言で表現している。府省庁やその外局等通常の「行政機関」のほか，「等」の部分が「地方公共団体の機関」・「独立行政法人等」（学術・医療分野を除く），および「地方独立行政法人」を指す（2条11項）。公的部門を最も包括的にあらわす用語であり，民間部門の規律対象である「個人情報取扱事業者」の定義（個人情報データベース等を事業の用に供している者で，これらの機関・法人を除くものとなっている）と表裏の関係にある（16条2項）。なお，権限主体として通常登場するのは「行政機関の長等」であり，「行政機関等の職員」・「行政機関の長」という例もあるが，「行政機関の長」という文言は，通常，高度な政策的判断をなしうる《主任の大臣》クラスを念頭に置いたものである。

　②適用対象情報　　行政機関等が保有する「個人情報」（保有個人情報）が規律対象となる。それは，生存する個人に関する情報で，個人識別性があり（他の情報と容易に照合でき，それにより特定個人を識別できる場合を含む）組織的に利用するものとして行政機関等が保有しているもののうち行政機関情報公開法にいう「行政文書」または独立行政法人等情報公開法にいう「法人文書」に記録されている情報を指す。なお，容易照合可能性については，先に触れた（本節

3 (2)(e)①参照)。

　③**プライバシーの保護**　目的規定にいう「権利利益」の保護には，いわゆるプライバシーの権利の保護も含まれるか。プライバシー権が《私生活上の自由》・《私事に関する自己決定権》など多様な意味で用いられるため，その意味次第ということになるが，《私生活をみだりに公開されない権利利益》というほどの意味であれば，「プライバシーに係る情報として法的保護の対象となる」(学生の住所・氏名・学籍番号等の個人識別情報について，最判平成 15・9・12 民集 57 巻 8 号 973 頁〈早稲田大学江沢民講演会名簿提出事件〉参照)。

　行政機関個人情報保護法の 2016 年改正で「要配慮個人情報」という概念が設けられ，本法にも引き継がれている。これは，差別や偏見等による不利益が生じないよう「その取扱いに特に配慮を要する」個人情報を指すもので，プライバシー情報ないしセンシティブ情報と重なるところがあるといえよう (なお，要配慮個人情報の扱いは，地方公共団体における個人情報保護条例の見直しに際して問題となるところであり，議論の受け皿として「条例要配慮個人情報」〔60 条 5 項〕という概念が用意されている)。

　④**適用除外**　本法第 5 章第 6 節は「雑則」とされているが，その 124 条 1 項はいわゆる「適用除外」に関する規定であり，刑事事件・少年保護事件に係る裁判，検察官等が行う処分・刑・保護処分の執行・更生緊急保護・恩赦に係る保有個人情報については本法第 5 章第 4 節の規定 (開示・訂正・利用停止請求権に関する規定) を「適用しない」としている。2021 年改正前の行政機関個人情報保護法 45 条 1 項と同一の条文であり，同様な意味をもつと思われる。最判令和 3・6・15 民集 75 巻 7 号 3064 頁〔百選 I -36〕〈東京拘置所診療情報開示請求事件〉は，「拘置所在監中に受けた診療に関する診療録全部」の開示請求がされた事案において，「被収容者が収容中に受けた診療に関する保有個人情報」は社会一般で提供される診療に関するものと異ならず，適用除外の対象となる保有個人情報に当たらないとして，医療におけるインフォームド・コンセントを重視する判断を示している。上記改正前のものであるが，改正後の 124 条 1 項にも妥当する重要判例といえよう。

　(b)　**個人情報取扱いのルール**　行政機関の長等は，個人情報を取り扱うに当たり次のようなルールを遵守しなければならない。このルールについては，

①利用目的の特定義務と保有制限，②取得に際しての利用目的明示原則，③正確性確保の努力義務，④安全確保の措置義務，⑤取扱従事者の義務，⑥利用・提供制限，⑦保有個人情報の提供を受ける者に対する措置要求（行政機関個人情報保護法3条〜9条）の7原則が挙げられてきたが，その間，個人情報保護法が改正されてルールの拡充が見られ，2021年改正法では，仮名加工情報（後述）の取扱いを含めると，13項目（61条〜73条）にまで増加している。すなわち，⑧不適正利用の禁止，⑨適正な取得，⑩従業者・委託先に対する監督，⑪漏えい等の報告義務，⑫外国にある第三者への提供制限，そして⑬仮名加工情報の取扱いに係る義務がそれである。以下，主要なものに絞って簡単に見ておこう（⑬については，本節**4**(2)(e)⑤を参照）。

　(i)　利用目的を基準とした保有（作成・取得・維持・管理）　利用目的をできるだけ特定し，それに必要な限りで保有が許される。利用目的の変更は，変更前の利用目的と「相当の関連性を有すると合理的に認められる範囲」に限って許される（以上，61条）。

　(ii)　本人から直接書面で当該本人の個人情報を取得するときは，免除事由に該当する場合を除き，本人にその利用目的を明示しなければならない（62条）。

　(iii)　不適正利用の禁止　違法・不当な行為を助長または誘発するおそれがある方法で個人情報を利用してはならない。また，取得についても，「偽りその他不正の手段」を使ってはならない。本法63条・64条違反を利用停止請求の事由としている本法98条の定めと連携して，個人情報保護の強化に資するとされている。

　(iv)　利用・提供の制限　「利用目的以外の目的」のための自己利用・他者提供は，原則として許されない。個人の権利利益保護の観点からは，重要な原則である。しかし，個人情報の有効活用の要請も考慮する必要があり，個別法令が定める例外規定（裁判所による文書提出命令〔民訴223条〕など）のほか，本人・第三者の権利利益を不当に侵害するおそれがなければ，(イ)本人の同意があるか本人への提供であり，(ロ)内部利用に止まるか，他の行政機関等に提供する場合であれば，事務・業務の遂行に必要な限度で，かつ利用する「相当な理由」があるなど，(ハ)「特別の理由」（学術研究目的の提供など）があるときは，例外が認められる（69条）。

(v)　漏えい等の報告義務　　保有個人情報の漏えい・滅失・毀損等「安全の確保に係る事態」で個人の権利利益を害するおそれが大きいものとして個人情報保護委員会規則で定める事態が生じたときは，行政機関の長等は同委員会に報告しなければならず，本人に対し通知しなければならない（本人へ通知が困難で代替措置がある場合，または法78条1項各号の不開示情報が含まれている場合を除く。68条）。

(c)　**個人情報ファイルに関するルール**

①**個人情報ファイル**　　個人情報ファイルとは，保有個人情報を含む情報の集合物であって，一定の事務の目的を達成するために特定の保有個人情報を検索することができるよう体系的に構成したもので，そのうち電子計算機を用いて検索する電算処理ファイル，および氏名・生年月日などの「記述等」により容易に検索できるようにしたものがマニュアル処理ファイルということになる（60条2項）。行政機関にとり利便性は高いが，逆に第三者への漏えい等により個人の権利利益が害されるおそれもある。そこで，これを保有しようとする場合，事前に個人情報保護委員会に必要事項（ファイル名・利用目的・収集方法など）を通知しなければならない（通知事項の変更も同様。74条）。ただし，1年以内に消去予定のもの，本人の数が政令で定める数（1000）に満たないもの，国の安全等に関する事項など，同条2項で適用除外とされているものがある。

②**個人情報ファイル簿**　　行政機関の長等は保有する個人情報ファイルについて，法定事項を記載した「帳簿」＝個人情報ファイル簿を作成して公表しなければならない（75条）。これにより次に述べる本人関与の仕組みが機能しやすくなる。

(d)　**本人関与の仕組み――自己情報コントロール権**　　私人が自己に関する「保有個人情報」を自らコントロールすることができるようにするため，何人にも行政機関の長等に対し，当該長等が属する行政機関等の保有する自己を本人とする保有個人情報の開示・訂正・利用停止を求める権利が保障されている。順次みておこう。

①**開示請求権**　　行政機関情報公開法の開示請求権制度と基本的に同様な仕組みがとられている。ただし，本人開示（保有個人情報の本人が自らの個人情報の開示を求める請求）の場合，本人の個人情報は原則として（請求者の生命・健康・

生活・財産を害するおそれがある場合を除き）開示される。その点を除くと不開示
情報は，他人の個人情報を始めとして行政機関情報公開法に定めるそれと基本
的に同様であり，開示請求の手続もそれに準じている（76 条～89 条）。ただし，
本人に代わって請求できる者として，新たに「本人の委任による代理人」（任
意代理）が加えられた（訂正請求・利用停止請求も同じ）。これは，個人の権利利
益の保護を手続的に手厚くするためのものとされている。

　②**訂正請求権**　　何人も，当該情報の「内容が事実でないと思料するとき」
には訂正・追加・削除の請求ができる。ただし，開示請求によって開示された
保有個人情報について，開示を受けた日から 90 日以内に請求する場合に限ら
れる（開示請求前置主義＝90 条 1 項・3 項）。

　書面により，どこをどのように訂正するのかを明らかにしなければならず，
また，訂正請求の対象は「事実」に限られ，評価や判断には及ばない。さらに，
行政機関の長等の訂正義務は，正確性確保の努力義務の場合と同様，当該情報
の「利用目的の達成に必要な範囲内」で認められる（90 条～97 条）。最判平成
18・3・10 判時 1932 号 71 頁〔百選 I -37〕〈京都市レセプト訂正請求事件〉は，京
都市個人情報保護条例に基づいて，歯科診療に係る国民健康保険診療報酬明細
書（レセプト）に記載された診療に関する情報が事実と異なるとしてされた訂
正請求について，市としては請求者個人の「診療内容を直接明らかにするた
め」ではなく，支払明細に係る歳入歳出の証拠書類として本件レセプトを保管
しているもので，当該訂正請求を認めることは，「保険医療機関が請求した療
養の給付に関する費用の内容等を明らかにするという本件レセプトの文書とし
ての性格に適さない」等として，市長による訂正をしない旨の決定を適法とし
ている。

　③**利用停止請求権**　　当該個人情報の不適正利用の禁止（63 条），適正な取得
（64 条），保有制限原則（61 条），目的外利用・提供の制限（69 条），外国にある
第三者への提供制限（71 条）のいずれかに係る違反行為があった場合には，当
該情報の利用停止・消去・提供停止を請求できる。この場合にも，開示の日か
ら 90 日以内という開示請求前置主義がとられている。また，利用停止を認め
ると「当該保有個人情報の利用目的に係る事務又は事業の性質上，当該事務又
は事業の適正な遂行に著しい支障を及ぼすおそれがあると認められるとき」

（利用の必要と保護の要請とを比較衡量して，利用の利益をどうしても優先させる必要がある場合）は，利用停止義務が免除される（98条～103条）。

(e)　匿名加工情報提供制度

①**定　義**　「匿名加工情報」は公的部門・民間部門共通の概念であり，本法2条6項に定義規定が置かれている。それによると，当該個人情報に含まれる「記述等」（氏名・生年月日など。本節**3**(2)(e)①参照）の一部を削除することにより，または，当該個人情報に含まれる「個人識別符号」の全部を削除（いずれも置換を含む）することによって特定の個人を識別することができないように「個人情報を加工して得られる個人に関する情報であって，当該個人情報を復元することができないようにしたもの」を指す。要するに，パーソナルデータ等の円滑な流通・利活用を促進するため，当該保有個人情報を特定個人が識別できないように加工し，かつ復元できないようにして提供・流通させることを主目的とするものといえよう。

②**行政機関等匿名加工情報**　このうち公的部門における制度が，「行政機関等匿名加工情報提供制度」である。元来，個人情報保護法・行政機関個人情報保護法の2016年改正で導入されたものであり，民間部門の制度との対比において「行政機関非識別加工情報」という名称だったが，加工の仕方等は基本的に異なるものではなく，個人情報の定義が「統一」されることもあって，制度をわかりやすくするため両部門における「名称の統一」が行われた（60条3項）。

この改正によって匿名加工情報は，個人情報から非個人情報に性質を変え，個人情報への復元（識別行為）が禁止されると共に，外部への提供についても，原則として下記④の提供手続（提案公募手続）によることとなった（109条・123条）。

③**加工の対象とならない個人情報**　本法60条3項は，一般的に加工の対象について以下のように定めている。(i)個人情報ファイル簿に掲載しないとされているものではないこと，(ii)保有個人情報の全部または一部に，行政機関情報公開法5条（1号を除く）等の不開示情報が含まれているときは該当部分を除くこと，(iii)同法に基づく開示請求があったならば，全部または一部開示決定がされるか，同法13条1項・2項の規定による意見書提出の機会が与えられることとなるものであること，(iv)行政機関等の事務・事業の適正・円滑な

運営に支障が生じない範囲で行われること，である。

④提供の手続　　行政機関等匿名加工情報の作成から提供に至るプロセスは，(i)行政機関等匿名加工情報をその用に供して行う事業に関する提案の対象となる個人情報ファイルの選定，(ii)提案の募集をする旨の個人情報ファイル簿への記載（定期的に実施），(iii)提出された提案書の審査（欠格事由の有無・審査基準適合性）および結果の通知（契約締結ができる旨の通知），(iv)契約の締結，(v)匿名加工情報の作成・提供の実施となる（109条〜118条）。

⑤なお，これに類似するものとして「仮名加工情報」がある（2条5項）。個人情報に含まれる記述等・個人識別符号の一部または全部を削除等する＝加工して作成するという点では共通しているが，仮名加工情報の場合には，他の情報と照合しない限り特定個人を識別できないように加工するものであり，匿名加工情報より「簡便」な制度といえる。

仮名加工情報には個人情報に当たるものと当たらないものがあり，前者は個人情報に関する本法の規律に服するのに対して，後者に関しては公的部門における定めとして，「仮名加工情報の取扱いに係る義務」が，行政機関の長等の義務として新設されることとなった。すなわち，第三者（外部）提供の原則禁止，漏えい等防止のための安全管理措置義務，識別行為の禁止，および手紙・郵便・メール等により本人と連絡をとるため仮名加工情報に含まれる連絡先等の情報を利用することの禁止に関する規定がそれである（73条）。

(f)　個人情報保護委員会　　個人情報保護委員会は，2021年改正により，民間部門・公的部門を通じての個人情報保護に関する「一元的」な監視・監督機関となったのであり，内閣府設置法49条3項に基づいて同府に設置された「独立監視機関」といえる。同委員会の前身は，特定個人情報保護委員会であり，マイナンバー法の制定（2013年）に伴って設けられたもので，その権限も特定個人情報に関する事項に限られていた。2015年の個人情報保護法改正で名称変更があり，所掌事務も民間部門の監督全般にまで拡大されたが，公的部門については若干の例外（マイナンバー法・非識別加工情報関係）を除き，その権限が及ぶところではなかった。

2021年の改正により，①民間部門における「監督」手段として，報告要求・資料提出要求・立入検査・指導・助言・勧告および命令が定められ，②公

的部門では「監視」の手段として，資料提出および説明要求・実地調査・指導・助言・勧告・報告要求が明記されている（本法146条〜148条，156条〜159条）。立入検査および命令は，罰則を伴うものであり，②において立入検査と命令権限を認めていないことは，両部門の違いを意識したものといえよう。

(g)　地方公共団体における個人情報の取扱い

①**全国的な共通ルールの設定**　地方公共団体をめぐる個人情報保護法制の特徴は，「分権」型とも称されるように，地方公共団体が先導し，地方公共団体ごとに条例等で定められている点にあった。しかし，近年における個人情報の利活用の推進と保護水準の向上の要請の中で，平準化・統一化の声が高まり，全国共通のルールが設定されることとなった。それは，行政機関個人情報保護法をベースとしたもので，すべての地方公共団体に適用される「全国的な最低水準」であり，かつ「標準的なルール」ともいわれているが，要するに，本法が「全国的な共通ルール」として適用されることになる（12条）。

②**法律と条例**　本法の規律を地方公共団体が保有する個人情報にも直接適用することになると，逆に，条例でどこまで規定できるかが問題となる。この点について，本法60条5項は，「条例要配慮個人情報」について定義規定を置いているが，「地域の特性その他の事情に応じて」その取扱いに「特に配慮を要する」ものとして地方公共団体が「条例で定める記述等が含まれる個人情報」としている。程度差の問題はあるが，基本的に法律上の共通ルールに加えて，条例で独自の保護措置を行うこともできよう。また，本法108条は，この節の規定（76条〜107条）は，開示・訂正・利用停止の手続および審査請求の手続に関する事項について「条例で必要な規定を定めることを妨げるものではない」としているが，確認的意味をもつにとどまると思われる。いずれにせよ，本法律と条例の関係については，これまで地方公共団体が実践してきた優れた対応・独自の措置をできるだけ尊重する方向で議論することが，求められよう。

第3節　義務履行確保制度

本節では，私人が行政上の義務を履行しない場合を想定して設けられている，直接的・間接的な義務履行強制の制度をとりあげる。私人による行政上の義務

の不履行は，法治主義に反し，当該行政目的の実現を阻害するものであり，また，これを放置することは，義務を遵守している他の私人との間に不公平感を生じさせ，法的安定・法秩序の維持の観点からも問題となる。そこで，私人に行政上の義務の履行を確実に行わせることを担保する手段，すなわち行政上の義務履行確保手段についての法制度を整備することが必要となる。現行法上，それは，強制執行の制度（**1**），罰則の威嚇によって間接的に義務の履行を強制する行政罰の制度（**2**），そして，その他の制裁手段（**3**）とに大別することができる。

1 行政上の強制執行

（1）司法的執行と行政的執行

（a）行政的執行（自力救済）の承認　　民事法・行政法を問わず，「自力救済」すなわち，司法手続によらず自ら力ずくで自己の権利を実現・確保することは，原則として（それを容認する明文の法規定がない限り）禁じられている。いうまでもなく，これを認めると法的平和が乱されることになりかねないからであり，少なくとも発達した（民事）法秩序の下では「自力救済の禁止原則」が妥当している。したがって，お金を貸したのに返してくれない相手方に対しては，たとえば，裁判所に当該借主を被告とする貸金の返還を求める訴え（給付訴訟）を提起し，勝訴判決＝債務名義（強制執行の対象となる請求権の存在・範囲を示す証書＝民執22条）の獲得と執行文の付与（同25条・26条）の手続を経て，裁判所ないし執行官によって強制執行（差押え等）を行ってもらうことになる。裁判所等によるため，一般に，「司法的執行」と呼ばれている。つまり，少なくとも民事法の世界では，自力救済の禁止原則と司法的執行の仕組みは表裏の関係にある。

　ところが，行政上の義務の履行確保については，行政機関に自力救済を認めている法令が存在する。その代表例が，行政代執行法（昭和23年法律43号）である。同法は，1条で「行政上の義務の履行確保に関しては，別に法律で定めるものを除いては，この法律の定めるところによる」として，同法が行政上の義務履行確保手段（ただし，行政罰は含まれず強制執行手段に限られるが，非金銭執行だけを意味するのか，それとも金銭執行，すなわち後述の強制徴収をも包含するのか

については明確ではない。Column 3-5 参照）について定める一般法であること，および，別に行政上の義務履行確保手段を設ける場合には法律の根拠が要ること（したがって，地方公共団体が条例で独自の定めを行うことはできないこと）を示した上で，2条において，「他人が代つてなすことのできる行為」（金銭支払義務を除く代替性のある作為義務）に限定してであるが，当該行政庁自らによる強制執行（代執行）を認めている。このように法律の明文で行政機関に対してとくに与えられた自力救済手段を，「行政上の強制執行」ないし「行政的執行」と呼ぶ。行政権も，国家的作用という点では司法権と異ならないところから，これに法令で認められた行政（公共）目的を円滑に実現する手段を与え，他方では司法権の負担を軽減するものといえよう。民事法の世界と比べたとき，行政上の義務履行確保制度の特色を示すものである。そこで，以下では，この「行政上の強制執行」の制度を中心に述べる。

(b) **行政的執行手段の類型**　行政的執行手段には，どのようなものがあるだろうか。従来，まず，金銭納付義務以外の執行手段（非金銭執行）と金銭納付義務に係る執行手段（金銭執行）とに区別し，前者の非金銭執行に属するものとして，①代執行，②執行罰，③直接強制，後者の金銭執行に属するものとして④強制徴収があげられてきた。

　このような行政的執行手段の類型区分は，戦前の制度に由来するものである。行政代執行法の施行と共に廃止された「行政執行法」（明治33年法律84号）は，全7カ条からなるコンパクトな法律であったが，検束・家宅侵入・強制診断など警察活動の一般的根拠を与える一連の規定（1条〜4条）に続いて，非金銭的な行政的執行手段を一括して定めていた（5条）。そして，そこでは，法令・法令に基づく処分により「命シタル行為又ハ不行為ヲ強制スル為」に，①「自ラ義務者ノ為スヘキ行為ヲ為シ又ハ第三者ヲシテ之ヲ為サシメ其ノ費用ヲ義務者ヨリ徴収スルコト」（1項1号），②「強制スヘキ行為ニシテ他人ノ為スコト能ハサルモノナルトキ又ハ不行為ヲ強制スヘキトキハ命令ノ規定ニ依リ二五円以下ノ過料ニ処スルコト」（1項2号）を行うことができるとした上で，③「行政官庁ハ第一項ノ処分ニ依リ行為又ハ不行為ヲ強制スルコト能ハスト認ムルトキ又ハ急迫ノ事情アル場合ニ非サレハ直接強制ヲ為スコトヲ得ス」（3項）とされていたのである。

　すなわち,「行政官庁」による「強制」執行手段には, ①代執行 (1項1号), ②執行罰 (1項2号), ③直接強制 (3項) という3つの手段があること, および③直接強制については, 当然になしうるものとの前提から, 積極的に授権するという体裁ではなく, 他の2つの手段では義務履行の確保ができない場合の「最後の手段」ないし緊急手段として位置づけるという規定ぶりになっていた。現行の行政代執行法が,「行政上の義務の履行確保」手段として代執行のみを定めている (代執行中心主義) のとは, 基本的なコンセプトを異にするといえよう。

　なお, 金銭執行については, 行政執行法が「第五条ノ費用及第五条ノ過料ハ国税徴収法ノ規定ニヨリ之ヲ徴収スルコトヲ得」(6条1項) としていたところからもうかがえるように, 国税徴収法 (明治30年法律21号) が定める④強制徴収 (滞納処分) が, 代表的な行政的執行手段とされていた。ちなみに, 司法的 (民事) 執行の世界では, この強制徴収に当たるものも「直接強制」の一種とされているが, 行政的執行の世界では, 以上のような戦前の法制を継承して,「直接強制」の語は非金銭執行に限定して使われている。

　(c)　司法的執行手段の利用可能性　　以上のように, 行政上の義務履行確保手段の特徴は行政的執行 (自力救済) が認められている点にあるが, 現行法は, 戦前のように, 必要とあれば「直接強制」を繰り出せる「自足的なシステム」になっておらず, 非金銭執行については, ほぼ代執行に限られるため, 司法的執行手段に依拠せざるをえない場合が生ずる。そこで, そもそも, 行政 (主体) は, 私人と同様に, 司法的執行手段を利用することができるか, という問題が生ずる。

　これについては, まず, 何らかの行政的執行手段が法定されている場合において, これとは別に, 司法的執行手段を利用することが許されるかということが問題となる。一般的には, 行政的執行手段は法令がとくに付与したもので, 行政目的の円滑な遂行・実現のため行政はそれを活用する責務を負うことなどから, 行政的執行手段がある以上, 当該行政上の義務の強制履行手段として司法的 (民事) 執行に頼ることはできないとされている。行政上の強制徴収 (農業災害補償法に基づいて農業共済組合が組合員に対して有する共済掛金等債権に係る強制徴収) と民事執行との関係について, このような観点から, 民事執行手段によることは「公共性の強い農業共済組合の権能行使の適正を欠く」として, そ

の利用を認めなかった最大判昭和41・2・23民集20巻2号320頁〔百選Ⅰ-105〕〈農業共済掛金等支払請求事件〉がある。

　他方，特段の行政的執行手段が与えられていない場合については，（私人と同様に）司法的執行手段を利用できるとの考え方が学説上有力である。自力救済禁止の原則を出発点とし，かつ，義務履行確保のため強制執行手段を用いる必要性が認められるならば，行政独自の判断で行われる行政的執行より司法的執行の方が中立・公正な運用が一般に期待できるところからも，十分に首肯できよう。ところが，次の判例は，これと異なる見解をとった。

> ◁ **判例 3-2** ▷ 最判平成14・7・9民集56巻6号1134頁〔百選Ⅰ-106〕
> 〈宝塚市パチンコ店建築中止命令事件〉
>
> 【事実】　宝塚市（X）は「宝塚市パチンコ店等，ゲームセンター及びラブホテルの建築等の規制に関する条例」（昭和58年条例19号）を定めて，パチンコ店等を建築する場合などについて市長の同意を要することとし，同意なしに当該行為をした者には市長が建築等の中止・原状回復措置を命ずることができるものとした（命令違反に対する罰則はなかった）。Yは，パチンコ店を建築するため同意申請を行ったところ，建築予定地が当該条例上同意を受けることのできない地域に当たるものであったため不同意となり，それに対する異議申立て（当時）も同市長によって棄却された。そこで，Yが，別途必要な建築確認を受け，同意なしでパチンコ店の建築工事を始めたため，同市長において工事中止命令を出したところ，Yがこれを無視したので，XがYを被告として工事の続行禁止を求める訴えを（仮処分申請の認容決定を経た後に）提起した。破棄自判（訴え却下）。
>
> 【判旨】「国又は地方公共団体が提起した訴訟であって，**財産権の主体**として自己の財産上の権利利益の保護救済を求めるような場合には，法律上の争訟に当たるというべきであるが，国又は地方公共団体が専ら**行政権の主体として国民に対して行政上の義務の履行を求める訴訟**は，法規の適用の適正ないし一般公益の保護を目的とするものであって，自己の権利利益の保護救済を目的とするものということはできないから，法律上の争訟として当然に裁判所の審判の対象となるものではなく，法律に特別の規定がある場合に限り，提起することが許されるものと解される。……本件訴えは，地方公共団体である上告人〔X〕が本件条例8条に基づく行政上の義務の履行を求めて提起したものであり……当該義務が上告人の財産的権利に由来するものであるという事情も認められないから，法律上の争訟に当たらず，不適法というほかはない。」

【コメント】本判決は，行政主体が「専ら行政権の主体として国民に対して行政上の義務の履行を求める」司法的執行訴訟は，「当事者間の具体的な権利義務ないし法律関係の存否に関する紛争」という意味での「法律上の争訟」にそもそも当たらないから訴え自体不適法であるとして，司法的執行の途を閉ざした。

　しかし，行政主体は「財産権の主体」としても直接・間接に公益の保護（公共目的の実現）をはかるものであるから，「財産権の主体」と「行政権の主体」との峻別自体疑問であるだけでなく，「専ら行政権の主体」として見た場合でも，私人の義務に対応する「行政主体の権利」を想定することは可能である。工事中止命令等の行政権の行使によって権利利益を害された私人が行政主体を被告として訴訟を提起する場合には「法律上の争訟」に該当し，逆に，行政主体が訴えを起こすとそれに当たらないというのは，「法律関係」をいわば「片面的」にとらえていることとなって，かえって理解しにくい。同じく「公権力対私人」の構図をとる刑事訴訟が一般に「法律上の争訟」に当たるとされていることに照らしても，本判例には問題があり，学説は総じてこれに批判的である。

(2) 代 執 行

(a) 代執行とは　本人でなくても果たすことが可能な義務＝代替的作為義務に係る行為（たとえば，違法建築物の取り壊しや道路上の不法占有物件の除去など）を，行政庁自らが本人に代わってなし，または第三者（建設・土木工事業者など）にしてもらい，その費用を義務者＝本人から（強制）徴収する制度である。したがって，営業停止処分に基づく営業停止行為のような不作為は対象とならず，また，一定の場所を不法に占有している人を立ち退かせる行為のように，本人しかできない作為型の行為（明渡行為など）にも及ばない。東京地判平成27・3・13判例自治401号58頁は，被告（特別区）が管理する公園で起居していたホームレスである原告が退去命令に従わないため，「一時的にではあれその身体の自由を制限する形で，担ぎ上げて，その意思に反して移動させた」行為について，「直接強制」に当たり違法としている（ちなみに，物の明渡し・引渡しは，司法的〔民事〕執行による場合には「与える債務」として直接強制の対象となる）。このように，代執行だけでは行政上の義務履行確保に十全とはいえないが，上記のように，義務履行確保制度に関する一般法である行政代執行法は，代執行を金銭納付義務以外の義務の履行を強制するための一般的な制度として

位置づけている。これを「代執行中心主義」という。

　(b)　**代執行の要件**　　代執行を行うためには，一般に，以下の3つの要件を充たさなければならない（代執2条）。

　①法律（委任命令を含む）・条例から直接生ずる義務または法律・条例に基づく行政処分によって課された義務で代替性のあるものを義務者が履行しないこと。行政代執行法2条は，代執行の対象を「法律（法律の委任に基く命令，規則及び条例を含む。以下同じ。）により直接に命ぜられ，又は法律に基き行政庁により命ぜられた行為（他人が代つてなすことのできる行為に限る。）」と定め，義務付けの根拠規範としての条例については，一見すると，法律の委任に基づく条例（委任条例）のみが想定されているようにも思われるが，通説は，地方自治尊重の観点等から，自主条例も含むと解している。なお，法律により直接に命じられた義務の例としては，火薬類取締法22条に定める火薬類製造業者等の営業廃止時等における残火薬類の措置義務がある。

　②他の手段によってその履行を確保することが困難であること。この「他の手段」には，民事法上の権原に基づく司法的執行や，（直接に義務の履行を確保するものではない）行政罰（後述**2**）は含まれないから，本要件は，一般的な比例原則（必要性の原則）を示したものということができよう（なお，比例原則については，第1章第2節**4**(2)を参照）。

　③その不履行を放置することが著しく公益に反すると認められること。つまり，代替的作為義務の不履行が直ちに代執行を正当化するものではないとして，代執行手段の発動に慎重を期すことを求めている。比例原則のうち均衡の原則を示したものといえよう。

　(c)　**代執行の手続**　　行政代執行法3条によれば，通常の場合の代執行の手続は，①代執行の戒告（相当の履行期限を定め，その期限までに履行されないときは，代執行をなすべき旨を，予め文書で告げること）→②代執行令書による通知（代執行の時期・代執行のために派遣する執行責任者の氏名・代執行に要する費用の概算による見積額を義務者に通知する）→③実行行為としての代執行，となる。

　ただし，非常・危険切迫の場合に緊急の必要があるときは，①②を省略することができるほか（同条3項），相応の調査等をしたものの義務者が不明であり，かつ，違反を放置しておけない場合に，公告（戒告の場合と同様な事項を広く一

般に知らせること)→代執行の実施という簡易なやりかた（略式代執行，または簡易代執行という）を認める例もある（建基 9 条 11 項・河川 75 条 3 項・道 71 条 3 項など。そのほか，行政代執行法 2 条の〔実体〕要件〔他に手段がないこと，義務の不履行が著しく公益に反すること〕について，「履行しても十分でないとき」といったより緩やかな要件に置き換えて適用をはかるものを「緩和代執行」と呼ぶ）。

　(d)　**機能不全からの脱却？**　　以上のように，制度的には代執行中心主義がとられてきたが，実際の運用の面から見ると，代執行が活発に利用されていたわけではなく，むしろ実際に用いられることは稀であったため，「代執行の機能不全」との評価も存在した。いざ実行となると手間暇がかかることや，実力手段の行使が一般的には敬遠されがちであることなども原因の一端を占めていたといえよう。しかし，近時においては，いわゆる空家問題に関して倒壊等著しく危険な状態にある空家等について市町村長に調査・助言・指導・勧告そして代執行権を付与する「空家等対策の推進に関する特別措置法」（平成 26 年法律 127 号）および各市町村の条例（老朽建築物等対策条例・空家空地対策推進条例など）が制定されており，国土交通省の施行状況調査によれば，2015（平成 27）年度から 2021（令和 3）年度までの 7 年間において，正式の代執行が 140 件，略式代執行が 342 件に達している。これに加えて，2009（平成 21）年農地法改正により導入された農地の違反転用に対する知事等による代執行制度（農地 51 条 3 項）など，代執行の活用をはかろうとする立法の動向も加味すると，「機能不全」の状態からは脱しつつあるように思われる。

(3)　執 行 罰

　義務の不履行に対して，一定期間内に義務を履行しないと一定額の「過料」（刑罰以外の金銭罰）を課すことを予告し，その威嚇・心理的圧迫によって義務を履行させる制度。義務の履行をさせるという将来に向けられたもので，義務違反に対する刑罰のように，過去の行為に対する制裁とは異なる。

　先に見たように，行政執行法（旧法）は，この執行罰を代替性のない作為義務と不作為義務について第一次的に用いることができる手段としていた。しかし，金額が低額であるとあまり効き目がなく，また，同じ金銭罰である事後的な刑罰等によっても実質的に同様な効果が期待できることなどから，現在では，

砂防法（明治 30 年法律 29 号）36 条（500 円以内の過料）の規定に痕跡をとどめるだけとなっている。

　もっとも，二重処罰の禁止（憲 39 条）により，刑罰の場合には同一の義務違反についてそれが継続している限り 1 度しか発動することができないのに対し，執行罰には，①期限を区切って，繰り返し金銭罰を加えることができること，②基本的に履行の対象となる義務の種類を問わないこと（代執行不可能な義務にも使える），さらに③刑罰のように司法機関によらず行政庁独自の権限で比較的簡易に用いることができるものであること，などの利点があるため，建築行政や環境行政など違反事案を多くかかえる分野で活用をはかるべきではないかといった，「執行罰の再評価」論も唱えられている。

(4)　直接強制

　義務の不履行に対し，義務者の身体・財産に実力を加えて，義務の履行があったのと同様の状態を実現する手段で，代執行以外のものを指す。行政側にとっては実効性が高く便利な手段ともいえるが，それだけに相手方私人の権利・自由を害する危険性も高く，戦後は，代執行中心主義の下，直接強制を，個別法によりとくに認められた場合に限って用いることのできる「例外的な手段」として位置づけることになった。

　現行の立法例としては，成田国際空港の安全確保に関する緊急措置法 3 条 6 項（規制区域内に所在する工作物が特定の用に供され，または供されるおそれがある場合に行われる国土交通大臣の使用禁止命令に違反した場合，「当該工作物について封鎖その他その用に供させないために必要な措置を講ずることができる」とする），および学校施設の確保に関する政令 21 条（法律としての効力をもつ同令に定める義務・同令に基づく管理者の命令による義務について，代執行では対応しえないとき，「管理者は，直接にこれを強制することができる」とする）などがある。

(5)　強制徴収

　税金など金銭支払（納付）義務に関する行政的執行の手段を指すが，現行法上，厳密な意味での一般法は存在しない。しかし，国税徴収法 47 条以下・国税通則法 40 条に基づく「滞納処分」手続がモデルとなっており（たとえば，行

政代執行法 6 条 1 項は，「代執行に要した費用は，国税滞納処分の例により，これを徴収することができる」とする），国の債権のみならず地方税さらには地方公共団体の分担金・一定の使用料・過料などの「歳入」にまで同種の手続が及んでいる（自治 231 条の 3 第 3 項参照）。

　国税滞納処分による強制徴収の流れは，①納付（10 日間以内）の督促→②財産の差押え→③財産の換価（差押財産を金銭に換えることを指し，入札・せり売りの方法による公売を原則とする）→④配当（差押え・換価によって得られた金銭を租税その他の債権に配分することを意味し，充当がなされた範囲で納税義務が消滅することになる。残余が出れば，その分は滞納者に交付される）というものである（税徴 47 条以下参照）。なお，これら各段階の行為それぞれが行政処分とされており，その意味では，「滞納処分」とは，それら行政処分の総称ないし一連の行政処分からなる手続・制度といえる。

2 行 政 罰

　代執行以上に汎用性のある義務履行確保手段として，義務違反に対し制裁（懲らしめ）としての罰則を科す「行政罰」がある。罰則は義務が履行された状態を直接に作出するものではないが，罰則の威嚇力（抑止効果）によって義務違反を回避させるものであり，間接的な形で義務履行確保機能をもつ。また，刑事罰については，その運用が警察・検察の意向に左右されるところ，捜査側の人的資源等に限りがある一方で，一般的に行政法犯には重大事件が少なく優先順位が低いこと，行政が告発等に及ぶことは行政自身の「失敗」をも意味しうること，有罪判決を得ても少額の罰金や執行猶予に終わるケースが稀ではなく制裁効果（威嚇力）に乏しいこと，そもそも過剰に刑罰規定が設けられていることなどから，現実には，刑罰規定の発動が積極的に行われているわけではない。

　行政罰は，伝統的に，「刑罰」（刑 9 条＝懲役・罰金・科料など）を科す「行政刑罰」と「過料」を科す「行政上の秩序罰」とに区分されてきた。いずれも，法律・条例（長の規則を含む）に基づいて科されるものであることは，いうまでもない。

（1）　行政刑罰

　行政刑罰は，「刑罰」の一種であるから，原則として，刑法総則の規定（刑法第1編）および刑事訴訟手続の適用対象となる。つまり，裁判所が犯罪事実の認定と刑の量定・宣告を行うもので，その意味では，司法的な行政罰といえよう。

　このように行政刑罰については私人に裁判を受ける権利（憲32条）が保障されているが，そのことに関連して問題となりうるのが，道路交通法第9章に定める「交通反則金通告制度」である。これは，同法違反により行政刑罰を科されるもののうち比較的軽微な類型のものについて，現場で警察官から告知を受けた日の翌日から起算して7日以内，または警察本部長による「反則金」納付の通告を受けた日の翌日から起算して10日以内にそれを納めると，公訴提起（検察官の起訴）等の刑事手続に付されないで済むというものである（同種の制度が税金の分野にもあり，租税犯則者に対する「通告処分」と呼ばれている。税通157条参照）。通常の刑罰を科すというルートを残した上で，いったん，行政的に処理する「はや道」を用意する手法といえる（「犯罪の非刑罰的処理」と呼ばれる）。この場合，通告を受けた者が期間内に納付しなければ通常の刑事手続がとられることになるため，不服がある者は納付しないという選択をすることによって裁判の場で争うことができるのであるから，裁判を受ける権利の侵害にはならないと解されている。ただ，起訴されないで済むという「誘惑」が「事実上の強制」と紙一重であるため，反則金の通告自体を裁判（＝それを不利益な行政処分と見立てての取消訴訟など）で争わせるべきではないかという問題は残る。判例は，通告自体には強制力はなく，争いたければ納付しなければよいのだから，「自由意思」で納付した者が「反則行為の不成立等を主張して通告自体の適否を争い，これに対する抗告訴訟によつてその効果の覆滅を図る」ことは許されないとしている（最判昭和57・7・15民集36巻6号1169頁〔百選Ⅱ-146〕）。

（2）　行政上の秩序罰

　行政上の義務の不履行に対する制裁として科される金銭罰としての過料を，「行政上の秩序罰」という。元来，「秩序罰」との表現は，行政機関に対する届出・通知などの比較的軽微な義務を怠った場合に，行政運営の適正と秩序保持

の観点から設けられているもの（たとえば，住民基本台帳法に基づく転入届を実際の転入から14日以内にしないと5万円以下の過料に処せられる〔住民台帳22条・52条2項〕）をイメージさせるが，実際には，詐欺その他の不正行為によって地方公共団体における使用料・手数料などをごまかした場合にも「過料」（最高で逋脱金額の5倍）とされている例（自治228条3項）もある。

　そこで，秩序罰としての過料を科すにあたり「主観的責任要件」充足の要否が問題となりうる。東京高判平成26・6・26判時2233号103頁は，「刑法総則の適用がないことが直ちに主観的責任要件を不要とすることに結びつくものではない」とし，いわゆる路上喫煙規制条例につき，「喫煙禁止地区内での喫煙を禁止した上，さらに，過料という財産上の不利益を違反者に科すことで，路上喫煙を防止し，快適な都市環境を確保するという目的を達成するためのもの」で，「その主眼が注意喚起をして路上喫煙をさせないことにあることは明らかである」から，「注意喚起が十分にされていない状態で喫煙する者がいたとしても，それに制裁を科すことは本件条例の趣旨を逸脱する」として，「路上喫煙禁止地区と認識しなかったことについて過失がなかった場合には……過料の制裁を科すことはできない」との見解を示している。これによれば，当該過料について定めている法規定の趣旨・目的が決め手になろう。

　過料は，刑罰と異なり比較的簡易な手続で科すことができる点に特色があるが，実質的には刑罰類似のものもあり，濫用の危険性も否定できないから，一定の手続保障が必要である。現行法上，「他の法令に別段の定めがある場合」を除いて適用される一般的意味をもった手続規定として，非訟事件手続法119条以下に「過料事件」に関する定めがあり，非公開ではあるものの，公正・中立の立場から地方裁判所が審理・判断を行うことになっている。

　ただし，地方自治法に定めのある地方公共団体の（条例・規則に基づく）過料については，そのような裁判所の決定を経ることなく，長が「過料の処分」を行うこととされており，その際，事前に相手方私人に告知し，弁明の機会を与えなければならない（自治255条の3）。なお，行政不服審査法の2014（平成26）年改正に伴い，過料の処分に対する不服申立ての特例規定（同条旧2項〜4項）が削除された。したがって，過料の処分についても行政不服審査法の定めに基づき長に対する審査請求を行うことができ，また，直ちに行政訴訟（取消訴訟

等）を提起して争うこともできる。

　なお，同じ行政罰でも，行政刑罰と秩序罰には以上のような制度上の違いがあるため，同一の違反行為に対し両者（たとえば，罰金と過料）を併科しても二重処罰の禁止原則に反しないとされている。

Column 3-5　行政上の義務履行確保手段と条例

　本文で触れたように，行政代執行法（以下，「法」とする）2 条にいう代執行の対象となる義務は，法律・法律の委任に基づく条例のみならず，いわゆる自主条例によって命じられ，あるいは自主条例に基づく行政庁の処分によって課されたものも含まれると一般に解されている。他方，法 1 条は，「行政上の義務の履行確保に関しては，別に法律で定めるものを除いては，この法律の定めるところによる」としており，法 2 条の規定振り（「法律」には条例も含まれることを明記）との対比において，法 1 条でいう「法律」には条例は含まれないと解されている。そうすると，条例で同法の「代執行」制度を利用することはできるが，（自主）条例によって「行政上の義務の履行確保」の手段を創設することはできない，ということになる。

　もっとも，制裁の意味を有する公表のように同法制定後に制度化された「現代型」のもの，あるいは旧憲法時代から存在している「伝統型」の中でも，その間接的にとどまる義務履行確保効果と汎用性において「行政上の強制執行」とは明らかに一線を画する行政罰（刑罰・秩序罰）が，そこにいう義務履行確保手段に含まれるといえるか，疑問である（ただし，自治体の自治立法権・条例制定権と刑事罰との関係については，憲法 31 条〔罪刑法定主義〕および 92 条・94条〔地方自治の保障〕の観点から，別途，検討が必要である）。

　仮に伝統的義務履行確保手段のうち，少なくとも行政罰は法 1 条の義務履行確保手段に含まれない，いいかえると，法 1 条の「行政上の義務の履行確保」手段は，文字通り，すべての（伝統的）義務履行確保手段を包括するものではないとすると，さらに，強制徴収の位置づけが問題となる。旧憲法下において，非金銭執行（代執行・執行罰・直接強制）は「行政執行法」で規定されていたのに対し，金銭執行＝強制徴収は別途，国税徴収法などの個別法で定められるにとどまっており，このような金銭執行と非金銭執行との二元システムは，現憲法下においても基本的に変わっていないからである。この点からすると，法 1 条にいう（法律によらなければならない）義務履行確保手段とは，非金銭執行のみを指すものと解することもできよう。

　ただし，自主条例により強制徴収制度を創設することができるかについては，現行法上は，許されないといわざるをえないであろう。地方自治法 231 条の 3

> 第3項において，「地方税の滞納処分の例により」強制徴収できるのは，「分担金，加入金，過料又は法律で定める使用料その他の普通地方公共団体の歳入」とされているからである。ただし，債権秩序全体にかかわる問題であるため，地方自治法または個別の法律の定めによらなければ滞納処分の対象債権にすることができないとの考慮によるもののようであって，法1条からの帰結とは必ずしもいえないように思われる。

3 その他の制裁手段

　以上のほか，制裁的意味をもった義務履行確保手段が法定されている例がある。

(1) 延滞税・延滞金・加算税・加算金

　納税義務の適正な履行を確保するために設けられているもので，①国税を納付期限までに完納しない場合に未納税額の納付遅延に対する制裁として課されるのが延滞税（税通60条参照）であり，地方税については「延滞金」と呼んでいる（地税64条参照）。遅延日数に応じ，未納額に法定割合（年利14.6%〜7.3%）を乗じた金額を「税」として徴収するものである。

　これに対し，②申告納税方式をとる国税について，申告書が期限内に提出されなかった場合（無申告加算税），提出されたが過少な申告であった場合（過少申告加算税），さらにそれらを事実隠蔽・仮装によって行った場合（重加算税）に課されるのが加算税であり（なお，源泉徴収義務等の不履行についても，不納付加算税・重加算税の制度がある＝以上，税通65条〜68条），地方税に関しては，これを「加算金」と呼んでいる（地税72条の46・72条の47参照）。重加算税においては，最高4割増しの納付を義務づけられることになっている。

　なお，社会保障の分野においても，不正受給等への対応措置である「不正利得の徴収」の一環として，不正受給等に係る徴収額に一定の割合（4割〜20割）を乗じて得た額（加算金）を徴収する旨の規定（生活保護78条1項，雇保10条の4第1項，介保22条1項など）が散見される。これも，不正利得の防止をはかるための制裁的金銭負担の仕組みといえよう。

(2)　課　徴　金

　「課徴金」自体は多義的な概念（最広義では，国が私人から徴収する金銭的負担で租税を除くものを指す）であるが，行政上の義務履行確保手段として機能しうる課徴金の例として，1977（昭和 52）年の独占禁止法改正で導入された同法 7 条の 2 に定める課徴金の制度がある（他に，金融商品取引法 172 条以下，公認会計士法 31 条の 2，不当景品類及び不当表示防止法 8 条など）。これは，事業者が不当な取引制限等（価格カルテルなど）を行った場合に当該商品・役務の売上げ（購入）額に一定割合を乗じて得られた額に相当する額の課徴金を国庫に納付することを命じるものである。この課徴金の性格については，従来，主として，刑事罰との二重処罰の禁止（一事不再理）原則の問題に関連して，「制裁」か「不当利得の剝奪・吸い上げ」かという視点からの議論が行われてきたところであるが，2005（平成 17）年の独占禁止法改正で，課徴金額（算定率）の引き上げや違反行為を繰り返す事業者への加算制度，違反行為を早期にやめた事業者への軽減制度（ Column 3-2 　参照）等が導入されたことにより「行政上の制裁」としての機能がよりいっそう強められたように見える。しかし，判例は従前より憲法 39 条に違反しないとしている（最判平成 10・10・13 判時 1662 号 83 頁〔百選 I-109〕〈社会保険庁入札談合事件〉，最判平成 17・9・13 民集 59 巻 7 号 1950 頁および同判決を引用する最判平成 24・2・20 民集 66 巻 2 号 796 頁）。違法行為抑止のための「行政上の措置」（最大判昭和 33・4・30 民集 12 巻 6 号 938 頁〔百選 I-108〕〈追徴税・罰金併科事件〉）という制度理解によるものといえよう。

(3)　放置違反金

　放置違反金は，違法駐車対策を強化し実効性のあるものにするため，2004 年の道路交通法改正（平成 16 年法律 90 号）によって導入された（2006〔平成 18〕年 6 月 1 日施行）ものである。放置された違法駐車車両が確認された場合に，運転者が出頭して反則金を納付しないときは，公訴の提起等があった場合を除き，車両を使用する権利をもつ「車両の使用者」に対して，都道府県公安委員会が，弁明の機会を与えた上で，放置違反金（その金額は，違法駐車した運転者が納付すべき反則金と同額であり，放置車両の態様・種類に応じ，6000 円〜2 万 7000 円となっている〔道路交通法施行令別表第 1〕）の納付を命ずる。これを納付しない

と，滞納処分による強制徴収の対象となるほか，車検を完了することができなくなる（道交 51 条の 4・51 条の 7）。実質的には，行政上の秩序罰としての過料に類似したものといえよう。

(4) 公　　表

　制裁としての公表も，義務履行確保手段としてあげられることが多い。ただし，指導・勧告などの行政指導に従わない場合の公表については，そもそも行政指導に従う「義務」はないから，「行政指導の実効性確保手段」とはいえても，直ちに本節でいう義務履行確保手段と位置づけることはできないであろう。これに対し，たとえば，違法建築物に対して是正の行政指導を行い，それに従わない場合に行われる公表は，違法建築物を建てない不作為義務への違反状態を前提とするものであれば，義務履行確保手段に該当することになろう（いずれにせよ，公表を意図的・制度的に制裁〔不利益措置〕として用いる場合には，法律・条例の根拠が必要である）。現行法には，勧告→勧告の不順守→公表→勧告不順守状態の継続→命令→罰則というシステムを採用する例もある（容器包装に係る分別収集及び再商品化の促進等に関する法律 20 条，資源の有効な利用の促進に関する法律 13 条，介護保険法 76 条の 2 など）が，この場合，「公表」制度を，命令によって課されることとなるはずの義務の履行を先取り的に確保するものとみなすこともできよう。なお，重大事故等防止のため必要な措置をとるべき旨の「勧告」（対事業者）→勧告に係る措置の不実施→当該措置の実施「命令」と当該命令をしたことの「公表」→命令違反に対する罰則というシステムを採用する例もある（消費者安全法 40 条・51 条）が，この場合の「公表」は制裁目的というより，消費者被害防止のための情報提供に主眼が置かれている。

> ◁ 判例 3-3 ▷ **最判昭和 56・7・16 民集 35 巻 5 号 930 頁〈豊中市給水保留事件〉**
> 【事実】大阪市のベッドタウンとして人口が急増し，違法建築物の激増に悩まされていた豊中市（Y）は，1966（昭和 41）年，市水道事業給水条例施行規程に「工事の申込にかかる建築物の確認通知書の提示」に関する規定を盛り込み，別に要綱を定めて，行政指導を行うこととした（なお，市が建築主事を置いて建築行政を所管するようになったのは 1968 年 4 月 1 日以降である）。X は，自己所有の共同住宅について増築を計画し，建築確認申請をしたが，違法建築物で

あったため確認を受けられず，是正の行政指導に従うことなく，建物を完成させた。そこで，1973 年 5 月，A を介して給水装置新設工事の申込をしたところ，同市の給水課長 B は，その受理を事実上拒否し，建築確認を受けてから申込をするよう勧告した。X は，当該共同住宅の既存装置に勝手に接続して給水を確保し，増築部分を第三者に賃貸していたが，翌年 12 月，B の後任者に指示されて提出した申込書が受理され，1975 年 12 月に給水装置新設工事の完成を見た。本件は，Y における 1 年半にも及ぶ水道法上の（給水）義務不履行と B らによる不法行為により損害を受けたとして，X が Y に対し，敷地の減価・増築部分の賃料等の減収および慰謝料等に係る損害賠償を請求した事案である。上告棄却。

【判旨】「Y の給水局水道課長が X の本件建物についての給水装置新設工事申込の受理を事実上拒絶し，申込書を返戻した措置は，右申込の受理を最終的に拒否する旨の意思表示をしたものではなく，X に対し，右建物につき存する建築基準法違反の状態を是正して建築確認を受けたうえ申込をするよう一応の勧告をしたものにすぎないと認められるところ，これに対し X は，その後 1 年半余を経過したのち改めて右工事の申込をして受理されるまでの間右工事申込に関してなんらの措置を講じないままこれを放置していたのであるから……未だ，Y の職員が X の給水装置工事申込の受理を違法に拒否したものとして，Y において……不法行為法上の損害賠償の責任を負うものとするには当たらない。」

【コメント】本件は，市の違法建築物防止対策の一環として，当該違法建築物において使用される上水道の給水を事実上行わなかった事例である（ただし，行政指導をしたまでで，最終的に拒否したものではないとの認定がなされた）。いわば，「給水の保留・拒否」が建築行政上の義務履行確保手段として用いられたと見ることができる。今日，このような「サービス提供の拒否」を，積極的に義務履行確保手段として位置づける見解もある。もっとも，上水道の給水拒否には水道法 15 条により「正当の理由」が必要とされ，それは水道法に固有の理由，すなわち，配水管未設置地区で給水が物理的に不可能であるとか，需要量が膨大であるため当該地方公共団体が中長期的な視点に立って策定・実施している適正・合理的な供給計画によっては対応できないといった，「水道事業者の正常な企業努力にもかかわらず給水契約の締結を拒まざるを得ない理由」（最判平成 11・1・21 民集 53 巻 1 号 13 頁〈志免町給水拒否事件〉）を指すとされているため，それを汎用性のある義務履行確保手段として用いることは不可能であると思われる。

第4節　即 時 強 制

1 概念と具体例

(1) 概　　念

　即時強制とは，相手方私人に義務を課す（したがって，当該私人に自ら義務を履行するチャンスを与える）ことなしに，いきなり（＝即時に）私人の身体・財産に直接実力を加えて，行政目的の実現をはかる作用である。私人の義務不履行を前提としてその義務の強制的実現をはかる（前節で扱った義務履行確保制度としての）直接強制と比較した場合，いずれも実力行為に当たる点で類似するが，即時強制においては，強制される行為自体の義務付けが先行するものではない点で，直接強制と異なる（即時強制にいう「即時」とは，元来，「相手方私人の履行義務を介在させない」ことを意味する）。

> **Column 3-6**　**違法駐車車両のレッカー移動**
>
> 　道路交通法51条3項は，違法駐車車両の運転者等がいないために車両の移動命令（同条1項）を行うことができない場合，警察官等は，交通の危険を防止等するのに必要な限度で，レッカー移動等必要な措置をとることができるとしている。この措置については，駐車違反を行わないという不作為義務への違反に対し当該不作為義務の履行確保をはかる直接強制ととらえる見解もあるが，強制措置としての移動行為それ自体を見ると，（1項による移動命令の場合と異なり）私人の移動義務を介在させることなしに「即時に」行われており，即時強制に当たるものと解することができる。このように，具体の強制行為が即時強制・強制執行行為（とくに直接強制）のいずれに当たるかが必ずしも明確とはいえない場合もある。

---

(2) 具　体　例

　①身体に対する具体例として，警察官職務執行法上の人の保護・避難等の措置（3条・4条），感染症の予防及び感染症の患者に対する医療に関する法律による強制健康診断・強制入院・交通遮断等（17条2項・19条3項・33条等），②物件（財産）に対する例として，消防法による消火・延焼防止のための土地物

件の使用・処分・使用の制限（29条），屋外広告物法に定める屋外広告物条例
違反の立看板等の撤去（7条4項），未成年者飲酒禁止法（2条）・未成年者喫煙
禁止法（2条）による酒類・たばこ等の没収，銃砲刀剣類所持等取締法に基づ
く銃砲等の一時保管（24条の2第2項），などがある。

　これらの例からもわかるように，即時強制は，相手方に義務を課して履行を
促す時間的余裕がない場合や，それが実際上無意味ないし困難な場合に行われ
る。

2 即時強制に対する法的統制

(1)　法律の根拠の必要性

　即時強制は，私人の身体・財産に強制を加える典型的な権力的実力行為であ
り，法律の根拠を要することはいうまでもない。

　なお，前節**1**(1)で触れたように，行政上の強制執行（行政上の義務履行確保）
手段については「法律」で定めることとされているため（代執1条，自治231条
の3第3項），地方公共団体の条例で創設することはできない。これに対し，即
時強制については条例でも導入可能であるから，少なくとも，この点からする
と，当該実力行為が行政上の強制執行行為（直接強制）に当たるのか即時強制
に該当するのかという問題は，無視できない意味をもつことになる。

(2)　内容面の統制

　即時強制は，典型的な強制措置であるから，相手方私人の自由と財産等を保
護する要請が強く働き，根拠法律・条例に定められた即時強制発動の要件につ
いて，その充足の有無に関する厳格な判断が求められるだけでなく，さらに，
比例原則・権限濫用禁止原則などの一般法原則（第1章第2節**4**参照）にも適合
するものでなければならない。

(3)　手続面の統制

　即時強制には，緊急性を要する場合が少なくないため，一般的にいえば，事
前に一定の手続保障を与えるのは容易ではなく，現行法上も即時強制に対する
手続面での統制は手薄といわざるをえない。しかし，相手方私人の人権保障の

観点から，行政目的の達成と矛盾しない範囲で，可能な手続保障を講じていくことを立法的にも考慮する必要があろう。

麻薬中毒者等に対する精神保健指定医による強制診察に際して相手方に意見を述べる機会を与えている例（麻薬及び向精神薬取締法58条の6第7項），感染症予防のための強制健康診断に先立って健康診断の勧告を行い，原則として，当該勧告・健康診断措置と同時にその理由等を書面で通知しなければならないこととしている例（感染症16条の3第5項・6項，17条，23条）もある。また，警察官職務執行法3条3項は，保護が24時間を超える場合，簡易裁判所裁判官の許可状を要するものとしている。

3 即時強制と直接強制

第3節で見たように，現行法上，行政上の強制執行手段としては（金銭納付義務に係る強制徴収を別にすると）「代執行中心主義」がとられており，直接強制を定める個別法もわずかにとどまっている。直接強制は，他の手段に比べて人権侵犯のおそれが高いというのが，その主たる理由である。

しかし，その一方で，即時強制を採用する立法例は少なくない。しかも，感染症法のように，その前身のひとつである性病予防法（昭和23年法律167号）では，健康診断の受診について，受診命令の介在の有無により直接強制型（受診命令違反）と即時強制型の両者を定めていたところが，上記のように，即時強制型に一本化された例もある（ただし，勧告制度が前置されることにより，機能的には，直接強制類似のものと見ることも可能となっている）。

また，入管法52条に基づく不法滞在外国人の強制送還（退去強制）は，通常，即時強制と解されているが，退去強制令書（行政行為）の執行行為であって，自費による退去も認められうる（同条4項）点に着目すると，直接強制とみなすこともあながち不可能ではない。そうすると，即時強制と直接強制には，一定の互換性・類似性が認められる場合がある，といえよう。

一定の行政目的を達成するうえで，立法技術的には，即時強制・直接強制のどちらでも採用可能な場合，相手方私人の意思の尊重，権利利益保護，適正な手続保障の可能性という点からは，いったん，相手方私人に義務履行のチャンスを与える直接強制型の方が，即時強制型より適切な面があることは否定でき

ない。直接強制の採用を安易に回避し，結果的にせよ，「即時強制への逃避」となるようなことは避けるべきであろう。

練習問題

1　最判昭和 63・3・31 判時 1276 号 39 頁は，「収税官吏が犯則嫌疑者に対し国税犯則取締法に基づく調査を行った場合に，課税庁が右調査により収集された資料を右の者に対する課税処分……を行うために利用することは許される」としている。犯則調査と税務調査の目的の違いに照らすと，この判示に問題はないか検討せよ。

2　次の自己情報開示請求（いわゆる本人開示）は，認められるか検討せよ。

　①行政機関情報公開法に基づいて行う，自らが A 刑務所に収容されていた際に刑務官から暴行を受けた事実が記載されている文書の開示請求。

　②個人情報保護法に基づいて行う，自らが B 刑務所に収容されていた際に受けた胃潰瘍の手術に関する医療情報の開示請求。

3　いわゆる O-157（腸管出血性大腸菌）に起因する学童らの集団食中毒が発生した際，厚生大臣（当時）は，疫学的調査等を踏まえ，「原因食材として，特定施設から特定日に出荷された貝割れ大根が最も可能性が高いと考えられる」との調査結果報告を一般に公表した。このような公表行為は，その方法・態様・前提条件次第では，情報提供・行政指導・制裁のいずれに当たるかが変わってきうる。どのような場合であれば，どの行為に当たるか考えよ。また，各行為を行う際に，とくにどのような点に配慮すべきか，論ぜよ。

4　次にあげる義務の履行は，行政代執行法に基づく代執行の対象となりうるか。理由を付して答えよ。

　①「飲食店に係る営業停止命令」に基づく義務の履行

　②課税処分に係る納税義務の履行

5　銃砲刀剣類所持等取締法 24 条の 2 第 2 項は，「警察官は，銃砲刀剣類等を携帯し，又は運搬している者が，異常な挙動その他周囲の事情から合理的に判断して他人の生命又は身体に危害を及ぼすおそれがあると認められる場合において，その危害を防止するため必要があるときは，これを提出させて一時保管することができる」と定めている。この一時保管権限を警察官が適切に行使しなかったことを理由に国家賠償責任を問う余地があるとすると，どのような場合が考えられるか。（参照判例：最判昭和 57・1・19 民集 36 巻 1 号 19 頁）

```
┌─────────────────────── 参 考 文 献 ───────────────────────┐
```

1　行政調査に関するもの

　　曽和俊文『行政調査の法的統制』（弘文堂，2019 年）

2　情報の管理・公開・保護制度に関するもの

　　宇賀克也『逐条解説　公文書等の管理に関する法律〔第 3 版〕』（第一法規，
　　　2015 年）

　　総務省行政管理局編『詳解情報公開法』（財務省印刷局，2001 年）

　　宇賀克也『新・情報公開法の逐条解説〔第 8 版〕』（有斐閣，2018 年）

　　総務省行政管理局監修『行政機関等個人情報保護法の解説〔増補版〕』（ぎょう
　　　せい，2005 年）

　　宇賀克也『新・個人情報保護法の逐条解説』（有斐閣，2021 年）

　　同『マイナンバー法の逐条解説』（有斐閣，2022 年）

　　水町雅子『逐条解説マイナンバー法』（商事法務，2017 年）

　　村上裕章『行政情報の法理論』（有斐閣，2018 年）

3　義務履行確保制度に関するもの

　　広岡　隆『行政代執行法〔新版〕』（有斐閣，1981 年）

　　公法研究 58 号（有斐閣，1996 年，碓井光明および畠山武道論文）

　　ジュリスト増刊『行政強制』（有斐閣，1977 年）

　　北村喜宣『行政法の実効性確保』（有斐閣，2008 年）

　　曽和俊文『行政法執行システムの法理論』（有斐閣，2011 年）

　　北村喜宣＝須藤陽子＝中原茂樹＝宇那木正寛『行政代執行の理論と実践』（ぎょ
　　　うせい，2015 年）

4　即時強制に関するもの

　　広岡　隆『行政強制と仮の救済』（有斐閣，1977 年）

　　須藤陽子『行政強制と行政調査』（法律文化社，2014 年）

第 **4** 章
行 政 争 訟

第1節　行政過程における争訟
第2節　行政訴訟

> 　本章で学ぶ行政争訟とは，行政活動によって不利益を受けた場合に，私人がその是正を求める手続をいう。行政機関に提起される行政過程における争訟（第1節）と，裁判所に提起される行政訴訟（第2節）がある。

　行政活動によって私人が何らかの不利益を受けた場合，救済手段としては，行政作用そのものの是正を求める方法と，不利益の金銭的な補塡を求める方法が考えられる。前者が本章で学ぶ行政争訟，後者が第5章で学ぶ国家補償である。両者をあわせて行政救済と呼ぶこともある。

　行政争訟は，判断主体が行政機関である場合（行政過程における争訟）と，裁判所である場合（行政訴訟）に分けられる。両者にはそれぞれ次のような長所・短所がある。

　行政過程における争訟は，判断主体が行政機関であり，手続も訴訟に比べると簡略であることから，公正な判断が必ずしも期待できず，手続保障も手薄である。しかし，裁判所より踏み込んだ審査が可能であり（違法だけでなく不当についても審査できる），費用・労力・時間が比較的かからない。

　行政訴訟は，判断主体が独立性を保障された裁判官であり，手続保障も手厚い。しかし，適法・違法の問題しか審査できず，訴訟の追行にかなりの費用・労力・時間を要する。

第1節　行政過程における争訟

本節では，行政過程における争訟の意義等を説明した後（**1**），審査請求の要件（**2**），審理（**3**），裁決（**4**），仮の権利保護（**5**）について説明を加える。

1 概　　説

(1)　行政過程における争訟の意義

行政過程における争訟とは，行政活動によって私人が何らかの不利益を受けた場合に，行政機関に対して提起される正式の争訟をいう。「正式の争訟」というのは，争訟が提起された場合，行政機関がこれに応答する法的な義務を負い，かつ，その結果に不服があるときは私人が訴訟を提起できることを意味する。

このような要件を充たさない場合を苦情処理という。苦情処理には，行政機関が窓口で事実上行っている非公式のものもあれば，総務省設置法（4条1項14号）に基づく「行政苦情あっせん」のように，かなりの程度制度化されたものもある。処理の結果に不服がある場合でも訴訟を提起できない点に限界はあるが，手続がいっそう簡易で，不服の対象や申立ての資格も限定されない点に固有の存在意義がある。

> **Column 4-1**　オンブズマン
>
> オンブズマンとは，一般に，独立の立場から公的機関の活動を監視し，苦情を処理する役職ないし制度をいう。もともと北欧諸国で発展した制度であり，その後世界各国に広がった。日本でもこれを導入する地方公共団体が増えているが，国レベルではなお設置されていない。苦情処理制度の一種ではあるが，判断主体に独立性が認められていることから，より実効的な救済が期待できる。オンブズマンには議会に設置されるもの（議会型）と，行政機関に設置されるもの（行政型）があるが，地方自治法が議会に付属機関を設置することを予定していないと解されていることから，日本では行政型が一般的である。

---

(2)　沿　　革

明治憲法（大日本帝国憲法）の下では，行政過程における争訟に関する一般法として，1890（明治23）年に訴願法が制定された。同法の特色としては，①行

政の公正な運営の確保が主たる目的であり，国民の権利保護は付随的な目的と考えられていたこと，②法令に列記された事項についてしか訴願を提起できなかったこと（列記主義），③審理手続が簡略であり，とくに当事者の手続保障の面で手薄だったこと，④訴願法は一般法とされていたが，後に個別法で特則が多数設けられ，争訟制度が複雑化したことなどを挙げることができる。

　日本国憲法の下でもしばらくの間訴願法が適用されていたが，1962（昭和37）年，行政事件訴訟法と前後して，行政不服審査法が制定された。同法の特色としては，①国民の権利利益の救済が主たる目的であって，行政の適正な運営の確保は二次的な目的とされていること（行審1条1項），②列挙された一定の例外事項（同7条）を除き，行政庁の処分および不作為については一般的に不服申立てを提起できること（概括主義，同2条・3条），③手続を詳細に規定し，教示制度を採用するなど，不服申立人の権利保護に手厚いこと，④不服申立てに関する一般法として位置づけられ（同1条2項），従来の特別法上の制度はかなり整理されたことなどを挙げることができる。もっとも，最後の点については，行政作用の特殊性を理由として同法の適用を排除したり，特則を定める法律も存在する。特殊な不服申立制度として行政審判があるが，これについてはすでに説明した（　Column 2-2　参照）。

　行政不服審査法の制定によって不服申立制度は大きく改善されたが，①制度がなお複雑であり，一般国民にとって必ずしも利用しやすいとはいえない，②審査にしばしばかなりの時間を要しており，迅速な解決という特色が生かされていない，③認容件数が少なく，公正さの点で問題がある等の指摘がされていた。さらに，1993（平成5）年の行政手続法制定，2004（平成16）年の行政事件訴訟法改正など，関連諸制度の改革が進み，行政不服審査法の欠陥が際立つことになった。そこで，2008（平成20）年に，同法を全面改正する法案が国会に提出されたが，審議未了のまま廃案となった。2014（平成26）年3月，同法案を修正した行政不服審査法改正案が国会に提出され，同年6月可決・成立した（以下，本節においては，とくに断らない限り，条文は同法のもの）。

　Column 4-2　**2014 年行政不服審査法改正**
　2014 年改正の概要は次の通り。①「公正性の向上」として，処分に関与しない職員に審理員として審理を行わせることとし（9条），裁決を行う前に第

三者機関への諮問を義務づけ（43条），審理手続における審査請求人の権利を強化した（31条5項など）。②「使いやすさの向上」として，審査請求期間を従来の60日から3カ月に延長し（18条1項），不服申立ての手続を審査請求に一元化し（2条など），標準審理期間の設定（16条）や争点・証拠の事前整理手続の導入（37条）などにより迅速な審理を確保した。

　なお，この改正に伴い，①行政不服審査法の特例等を定める法律の手続水準を向上させ，審査請求前置を廃止・縮小する改正（本章第2節**2**(6)参照），②処分等の求め（第2章第3節**5**(1)(3)参照）や行政指導の中止等の求め（第2章第5節**3**参照）に関する規定を設ける行政手続法の改正も行われた。

(3)　行政不服審査法の定める不服申立て

　現行法上，行政不服審査法に定める不服申立てが一般的な制度となっており，本節でも主としてこの制度について説明する。

　同法が定める不服申立てには，審査請求，再調査の請求，再審査請求の3種類がある。そのうち，審査請求が原則的な不服申立ての手段であり，再調査の請求と再審査請求は法律に規定がある場合にのみ提起できるものである。

　審査請求には，処分についての審査請求（2条）と，不作為についての審査請求（3条）がある。

　再調査の請求は，行政庁の処分につき処分庁以外の行政庁に対して審査請求をすることができる場合において，再調査の請求を認める法律の規定があるときに，処分庁に対して行う不服申立てである（5条1項）。2014年改正前の異議申立てに類似するが，再調査の請求と審査請求のいずれを行うかは，当事者の選択に委ねられている（同項参照）。

　再審査請求は，審査請求の裁決に不服がある場合において，再審査請求を認める法律の規定があるときに，当該裁決に対して行う不服申立てである（6条1項）。

　再調査の請求及び再審査請求については，審査請求に関する規定の多くが準用されているので（61条・66条），以下では主として審査請求について説明する。

　なお，一定の処分・不作為については，審査請求の規定は適用が除外されている（7条1項）。

　また，国の機関または地方公共団体その他の公共団体もしくはその機関に対する処分で，これらの機関等がその固有の資格において当該処分の相手方とな

るものおよびその不作為については，本法は適用されない（同条 2 項）。「固有の資格」とは，一般私人が立ちえないような立場を意味し，たとえば地方公共団体が国等から「関与」（自治 245 条）を受ける場合がこれに当たる。

　公有水面の埋立てをする場合，一般には都道府県知事の「免許」が必要であるが（公有水面埋立法 2 条 1 項），国による埋立てについては，国の機関が都道府県知事の「承認」を受けるべき旨が定められている（同 42 条 1 項）。この場合の国は「固有の資格」に立つわけではないから，知事による承認の取消しに対して審査請求を行うことができるとされる（最判令和 2・3・26 民集 74 巻 3 号 471 頁〔百選 II-130〕〈辺野古埋立承認撤回事件〉）。

2 審査請求の要件

　審査請求を適法に行うためには，一定の要件を満たす必要があり，これを欠く場合は請求が不適法却下される。以下では，①審査請求の対象，②審査請求の適格，③審査請求の利益，④審査請求をすべき行政庁，⑤審査請求の期間，⑥審査請求の形式について説明し，最後に⑦教示制度に触れる。

(1) 審査請求の対象

　処分についての審査請求は，行政庁の処分に不服がある場合に，その是正を求めるものである（2 条）。「処分」は「行政庁の処分その他公権力の行使に当たる行為」（1 条 2 項）と定義されており，行政事件訴訟法にいう「処分」と同義と解されるから，詳しくはそちらで検討する（本章第 2 節 **2**(1)参照）。処分には，「公権力の行使に当たる事実上の行為で，人の収容，物の留置その他その内容が継続的性質を有するもの」（旧行審 2 条 1 項，権力的事実行為）も含む（47 条・48 条参照）。精神保健及び精神障害者福祉に関する法律 29 条による措置入院がその例である。

　不作為についての審査請求は，行政庁が，法令に基づく申請に対し，相当の期間内に何らの処分もしないときに提起できるものである（3 条）。のちに説明する不作為の違法確認訴訟（本章第 2 節 **5**(2)）と同趣旨の制度であり，請求が認容され，不作為の違法が認められても，拒否処分がされれば改めて争わなければならない（本節 **4**(1)(b)参照）。

(2)　審査請求人の適格

　処分についての審査請求を誰が提起できるかについて，行政不服審査法は規定をおいていない。この点については，訴訟よりも広く適格を認めるべきであるとする見解もあるが，最高裁は取消訴訟の原告適格の要件である「法律上の利益を有する者」（行訴 9 条 1 項，本章第 2 節 **2** (2)参照）と同義に解している（最判昭和 53・3・14 民集 32 巻 2 号 211 頁〔百選 II -128〕 判例 4-1 〈主婦連ジュース訴訟〉）。2004（平成 16）年の行政事件訴訟法改正により原告適格の拡大が図られたことから（本章第 2 節 **2** (2)参照），審査請求人の適格もこれに連動することになる。

　不作為についての審査請求を提起できるのは，法令に基づいて当該不作為に係る処分を申請した者である（3 条）。

判例 4-1 **最判昭和 53・3・14 民集 32 巻 2 号 211 頁〈主婦連ジュース訴訟〉**

【事実】無果汁のジュースでも「合成着色料使用」と付記すれば「果汁飲料」と表示できる旨の公正競争規約を，公正取引委員会が不当景品類及び不当表示防止法により認定したのに対し，X ら（主婦連合会および同会会長）が同法 10 条 6 項に基づいて不服を申し立てたが，公正取引委員会は不服を申し立てる適格を欠くとしてこれを却下した。X らが却下裁決の取消訴訟を提起したが，第一審（東京高裁）は不服を申し立てる適格を否定して請求を棄却し，最高裁も同様に判断して上告を棄却した。

【判旨】「不当景品類及び不当表示防止法（以下「景表法」という。）10 条 1 項により公正取引委員会がした公正競争規約の認定に対する行政上の不服申立は，……行政上の不服申立の一種にほかならないのであるから，景表法の右条項にいう『第 1 項……の規定による公正取引委員会の処分について不服があるもの』とは，一般の行政処分についての不服申立の場合と同様に，**当該処分について不服申立をする法律上の利益がある者，すなわち，当該処分により自己の権利若しくは法律上保護された利益を侵害され又は必然的に侵害されるおそれのある者をいう**，と解すべきである。」

「ところで，右にいう**法律上保護された利益とは，行政法規が私人等権利主体の個人的利益を保護することを目的として行政権の行使に制約を課していることにより保障されている利益であつて，それは，行政法規が他の目的，特に公益の実現を目的として行政権の行使に制約を課している結果たまたま一定の者が受けることとなる反射的利益とは区別されるべきものである。**この点を公正競争規約の認定に対する不服申立についてみると，……景表法の目的とする

ところは公益の実現にあり，同法1条にいう一般消費者の利益の保護もそれが
直接的な目的であるか間接的な目的であるかは別として，公益保護の一環とし
てのそれであるというべきである。してみると，同法の規定にいう一般消費者
も国民を消費者としての側面からとらえたものというべきであり，景表法の規
定により一般消費者が受ける利益は，公正取引委員会による同法の適正な運用
によつて実現されるべき公益の保護を通じ国民一般が共通してもつにいたる抽
象的，平均的，一般的な利益，換言すれば，同法の規定の目的である公益の保
護の結果として生ずる反射的な利益ないし事実上の利益であつて，本来私人等
権利主体の個人的な利益を保護することを目的とする法規により保障される法
律上保護された利益とはいえないものである。」

【コメント】この判決は不服申立ての適格について判断を行ったものであるが，
最高裁は抗告訴訟の原告適格に関する先例としてもこれを引用している。

(3)　審査請求の利益

　審査請求を適法に行うためには，処分の取消し等によって現実に利益を受け
ることが必要である。取消訴訟における訴えの利益と同様の要件である（本章
第2節 2 (3)参照）。

(4)　審査請求をすべき行政庁

　審査請求をすべき行政庁は，原則として処分庁等（処分庁または不作為庁）の
最上級行政庁であるが，例外もある。すなわち，①処分庁等に上級行政庁がな
い場合または処分庁等が主任の大臣もしくは庁（外局である庁および宮内庁）の
長である場合は当該処分庁等，②庁の長が処分庁等の上級行政庁である場合は
当該庁の長，③主任の大臣が処分庁等の上級行政庁である場合（①②の場合を
除く）は当該主任の大臣，④それら以外の場合は処分庁等の最上級行政庁であ
る。ただし，法律（条例に基づく処分については条例）に特別の定めがある場合
はそれによる（4条）。

　個人情報保護条例に基づいて県立病院における診療情報の開示を請求したと
ころ，実施機関である病院事業管理者が何らの処分もしなかったため，県知事
に審査請求を行った事案がある。県知事は管理者に対して一定の場合に限って
必要な指示ができるにとどまり（地公企16条），一般的な指揮監督権をもたな

いことなどから，県知事は管理者の上級行政庁に当たらないとして，上記審査請求は不適法とされた（最判令和3・1・22判例自治472号11頁〔百選Ⅱ-131〕）。

(5) 審査請求の期間

処分についての審査請求ができるのは，処分があったことを知った日の翌日から起算して3カ月以内である（18条1項本文，主観的審査請求期間）。再調査の請求を行い，その決定に対して審査請求を行うときは，この期間が1カ月に短縮される（同項本文かっこ書）。ただし，正当な理由があれば別である（同項但書）。処分があったことを知らなかったときであっても，処分の日の翌日から起算して1年を経過すると，正当な理由がない限り，もはや審査請求を提起できなくなる（同条2項，客観的審査請求期間）。なお，審査請求書を郵便等で提出した場合，郵送に要した日数は算入されない（発信主義，同条3項）。

不作為についての審査請求には期間の制限はなく，不作為が継続する間いつまででも提起できる。

(6) 審査請求の形式

審査請求は，法律（条例に基づく処分については条例）に口頭ですることができる旨の定めがある場合を除き，書面を提出してしなければならない（19条1項）。この書面には，審査請求人の氏名等，所定の事項を記載しなければならない（同条2項・3項）。

(7) 教示制度

不服申立制度は複雑で，一般国民にとって必ずしもわかりやすいものではない。そこで，権利救済を徹底させる趣旨から，処分の段階で不服申立てに関する情報を提供する制度（教示制度）が設けられている。

まず，不服申立て（行政不服審査法以外の法令に基づくものも含む）をすることができる処分を書面で行う場合には，処分の相手方に対し，①当該処分について不服申立てをすることができる旨，②不服申立てをすべき行政庁，③不服申立てをすることができる期間を，書面で教示しなければならない（82条1項）。また，利害関係人から特定の処分について不服申立てができるか等の教示を求

められたときは，当該事項を（書面によることを求められたときは書面で）教示しなければならない（同条2項・3項）。

　教示を誤った場合については救済規定が設けられている。①必要な教示を怠った場合，相手方は処分庁に不服申立書を提出すれば足りる（83条1項）。処分庁が審査庁でないときは，処分庁が不服申立書を審査庁に送付しなければならず，この場合，最初から審査請求が審査庁に提起されたものとみなされる（同条3項・4項）。②審査請求をすべき行政庁として誤った行政庁が教示された場合は，当該行政庁に審査請求書を提出すればよい（22条）。③法定期間より長い期間を教示した場合は，審査請求期間を徒過しても「正当な理由」があったと解される（18条1項但書）。④審査請求ができないにもかかわらず，これができる旨を教示した場合，本来であれば直ちに訴訟を提起しなければ出訴期間が徒過してしまうので，裁決があったことを知った日などから出訴期間が起算される（行訴14条3項）。

3 審査請求の審理

（1）審理の対象

　審査請求が提起されると，当該請求が法の定める要件に適合しているか（要件審理），審査請求に理由があるか（本案審理）が審査される。本案審理においては，争われた処分が違法かどうかに加え，それが不当かどうかについても審査することができる（1条1項等参照）。「不当」というのは，法律に違反しているわけではないが，法の定める目的に合致しないことを意味する。たとえば，裁量（第2章第3節**7**）が認められる処分について，裁量権の逸脱・濫用がない場合であっても，不当として取り消すことが可能である。

（2）審理手続

　審査請求の審理手続には，①手続の進行が職権で行われ（職権進行主義），②原則として書面による（書面主義）といった特色がある。2014年改正により，手続の公正性を確保するため，審理員による審理と第三者機関への諮問の制度が設けられた。

　（a）審査請求の提起　　すでに述べたように，審査請求は，原則として，一

215

定の事項を記載した書面を提出して提起しなければならない（19条）。審査請求が不適法であっても，補正できるときは，審査庁は相当の期間を定めてこれを命じなければならない（23条）。

審査請求を受けた行政庁（審査庁）は，審査庁に所属する職員のうちから審理手続を行う者（審理員）を指名し，その旨を審査請求人および処分庁または不作為庁（処分庁等）に通知しなければならない（9条1項本文）。ただし，処分庁等が委員会など合議制の機関である場合や，審査請求書の不備を理由として却下する場合は，審理員の指名は必要ない（同項但書）。審理員については，審査請求人の関係者のほか，審査請求に係る処分等に関与した者等が除斥されている（同条2項）。

利害関係人は，審理員の許可を得て，参加人として審査請求手続に参加することができる（13条1項）。審理員の側でも，必要があると認めるときは，利害関係人に対し，参加人として審査請求手続に参加するよう求めることができる（同条2項）。

(b) **審理**　審理員は，審査庁から指名されたときは，直ちに，審査請求書の写し等を処分庁等に送付し，相当の期間を定めて，弁明書の提出を求める（29条1項・2項）。弁明書が提出されたときは，審理員はこれを審査請求人および参加人に送付しなければならず（同条5項），審査請求人はこれに対する反論書を，参加人は意見書を，それぞれ提出することができる（30条1項・2項）。

審理は原則として書面によるが，審査請求人または参加人の申立てがあったときは，審理員は，当該申立てをした者（申立人）に，口頭で審査請求に係る事件に関する意見を述べる機会を与えなければならない（31条1項本文）。この口頭意見陳述は，審理員が期日および場所を指定し，すべての審理関係人（審査請求人，参加人および処分庁等）を招集してさせるものとする（同条2項）。申立人は，審理員の許可を得て，補佐人とともに出頭することができ（同条3項），また，処分庁等に対して質問を発することができる（同条5項）。このように，改正前とは異なり，訴訟における口頭弁論に近いものとなっている。なお，審査請求の要件該当性についてもこの機会を与えなければならないかについては争いがあったが，2014年改正法が「審査請求に係る事件に関する意見」と定めていることから，これを肯定すべきである。

　審査請求人または参加人は証拠書類または証拠物を提出することができる（32条1項）。処分庁等も，当該処分の理由となる事実を証する書類その他の物件を提出することができる（同条2項）。審理員は，審査請求人もしくは参加人の申立てによりまたは職権で，書類その他の物件の所持者に対してその物件の提出を求め（33条），参考人の陳述や鑑定を求め（34条），検証（35条）や審理関係人への質問（36条）を行うことができる。なお，当事者が主張していない事実を審査庁がとりあげることができるか（職権探知主義）については明文規定がないが，一般に肯定されている（旧訴願法に関する判例ではあるが，最判昭和29・10・14民集8巻10号1858頁〔百選Ⅱ-132〕も同旨。最判令和元・7・16民集73巻3号211頁も参照）。

　審査請求人または参加人は，審理手続が終結するまでの間，提出書類等（処分庁が提出した聴聞調書等，審査請求人または参加人が提出した証拠書類等，処分庁等が提出した物件，審理員の求めに応じて提出された物件）の閲覧または写し等の交付を求めることができる（38条1項）。

　審理員は，必要な審理を終えたと認めるときは，審理手続を終結する（41条1項）。審理員は，遅滞なく，審査庁がすべき裁決に関する意見書（審理員意見書）を作成し（42条1項），これを事件記録とともに審査庁に提出しなければならない（同条2項）。

　(c)　**第三者機関への諮問**　　審査庁は，審理員意見書の提出を受けたときは，第三者機関に対して諮問しなければならない（43条1項）。諮問をすべき第三者機関は，審査庁が主任の大臣等である場合にあっては，総務省に設置される行政不服審査会，地方公共団体の長等である場合にあっては，当該地方公共団体が設置した機関（81条1項・2項）である（以下あわせて「不服審査会等」という）。ただし，他の法令等により審議会の議を経るものとされている場合，審査請求人から不服審査会等への諮問を希望しない旨の申出がされている場合（参加人から反対の申出がされている場合を除く），審査請求が不適法であり却下する場合，審査請求を全部認容する場合（反対の意見書が提出されている場合等を除く）などは，諮問を要しない（43条1項各号）。

　(d)　**裁　決**　　審査庁は，行政不服審査会等から諮問に対する答申を受けたとき（諮問を要しない場合にあっては，審理員意見書が提出されたとき，または審議会

等の議を経たとき）は，遅滞なく，裁決をしなければならない（44条）。審査請求人は，裁決があるまでは，審査請求を取り下げることができる（27条）。

　審査庁は，審理員の意見や不服審査会等の答申に法的に拘束されるわけではないが，裁決の主文が審理員意見書または行政不服審査会等の答申書と異なる内容である場合には，異なることとなった理由を裁決書において示さなければならないことから（50条1項4号かっこ書），その限りでこれらを尊重することが求められる。

4　裁　　決

(1)　裁決の種類

　審査請求および再審査請求に基づくものが「裁決」，再調査の請求に基づくものが「決定」と呼ばれる。判決と同様，裁決には，審査請求が不適法である場合になされる却下裁決，審査請求に理由がない場合になされる棄却裁決，理由がある場合になされる認容裁決がある。以下では審査請求に係る裁決について説明する。

　(a)　処分についての審査請求の場合　　処分についての審査請求が，法定の期間経過後にされたものである場合，その他不適法である場合には，審査庁は，裁決で，当該審査請求を却下する（45条1項）。

　審査請求に理由がない場合には，審査庁は，裁決で，当該審査請求を棄却する（同条2項）。審査請求に係る処分が違法または不当ではあるが，これを取り消すこと等が公共の福祉に適合しないと認める場合，審査庁は，裁決の主文で当該処分が違法または不当であることを宣言したうえで，当該審査請求を棄却することができる（事情裁決，同条3項）。取消訴訟における事情判決と同趣旨の制度であり，詳しくは後述する（本章第2節**4**(1)参照）。

　処分（事実上の行為を除く）についての審査請求に理由があるときは，審査庁は，裁決で，当該処分の全部もしくは一部を取り消し，またはこれを変更する（46条1項本文）。ただし，審査庁が処分庁の上級行政庁または処分庁のいずれでもないときは，当該処分を変更することができない（同項但書）。法令に基づく申請を却下し，または棄却する処分の全部または一部を取り消す場合において，当該申請に対して一定の処分をすべきものと認めるときは，処分庁の上級

行政庁である審査庁は，当該処分庁に対して当該処分をすべき旨を命じ（義務付け裁決），処分庁である審査庁は，当該処分をする（同条2項）。

　事実上の行為についての審査請求に理由があるときは，審査庁は，裁決で，当該事実上の行為が違法または不当である旨を宣言するとともに，処分庁以外の審査庁であれば，当該処分庁に対し当該事実上の行為の全部もしくは一部を撤廃し，またはこれを変更すべき旨を命じ（義務付け裁決），処分庁である審査庁は，当該事実上の行為の全部もしくは一部を撤廃し，またはこれを変更する（47条本文）。ただし，審査庁が処分庁の上級行政庁ではない場合には，当該事実上の行為を変更すべき旨を命じることができない（同条但書）。

　なお，審査庁が処分または事実上の行為を変更し，または変更を命じることができる場合であっても，審査請求人の不利益に変更してはならない（不利益変更の禁止，48条）。行政不服審査法が国民の権利利益の救済を主たる目的とすることによる制限である（本節 **1**(2)参照）。

　(b)　**不作為についての審査請求の場合**　　不作為についての審査請求が，当該不作為に係る処分についての申請から相当の期間が経過しないでされたものである場合，その他不適法である場合には，審査庁は，裁決で，当該審査請求を却下する（49条1項）。

　不作為についての審査請求に理由がない場合には，審査庁は，裁決で，当該審査請求を棄却する（同条2項）。

　不作為についての審査請求に理由がある場合には，審査庁は，裁決で，当該不作為が違法または不当である旨を宣言する（同条3項前段）。この場合において，審査庁が当該申請に対して一定の処分をすべきものと認めるときは，不作為庁の上級行政庁である審査庁は，当該不作為庁に対し，当該処分をすべき旨を命じ（義務付け裁決），不作為庁である審査庁は，当該処分をする（同項後段）。

(2)　裁決の効力

　裁決は関係行政庁を拘束する（52条1項）。これを「拘束力」という。明文では定められていないが，取消訴訟における取消判決の拘束力（本章第2節 **4**(2)参照）と同様，認容裁決にのみ認められると解される。裁決の拘束力により，関係行政庁は裁決の趣旨に沿って行動しなければならない義務を負う。たとえ

ば，申請に基づく処分が手続的な瑕疵を理由に取り消され，あるいは，申請拒否処分が取り消された場合，処分庁は裁決の趣旨にしたがって改めて申請に対する処分をしなければならない（同条2項）。

その他，裁決は行政行為の一種なので，公定力および不可争力（第2章第3節**2**(1)(2)参照）が認められる。また，争訟手続を経てなされることから，不可変更力（第2章第3節**2**(4)参照）をもつと解されている（旧訴願法に関する判例であるが，最判昭和29・1・21民集8巻1号102頁〔百選Ⅰ-67〕も同旨）。

5 仮の権利保護

(1)　概　　説

審査請求がなされても，裁決までにはある程度の時間を要するので，その間に審査請求人に取り返しのつかない損害が発生することもありうる。そこで必要となるのが仮の権利保護の制度である。

行政不服審査法は，処分についての審査請求に関し，審査請求がなされても原則として処分の執行は停止されず（25条1項），一定の場合に執行停止を命じる制度をとっている（執行不停止原則）。執行停止には，審査庁が必要と認めた場合に行うことができる裁量的執行停止と，一定の要件が充たされた場合にこれを行うことが義務づけられる義務的執行停止の2種類がある。後者は行政事件訴訟法に定める執行停止（本章第2節**6**(2)参照）に類似しているが，前者は審査請求特有の制度である。執行停止の申立てがあった場合，または審理員が執行停止をすべき旨の意見書（40条）を提出した場合は，審査庁は，速やかに，執行停止をするかどうかを決定しなければならない（25条7項）。

なお，行政事件訴訟法の定める仮の義務付け・差止め（行訴37条の5，本章第2節**6**(3)参照）に対応する制度や，不作為についての審査請求に関する仮の権利保護制度は存在しない。

(2)　裁量的執行停止

処分庁の上級行政庁または処分庁である審査庁は，必要があると認めるときは，審査請求人の申立てによりまたは職権で，処分の効力，処分の執行，手続の続行の全部または一部の停止その他の措置をすることができる（25条2項）。

「その他の措置」とは，たとえば原処分に代わる仮の処分を指す。これに対し，処分庁の上級行政庁または処分庁のいずれでもない審査庁の場合は，審査請求人の申立てと処分庁の意見聴取が必要であり，かつ，処分の効力，処分の執行，手続の続行の全部または一部の停止以外の措置をすることができない（同条3項）。

(3) 義務的執行停止

不服申立てを受けた行政庁は，①審査請求人による申立てがあり，②処分，処分の執行または手続の続行により生ずる重大な損害を避けるため緊急の必要があると認められるときは，執行停止をしなければならない（25条4項本文）。ただし，③公共の福祉に重大な影響を及ぼすおそれがあるとき，または，④本案について理由がないとみえるときは，この限りでない（同項但書）。

第2節　行 政 訴 訟

本節においては，まず，行政訴訟の意義・沿革・類型について概説したうえで（**1**），とくに重要な訴訟類型である取消訴訟をとりあげて，その訴訟要件（**2**），審理手続（**3**），判決（**4**）を検討し，続いてその他の行政訴訟を概観し（**5**），最後に仮の権利保護について説明を加える（**6**）。

1 概　　説

(1) 行政訴訟の意義

「行政訴訟」は実定法上の用語ではなく，広い意味では，行政訴訟とは，行政活動の是正等を求める正式の争訟手続で，裁判所に対して提起されるものをいう。これに対し，狭義の行政訴訟とは，そのうち，民事訴訟との対比において，特別の訴訟法（現行法上は行政事件訴訟法）が適用される訴訟をいう。実定法上は「行政事件訴訟」（行訴2条）という言葉が用いられている。本書でも後者の意味で用いる。たとえば，国家賠償法に基づく損害賠償請求訴訟は，広義では行政訴訟といえるが，民事訴訟として扱われていることから，狭義の行政訴訟には含まれない。

憲法によって「裁判を受ける権利」（憲32条）が保障されていることから，

行政活動によって不利益を被った場合，訴訟を提起できることは憲法によって保障されていると解される。さしあたり行政訴訟か民事訴訟かを問わない。また，訴訟による権利保護は包括的で実効的なものでなければならない。包括的な権利保護とは，あらゆる場合に訴訟による権利救済が可能であることを意味する。したがって，かつてのように出訴事項を法律で定める場合に限る列記主義はもはや許されず，概括主義が憲法上要請される。また，実効的な権利保護とは，権利救済が形式的に可能であるというだけではなく，現実に有効に機能するものでなければならないことを意味する。この点でとくに仮の権利保護が重要な意味をもつ。

(2)　沿　　革

(a)　近代行政訴訟制度の展開　　いわゆる欧米先進諸国においても，行政訴訟制度が確立したのはさほど古い時代ではない。しかも，大陸法諸国と英米法諸国ではかなりの相違がみられる。

　大陸法諸国（フランス・ドイツ等）においては，絶対君主制の時代，国等に対して訴訟を提起することはきわめて例外的にのみ認められていた。しかし，19世紀を通して，司法裁判所とは別系統の裁判所が行政事件を扱う行政裁判制度が発達し，民事訴訟と区別された意味での行政訴訟制度が成立した。それに伴い，公法と私法の二元論（第1章第1節**1**(3)(a)参照）も採用されることになった。

　これに対し，英米法諸国（イギリス・アメリカ等）においては，古くから受け継がれた「法の支配」の理念の下，国等も私人と同じく司法裁判所の管轄に服する制度が維持された。また，国等に対する訴訟も民事訴訟として取り扱われており，公法と私法の二元論も存在しない。

(b)　日本における行政訴訟制度の沿革　　日本においては，明治憲法の下で，基本的に大陸法系の行政訴訟制度が導入された。すなわち，1889（明治22）年に制定された明治憲法は，その61条において行政事件に関する司法裁判所の管轄を排除し，翌年に制定された行政裁判法によって行政裁判所が設置された。しかし当時の制度は同時代の大陸法諸国に比べてもきわめて不備が多いものだった。第一に，行政裁判所は東京に1つ置かれたのみであり，一審かつ終審であった。第二に，訴訟手続に不備が多く，裁判官（評定官）にも行政官出身者

が多かった。第三に，法律で定められた事項についてしか出訴できない制度（列記主義）がとられていた。1890（明治 23）年に制定された「行政庁ノ違法処分ニ関スル行政裁判ノ件」という法律が出訴事項を定めていたが，同法または他の特別法に規定がないときは，行政活動によって不利益を受けたとしても，国民はいわば切り捨て御免の状態におかれていた。行政訴訟制度改革の動きもあったが，第二次世界大戦の終結まで状況は変わらなかった。

　1947（昭和 22）年，日本国憲法が施行されたが，基本的人権の尊重を基本原理とする同憲法の下では，従来の制度を維持することはもはやできなかった。そこで，同年，行政裁判法が廃止され，行政事件についても司法裁判所の管轄とされるとともに，「日本国憲法の施行に伴う民事訴訟法の応急的措置に関する法律」が制定され，出訴期間の特則をおくほかは，民事訴訟法によって訴訟が処理されることになった。基本的に英米法系の制度が採用されたわけである。

　ところが，1948（昭和 23）年，平野事件（ Column 4-3 参照）を契機として全文 12 条の「行政事件訴訟特例法」が制定された。同法は，仮処分の禁止，執行停止制度，内閣総理大臣の異議などを規定しており，行政訴訟の特殊性強化の方向に一歩を踏み出すことになった。

　行政事件訴訟特例法は簡略な規定を設けるにとどまり，裁判上の取扱いが不統一となったため，1962（昭和 37）年，現行法である「行政事件訴訟法」が制定された。同法は行政事件訴訟に関する一般法であり（1条），単なる民事訴訟法の特例法ではないが，完結的なものではなく，同法に規定がない事項については民事訴訟の例による（7条）とされている。また，訴訟類型を明確化し，当事者の手続保障を整備するなど，従来に比べると格段の進歩がみられる。他方で，公法私法二元論を維持し，義務付け訴訟・差止訴訟等の明文化を回避し，内閣総理大臣の異議制度を残すなど，過去の残滓を引きずった面もあった。

　その後，同法の下で判例・学説が展開され，行政訴訟理論が精緻化することになった。しかし，判例が固定化する傾向がみられ，上記のような包括的で実効的な権利保護という憲法上の理念が実現されていないのではないか，という批判が高まった。そこで，2004（平成 16）年，司法制度改革の一環として，行政事件訴訟法の本格的な改正が行われた（ Column 4-4 参照。以下，本節においては，とくに断らない限り，条文は同法のもの）。

平野事件

1948（昭和23）年1月，元農相で当時衆議院議員だった平野力三は，戦時中の国粋主義的活動を理由に，公職追放該当者に指定する旨の処分を受けた。平野は同処分の無効確認を求める訴えを提起し，あわせて地位保全を求める仮処分を申請した。同年2月，東京地裁は同処分の効力発生を停止する仮処分を行った。連合国総司令部はこれに対して強硬に抗議し，東京地裁は仮処分を取り消した。

それまで総司令部は行政訴訟制度に対して消極的な態度を示していたが，この事件を契機として態度を転換した。これを受けて行政事件訴訟特例法が制定されたが，その主要な内容は現行法である行政事件訴訟法に受け継がれている。戦後の行政訴訟制度の展開に深い影響を残した事件といえる。

2004年行政事件訴訟法改正

2004年改正の概要は次の通り。①「救済範囲の拡大」として，取消訴訟の原告適格に関する解釈規定を新設し（行訴9条2項），義務付け訴訟および差止訴訟を法定し（3条6項・7項，37条の2～37条の4），「公法上の法律関係に関する確認の訴え」を例示した（4条）。②「審理の充実・促進」として，釈明処分の特則を新設した（23条の2）。③「行政訴訟をより利用しやすく，わかりやすくするためのしくみ」として，被告適格を行政主体へ変更し（11条），管轄裁判所を拡大し（12条），出訴期間を延長し（14条），処分に際しての教示制度を新設した（46条）。④「本案訴訟前における仮の救済の制度の整備」として，執行停止要件の緩和と解釈規定の新設を行い（25条），仮の義務付けおよび仮の差止めの制度を新たに設けた（37条の5）。

被告適格・管轄裁判所・出訴期間・教示制度など，この改正によって改善された点は多い。しかし，原告適格，義務付け訴訟，差止訴訟，公法上の確認訴訟，釈明処分の特則，仮の権利救済などについては，今後の解釈運用に委ねられた点が少なくない。また，行政訴訟の体系の見直し，内閣総理大臣の異議制度の廃止など，第二段階の改革に向けた検討も必要である。

(3) 行政訴訟の体系

行政事件訴訟法は，行政事件訴訟の類型として，抗告訴訟，公法上の当事者訴訟，民衆訴訟および機関訴訟の4つを列挙している（2条）。これらのうち，抗告訴訟および公法上の当事者訴訟は，一般の民事訴訟と同様，国民の権利利益の救済を目的とした訴訟であり，「主観訴訟」と呼ばれている。これに対し，

民衆訴訟および機関訴訟は，行政の適正な運営の確保を目的とした特殊な訴訟であり，「客観訴訟」と呼ばれている。主観訴訟が「法律上の争訟」（裁3条1項）に当たるのに対し，客観訴訟は必ずしもそうではないので，法律によってとくに規定された場合にしか提起できない（42条）。客観訴訟の具体的内容は個別法で定められることから，本書では以下で概観するにとどめ，「その他の行政訴訟」（本節 *5*）では扱わない。

Column 4-5　争点訴訟

　行政事件訴訟法は，「私法上の法律関係に関する訴訟において，処分若しくは裁決の存否又はその効力の有無が争われている場合」について，行政庁の訴訟参加等の規定を準用している（45条）。このような訴訟を争点訴訟という。これは民事訴訟の一種であって行政訴訟ではない。たとえば，ある土地について収用裁決（収用47条の2）を受けた場合に，同裁決の無効を前提として提起される当該土地の所有権確認訴訟がこれに当たる。

（a）　**抗告訴訟**　　抗告訴訟とは，行政庁の公権力の行使に関する不服の訴訟をいう（3条1項）。

　行政事件訴訟法は，抗告訴訟に属する訴えとして，次の6種類を挙げている。①処分の取消しを求める「処分の取消しの訴え」（同条2項）。②裁決の取消しを求める「裁決の取消しの訴え」（同条3項）（①とあわせて「取消訴訟」と呼ばれている〔9条1項参照〕）。③処分または裁決の無効等の確認を求める「無効等確認の訴え」（同条4項）。④法令に基づく申請に対し行政庁が処分または裁決を行わないことの違法の確認を求める「不作為の違法確認の訴え」（同条5項）。⑤行政庁が一定の処分または裁決をすべき旨を命ずることを求める「義務付けの訴え」（同条6項）。⑥行政庁が一定の処分または裁決をしてはならない旨を命ずることを求める「差止めの訴え」（同条7項）。

　行政事件訴訟法は，抗告訴訟の種類をこれら6種類に限定する趣旨ではないと解されており，法定されていない抗告訴訟のことを法定外抗告訴訟（無名抗告訴訟）という。2004年改正以前は，義務付け訴訟と差止訴訟が法定外抗告訴訟の代表例とされていた。改正によって両者が法定抗告訴訟となったため，法定外抗告訴訟を論じる意義はかなり小さくなっている。

（b）　**公法上の当事者訴訟**　　公法上の当事者訴訟について，行政事件訴訟法

は，2つの類型を規定している（4条）。

第一は，「公法上の法律関係に関する確認の訴えその他の公法上の法律関係に関する訴訟」（同条後段）であり，「実質的当事者訴訟」と呼ばれている。公法上の法律関係に関する訴訟のうち，行政庁の公権力の行使に関する不服の訴訟を除いたものを指す。公務員が給与の支払いを求める訴訟（給付訴訟），国籍の確認を求める訴訟（確認訴訟）がその例である（詳しくは，本節**5**(5)参照）。

第二の類型は，「当事者間の法律関係を確認し又は形成する処分又は裁決に関する訴訟で法令の規定によりその法律関係の当事者の一方を被告とするもの」である（同条前段）。これは，処分または裁決に関する訴訟であることから，本来は抗告訴訟に属するが，法令の規定によって，処分等を行った行政主体を被告とするのではなく，当該法律関係の主体間で訴訟を行わせることにしている場合を指す。一例を挙げると，収用委員会による土地の収用裁決については，本来同委員会の属する行政主体を被告として裁決の取消訴訟を提起すべきではあるが，裁決のうち補償金額に関する部分（補償裁決）に不服があるときは，収用を申し立てた起業者と土地の権利者との間で紛争を解決するのが妥当であることから，両者の間で訴訟を行うべきことが規定されている（収用133条3項）。このように，本来は抗告訴訟で争うべきであるにもかかわらず，当事者間の訴訟の形式をとるべきとされることから，「形式的当事者訴訟」と呼ばれている。

(c)　民衆訴訟　　民衆訴訟とは，「国又は公共団体の機関の法規に適合しない行為の是正を求める訴訟で，選挙人たる資格その他自己の法律上の利益にかかわらない資格で提起するもの」をいう（5条）。行政の適法性を確保するためには，本来法律上の利益をもたない一定の者に対して，違法な行政活動を争う資格を認めることが有益である。このような趣旨から設けられているのが民衆訴訟である。現行法上の例としては，選挙訴訟（公選203条・204条・207条・208条），住民訴訟（自治242条の2）などがある。

Column 4-6　住民訴訟

　民衆訴訟の中でとくに頻繁に提起されているのが住民訴訟である。これは，地方公共団体の住民が，当該地方公共団体の執行機関または職員について，違法な財務会計上の行為があると考える場合に，その是正を求めて提起する訴訟

をいう。

　是正を求めることができるのは，財務会計上の行為，すなわち，①「公金の支出，財産の取得，管理若しくは処分，契約の締結若しくは履行若しくは債務その他の義務の負担」（行為）と，②「公金の賦課若しくは徴収若しくは財産の管理を怠る事実」（怠る事実）である（自治 242 条 1 項）。もっとも，財務会計上の行為そのものではなく，その原因となった行為の違法が主張される場合もまれではなく（よく知られた例として，最大判昭和 52・7・13 民集 31 巻 4 号 533 頁〈津地鎮祭訴訟〉がある），いかなる範囲で原因行為の違法を主張できるかが争われている（最判平成 4・12・15 民集 46 巻 9 号 2753 頁〈一日校長事件〉参照）。

　住民訴訟を提起するためには，まず，監査委員に対して，住民監査請求（自治 242 条 1 項）を行わなければならない（同 242 条の 2 第 1 項）。住民監査請求を行うことができるのは，当該行為のあった日または終わった日から 1 年以内である（同 242 条 2 項）。怠る事実については期間の制限はない。監査の結果もしくは監査委員の勧告に対する執行機関または職員の措置に不服があるとき，監査委員が監査を所定の期間内に行わないとき，執行機関または職員が勧告に対して措置を講じないときは，住民訴訟を提起できる（同 242 条の 2 第 1 項）。事案に応じて出訴期間が設けられている（同条 2 項）。

　住民訴訟によって請求できるのは次の事項である（同 242 条の 2 第 1 項）。

①　「当該執行機関又は職員に対する当該行為の全部又は一部の差止めの請求」（1 号請求）

②　「行政処分たる当該行為の取消し又は無効確認の請求」（2 号請求）

③　「当該執行機関又は職員に対する当該怠る事実の違法確認の請求」（3 号請求）

④　「当該職員又は当該行為若しくは怠る事実に係る相手方に損害賠償又は不当利得返還の請求をすることを当該普通地方公共団体の執行機関又は職員に対して求める請求」（4 号請求）

　このうち 4 号請求については，2002（平成 14）年の地方自治法改正前は，住民が当該地方公共団体に代位し，責任を負うとされる職員個人または相手方（当該職員等）を直接被告として，これらの請求を行うこととされていた。このような制度については，職員個人の責任を追及することの是非はともかく，訴訟において被告とされることにより，職員が精神的・時間的・物的負担を被り，職務の遂行に支障が生じるとの批判があった。

　現在の 4 号請求は二段階となっている。第一段階として，住民は，地方公共団体の執行機関等を被告として，当該職員等に対して損害賠償請求等をすることを請求する住民訴訟を提起する（同 242 条の 2 第 1 項 4 号）。この訴訟で原告

勝訴の判決が確定したときは，地方公共団体の長は，判決確定の日から60日以内の日を期限として，当該職員等に対して請求に係る損害賠償請求等をしなければならない（同242条の3第1項）。上記期間内に支払いがなされないときは，第二段階として，地方公共団体は，当該職員等を被告として，当該損害賠償請求等を目的とする訴訟（民事訴訟）を提起しなければならない（同条2項）。

これによって，当該職員等は第一段階の訴訟で被告となることを免れることになるが，いずれにしても第二段階の訴訟で責任を追及されるため，実質的な変化はないと説明されている。しかし，煩瑣な二度手間になるのではないか，第二段階の訴訟には住民が関与できないから，地方公共団体と当該職員との間で曖昧な決着が図られるおそれがあるのではないか，といった批判もある。

損害賠償を求める住民訴訟が提起された場合，議会が損害賠償請求権を放棄する議決を行って，実質的に職員等を免責しようとすることがあり，2002年の地方自治法改正後に急増したといわれている。このような議決については，無効とする裁判例と有効とする裁判例が対立していた。最判平成24・4・20民集66巻6号2583頁〈神戸市議会事件〉は，住民訴訟の対象となる請求権を放棄する議決については，議会の裁量に基本的に委ねられているが，諸般の事情を考慮して，地方自治法の趣旨等に照らして不合理であり，裁量権の逸脱・濫用に当たるときは，議決は違法になるとした。議会の議決権を尊重して裁量権を認めつつ，住民訴訟の趣旨によってこれを制限するという考え方をとったものといえる。なお，2017（平成29）年の地方自治法改正により，普通地方公共団体の長等の損害賠償責任について，条例により一定範囲で免責できる旨規定された（243条の2）。

(d) 機関訴訟　機関訴訟とは，「国又は公共団体の機関相互間における権限の存否又はその行使に関する紛争についての訴訟」（6条）をいう。行政機関相互間の権限に関する争いは，行政組織内部で解決されるのが原則である。しかし，関係機関相互間に共通する上級機関がない場合や，争訟の性質上第三者たる裁判所に判断を仰いだ方が適切と考えられる場合に，例外的に訴訟の提起が認められている場合があり，これが機関訴訟である。現行法上は，地方公共団体の長と議会の間の訴訟（自治176条7項），国等の関与に対する地方公共団体の機関の訴訟（同251条の5・251条の6）などがある。最近の例として，沖縄県知事が公有水面埋立承認の職権取消し（本件処分）を行ったのに対し，国土交通大臣が本件処分の取消しを求める是正の指示をしたが，沖縄県知事がこれに従わなかったため，国土交通大臣が，地方自治法251条の7第1項に基づき，

本件処分を取り消さないことが違法であることの確認を求めた事件について，最高裁は，沖縄県知事が本件処分を取り消さないことは違法であると判断した（最判平成 28・12・20 民集 70 巻 9 号 2281 頁〔百選 I -84〕〈辺野古埋立承認取消事件〉）。

2 取消訴訟の訴訟要件

　取消訴訟を適法に提起するためには，一定の訴訟要件を充たさなければならない。訴訟要件には，訴状の形式など，民事訴訟と共通するものもあれば，取消訴訟に固有のものもある。ここでは，後者に当たるものとして，①処分性，②原告適格，③（狭義の）訴えの利益，④被告適格，⑤管轄裁判所，⑥審査請求前置，⑦出訴期間について検討を加える。最後に，訴訟を提起するうえで国民に便宜を与える制度として，教示制度にも言及する。

　なお，取消訴訟に関連する一定の請求（たとえば処分取消訴訟と当該処分に係る損害賠償請求）について，行政事件訴訟法はこれを「関連請求」と呼び，訴えの併合・変更・移送等に関する規定をおいている（13 条・16 条〜21 条）。最高裁は，同一敷地内における複数の建物に係る固定資産評価審査委員会の決定の取消請求について，各請求の基礎となる社会的事実は一体としてとらえられるべきものであって密接に関連しており，争点も同一であるとして，これらの請求が関連請求（13 条 6 号）に当たることを認めた（最決平成 17・3・29 民集 59 巻 2 号 477 頁〔百選 II -189〕）。

（1）　処分性（取消訴訟の対象）

　（a）　**処分性の意義**　　取消訴訟によって争うことができるのは，処分および裁決である（3 条 2 項・3 項）。このうち，裁決については，「不服申立て……に対する行政庁の裁決，決定その他の行為」（3 項）とされており，比較的明確である（本章第 1 節 **4** (1)参照）。これに対し，処分については，「行政庁の処分その他公権力の行使に当たる行為」（2 項）とされているのみであり，その内容は明らかではない。

　判例によれば，「行政庁の処分とは……行政庁の法令に基づく行為のすべてを意味するものではなく，公権力の主体たる国または公共団体が行う行為のうち，その行為によつて，直接国民の権利義務を形成しまたはその範囲を確定す

ることが法律上認められているものをいう」(最判昭和39・10・29民集18巻8号
1809頁〔百選Ⅱ-143〕〈大田区ゴミ焼却場設置事件〉)とされている。

これを分析すると,①当該行為が公権力の行使に当たること(公権力性),②
法的効果を有すること(法的効果),③その効果が国民の権利・義務に関わるこ
と(外部性),最後に,上記の判旨からは明らかではないが,④権利救済のため
に当該行為を争わせる必要があること(成熟性)が要件とされていると解され
る。

処分性の要件については,これをできるだけ緩和し,取消訴訟による救済を
広く認めるべきとする見解がある(処分性拡大論)。これに対しては,処分性を
認めると,公定力や不可争力(第2章第3節**2**(1)(2)参照)が生じる可能性があり,
必ずしも国民の利益とはならないから,ほかの訴訟(公法上の当事者訴訟や民事
訴訟)による方がよいとする見解もある(訴訟類型多様化論)。この点はケー
ス・バイ・ケースで判断すべきと思われる。

(b)　**公権力性**　　取消訴訟によって争うことができるのは,「公権力の行使
に当たる行為」(3条2項)である。この点で,講学上の行政行為(第2章第3節
1参照)が公権力の行使に当たること,他方で,私法上の法律行為(契約等)
がこれに当たらないことは争いがない。たとえば,普通財産の売払いについて
は,私法上の売買と解すべきであるとして,処分性が否定されている(最判昭
和35・7・12民集14巻9号1744頁)。

もっとも,実質的には契約関係に当たる場合であっても,法令によって処分
の形式がとられている場合がある。たとえば,弁済のための供託(民494条以
下)は寄託契約と考えられるが,最高裁は,供託物取戻請求の却下について不
服申立ての規定が設けられていること等を理由に,却下行為に処分性を認めて
いる(最大判昭和45・7・15民集24巻7号771頁〔百選Ⅱ-142〕)。また,補助金の
交付は通常贈与契約と考えられるが,「補助金等に係る予算の執行の適正化に
関する法律」が適用される場合は,支給決定は処分としての性質を有すると解
されている(東京高判昭和55・7・28行集31巻7号1558頁〈摂津訴訟〉)。そのほか,
最高裁は,法令に明確な根拠がなく,通達に基づいて支給されている労災就学
援護費の不支給決定について,制度の仕組みにかんがみて処分性を認めている
(最判平成15・9・4判時1841号89頁〔百選Ⅱ-152〕〈労災就学援護費不支給事件〉)。

なお，登録免許税の還付の拒否通知については，簡易迅速に還付を受けること
ができる手続上の地位を否定する法的効果を有するとして，処分性を認めてい
るが，すでにみたように（ Column 2-1 参照），別に還付金請求訴訟も提起で
きるとしている（最判平成 17・4・14 民集 59 巻 3 号 491 頁〔百選Ⅱ-155〕〈登録免許
税還付通知拒否事件〉）。

　公共施設の設置管理行為については，原則として公権力の行使に当たらない
とされている。最高裁は，東京都がゴミ焼却場を設置しようとしたのに対し，
近隣住民がそのための一連の行為の無効確認を求める訴訟を提起した大田区ゴ
ミ焼却場設置事件において，先に引用した処分性に関する一般論を示した上で，
ゴミ焼却場の設置は，用地の買収，都内部における設置計画の作成，議会によ
る同計画の承認等の一連の行為からなるが，いずれも公権力の行使には当たら
ないとして，処分性を否定した（前掲最判昭和 39・10・29）。ここには，設置管
理行為を分解して考察し，そこに公権力の行使に当たる行為が含まれるかどう
かを個別に検討する考え方がみられる。こうした事案については，民事訴訟
（人格権に基づく差止訴訟等）によって争うことが可能であり，あえて処分性を認
める必要はない。しかし，国営空港等に関する判例には，これとは異なった考
え方がみられる（ Column 4-7 参照）。

 Column 4-7 **国営空港等の設置管理行為と民事差止訴訟の可否**

　本文で述べたように，公共施設の設置管理行為は公権力の行使に当たらず，
したがって民事訴訟によって争うことができると一般に解されている。ところ
が，大阪国際空港（伊丹空港）の周辺住民が，空港に離着陸する航空機の騒音
等によって被害を受けたとして，空港管理者である国を被告として民事訴訟に
よって夜間の使用差止め等を求めた大阪空港訴訟において，最高裁は，国営空
港については空港管理権と航空行政権が不可分一体的に行使されており，使用
差止めは不可避的に航空行政権の行使に関わるので，行政訴訟による救済が可
能であるかはともかく，民事訴訟によって差止めを求めることは許されないと
判断した（最大判昭和 56・12・16 民集 35 巻 10 号 1369 頁〔百選Ⅱ-144〕〈大阪空
港訴訟〉。同判決の国家賠償法に関する判示については，第 5 章第 2 節**3**を参照）。

　　この判決は従来の判例とは異なる包括的な考察方法をとっており，学説から
は，公権力概念の不当な拡張ではないか，空港の設置管理行為を包括的に争う
ことができるかは不明確であり（東京地判平成 4・3・18 行集 43 巻 3 号 418 頁

〈羽田空港訴訟〉は，国営空港の使用差止めを求める無名抗告訴訟について，対象が特定されていないとの理由で，訴えを不適法却下した），民事差止訴訟がもっとも適切な救済手段ではないか，という強い批判がある。しかし，最高裁はこの判例を維持しており（最判平成 6・1・20 判時 1502 号 98 頁〈福岡空港訴訟〉），自衛隊機の運航差止めを求める民事訴訟についても，防衛庁長官（当時）の権限行使が付近住民に騒音の受忍を義務づけているという理由で，不適法と判断している（最判平成 5・2・25 民集 47 巻 2 号 643 頁〈厚木基地第 1 次訴訟〉）。最高裁は，自衛隊機の運航差止めについては，行政訴訟（抗告訴訟）としての差止訴訟（本節 **5**(4)）で争えるとしている（最判平成 28・12・8 民集 70 巻 8 号 1833 頁〔百選Ⅱ-145〕〈厚木基地第 4 次訴訟（行政訴訟）〉）。他方で，国道等の使用差止めを求める民事訴訟については，訴えの適法性を前提として請求棄却の判断がなされている（最判平成 7・7・7 民集 49 巻 7 号 2599 頁〈国道 43 号線訴訟〉。なお◀ **判例 5-6** ▶参照）。

(c)　**法的効果**　　行政の行為が法的効果を及ぼさない場合，処分性は認められない。したがって，いわゆる事実行為には原則として処分性が否定される。たとえば，健康保険法に基づく指定医に対し，診療報酬を不正に請求したとして，県知事が戒告を行ったので，その取消訴訟が提起された事案について，最高裁は，戒告そのものは何らの法的効果を生ずるものではなく，たとえそれによって原告の名誉が侵害されるとしても，処分性を認めることはできないとした（最判昭和 38・6・4 民集 17 巻 5 号 670 頁）。ただし，事実行為にも処分性が認められる場合がある。

　第一に，公権力の行使に当たる事実行為（権力的事実行為）で継続的性質を有するものには処分性が認められる。2014 年改正前の行政不服審査法は，このような行為が不服申立ての対象となる処分に含まれる旨を明文で規定していた（旧行審 2 条 1 項，本章第 1 節 **2**(1)参照）。行政事件訴訟法では必ずしも明らかではないが，「その他公権力の行使に当たる行為」（3 条 2 項）には権力的事実行為も含まれると一般に解されている。これに対しては，法的効果を持たない事実行為には「取消し」はありえないとして，批判的な学説も存在する。

　第二に，厳密な意味での法的効果は認められないが，係争行為を取り巻く行政過程の特殊性に鑑みて，救済の必要があると考えられる場合に，当該行為に処分性が認められた例がある。比較的早い時期の判例としては，原告が映画フ

ィルム等を郵便で輸入しようとしたところ，旧関税定率法に定める輸入禁制品に当たる旨の通知がされたので，当該通知の取消訴訟を提起した事案について，最高裁は，輸入禁制品に当たる旨の通知は，通関手続の実際において，実質的な拒否処分（不許可処分）として機能しているとして，処分性を肯定した（最大判昭和 59・12・12 民集 38 巻 12 号 1308 頁〔百選Ⅱ-153〕〈札幌税関検査事件〉）。最近では，食品衛生法違反の通知（最判平成 16・4・26 民集 58 巻 4 号 989 頁〈冷凍スモークマグロ食品衛生法違反通知事件〉），医療法に基づく病院開設中止勧告（最判平成 17・7・15 民集 59 巻 6 号 1661 頁〔百選Ⅱ-154〕 ◀ **判例 4-2** ▶ 〈病院開設中止勧告事件〉）などにも処分性が認められており，処分性を広く解する傾向を看て取ることができる。

　なお，私人の申請を行政庁が拒否した場合（申請拒否処分），これを取消訴訟で争うことができるかという問題がある。この点については，「法令に基づく申請」（3 条 5 項・6 項 2 号，行手 2 条 3 号）に当たる場合は，私人に申請権が保障され（行政庁には応答義務が課せられ）ており（第 2 章第 3 節 **5** (2)参照），拒否決定は申請権を侵害する法的効果をもつから，処分性が認められる（37 条の 3 第 3 項 2 号参照）。これに対し，「法令に基づく申請」に当たらない場合は，拒否決定は単なる事実行為であって，処分性は認められない（最判昭和 47・11・16 民集 26 巻 9 号 1573 頁〔百選Ⅰ-119〕参照）。

　開発行為の許可（都計 29 条）を申請しようとする者は，あらかじめ，開発行為に関係がある公共施設の管理者の同意を得なければならないとされているが（同 32 条），当該同意の拒否の取消し等が求められた事件について，最高裁は，同意拒否それ自体は開発行為を禁止または制限する効果をもつとはいえず，権利ないし法的地位を侵害するわけではないとして，当該拒否の処分性を否定した（最判平成 7・3・23 民集 49 巻 3 号 1006 頁〔百選Ⅱ-151〕〈盛岡市公共施設管理者同意拒否事件〉）。同意拒否によって権利利益が侵害されるわけではないとする点には疑問があるが，都市計画法が同意を処分とみているかは確かに不明確であり，むしろ公法上の当事者訴訟または民事訴訟（同意の意思表示を求める給付訴訟）によって争うのが妥当ではないかと思われる。

◁ 判例 4-2 ▷ 最判平成 17・7・15 民集 59 巻 6 号 1661 頁〔百選Ⅱ-154〕

〈病院開設中止勧告事件〉

【事実】 X は，医療法（平成 9 年改正前のもの）7 条 1 項に基づき，Y（富山県知事）に対し，病院開設の許可を申請した。Y は，同法 30 条の 7 に基づき，当該医療圏における病院の病床数が地域医療計画に定める必要病床数に達しているとの理由で，申請に係る病院の開設を中止するよう勧告した（以下「本件勧告」という）上で，病院の開設を許可した。そこで，X は本件勧告の取消訴訟等を提起した。第一審および控訴審は，本件勧告は抗告訴訟の対象となる処分に当たらないとして，訴えを却下した。最高裁は本件勧告の処分性を肯定し，原判決を破棄して，事件を第一審に差し戻した。

【判旨】「医療法は，病院を開設しようとするときは，開設地の都道府県知事の許可を受けなければならない旨を定めているところ（7 条 1 項），都道府県知事は，一定の要件に適合する限り，病院開設の許可を与えなければならないが（同条 3 項），医療計画の達成の推進のために特に必要がある場合には，都道府県医療審議会の意見を聴いて，病院開設申請者等に対し，病院の開設，病床数の増加等に関し勧告することができる（30 条の 7）。そして，医療法上は，上記の勧告に従わない場合にも，そのことを理由に病院開設の不許可等の不利益処分がされることはない。

　他方，健康保険法……43 条ノ 3 第 2 項は，都道府県知事は，保険医療機関等の指定の申請があった場合に，一定の事由があるときは，その指定を拒むことができると規定しているが，この拒否事由の定めの中には，『保険医療機関等トシテ著シク不適当ト認ムルモノナルトキ』との定めがあり，昭和 62 年保険局長通知において，『医療法第 30 条の 7 の規定に基づき，都道府県知事が医療計画達成の推進のため特に必要があるものとして勧告を行ったにもかかわらず，病院開設が行われ，当該病院から保険医療機関の指定申請があった場合にあっては，健康保険法 43 条ノ 3 第 2 項に規定する「著シク不適当ト認ムルモノナルトキ」に該当するものとして，地方社会保険医療協議会に対し，指定拒否の諮問を行うこと』とされていた」。

　「上記の医療法及び健康保険法の規定の内容やその運用の実情に照らすと，医療法 30 条の 7 の規定に基づく**病院開設中止の勧告は，医療法上は当該勧告を受けた者が任意にこれに従うことを期待してされる行政指導**として定められているけれども，当該勧告を受けた者に対し，これに従わない場合には，相当程度の確実さをもって，病院を開設しても保険医療機関の指定を受けることができなくなるという結果をもたらすものということができる。そして，いわゆる国民皆保険制度が採用されている我が国においては，健康保険，国民健康保

険等を利用しないで病院で受診する者はほとんどなく，保険医療機関の指定を受けずに診療行為を行う病院がほとんど存在しないことは公知の事実であるから，保険医療機関の指定を受けることができない場合には，実際上病院の開設自体を断念せざるを得ないことになる。このような医療法30条の7の規定に基づく病院開設中止の勧告の保険医療機関の指定に及ぼす効果及び病院経営における保険医療機関の指定の持つ意義を併せ考えると，この勧告は，行政事件訴訟法3条2項にいう「行政庁の処分その他公権力の行使に当たる行為」に当たると解するのが相当である。後に保険医療機関の指定拒否処分の効力を抗告訴訟によって争うことができるとしても，そのことは上記の結論を左右するものではない。」

【コメント】健康保険法は1998（平成10）年に改正され，上記通知の内容が法律に取り込まれたが（43条の3第4項2号〔現65条4項2号〕），改正法に基づく病床数削減の勧告についても，最高裁は処分性を肯定している（最判平成17・10・25判時1920号32頁）。同判決に付された藤田宙靖裁判官の補足意見は，従来の判例がとってきた処分性の考え方（「従来の公式」）は，〈法律→行政行為→強制執行〉という比較的単純な行政活動のモデルを想定しているところ，現代行政は様々な行為形式を組み合わせたシステム（仕組み）を用いて行われることから，「従来の公式」には限界があることを指摘している。 判例 4-2 は，勧告が医療法上は行政指導として定められているとしつつ，健康保険法に基づく保険医療機関の指定との関係で処分性を肯定しているが，法的効果があるとの理由で処分性を肯定したのか，法的効果がないにもかかわらず，救済の必要上処分性を肯定したのか，必ずしも明らかではない。もし後者であれば，「従来の公式」の例外が認められたことになる。

(d)　**外部性**　　処分性が認められるためには，争われた行為が国民に対して法的効果を及ぼすものでなければならない。逆にいえば，その行為の効果が行政内部にとどまる場合には，処分性が否定されることになる。

　外部性が否定される典型例として訓令や通達がある。たとえば，墓地埋葬法（墓地，埋葬等に関する法律）は，墓地の管理者が埋葬の求めを受けたときは，「正当の理由」がなければこれを拒んではならないと定め（墓地13条），違反に対しては罰則を設けている（同21条1号）。厚生省環境衛生部長（当時）が，異教徒であることのみを理由にして埋葬を拒否することは「正当の理由」に当たらない，とする通達を発したため，墓地を管理する寺院がその取消しを求めて争った事案について，最高裁は，通達は行政内部における命令にすぎず，一般

国民がこれに拘束されるわけではないから，処分性は認められないとした（最判昭和 43・12・24 民集 22 巻 13 号 3147 頁〔百選 I -52〕〈墓地埋葬通達事件〉）。

　同様に，外部性を欠くとして処分性が否定された例として，建築許可に対する消防長の同意（最判昭和 34・1・29 民集 13 巻 1 号 32 頁〔百選 I -16〕），日本鉄道建設公団（現在は独立行政法人鉄道建設・運輸施設整備支援機構）に対する新幹線工事実施計画の認可（最判昭和 53・12・8 民集 32 巻 9 号 1617 頁〔百選 I -2〕〈成田新幹線事件〉）などがある。

　これに対し，下級審においては，通達等に処分性を認めた例もある。たとえば，計量法（当時）が計量の単位を定め，それ以外の計量単位の使用およびこれを用いた計量器の販売を禁止し，違反に対し罰則を設けていたところ，通商産業省重工業局長（当時）が原告の製造する函数尺が計量法によって禁止された計量器に当たる旨の通達を発したため，原告がその取消し等を求めて出訴した事案について，東京地裁は，通達は原則として行政内部の命令にすぎないが，それが国民の権利・義務に密接な関連を有し，かつ，これを争わせるのでなければ権利救済を達成しえないような例外的な場合には，その取消しを求めることができるとしたうえで，本件はこの例外に当たるとして，処分性を肯定した（東京地判昭和 46・11・8 行集 22 巻 11 = 12 号 1785 頁〈函数尺事件〉）。この事案においては，法律は違法な計量器の製造については罰則を設けていなかったため，原告として他に争う方法がなかったという事情があった。法的効果に関する柔軟な判例（(c)参照）からすれば，このような取扱いにも相応の理由があるように思われる。他方で，公法上の当事者訴訟（確認訴訟）など，他の訴訟類型を活用することも考えられる（本節 **5** (5)参照）。

　(e)　**成熟性**　　国民に対して法的効果をもたらす公権力の行使に当たる行為であっても，紛争の成熟性を欠く（のちの処分を争えば足りる）として，処分性が否定される場合がある。

　①**一般的・抽象的行為**　　その典型例は，法令や多数人に向けられた一般的な内容の行為である。のちに具体的な処分が行われるのが通例なので，そちらを争うべきであるとして，処分性が否定される。

　県知事が特定の地域を工業地域に指定すること等を内容とする都市計画決定を行ったのに対し，当該地域で病院を経営する原告らが当該決定の無効確認な

いし取消しを求めて出訴した事案（工業地域に指定されると病院の新設や増築が制限される）について，最高裁は，当該決定により土地の所有者が新たな制約を課せられることになることは否定できないとしても，それはあたかも新たな法令が制定された場合と同様であり，また，土地の所有権者はその制約を実現する行政庁の具体的処分（建築確認の拒否処分など）をとらえて争うことができるから，処分性は認められないとした（最判昭和57・4・22民集36巻4号705頁〔百選Ⅱ-148〕〈盛岡用途地域指定事件〉）。

これに対しては，たとえ後続の具体的な処分を争うことが可能であるとしても，紛争のもととなった決定を争わせる方が妥当ではないか，また，本件に関していえば，原告が自らの病院の増築についての建築確認の拒否を争い，用途地域の指定が違法であるとして拒否処分が取り消されたとしても，増築が可能となるだけであって，付近の環境悪化を阻止することはできないのではないか，といった疑問がある。

もっとも，行為の形式が一般的抽象的なものであるとしても，それが直接かつ具体的に国民の権利・義務を変動させる場合には，処分性が認められる余地もある。下級審の裁判例ではあるが，厚生大臣による医療費の職権告示決定に対して，健康保険組合等が取消訴訟を提起し，同時に執行停止を申し立てた事案について，東京地裁は，行政庁の行為が立法行為の性質を有する場合であっても，その行為が行政庁の他の処分を待つことなく直接に国民の権利・義務の変動を引き起こす場合は，処分性を認めることができるとし，本件告示はこのような性質を有するとして，執行停止の申立てを一部認容した（東京地決昭和40・4・22行集16巻4号708頁 判例 4-8 〈健康保険医療費値上げ事件〉）。

最高裁も，小学校を廃止する条例（最判平成14・4・25判例自治229号52頁〈千代田区小学校廃止条例事件〉）や水道料金を値上げする条例（最判平成18・7・14民集60巻6号2369頁〔百選Ⅱ-150〕〈旧高根町簡易水道条例事件〉）の制定行為については処分性を否定したが，保育所を廃止する条例の制定行為については処分性を認めている（最判平成21・11・26民集63巻9号2124頁〔百選Ⅱ-197〕判例 4-3 〈横浜市保育所廃止条例事件〉）。

なお，県知事が県内の幅員4m未満1.8m以上の道を建築基準法上のみなし道路（二項道路，建基42条2項）として一括指定する告示（本件告示）を行って

いたところ，原告が自己の所有地を含む通路部分（本件通路部分）は指定され
た二項道路に当たらないと主張して，本件通路部分について指定が存在しない
ことの確認を求めて出訴した事案について，最高裁は，本件告示によって二項
道路指定の効果が生じ，それによって敷地部分の所有者が私権の制限を受ける
ことから，個人の権利・義務に対して直接影響を与えるものであって，本件告
示に処分性が認められるとした（最判平成14・1・17民集56巻1号1頁〔百選II-
149〕〈御所町二項道路指定事件〉）。本件に関しては，二項道路の指定は本来個別
的になされるべきものとされており，一括指定が許されるかについて疑義があ
ったものの，個別指定に処分性が認められることには争いがなかったという事
情がある。他方で，このような事案については，公法上の確認訴訟（当事者訴
訟）によって本件通路に指定の効果が及ばないことの確認を求める方法も考え
られる。この場合，原告は指定それ自体を争っているわけではなく，その対象
の確認を求めているにすぎないから，「公権力の行使に関する不服の訴訟」に
当たらないと解することが可能であろう。

◁ **判例 4-3** ▷ 最判平成21・11・26民集63巻9号2124頁〔百選II-197〕
〈横浜市保育所廃止条例事件〉

【事実】 横浜市は，その設置する保育所のうち4つを廃止し，同じ建物等を利
用して引き続き社会福祉法人により運営させることとし，当該保育所を廃止す
る旨の条例を制定，施行した。そこで，廃止された保育所で保育を受けていた
児童およびその保護者であるXらが，本件条例の制定行為の取消しおよび国
家賠償を求める訴えを提起した。第一審は，本件条例の制定行為に処分性を認
め，民営化の実施時期について裁量権を逸脱・濫用した違法があるとしたが，
各保育所の廃止から2年あまりが経過していることを理由に事情判決を行い，
国家賠償請求を一部容認した。控訴審は，本件条例の制定行為は処分に当たら
ないとして，取消請求に係る訴えを却下し，本件条例制定行為に違法はないと
して，国家賠償請求も棄却した。最高裁は，取消請求に係る上告のみを受理し，
後掲判旨の通り条例の制定行為に処分性を認めたが，Xらに係る保育の実施期
間がすでに満了しており，訴えの利益が失われたとして，上告を棄却した。
【判旨】「市町村は，保護者の労働又は疾病等の事由により，児童の保育に欠け
るところがある場合において，その児童の保護者から入所を希望する保育所等
を記載した申込書を提出しての申込みがあったときは，希望児童のすべてが入
所すると適切な保育の実施が困難になるなどのやむを得ない事由がある場合に

入所児童を選考することができること等を除けば，その児童を当該保育所において保育しなければならないとされている（児童福祉法24条1項～3項）。平成9年法律第74号による児童福祉法の改正がこうした仕組みを採用したのは，女性の社会進出や就労形態の多様化に伴って，乳児保育や保育時間の延長を始めとする多様なサービスの提供が必要となった状況を踏まえ，その保育所の受入れ能力がある限り，希望どおりの入所を図らなければならないこととして，保護者の選択を制度上保障したものと解される。そして，前記のとおり，被上告人〔横浜市〕においては，保育所への入所承諾の際に，保育の実施期間が指定されることになっている。このように，被上告人における保育所の利用関係は，保護者の選択に基づき，保育所及び保育の実施期間を定めて設定されるものであり，保育の実施の解除がされない限り（同法33条の4参照），保育の実施期間が満了するまで継続するものである。そうすると，**特定の保育所で現に保育を受けている児童及びその保護者は，保育の実施期間が満了するまでの間は当該保育所における保育を受けることを期待し得る法的地位を有するものと**いうことができる。」

「ところで，公の施設である保育所を廃止するのは，市町村長の担任事務であるが（地方自治法149条7号），これについては条例をもって定めることが必要とされている（同法244条の2）。**条例の制定は，普通地方公共団体の議会が行う立法作用に属するから，一般的には，抗告訴訟の対象となる行政処分に当たるものでないことはいうまでもないが，本件改正条例は，本件各保育所の廃止のみを内容とするものであって，他に行政庁の処分を待つことなく，その施行により各保育所廃止の効果を発生させ，当該保育所に現に入所中の児童及びその保護者という限られた特定の者らに対して，直接，当該保育所において保育を受けることを期待し得る上記の法的地位を奪う結果を生じさせるものであるから，その制定行為は，行政庁の処分と実質的に同視し得るもの**ということができる。」

「**また，市町村の設置する保育所で保育を受けている児童又はその保護者が，当該保育所を廃止する条例の効力を争って，当該市町村を相手に当事者訴訟な**いし民事訴訟を提起し，勝訴判決や保全命令を得たとしても，これらは訴訟の当事者である当該児童又はその保護者と当該市町村との間でのみ効力を生ずるにすぎないから，これらを受けた市町村としては当該保育所を存続させるかどうかについての実際の対応に困難を来すことにもなり，処分の取消判決や執行停止の決定に第三者効（行政事件訴訟法32条）が認められている取消訴訟において当該条例の制定行為の適法性を争い得るとすることには合理性がある。」

「以上によれば，本件改正条例の制定行為は，抗告訴訟の対象となる行政処

分に当たると解するのが相当である。」

【コメント】条例の制定行為については，立法機関たる議会の固有の立法行為であり，取消訴訟の対象となる処分に当たらないという見解（否定説）もあるが，最高裁は本判決によって，一定の場合には処分性が認められるという見解（限定的肯定説）に立つことを明らかにした。

　本判決は，処分性を認めるにあたり，①保護者による保育所の選択が「制度上保障」されていることを前提として，本件条例の施行により，他の処分をまつことなく，特定の保育所で保育を受ける法的地位が剝奪されること（法的地位の変動），②不利益を受けるのが「当該保育所に現に入所中の児童及びその保護者という限られた特定の者ら」であること（対象の特定性）を重視している。また，③他の訴訟形式と比較した場合，判決の効力の観点から，紛争解決手段として取消訴訟が「合理的」であること（紛争解決の合理性）もあわせて考慮されている。

　処分性が否定された他の事案について検討すると，小学校廃止条例の事案（前掲最判平成14・4・25）では，原告らが「具体的に特定の区立小学校で教育を受けさせる権利ないし法的利益を有するとはいえない」ことからすると，代わって就学校として指定される小学校が「社会生活上通学することができる範囲内」にある限り，当該小学校に通学することが可能であること（上記①）が考慮されたものと思われる。また，給水条例の事案（前掲最判平成18・7・14）では，水道料金が直ちに値上げされることになるから，法的地位に変動はあるものの（上記①），対象が水道利用者一般であって，「そもそも限られた特定の者に対してのみ適用されるものではな」いこと（上記②）が重視されているが，債務不存在確認訴訟等による救済が可能であること（上記③）もあわせて考慮しうるであろう。

　なお，本判決については，保護者以外の第三者に対しても取消判決の効力が及ぶことを前提としており，取消判決の効力に関する絶対効説に立つとの指摘もある（本節 **4** (2)(b) 参照）。

②**段階的行為**　　行政作用が一連の手続を経て行われる場合に，その途中でなされる行為については，最終的な決定を争わせれば足りるとして，処分性が否定されることがある。

　ある地域について土地区画整理事業の事業計画が決定されていたが，一向に事業が進捗しないので，当該地域に土地所有権等を有する原告らが本件事業計画の無効確認を求めた事案について，最高裁は，①事業計画はいわば青写真

（設計図）にすぎず，利害関係人の権利がどのように変動するかが具体的に確定されているわけではない，②事業計画の公告により施行地区内で一定の権利制限が生じるのは確かであるが，これは事業の円滑な遂行を確保するために法律が付与した付随的効果にとどまる，③事業計画の違法を主張する者は換地処分等の後続処分の取消しを求めることによって救済目的を達成しうるという理由を挙げて，事業計画の処分性を否定した（最大判昭和 41・2・23 民集 20 巻 2 号271 頁〈高円寺土地区画整理事業計画事件〉，「青写真判決」とも呼ばれる）。

　これに対しては，①事業計画の決定によってすでに事業の基本的な内容が確定するのではないか，②付随的効果にせよ，決定が法的効果を有することに違いはないのではないか，③事業計画に違法がある場合にはこれを争わせるのが紛争の解決にとって適切ではないか，④換地処分等を争ったとしても，判決が下される時点では多くの場合すでに工事が完了しており，事情判決（本節**4**(1)参照）を下される可能性が高く，早期に争わせる必要が高いのではないか，⑤本件に関していえば，原告らは事業が進まないことに不服があるのであって，後続処分を待って争えというのは筋違いではないか，といった疑問が提起されていた。

　最高裁はこの判例をその後も維持していたが（最判平成 4・10・6 判時 1439 号116 頁），何らかの手がかりがある場合には，事業計画ないしそれに対応する決定に処分性を認めていた。すなわち，市町村営土地改良事業施行認可については，同様の決定に関して不服申立ての規定が存在すること（最判昭和 61・2・13民集 40 巻 1 号 1 頁），土地区画整理組合の設立認可については，組合を設立し，関係権利者を強制的に組合員とする効果があること（最判昭和 60・12・17 民集39 巻 8 号 1821 頁），第二種市街地再開発事業の事業計画決定については，事業計画承認の公告に土地収用法上の事業認定の効果が付与されていること等（最判平成 4・11・26 民集 46 巻 8 号 2658 頁〈阿倍野市街地再開発事件〉）を理由として，それぞれ処分性を肯定した。

　そして，土地区画整理事業の事業計画の取消しが求められた事件につき，平成 20 年の大法廷判決（最大判平成 20・9・10 民集 62 巻 8 号 2029 頁〔百選 Ⅱ-147〕◀判例 2-7▶〈浜松市土地区画整理事業計画事件〉）は，青写真判決を明示的に変更し，事業計画に処分性を肯定した（第 2 章第 6 節**4**(1)参照）。同判決は，処分性

を認める理由として，⑦事業計画によって施行地区内の宅地所有者等が換地処分を受けるべき地位に立たされるから，その法的地位に直接的な影響が生ずるものというべきこと，また，④換地処分等の取消訴訟を提起しても，その時点では工事等が進捗しているから，事情判決がなされる可能性が高く，事業計画決定の段階で取消訴訟の提起を認めることに合理性があることを挙げている。これは，青写真判決が挙げている根拠のうち，①と③を否定したものと考えられ，後に事業を予定している具体的な事業計画（いわゆる非完結型の都市計画）について，一般に処分性を認める趣旨と解される。これに対し，事業計画に先立つ都市計画決定や，用途地域の指定のような後に事業を予定していない土地利用計画（いわゆる完結型の都市計画）は，さしあたりその射程外であると思われる。しかし，前掲最判昭和 57・4・22 について述べたように，実効的な権利救済の観点を重視するならば，完結型の都市計画についても処分性を認めることが望ましい（①参照）。

　その後，最高裁は，土壌汚染対策法に基づく有害物質使用特定施設廃止通知について，当該通知はこれを受けた土地所有者等に調査報告義務を生じさせるから，その法的地位に直接的な影響を及ぼすこと，また，当該通知に従わずに報告をしない場合は，後に報告命令が予定されているが，速やかに報告命令が発せられるわけではないので，早期に当該命令の取消訴訟を提起できるわけではないから，実効的な権利救済を図るという観点からみても，当該通知がされた段階での取消訴訟の提起を制限すべきでないことを理由に，当該通知の処分性を肯定した（最判平成 24・2・3 民集 66 巻 2 号 148 頁〈旭川市有害物質使用特定施設廃止通知事件〉）。

(2) 原告適格

(a) **意　義**　　原告適格とは，取消訴訟を提起することができる資格をいう。行政事件訴訟法はこの点について，「処分又は裁決の取消しを求めるにつき法律上の利益を有する者」（9 条 1 項）としか規定しておらず，その解釈が問題となる。

　もっとも，不利益処分の相手方（名宛人）に原告適格が認められることは争われていない。法令に基づく申請については，拒否決定が不利益処分となるこ

とはすでに述べた（本項(1)(c)参照）。最判平成 21・2・27 民集 63 巻 2 号 299 頁は，道路交通法所定の違反行為があったことを理由に，優良運転者の記載のない運転免許証を交付してなされた運転免許更新処分について，取消しを求める利益があるとした（この問題は狭義の訴えの利益の問題としてとらえることも可能であろう）。

　主として問題となるのは，処分の名宛人以外の第三者について，どこまで原告適格が認められるかである。この点についてはいくつかの学説があるが，有力なのは「法律上保護された利益説」と「保護に値する利益説」の 2 つである。

　法律上保護された利益説によれば，原告適格を認められるのは処分の根拠法規が保護している利益を有する者であるとされる。根拠法規の解釈が決め手となることから基準として明確であるとされる反面，①根拠法規が保護する場合しか出訴できないとすれば，概括主義の原則に反するのではないか（実体法上の列記主義），②立法者は原告適格を念頭に置いて法律の条文を作っているわけでは必ずしもないのではないか，③法律の趣旨は多くの場合曖昧であって，基準としてさほど明確とはいえないのではないか，という批判がある。

　保護に値する利益説によれば，原告適格は，根拠法規の解釈ではなく，原告が有すると主張する利益が裁判による保護に値するかどうかによって決すべきとされる。原告適格の範囲が比較的広く認められることになる反面，①基準として不明確であり，民衆訴訟の容認を結果するのではないか，②事実上の利益を有する者にも原告適格を認めることになり，「法律上の利益」という法律の文言に反するのではないか，という批判がある。

　(b)　行政事件訴訟法改正までの判例の展開　　最高裁が原告適格に関する一般理論を初めて示したのが，すでに紹介した主婦連ジュース訴訟の上告審判決（最判昭和 53・3・14 民集 32 巻 2 号 211 頁〔百選Ⅱ-128〕◀**判例 4-1**▶）である（本章第1節 **2** (2)参照）。この判決は，①「不服申立をする法律上の利益がある者」とは，「当該処分により自己の権利若しくは法律上保護された利益を侵害」された者であり，②法律上保護された利益とは，「行政法規が私人等権利主体の個人的利益を保護することを目的として行政権の行使に制約を課していることにより保障されている利益」をいうとし，法律上保護された利益説をとることを明らかにした。

その後の判例も同様に法律上保護された利益説をとっているが，次第に要件を緩和する傾向にあった。

まず，自衛隊のナイキ基地（ミサイル基地）を建設するため，森林法に基づく保安林の指定が解除されたのに対して，山林の伐採によって洪水等の被害を受ける付近住民が，自衛隊は違憲であり，そのための保安林解除も違法であるとして，保安林指定解除処分の取消訴訟を提起した事案について，最高裁は，①法が公益目的で規制を行う場合であっても，それと並んで，不特定多数者の利益を一般的公益に吸収解消させることなく，個々人の個別的利益として保護することも可能であり，その場合は原告適格が認められるとした上で，②森林法による保安林の指定処分は公益保護を目的とするが，保安林の指定に「直接の利害関係を有する者」は指定の申請ができるとされていること，保安林指定を解除する際にもこれらの者が意見書を提出し，公開の公聴会に参加できるとされていること等からすると，法はこれらの者に法律上の利益を付与していると解しうるとして，原告らの一部につき原告適格を肯定した（最判昭和57・9・9民集36巻9号1679頁〔百選Ⅱ-171〕〈長沼訴訟〉）。

また，発電所を建設するための公有水面埋立法による埋立免許に対し，周辺水面の漁業権者等が取消訴訟等を提起した事案について，最高裁は，原告適格を否定したものの，第三者の利益を保護する趣旨は，明文の規定がない場合であっても，「法律の合理的解釈により当然に導かれる」場合にも認められると判示した（最判昭和60・12・17判時1179号56頁〈伊達火力発電所訴訟〉）。

さらに，運輸大臣の航空会社に対する定期航空運送事業免許に対し，騒音等の被害を受けている空港周辺住民が取消訴訟を提起した事案について，最高裁は，①根拠法規の解釈に際しては，「当該行政法規及びそれと目的を共通する関連法規の関係規定によつて形成される法体系の中において，当該処分の根拠法規が，当該処分を通して右のような個々人の個別的利益をも保護すべきものとして位置付けられているとみることができるかどうかによつて決すべきである」と述べた上で，②処分の根拠法規である航空法が定める「事業計画が経営上及び航空保安上適切なものであること」という要件について，同法およびその関連法規（公共用飛行場周辺における航空機騒音による障害の防止等に関する法律）が騒音防止を目的としていることから，本件免許の結果として騒音により社会

通念上著しい障害を受ける者には原告適格が認められるとした（最判平成元・2・17 民集 43 巻 2 号 56 頁〔百選 II-183〕〈新潟空港訴訟〉）。本件においては，根拠法規である航空法それ自体には，騒音防止についての明確な規定が存在しなかったが，最高裁は，関連法規も考慮に入れて，原告適格を広く解釈している。

　そして，核原料物質，核燃料物質及び原子炉の規制に関する法律（原子炉等規制法）により，内閣総理大臣が動力炉・核燃料開発事業団（現在は国立研究開発法人日本原子力研究開発機構）に対して行った高速増殖炉「もんじゅ」の設置許可に対して，周辺住民が無効確認訴訟を提起した事案について，最高裁は，①原告適格の判断にあたっては，「当該行政法規の趣旨・目的，当該行政法規が当該処分を通して保護しようとしている利益の内容・性質等を考慮して判断すべきである」とした上で，②原子炉等規制法は災害防止を目的としていることから，原子炉の事故等によって直接的かつ重大な被害を受けることが想定される範囲の住民の生命，身体の安全等を個々人の個別的利益としても保護する趣旨を含むとし，③原告適格が認められる範囲については，原子炉の種類や，住民の居住地からの距離等を考慮して，「社会通念に照らし，合理的に判断すべきものである」とした（最判平成 4・9・22 民集 46 巻 6 号 571 頁〔百選 II-156〕〈もんじゅ訴訟〉）。

　このような判例の展開により，「生命，身体の安全等」が侵害されるおそれがある場合には，根拠法規に具体的な手がかりが乏しくとも，原告適格が肯定されるようになった（最判平成 9・1・28 民集 51 巻 1 号 250 頁〈川崎市開発許可事件〉，最判平成 13・3・13 民集 55 巻 2 号 283 頁〔百選 II-157〕〈林地開発許可事件〉）。また，財産権の侵害にとどまる場合であっても，根拠法規に明確な根拠がある場合には原告適格が肯定されている（最判平成 14・1・22 民集 56 巻 1 号 46 頁〔百選 II-158〕〈千代田生命総合設計許可事件〉）。

　しかし，他方において，原告適格が否定された事案も少なくない。地方鉄道法（現在の鉄道事業法）に基づく陸運局長の特急料金値上げ認可を，当該路線の周辺に居住し通勤定期券を購入するなどして利用している者が争った事件（最判平成元・4・13 判時 1313 号 121 頁〔百選 II-162〕〈近鉄特急料金変更認可事件〉），文化財保護法に基づく文化財保護条例によってなされた史跡の指定を解除する決定について，当該遺跡を学術研究の対象としてきた者らが取消訴訟を提起した

事件（最判平成元・6・20 判時 1334 号 201 頁〔百選Ⅱ-163〕〈伊場遺跡訴訟〉），都市計画事業（道路の拡幅事業等）の認可等について，事業対象地の周辺住民が取消訴訟を提起した事件（最判平成 11・11・25 判時 1698 号 66 頁〔百選Ⅰ-53〕〈環状 6 号線訴訟〉）などにおいては，原告適格が否定された。また，風俗営業等の規制及び業務の適正化等に関する法律（風営法）に基づくパチンコ店の営業許可については，立地規制による保護対象施設とされる病院の経営者には原告適格が認められたが（最判平成 6・9・27 判時 1518 号 10 頁〈横浜市パチンコ店営業許可事件〉），規制区域内に居住する住民には否定される（最判平成 10・12・17 民集 52 巻 9 号 1821 頁〔百選Ⅱ-160〕〈国分寺市パチンコ店営業許可事件〉）など，判例における原告適格の判定基準は必ずしも理解しやすいものではない。

　とはいえ，これらの判例を通して，①公益と並んで個別的利益が保護されることがありうること，②手続規定が原告適格の根拠となりうること，③法律の合理的な解釈を行うべきこと，④根拠法規だけではなく，その関連法規も考慮されること，⑤根拠法規の趣旨・目的や保護される利益の内容・性質等も考慮すべきことが明らかにされており，原告適格の認定が緩和されていることは疑いない。そこで，近年は，法律上保護された利益説と保護に値する利益説の対立は重要性を失っており，むしろ個別事案の検討を通して原告適格の拡大を図るべきである，という見解が学説においても有力になっている。

　(c)　**2004 年行政事件訴訟法改正**　　改正案の検討過程では，当初から原告適格を拡大すべきことについては共通した理解があったものの，その方法に関しては，条文（「法律上の利益」）を改正すべきであるとする見解と，その必要はないとの見解が対立していた。そして，最終的には，その妥協案として，原告適格の条文に考慮事項を設ける方針が採用され，それが立法化された。こうして付加されたのが改正法の 9 条 2 項である。

　それによると，第三者の原告適格を判断するにあたっては，根拠法規の文言のみによることなく，ⓐ当該法令の趣旨および目的，並びに，ⓑ当該処分において考慮されるべき利益の内容および性質を考慮すべきとされる。そして，ⓒ当該法令の趣旨・目的を考慮するにあたっては，当該法令と目的を共通にする関連法令があるときはその趣旨・目的をも参酌するものとし，ⓓ当該利益の内容および性質を考慮するにあたっては，当該処分または裁決がその根拠となる

法令に違反してされた場合に害されることとなる利益の内容・性質，並びに，これが害される態様および程度をも勘案するものとされる。

　これらの多くは従来の判例を取り入れたものであり，原告適格の拡大にはつながらないのではないか，という悲観的な見方もできないわけではない。すなわち，ⓐおよびⓑはもんじゅ訴訟ですでに明示されており，ⓒは新潟空港訴訟の判示内容と大差がない。ⓓは新たな内容であるが，すでにもんじゅ訴訟において考慮されていたともいえる。しかし，立法者がこの改正によって原告適格の拡大を意図していたことは明らかであり，その方向で柔軟に解釈を行うことが望まれるところである。

　最高裁は，小田急訴訟（最大判平成 17・12・7 民集 59 巻 10 号 2645 頁〔百選 II- 159〕 判例 4-4 ）において，環状 6 号線訴訟に関する前掲最判平成 11・11・25 を変更し，原告適格を拡大する姿勢を示している。廃棄物の処理及び清掃に関する法律に基づく産業廃棄物処分業の許可等についても，環境影響調査報告書において調査の対象とされた地域に居住する住民に原告適格を認めている（最判平成 26・7・29 民集 68 巻 6 号 620 頁〈高城町産廃処分業許可事件〉）。競業者の原告適格に関しては，同法に基づく一般廃棄物収集運搬業の許可等について，同一区域について既に同種の許可を受けていた事業者に原告適格を認めた（最判平成 26・1・28 民集 68 巻 1 号 49 頁〔百選 II-165〕〈小浜市一般廃棄物収集運搬業許可事件〉）。下級審裁判例においても，鉄道事業法に基づく旅客運賃変更認可処分等について，当該鉄道を反復継続して日常的に利用している者に取消訴訟等の原告適格が認められた（東京地判平成 25・3・26 判時 2209 号 79 頁，東京高判平成 26・2・19 訟月 60 巻 6 号 1367 頁〈北総鉄道旅客運賃変更認可事件〉）。もっとも，最高裁は，病院開設許可について周辺の医師等の原告適格を否定し（最判平成 19・10・19 判時 1993 号 3 頁），場外車券発売施設設置許可については，周辺の医療施設開設者には原告適格を認めたが，周辺住民には否定している（最判平成 21・10・15 民集 63 巻 8 号 1711 頁〔百選 II-161〕〈サテライト大阪事件〉）。

　なお，最判平成 18・3・30 民集 60 巻 3 号 948 頁〈国立景観訴訟〉は，不法行為法上，良好な景観の恵沢を享受する利益（景観利益）が法律上保護に値することを認めた。これを受けて，広島地判平成 21・10・1 判時 2060 号 3 頁〈鞆の浦訴訟〉は，公有水面埋立免許の差止訴訟について，景観利益を有する住民

に原告適格を認めており，非常に注目される（本節**5**(4)(b)参照）。

◀ 判例 4-4 ▶ **最大判平成 17・12・7 民集 59 巻 10 号 2645 頁〔百選Ⅱ-159〕**

〈小田急訴訟〉

【事実】建設大臣（当時）は，都市計画法 59 条 2 項に基づき，東京都に対し，小田急小田原線の連続立体交差化に係る都市計画事業の認可（以下「本件鉄道事業認可」という）および付属街路設置に係る 6 つの都市計画事業の認可（以下「本件各付属街路事業認可」といい，本件鉄道事業認可と併せて「本件各認可」という）を行った。これに対し，付近住民 X ら（いずれも本件鉄道事業の事業地内の不動産につき権利を有していないが，一部は本件各付属街路事業の事業地内の不動産につき権利を有する）は，建設大臣の事務承継者である Y（関東地方整備局長）を被告として，本件各認可の取消訴訟を提起した。第一審は，X らのうち本件各付属街路事業の事業地内の不動産につき権利を有する者について，事業の実体に着目して本件各認可全体の取消しを求める原告適格を認め，本件各認可を違法と判断して請求を認容し，その余の訴えを却下した。控訴審は，第一審で原告適格を認められた者はそれぞれがその事業地内の不動産につき権利を有する付属街路事業についてのみ原告適格を有するとした上で，当該付属街路事業に係る認可を適法と判断して請求を棄却し，その余の訴えを却下した。X らが上告および上告受理申立てを行ったのに対し，最高裁第一小法廷は上告受理申立てのみを受理し，原告適格に関する部分を大法廷に回付した。大法廷は X らのうち本件鉄道事業に係る東京都環境影響評価条例（以下「本件条例」という）2 条 5 号所定の関係地域内に居住する者について本件鉄道事業認可の取消しを求める原告適格を認めたが，本件各付属街路事業認可については，個々の認可ごとに原告適格を判断すべきであるとして，控訴審で原告適格を認められた者を除きこれを否定した。

【判旨】「行政事件訴訟法 9 条は，取消訴訟の原告適格について規定するが，同条 1 項にいう当該処分の取消しを求めるにつき『法律上の利益を有する者』とは，当該処分により自己の権利若しくは法律上保護された利益を侵害され，又は必然的に侵害されるおそれのある者をいうのであり，当該処分を定めた行政法規が，不特定多数者の具体的利益を専ら一般的公益の中に吸収解消させるにとどめず，それが帰属する個々人の個別的利益としてもこれを保護すべきものとする趣旨を含むと解される場合には，このような利益もここにいう法律上保護された利益に当たり，当該処分によりこれを侵害され又は必然的に侵害されるおそれのある者は，当該処分の取消訴訟における原告適格を有するものというべきである。

　そして，処分の相手方以外の者について上記の法律上保護された利益の有無を判断するに当たっては，当該処分の根拠となる法令の規定の文言のみによることなく，当該法令の趣旨及び目的並びに当該処分において考慮されるべき利益の内容及び性質を考慮し，この場合において，当該法令の趣旨及び目的を考慮するに当たっては，当該法令と目的を共通にする関係法令があるときはその趣旨及び目的をも参酌し，当該利益の内容及び性質を考慮するに当たっては，当該処分がその根拠となる法令に違反してされた場合に害されることとなる利益の内容及び性質並びにこれが害される態様及び程度をも勘案すべきものである（同条2項参照）。」

【コメント】ここに引用した一般論のうち，前半部分は，もんじゅ訴訟等，行政事件訴訟法改正前の判例とほぼ同旨，後半部分は，行政事件訴訟法9条2項を引用したものであって，行政事件訴訟法改正前の判例の判断枠組みを基本的に維持する趣旨と解される。注目すべきは事案の判断に係る部分であり，簡単に要約すると次の通りである（ⓐ〜ⓓは同項の考慮事項）。

　①都市計画法の規定並びに関連法令である公害対策基本法および本件条例の趣旨目的等を参酌すれば（ⓒ），都市計画事業の認可に関する都市計画法の規定は，事業に伴う騒音振動等によって事業地の周辺地域に居住する住民に健康または生活環境の被害が発生することを防止し，もって健康で文化的な都市生活を確保し，良好な生活環境を保全することもその趣旨目的とするものと解される（ⓐ）。

　②違法な都市計画事業に基因する被害を直接受けるのは周辺の一定範囲の地域に居住する住民に限られ，その被害の程度は居住地が事業地に接近するにつれて増大すると考えられること，これらの被害は住民の健康や生活環境に係る著しいものにも至りかねないことに照らせば（ⓓ），違法な事業に起因する騒音振動等によってこのような健康または生活環境に係る著しい被害を受けないという具体的利益は，一般的公益の中に吸収解消させることが困難である（ⓑ）。

　③以上のような都市計画事業の認可に関する都市計画法の規定の趣旨目的（ⓐ），これらの規定が都市計画事業の認可制度を通して保護しようとしている利益の内容および性質等（ⓑ）を考慮すれば，同法は，都市の健全な発展と秩序ある整備を図るなどの公益的見地から都市計画施設の整備に関する事業を規制するとともに，騒音振動等によって健康または生活環境に係る著しい被害を直接的に受けるおそれのある個々の住民に対して，そのような被害を受けないという利益を個々人の個別的利益としても保護すべきものとする趣旨を含むと解するのが相当である。

　　④Ⅹらのうち本件鉄道事業に係る関係地域内の住所地に居住している者については，これらの住所地と本件鉄道事業の事業地との距離関係などに加えて，本件条例2条5号の規定する関係地域が，対象事業を実施しようとする地域およびその周辺地域で当該対象事業の実施が環境に著しい影響を及ぼすおそれがある地域として被上告参加人（東京都知事）が定めるものであることを考慮すれば，本件鉄道事業が実施されることにより騒音，振動等による健康または生活環境に係る著しい被害を直接的に受けるおそれのある者に当たると認められるから，本件鉄道事業認可の取消しを求める原告適格を有する。

　　以上のような判示内容からは，従来の判例の判断枠組みを大筋で維持しつつ，関係法令の趣旨目的や考慮されるべき利益の内容性質等に関する柔軟な解釈により，原告適格の範囲を実質的に拡大していこうとする最高裁の姿勢をうかがうことができるように思われる。

　　なお，本判決を受けて，最高裁第一小法廷は本案審理を行い，本件各認可の違法性を否定し，上告を棄却した（最判平成18・11・2民集60巻9号3249頁〔百選Ⅰ-72〕）。

Column 4-8　団体の原告適格

　　団体の原告適格を考える際には，次の3つの場合を区別することが有益である。すなわち，①団体が財産権など自己の権利利益の侵害を理由として出訴する場合（たとえば，会社が自らに対してなされた法人税課税処分を争う場合），②団体が当該団体を構成する個人の権利利益の侵害を理由として出訴する場合（たとえば，原子炉設置許可を周辺住民で構成する団体が争う場合），③団体がその保護を目的としている公益ないし集団的利益に対する侵害を理由として出訴する場合（たとえば，自然環境保全地域の指定解除を環境保護団体が争う場合）である。このうち，①の場合に原告適格が認められる点に争いはないが，②および③の場合については原告適格を否定するのが一般的な見解である。

　　しかし，消費者の利益などのように，比較的小さな利益が拡散している場合や，環境上の利益などのように，保護すべき利益が特定個人の利益に還元しがたい場合，違法な処分がなされたとしても誰も争うことができないことになってしまう。上記②や③の場合について，解釈論上原告適格を承認することが困難であるとするならば，立法によって団体訴訟の制度を導入することが考えられる。2006（平成18）年6月の消費者契約法改正によって消費者団体訴訟制度が設けられ，その後も同趣旨の制度が増えているが，事業者等に対する民事訴訟のみが認められており，行政訴訟の提起が認められているわけではない。

(3)　訴えの利益（狭義）

(a)　意　義　　取消訴訟を提起し，追行するためには，係争処分の取消しによって原告が現実に法律上の利益を受けることが必要である。これを「狭義の訴えの利益」という。原告適格とあわせて「広義の訴えの利益」と呼ばれる。原告適格をもつ者が取消訴訟を提起する場合，通常は訴えの利益も存在する。しかし，処分後の事情変更等によって事後的に訴えの利益が失われることもあり，いかなる場合がこれに当たるかが問題となる。

　この点について興味深い判例がある。行政事件訴訟法制定以前，地方議会の議員が自らに対する除名処分の取消訴訟を提起したが，訴訟係属中に議員の任期が満了したため，訴えの利益が残るかが争われた。最高裁大法廷は 8 対 7 と意見が分かれたが，多数意見は，任期が満了した以上，原告が議員としての地位を回復することはなくなったとして，訴えの利益を否定した（最大判昭和 35・3・9 民集 14 巻 3 号 355 頁）。これに対し，反対意見は，議員に復帰することはできないとしても，処分が違法であれば議員だったはずの期間について報酬請求権が発生することになるから，訴えの利益を肯定すべきであると主張し，学説の多くもこれを支持した。

　そこで，1962（昭和 37）年の行政事件訴訟法の制定に際し，こうした場合に訴えの利益を肯定することを明確化する趣旨で，同法 9 条（当時）の「法律上の利益を有する者」の後に，「処分又は裁決の効果が期間の経過その他の理由によりなくなつた後においてもなお処分又は裁決の取消しによつて回復すべき法律上の利益を有する者を含む」というかっこ書が設けられた。最高裁は，公務員が自らに対する免職処分の取消訴訟を提起したが，その後市会議員選挙に立候補したため公務員となりうる資格を失った事案について，給料請求権等が残ることを理由に訴えの利益を肯定している（最大判昭和 40・4・28 民集 19 巻 3 号 721 頁〈名古屋郵政局職員免職処分取消請求事件〉）。

　以下では，いかなる場合に訴えの利益の消滅が問題となるか，そして，いかなる場合に「回復すべき法律上の利益」が認められるかを検討する。

(b)　訴えの利益の消滅が問題となる場合　　典型的なのは，係争処分が職権で撤回された場合である。また，期限付きの処分について期限が到来して効果が失われた場合もこれに当たる。これに対し，判断が微妙な場合もある。

　農林水産大臣が森林法に基づく保安林の指定を解除したのに対し，洪水等の被害を受けるおそれのある周辺住民が取消訴訟を提起した長沼訴訟において，最高裁は一定範囲の住民に原告適格を認めたものの（本項(2)(b)参照），洪水防止施設の設置により洪水等の危険はなくなったとして，訴えの利益を否定した（最判昭和 57・9・9 民集 36 巻 9 号 1679 頁〔百選Ⅱ-171〕）。

　生活保護法に基づく保護変更決定の取消訴訟を提起したが，訴訟係属中に原告が死亡した事案について，最高裁は，生活保護の受給権は一身専属の権利であって相続の対象とならず，また，生存中の給付に係る請求権についても，生活扶助は法の予定する目的以外に流用することを許さないものであり，原告の死亡によって当然に消滅するとして，相続人による承継を認めず，訴訟の終了を宣言した（最大判昭和 42・5・24 民集 21 巻 5 号 1043 頁〈朝日訴訟〉）。

　これに対し，原子爆弾被爆者に対する援護に関する法律に基づく健康管理手当の認定却下処分の取消し等を求めて出訴したところ，訴訟係属中に原告が死亡した事案については，同法は社会保障法としての公的医療給付立法と同様の性格をもつものの，実質的に国家補償的配慮が制度の根底にあること等にかんがみると，上記手当の受給権は相続の対象となるとして，訴訟承継が認められている（最判平成 29・12・18 民集 71 巻 10 号 2364 頁〔百選Ⅰ-12〕）。

　建築確認の取消訴訟係属中に建築工事が完了した場合について，最高裁は，建築確認は工事を適法に行わせる効果しかないこと，工事完了後の検査や是正命令は建築物それ自体の適法性を基準としており，建築確認の適法性はもはや問題とならないこと，是正命令の発動は特定行政庁の裁量に委ねられていることを理由に，訴えの利益を否定している（最判昭和 59・10・26 民集 38 巻 10 号 1169 頁〔百選Ⅱ-170〕◆判例 4-5◆〈仙台市建築確認取消請求事件〉）。

　これに対し，処分を取り消しても原状回復が事実上困難であるというだけでは，訴えの利益は消滅しない。たとえば，土地改良事業の施行認可取消訴訟が提起されたが，訴訟係属中に工事が完了した事案について，最高裁は，①当該認可は事業施行者に事業施行権を付与するものであり，その後の一連の手続・処分は認可の存在を前提とするから，認可取消しによってこれらの手続・処分の法的効力は影響を受けること，②工事完了により社会通念上原状回復が不可能となるとしても，こうした事情は事情判決（行訴 31 条 1 項。本節 **4**(1)参照）

の適用において考慮されるべき事柄であることを理由に，訴えの利益を肯定した（最判平成 4・1・24 民集 46 巻 1 号 54 頁〔百選Ⅱ-172〕 ◁ **判例 4-7** ▷〈八鹿町土地改良事業施行認可処分取消請求事件〉)。

　また，処分が形式的に失効しても，何らかの解釈論的操作によって効果が存続するとみなしうる場合もある。たとえば，放送局の開設免許について競願となり，拒否処分を受けた原告が異議申立てを行ったうえ，棄却裁決の取消訴訟を提起したところ，訴訟係属中に当該免許の期間（5 年）が経過し，再免許がなされた事案について，最高裁は，再免許は当初の免許を前提としており，実質的には更新と異なるところはなく，訴えの利益は失われないと判断した（最判昭和 43・12・24 民集 22 巻 13 号 3254 頁〔百選Ⅱ-166〕 ◁ **判例 2-2** ▷〈東京 12 チャンネル事件〉)。もっとも，このような操作が常に可能であるわけではなく，新東京国際空港の安全確保に関する緊急措置法（いわゆる「成田新法」。その後「成田国際空港の安全確保に関する緊急措置法」と改称）による使用禁止命令の取消訴訟が提起された事案について，同命令は 1 年間の期限付きであり，毎年更新されているところ，1 年の期間が経過することによって訴えの利益は消滅するとされている（最大判平成 4・7・1 民集 46 巻 5 号 437 頁〔百選Ⅰ-113〕〈成田新法事件〉)。

> ◁ **判例 4-5** ▷ 最判昭和 59・10・26 民集 38 巻 10 号 1169 頁〔百選Ⅱ-170〕
> 〈仙台市建築確認取消請求事件〉
> **【事実】** 仙台市建築主事 Y が訴外人らの建築物（本件建築物）について建築確認（建基 6 条）を行ったので，本件建築物によって保健衛生上の悪影響等を受けるとする近隣住民 X が，建築審査会への審査請求（当時は建築基準法 94 条・96 条により審査請求前置主義がとられていた）を経て，建築確認の取消訴訟を提起した。訴訟提起以前にすでに本件建築物は完成していたので，訴えの利益が認められるかが問題となった。第一審および控訴審は訴えの利益を否定し，最高裁も同様に判断して上告を棄却した。
> **【判旨】**「建築基準法によれば，建築主は，同法 6 条 1 項の建築物の建築等の工事をしようとする場合においては，右工事に着手する前に，その計画が当該建築物の敷地，構造及び建築設備に関する法律並びにこれに基づく命令及び条例の規定（以下「建築関係規定」という。）に適合するものであることについて，確認の申請書を提出して建築主事の確認を受けなければならず（6 条 1 項。以下この確認を「建築確認」という。），建築確認を受けない右建築物の建築等の工事は，することができないものとされ（6 条 5 項），また，建築主は，右工

事を完了した場合においては，その旨を建築主事に届け出なければならず（7
条1項），建築主事が右届出を受理した場合においては，建築主事又はその委
任を受けた当該市町村若しくは都道府県の吏員は，届出に係る建築物及びその
敷地が建築関係規定に適合しているかどうかを検査し（7条2項），適合して
いることを認めたときは，建築主に対し検査済証を交付しなければならないも
のとされている（7条3項）。そして，特定行政庁は，建築基準法又はこれに
基づく命令若しくは条例の規定に違反した建築物又は建築物の敷地については，
建築主等に対し，当該建築物の除却その他これらの規定に対する違反を是正す
るために必要な措置をとることを命ずることができる（9条1項。以下この命
令を「違反是正命令」という。），とされている。これらの一連の規定に照らせ
ば，**建築確認は，建築基準法6条1項の建築物の建築等の工事が着手される前
に，当該建築物の計画が建築関係規定に適合していることを公権的に判断する
行為であつて，それを受けなければ右工事をすることができないという法的効
果が付与されており，建築関係規定に違反する建築物の出現を未然に防止する
ことを目的としたものということができる。しかしながら，右工事が完了した
後における建築主事等の検査は，当該建築物及びその敷地が建築関係規定に適
合しているかどうかを基準とし，同じく特定行政庁の違反是正命令は，当該建
築物及びその敷地が建築基準法並びにこれに基づく命令及び条例の規定に適合
しているかどうかを基準とし，いずれも当該建築物及びその敷地が建築確認に
係る計画どおりのものであるかどうかを基準とするものでない上，違反是正命
令を発するかどうかは，特定行政庁の裁量にゆだねられているから，建築確認
の存在は，検査済証の交付を拒否し又は違反是正命令を発する上において法的
障害となるものではなく，また，たとえ建築確認が違法であるとして判決で取
り消されたとしても，検査済証の交付を拒否し又は違反是正命令を発すべき法
的拘束力が生ずるものではない。したがつて，建築確認は，それを受けなけれ
ば右工事をすることができないという法的効果を付与されているにすぎないも
のというべきであるから，当該工事が完了した場合においては，建築確認の取
消しを求める訴えの利益は失われるものといわざるを得ない。」**

【コメント】最高裁は市街化区域内における都市計画法上の開発許可（都計29
条）についても同様の判断を示しているが（最判平成5・9・10民集47巻7号
4955頁），完了検査において開発許可との適合性が審査されること（同36条2
項）等を考慮すると，建築確認と同視できるか疑問がある。もっとも，市街化
調整区域内における開発許可については，予定建築物等の建築等が可能になる
という法的効果を有するから，工事完了後も訴えの利益は失われないとされて
いる（最判平成27・12・14民集69巻8号2404頁）。

(c)　**回復すべき法律上の利益**　　処分の法的効果が失われた後，いかなる場合に「回復すべき法律上の利益」（9 条 1 項かっこ書）が認められるかについては争いがある。判例は，実体法上の請求権や法規の定める効果が残っている場合は訴えの利益を肯定するが，名誉侵害や反復の危険が残るにすぎない場合にはこれを否定している。

①**実体法上の請求権**　　すでに述べたように（(a)参照），地方議会議員に対する除名処分取消訴訟係属中に任期が満了した場合など，当該議員が元の地位を回復することができなくなったときでも，報酬請求権等の実体法上の請求権が残る場合，訴えの利益は存続する。

②**法規の定める効果**　　処分の本来的な効果が失われた場合であっても，実定法規が付した何らかの法的効果が残る場合は，訴えの利益が認められる。たとえば，弁護士会が弁護士に対して懲戒処分として 1 年間の業務停止処分を行い，訴訟係属中に当該期間が経過した事案について，最高裁は，懲戒処分を受けた弁護士は，これに対する不服申立てができなくなった日から 3 年間，日弁連会長選挙規程により日本弁護士連合会の会長選挙で被選挙権をもたないとされていることを理由に，訴えの利益は消滅しないと判断している（最判昭和58・4・5 判時 1077 号 50 頁）。また，運転免許停止処分の取消訴訟を提起したところ，停止期間が経過した場合であっても，当該処分が前歴として考慮される期間は訴えの利益が認められる（最判昭和 55・11・25 民集 34 巻 6 号 781 頁〔百選Ⅱ-168〕〈運転免許停止処分取消請求事件〉）。前歴として考慮されることが処分基準に規定されている場合であっても，最高裁は，処分基準に一定の拘束力が認められるとして（第 2 章第 2 節 **2** (3)参照），訴えの利益を認めている（最判平成27・3・3 民集 69 巻 2 号 143 頁〔百選Ⅱ-167〕〈北海道パチンコ店営業停止命令事件〉）。

③**名誉侵害**　　他方，制裁的な性質をもった処分が期間の経過等により効果を失った場合については，名誉の侵害が残るとしても，その回復は訴えの利益を根拠づけないと解されている。たとえば，運転免許停止処分の取消訴訟が提起されたが，停止期間が経過した場合について，最高裁は，①運転免許停止処分は 3 年間前歴として考慮されるが，無事故・無処分で 1 年を経過したときは前歴がないものとみなされ，これによって処分の効果はいっさい消滅すること，②処分の記載がある運転免許証を所持することにより名誉等を侵害される可能

性が継続するとしても，これは処分がもたらす事実上の効果にすぎず，これを
もって法律上の利益とみることはできないことを理由に，訴えの利益を否定し
た（前掲最判昭和 55・11・25〔百選Ⅱ-168〕〈運転免許停止処分取消請求事件〉）。

　これに対しては，①名誉侵害が事実上の効果であるとしても，名誉等が法的
な利益であることは否定できないのではないか，②とくに職業的な運転手など
にとっては重大な不利益となりうるのではないか，③他に名誉を回復する方法
がないのではないか，④損害賠償訴訟が可能であるとしても，違法行為そのも
のを取り消すほうが問題の解決に適していること，損害賠償訴訟には故意・過
失等の固有の要件があること，判断方法によっては処分の違法性に触れられな
いままにとどまる可能性もあること，とくに後述する違法性相対説（第5章第
2節**2**(1)(b)④参照）をとる場合，処分の客観的な違法性については判断されな
いこと等を考慮すると，取消訴訟の代替手段としては万全とはいえないのでは
ないか，等の疑問もある。

　④反復の危険　　判例によれば，将来同種の処分が繰り返してなされるおそ
れがあるというだけでは，訴えの利益は認められない。たとえば，特定年度の
メーデーのための皇居外苑の使用不許可処分が争われ，訴訟係属中に当日が経
過した事案について，最高裁は訴えの利益を否定している（最大判昭和 28・
12・23 民集 7 巻 13 号 1561 頁〔百選Ⅰ-63〕）。

　しかし，このように解すると，特定期日に関するこの種の処分については争
う方法がないことになる。他方で，上記の事案を例にとると，特定年度の使用
許可に関する判決の拘束力が，次年度以降の許可にも及ぶかという問題がある。
そこで，拘束力を広く解して訴えの利益を認めるか，さもなければ取消訴訟以
外の訴訟（差止訴訟，義務付け訴訟と仮の義務付け，公法上の当事者訴訟など）を活
用することが考えられる。

(4)　被告適格

　取消訴訟において被告とすべきは，原則として，争われた処分または裁決
（処分等）をした行政庁が所属する行政主体（国または公共団体）である（11 条 1
項）。2004 年の行政事件訴訟法改正前は，原則として処分等をした行政庁が被
告とされていた。しかし，民事訴訟（国家賠償訴訟を含む）や公法上の当事者訴

訟では行政主体が被告とされており，訴訟形式によって被告が異なることは一般人にとってわかりにくいことから，取消訴訟などの抗告訴訟においても行政主体が被告適格をもつことに改められた。

なお，処分等をした行政庁が国または公共団体に所属しないときは，当該行政庁が被告となる（同条2項）。指定法人（ Column 1-3 　参照）などがこれに当たる。また，以上の規定によって被告とすべき行政主体または行政庁がないときは，当該処分等に係る事務の帰属する国または公共団体が被告となる（同条3項）。被告を誤った場合については救済規定がおかれている（15条）。

(5)　管轄裁判所

管轄については，どの種類の裁判所に訴えを提起すべきかという問題（事物管轄）と，当該種類の裁判所のうちどこに訴えを提起すべきかという問題（土地管轄）がある。

事物管轄に関しては，行政事件訴訟の場合，訴額にかかわらず，地方裁判所が第一審の管轄裁判所となる（裁24条1号・33条1項1号）。簡易裁判所は管轄をもたないわけである。ただし，特別法によって高等裁判所（あるいは東京高等裁判所）が第一審裁判所とされる場合もある（特許178条1項等）。

土地管轄については，被告の普通裁判籍の所在地を管轄する裁判所，または，処分等をした行政庁の所在地を管轄する裁判所が管轄を有する（12条1項）。被告の所在地を基準とする民事訴訟法の考え方（民訴4条1項）を適用したものである。しかし，そうすると，被告等と原告の所在地が離れている場合，訴訟提起が実際上困難となりかねない。そこでいくつかの例外が定められている。

まず，土地の収用など，特定の不動産や場所に関する処分等については，当該不動産等の所在地の裁判所も管轄を有する（12条2項）。

また，当該処分等に関し事案の処理にあたった下級行政機関の所在地の裁判所にも，訴訟を提起できる（同条3項）。行政組織法上の行政機関以外の組織（特殊法人等）であっても，事案の処理そのものに実質的に関与したときは「下級行政機関」に当たる（最決平成26・9・25民集68巻7号781頁）。

さらに，2004年の行政事件訴訟法改正により，国または独立行政法人等が被告となるときは，原告の普通裁判籍の所在地を管轄する高等裁判所の所在地

を管轄する裁判所（特定管轄裁判所）も管轄を有することになった（同条4項）。たとえば，原告が那覇市に居住する場合，同市を管轄する高等裁判所（福岡高裁）の所在地（福岡市）を管轄する地方裁判所である福岡地裁がこれに当たる。この改正は，取消訴訟の提起をいっそう容易にしようとする趣旨によるものである。ただし，地方公共団体が被告となる場合などには適用されない。

(6) 審査請求前置

処分について審査請求の提起が可能な場合，当該審査請求を行った後に初めて訴訟を提起できるとする考え方を，審査請求前置主義という。こうした制度をとった場合，審査請求手続において早期の解決をはかったり，争点を明確化することが期待できる一方で，救済が遅延するという短所も否定できない。旧行政事件訴訟特例法では，前者を重視して訴願前置主義がとられていた。これに対し，行政事件訴訟法は審査請求前置主義を採用せず，原則として直ちに訴訟を提起することとした（8条1項本文）。

もっとも，個別の法律によって，審査請求に対する裁決を経た後でなければ取消訴訟を提起できないと規定されている場合は，例外的に審査請求前置主義となる（同項但書）。この点については，前置主義を定める法律がかなりの数に上っており，原則と例外が逆転しているとの指摘もあった。そこで，2014年の行政不服審査法改正に伴って関係法令の改正が行われ，①審査請求に一審代替性があり（裁決に不服がある場合は高裁に提訴するものとされる），国民の手続負担の軽減が図られている場合，②大量の審査請求があり，直ちに出訴されると裁判所の負担が大きくなると考えられる場合，③第三者機関が高度に専門技術的な判断を行うこと等により，裁判所の負担が低減されると考えられる場合等に限って，審査請求前置主義を維持することとされた。

審査請求前置主義が個別法律によってとられている場合であっても，①審査請求があった日から3カ月経過しても裁決がないとき，②処分等による著しい損害を避けるため緊急の必要があるとき，③その他裁決を経ないことにつき正当な理由があるときは，直ちに訴訟を提起できる（8条2項各号）。

(7)　出訴期間

　取消訴訟を提起できるのは，処分等があったことを知った日から 6 カ月以内（14 条 1 項本文，主観的出訴期間），もしくは，処分等の日から 1 年以内（同条 2 項本文，客観的出訴期間）である。前者については，2004 年の行政事件訴訟法改正により，3 カ月から 6 カ月に延長された。いずれについても，正当な理由があるときは例外が認められる（同条 1 項但書・2 項但書）。天災によって出訴できなかった場合や，出訴期間について誤った教示がされた場合がこれに当たる。

　「処分……があつたことを知つた日」（14 条 1 項）の意味については，処分の存在を現実に知った日を指すものであって，抽象的な知りうべかりし日を意味するものではないと解されている（最判昭和 27・11・20 民集 6 巻 10 号 1038 頁参照）。個人情報の開示請求に対し，開示決定等が通知され，後日開示文書が郵送された事案について，処分の存在を現実に知ったというためには，当該処分の内容の詳細や不利益性等の認識までを要するものではないとして，開示決定通知書には不開示とされた部分を特定してその理由が示されているから，当該通知書の到達日をもって処分のあったことを現実に知った日ということができるとした判例もある（最判平成 28・3・10 判時 2306 号 44 頁〔百選 I -56〕）。

　もっとも，通説および判例（不服申立期間についてではあるが，最判平成 14・10・24 民集 56 巻 8 号 1903 頁〔百選 II -127〕）によれば，処分が告示によって行われる場合には，告示があった日が処分を知った日に当たるとされている。しかし，告示があったことを関係権利者が現実に知るとは限らないこと，告示によって処分の効果が生じるとしても，それを出訴期間の起算点とする必然性はないこと，いずれにしても 1 年間の出訴期間はかかること，告示による場合に一般的に早期解決の必要性が高いとは必ずしもいえないこと等からすれば，このような解釈には疑問もある。

　出訴期間について特別の定めがあるときは，その期間が適用される。収用委員会の収用裁決については短期の出訴期間が定められているが（収用 133 条 1 項），収用裁決に対する審査請求に係る裁決については，明文規定がない以上，一般の出訴期間（14 条 3 項）が適用されるとされている（最判平成 24・11・20 民集 66 巻 11 号 3521 頁〔百選 II -175〕）。

(8)　教示制度

　以上のように，取消訴訟の訴訟要件はかなり複雑であり，一般人にとってわかりやすいとはいいがたい。従来，不服申立ての場合（本章第1節**2**(7)参照）と異なり，行政事件訴訟法には教示制度が存在しなかったが，2004年の同法改正により新設された。

　それによると，行政庁は，取消訴訟を提起することができる処分を書面によってする場合には，①当該処分に係る取消訴訟において被告とすべき者，②出訴期間，③審査請求前置主義が定められているときはその旨を，当該処分の相手方に対し，書面で教示しなければならない。ただし，処分を口頭でする場合はこの限りでない（46条1項）。

　また，法律によって審査請求に対する裁決に対してのみ取消訴訟を提起することができる旨の定めがある場合（本節**3**(1)(b)で述べる裁決主義がとられている場合），当該処分をするときは，その相手方に対し，その旨を書面で教示しなければならない。この場合も，処分が口頭でなされるときはこの限りでない（同条2項）。

　行政不服審査法とは異なり，教示を誤った場合の救済規定は設けられていない。そこで，被告を誤った場合の救済規定（15条），出訴期間に関する「正当な理由」（14条1項但書・2項但書），審査請求前置主義の例外規定（8条2項3号）などによって救済を図ることになる。

　処分の相手方以外の第三者は教示の対象とされていないこと，形式的当事者訴訟（46条3項）を別として，取消訴訟以外の訴訟については教示制度が設けられていないことにも注意が必要である。

3　取消訴訟の審理

(1)　審理の対象

　(a)　取消訴訟の訴訟物　　訴訟における本案審理の対象を訴訟物という。取消訴訟の訴訟物については争いがあるが，通説はこれを係争処分の違法性一般であると解している。すなわち，取消訴訟の本案においては，争われた処分が違法であるかどうかが審理される。

　行政に裁量が認められる場合には，裁量権の逸脱・濫用がある場合にのみ，

当該処分は違法となる（30条参照）。裁量審査についてはすでに説明した（第2章第3節**7**）。

（b）　**取消事由の制限**　　取消訴訟の訴訟物が係争処分の違法性一般であることから，訴訟当事者は，原則として，当該処分の違法性（または適法性）を基礎づけるあらゆる事由を主張立証することができる。しかし，この点については，法律上2つの例外が設けられている。また，理由付記制度との関係で，処分理由の差替えについて争いがある。

①**自己の法律上の利益に関係のない違法事由**　　原告は，自己の法律上の利益に関係のない違法を理由として，取消しを求めることができないとされている（10条1項）。いかなる場合がこれに当たるかは明確でない。判例においては，定期航空運送事業免許に対して，騒音等の被害を受けている空港周辺住民が取消訴訟を提起した事案において，原告は騒音被害と無関係な違法事由（供給過剰である等）を主張することはできないとされた（前掲最判平成元・2・17〈新潟空港訴訟〉）。これに対しては，すでに供給過剰である場合には，付近住民が航空機による騒音を受忍するいわれはないから，自己の法律上の利益に関係がないとはいえないのではないか，という疑問もある。

②**原処分主義**　　処分の取消訴訟と，当該処分に対する審査請求を棄却した裁決の取消訴訟を提起できるときは，裁決の取消訴訟においては（原）処分の違法を主張することができない（10条2項）。これは処分取消訴訟と裁決取消訴訟の交通整理をする趣旨である。すなわち，両者を提起できるときは，原則として処分取消訴訟を提起すべきであって（これを「原処分主義」という），裁決取消訴訟においては，裁決にのみ存在する瑕疵（裁決固有の瑕疵）しか主張できない。ただし，法律によってとくに裁決を争わせること（これを「裁決主義」という）が定められている場合（たとえば，特許178条6項）は，この限りでない。

「審査請求を棄却した裁決」は，原処分と異なる理由でこれを維持する場合や，原処分の一部を取り消す場合も含むと解されている。原処分の内容を修正した場合，たとえば公務員に対する停職処分を減給処分に変更した場合（国公92条1項参照）の扱いについては争いがあったが，最高裁は，修正された内容の処分が存続するものとみて，原処分を争うべきであるとした（最判昭和62・4・21民集41巻3号309頁〔百選II-134〕〈米子鉄道郵便局事件〉）。

　このように判断が容易でない場合も残されていることから，行政事件訴訟法
は，裁決取消訴訟の提起後に原処分の取消訴訟を併合提起できることとし（19
条 1 項），後者の出訴期間については，裁決取消訴訟を提起したときに提起し
たものとみなす規定をおいている（20 条）。

　③**処分理由の差替え**　　処分について理由の付記（提示）が要求されている
場合，処分時に付記されなかった理由を後になって差し替えることができるか，
という問題がある（理由の付記ないし提示については，第 1 章第 2 節 **2** (2)(b)および第
2 章第 3 節 **5** (2)(e)参照）。

　まず，別の理由を持ち出すことによって処分の内容が変わることがあり，こ
の場合は理由の差替えはできないと解される。たとえば，国家公務員に対する
懲戒処分（国公 82 条 1 項）は公務員の個別具体的な非行を理由としてなされる
ので，処分に付記されたものと全く関係のない理由に差し替えることは許され
ない。

　それ以外の場合については，①理由の差替えはいっさい許されないとする説
（全面否定説），②一定の要件が充たされた場合（たとえば，当初の理由と同一の基
礎事実に基づく場合）に限って認められるとする説（制限的肯定説），③一般的に
許されるとする説（全面肯定説）が対立している。最高裁は，青色申告に対す
る更正処分について，一般論を留保しつつ理由の差替えを肯定していたが（最
判昭和 56・7・14 民集 35 巻 5 号 901 頁〔百選Ⅱ-179〕），その後，情報公開条例に基
づく不開示決定が争われた事案について，とくに限定を付すことなく，理由の
差替えを認めている（最判平成 11・11・19 民集 53 巻 8 号 1862 頁〔百選Ⅱ-180〕
◁**判例 4-6**▷〈逗子市住民監査請求記録公開請求事件〉）。この判決は行政手続法制
定前の事案に関するものであるから，同法制定後には直ちにあてはまらないと
の見方もある。

◁**判例 4-6**▷ **最判平成 11・11・19 民集 53 巻 8 号 1862 頁〔百選Ⅱ-180〕**
〈逗子市住民監査請求記録公開請求事件〉
【事実】 逗子市の住民 X が，逗子市情報公開条例（本件条例）に基づき，監査
委員 Y に対して特定の住民監査請求に関する一件記録の公開を請求したとこ
ろ，本件条例 5 条 2 号ウ所定の非公開事由（事務事業情報）に当たるとして非
公開決定（本件処分）がなされたので，X は本件処分の取消訴訟を提起した。

Ｙは訴訟において本件条例５条２号ア（審議検討情報）該当性を追加主張した（不開示情報については第３章第２節 **3** (2)(e) 参照）。第一審および控訴審は理由の差替えを認めず，請求を認容したので，Ｙが上告した。最高裁は理由の差替えを認めた上で，原判決を破棄し，第一審に差し戻した。

【判旨】「本件条例９条４項前段が，前記のように非公開決定の通知に併せてその理由を通知すべきものとしているのは，本件条例２条が，逗子市の保有する情報は公開することを原則とし，非公開とすることができる情報は必要最小限にとどめられること，市民にとって分かりやすく利用しやすい情報公開制度となるよう努めること，情報の公開が拒否されたときは公正かつ迅速な救済が保障されることなどを解釈，運用の基本原則とする旨規定していること等にかんがみ，非公開の理由の有無について実施機関の判断の慎重と公正妥当とを担保してそのし意を抑制するとともに，非公開の理由を公開請求者に知らせることによって，その不服申立てに便宜を与えることを目的としていると解すべきである。そして，そのような目的は非公開の理由を具体的に記載して通知させること（実際には，非公開決定の通知書にその理由を付記する形で行われる。）自体をもってひとまず実現されるところ，本件条例の規定をみても，右の理由通知の定めが，右の趣旨を超えて，一たび通知書に理由を付記した以上，実施機関が当該理由以外の理由を非公開決定処分の取消訴訟において主張することを許さないものとする趣旨をも含むと解すべき根拠はないとみるのが相当である。したがって，上告人が本件処分の通知書に付記しなかった非公開事由を本件訴訟において主張することは許されず，本件各文書が本件条例５条(2)アに該当するとの上告人の主張はそれ自体失当であるとした原審の判断は，本件条例の解釈適用を誤るものであるといわざるを得ない。」

【コメント】理由付記の意義（恣意抑制機能および不服申立便宜機能）を重視するならば，全面否定説ないし制限的肯定説に分があるといえる。しかし，申請拒否処分が争われている場合は，処分をなすべきか否かが早期に決着することが原告の利益になる点を考慮すると，少なくともこの場合については差替えを認める余地もあるのではないかと思われる。

(c) 違法判断の基準時　　処分がなされてから判決が出るまでには一定の時間を要するので，その間に法律状態や事実状態が変化することもありうる。そこで，違法判断をどの時点を基準として行うべきかが問題となる。この点については，処分がなされた時点を基準とすべきであるとする説（処分時説）と，判決の時点（正確にいえば事実審の口頭弁論終結時）を基準とすべきであるとする

説（判決時説）が対立している。通説は，取消訴訟が処分の適法性を事後的に審査する訴訟であることを理由として，処分時説に立っている。判例においても，農地買収計画に関する訴願裁決取消訴訟の係属中に法改正がなされた事案について，処分時の法律によって違法性を判断すべきであるとされている（最判昭和27・1・25民集6巻1号22頁〔百選Ⅱ-184〕）。

　処分時説をとる場合，たとえば，原子炉設置許可に対して取消訴訟が提起され，訴訟係属中に得られた新たな科学的知見によって当該原子炉の危険性が明らかになったときには，取消訴訟においてはこの新たな知見を考慮できず，違法性なしと判断しなければならなくなるのか，という問題がある。この点について，最高裁は，原子炉の安全性については「現在の科学技術水準に照らし」て判断すべきであると判示している（最判平成4・10・29民集46巻7号1174頁〔百選Ⅰ-74〕〈伊方原発訴訟〉）。この見解が処分時説と両立するかについては争いがある。審査の対象となるのはあくまで処分時における原子炉の安全性ではあるが，その後の科学的知見によって安全でないことが明らかになった場合には，処分時においても安全だったとはいえないから，処分時説と矛盾するわけではない，という説明もなされている。

　なお，上記のように取消訴訟の本質論から結論を導く考え方に対しては，むしろ具体の行政過程における法律の仕組みごとに考察すべきである，とする見解が有力に主張されている。たとえば，建築物除却命令に対して取消訴訟が提起され，その後の法改正によって当該命令が違法となった場合，いかに取り扱うべきかは，取消訴訟の本質論ではなく，建築基準法の解釈によって決すべきであるとされる。違法判断の基準時の問題を訴訟法ではなく実体法上の問題としてとらえる考え方であり，柔軟な解決を可能とする点で注目に値する。

(2)　審理手続

　(a)　民事訴訟法の適用　　審理手続についても，行政事件訴訟法に特段の定めがある場合を除き，民事訴訟の例による（7条参照）。

　(b)　釈明処分の特則　　行政訴訟に関しては，被告行政側が係争処分に関する資料を出し惜しむため，十分な審理ができず，あるいは訴訟が遅延する例が少なくないことが実務家から指摘されていた。そこで，2004年の行政事件訴

訟法改正により，釈明処分の特則が設けられることになった。これによって原告側の立証負担が軽減されることも期待される。

　裁判所は，訴訟関係を明瞭にするため必要があると認めるときは，①被告である国または公共団体に所属する行政庁（または被告行政庁）に対し，処分等の内容，処分等の根拠となる法令の条項，処分等の原因となる事実，その他処分等の理由を明らかにする資料であって，当該行政庁が保有するものの全部または一部の提出を求め，②それ以外の行政庁に対し，当該行政庁が保有する同様の資料の全部または一部の送付を嘱託することができる（23条の2第1項）。

　また，処分についての審査請求に対する裁決を経て処分取消訴訟が提起されたときは，当該審査請求に係る事件の記録についても同様の処分ができる（同条2項）。

　(c)　**職権証拠調べ**　　民事訴訟においては弁論主義がとられており，裁判所は当事者によって提出された主張および証拠に基づいて判断するのが原則である。これに対し，行政訴訟においては，行政主体が利害関係を有しており，公益に影響するところが少なくないことから，当事者が提出しない証拠を職権で調べることができるとされている。ただし，証拠調べの結果について，当事者の意見を聴かなければならない（24条）。これに対し，当事者が主張しない事実を裁判所が職権で認定すること（職権探知）は認められていない。

　(d)　**訴訟参加**　　民事訴訟法に定める一般的な訴訟参加のほか，行政事件訴訟法は次の2種類の参加を定めている。

　①第三者の訴訟参加　　裁判所は，訴訟の結果により権利を侵害される第三者があるときは，当事者もしくは当該第三者の申立てにより，または職権で，決定により，当該第三者を訴訟に参加させることができる（22条1項）。

　たとえば，A県の建築主事がBに対して建築確認を行ったところ，隣人であるCが当該建築確認の取消訴訟を提起したとする。この訴訟において原告はC，被告はA県であって，Bは訴訟当事者ではない。そうすると，Cが勝訴し，当該建築確認の取消判決を得たとしても，判決の既判力（本節**4**(2)(a)参照）はBには及ばないことになるが，これでは紛争が全く解決しない。そこで行政事件訴訟法は取消判決に第三者効を認めている（32条1項）。先の例でいえば，Cが取消判決をえた場合，当事者ではないBとの関係でも建築確認の

効力が消滅することになるわけである（本節**4**(2)(b)参照）。

　ところが，そうすると，Bにとっては訴訟に関与しないまま判決の効力を受けることとなり，手続保障の点で問題がある。そこで設けられたのが第三者の訴訟参加であり，それによって主張立証を行うことが可能となる。なお，参加しないまま判決が下された場合については，第三者の再審の訴えが用意されている（34条）。

　②行政庁の訴訟参加　　裁判所は，処分または裁決をした行政庁以外の行政庁を訴訟に参加させることが必要であると認めるときは，当事者もしくは当該行政庁の申立てにより，または職権で，決定をもって，当該行政庁を訴訟に参加させることができる（23条1項）。これは訴訟資料を豊富にする趣旨である。具体的には，事案の処理に当たった下級行政庁や，裁決庁の参加が考えられる。

　(e)　立証責任　　立証責任とは，要件事実の存否が不明な場合に，自己に有利な法律効果の発生を認められないことをいう。取消訴訟に即していえば，両当事者の主張・立証にもかかわらず，裁判官が係争処分について違法ないし適法であるとの心証が得られなかった場合に，立証責任を負う側が敗訴することになる。取消訴訟における立証責任については次のような説が主張されている。

　①適法性推定説　　公定力によって行政行為は適法と推定されるから，これを覆す原告側に常に立証責任があるとする説である。かつては通説だった。しかし，公定力とは取消訴訟の排他的管轄にほかならず，立証責任とは無関係であるとする見解が通説となったため（第2章第3節**2**(1)(a)参照），現在この説を主張する者はいない。

　②法律要件分類説　　民事訴訟法の通説を行政訴訟にも適用し，法律の規定の仕方によって立証責任を決定しようとする説である。すなわち，権限行使規定（Aのときは処分Bを行う）については，処分の発動を主張する側が，権限不行使規定（Aのときは処分Bを行わない）については，処分をなすべきではないとする側が，それぞれ立証責任を負うとする。たとえば，開発許可（都計29条）を例にとると，これは権限行使規定に当たるので（同33条1項参照），（第三者による）許可処分取消訴訟では被告行政側が，不許可処分取消訴訟では（許可を申請した）原告側が，それぞれ立証責任を負うことになる。この見解に対しては，あまりに形式的ではないか，行政法規は民事法規と異なって必ずしも

立証責任を考慮して作られているわけではないのではないか，等の批判がある。

　③**権利制限・拡張区分説**　権利を制限する処分（たとえば営業停止処分の取消訴訟）については被告行政側が，拡張する処分（たとえば生活保護の給付拒否処分の取消訴訟）については原告側が，それぞれ立証責任を負うとする説である。これに対しては，前者についてはともかく，権利を拡張する処分について常に原告側に立証責任を負わせるのは不適切ではないか，等の批判がある。

　④**個別具体説**　一般的な規範の定立を断念し，当事者間の公平，事案の性質，立証の難易等を総合的に評価して立証責任の所在を決定すべきとする説である。柔軟な処理が可能となる反面，あまりに不明確であって立証責任の役割を果たすことができないのではないか，等の批判がある。

　判例は明確ではない。学説上は②〜④のいずれが通説ともいえない状況であるが，③や④（あるいは両者を組み合わせる見解）をとる論者が増えている。民事訴訟法学では，②の法律要件分類説の判断枠組みを維持しつつ，実体法の趣旨などによって修正する見解（修正法律要件分類説）が有力となっており，基本的にこの考え方が妥当ではないかと思われる。

　なお，行政裁量が認められる場合については，一般に，逸脱・濫用があることの立証責任は原告側にあるとされ，この趣旨をうかがわせる判例もあるが（最判昭和42・4・7民集21巻3号572頁〔百選Ⅱ-188〕），これを疑問視する見解もある。

　原子炉設置許可処分取消訴訟において，最高裁は，要件への適合性について行政庁の合理的な判断に委ねる趣旨であり（第2章第3節 **7** (2)④参照），立証責任は本来原告が負うべきものとしながら，原子炉の安全審査に関する資料をすべて被告行政側が保持していることなどの点を考慮すると，被告行政側が上記判断に不合理な点のないことを主張・立証する必要があり，これを尽くさない場合には，判断に不合理な点があることが事実上推認されると判示している（最判平成4・10・29民集46巻7号1174頁〔百選Ⅰ-74〕〈伊方原発訴訟〉）。証拠の偏在を理由として，立証責任を事実上転換したものと解され，適切な判断と思われる。

4 取消訴訟の判決

(1) 判決の種類

　一般の民事訴訟と同様に，訴訟要件を充たしていないときになされる「却下判決」，本案において理由がないときになされる「棄却判決」，本案に理由があるときになされる「認容判決」の3種類がある。取消訴訟において本案に理由がある場合，すなわち係争処分等が違法である場合は，処分等を取り消す判決（取消判決）がなされる。

　行政訴訟に特有の制度として「事情判決」がある。裁判所は，処分または裁決が違法である（したがって本案に理由がある）が，これを取り消すことにより公の利益に著しい障害を生ずる場合は，原告の受ける損害の程度，その損害の賠償または防止の程度および方法その他のいっさいの事情を考慮した上，処分等を取り消すことが公共の福祉に適合しないと認めるときは，請求を棄却することができる。この場合，判決主文において，処分等が違法であることを宣言しなければならない（31条1項）。

　この制度はすでに行政事件訴訟特例法に設けられていたが，行政事件訴訟法にも引き継がれた。立法者が念頭においていたのは，河川占用許可を受けてダムを建設したが，後に当該許可が取り消されたような場合である。判例においても，土地改良事業における土地改良区設立認可（行政事件訴訟特例法時代の最判昭和33・7・25民集12巻12号1847頁〔百選Ⅱ-195〕），土地区画整理事業における換地処分（長崎地判昭和43・4・30行集19巻4号823頁），ダム建設のための収用裁決（札幌地判平成9・3・27判時1598号33頁〈二風谷ダム事件〉）などが争われた事件で適用されている。

　事情判決制度に対しては法治主義に反するとの批判も多い。他方では，この制度の存在によって訴えの利益が肯定された事案（最判平成4・1・24民集46巻1号54頁〔百選Ⅱ-172〕◀ **判例 4-7** ▶〈八鹿町土地改良事業施行認可処分取消請求事件〉）もあることから，必ずしも否定的に評価すべきでないとする見解もある。いずれにしても，処分性の拡大，差止訴訟や仮の権利保護制度の活用，訴訟の促進等によって，既成事実の発生をできる限り防止するのが本筋ではないかと思われる。

> ◁判例 4-7▷ 最判平成 4・1・24 民集 46 巻 1 号 54 頁〔百選Ⅱ-172〕
> 　　　　　　　　　〈八鹿町土地改良事業施行認可処分取消請求事件〉
> 【事実】県知事が行った町営土地改良事業の施行認可に対して，施行地区内に土地を有する X が取消訴訟を提起した。当初認可の処分性が争点となったが，最高裁はこれを肯定し（最判昭和 61・2・13 民集 40 巻 1 号 1 頁），事件は第一審に差し戻された。同審係属中に土地改良事業が完了したため，今度は訴えの利益の存否が争われた。第一審および控訴審はこれを否定して訴えを却下したが，最高裁は訴えの利益があると判断し，原判決を破棄して，第一審に差し戻した。
> 【判旨】「本件認可処分は，本件事業の施行者である八鹿町に対し，本件事業施行地域内の土地につき土地改良事業を施行することを認可するもの，すなわち，土地改良事業施行権を付与するものであり，本件事業において，本件認可処分後に行われる換地処分等の一連の手続及び処分は，本件認可処分が有効に存在することを前提とするものであるから，本件訴訟において本件認可処分が取り消されるとすれば，これにより右換地処分等の法的効力が影響を受けることは明らかである。そして，本件訴訟において，**本件認可処分が取り消された場合に，本件事業施行地域を本件事業施行以前の原状に回復することが，本件訴訟係属中に本件事業計画に係る工事及び換地処分がすべて完了したため，社会的，経済的損失の観点からみて，社会通念上，不可能であるとしても，右のような事情は，行政事件訴訟法 31 条の適用に関して考慮されるべき事柄であって，本件認可処分の取消しを求める上告人〔X〕の法律上の利益を消滅させるものではないと解するのが相当である。**」
> 【コメント】本件下級審は，本件土地改良事業は完了しており，本件認可に係る事業施行地域を原状に回復することは，「その社会的・経済的損失を考えると，社会通念上，不可能である」として，訴えの利益を否定した。しかし，事情判決の場合，処分等が違法であることが判決主文で宣言されるから，訴え却下より原告にとって有利である。また，下級審の考え方によれば，事情判決を行うべき場合は常に訴えの利益が否定されることになり，事情判決の制度は必要ないことになってしまう。訴えの利益については，本節 **2** (3) を参照。

(2)　判決の効力

(a)　**既判力**　　　既判力とは，判決によって裁判所の判断内容が確定し，当事者がもはやこれを争えないことをいう。民事訴訟一般と同様，取消訴訟の判決にも認められる。既判力は原則として訴訟当事者にしか及ばない。

(b)　**形成力**　　　形成力とは，取消判決によって係争処分の効果が遡及的に消

滅することをいう。取消判決がなされると，行政庁による取消しを待つことなく，直ちに当該処分の効果が失われる。

　取消判決は第三者に対しても効力を有する（32条1項）。これを取消判決の第三者効という。すでに説明したように（本節**3**(2)(d)①参照），建築確認の取消訴訟を隣人が提起した場合において，建築主は訴訟当事者とはならないので，取消判決の既判力はこの者には及ばない。これでは取消訴訟を提起する意味がないので，第三者（この例では建築主）にも判決の効力を及ぼすことにしたわけである。これに対応して，当該第三者に手続保障を行うために，訴訟参加（22条）および再審の訴え（34条）が認められることもすでに述べた。

　上記の事例のように係争処分の取消しによって第三者が不利益を受けるのではなく，利益を受ける場合にもこの効力が及ぶかどうかについては争いがある。このことがとくに問題となるのは，一般的な性格をもった行為が争われた場合であり，原告との関係でのみ取り消されるのか（相対効説），すべての者との関係で行為が効果を失うのか（絶対効説）が争点となっている。医療費の職権告示に対して取消訴訟が提起され，同時に執行停止が申し立てられた事案において，東京地裁は同告示の処分性を認めた上で，相対効説に立って，取消判決によっては原告との関係でのみ行為が取り消されるとの判断を示した（東京地決昭和40・4・22行集16巻4号708頁◆**判例 4-8**◆〈健康保険医療費値上げ事件〉）。

◇**判例 4-8**◇**東京地決昭和40・4・22行集16巻4号708頁**
〈**健康保険医療費値上げ事件**〉
【**事実**】厚生大臣（当時）が，中央社会保険医療協議会に諮問することなく，職権で医療費の算定基準を引き上げる告示を行ったので，Xら（健康保険組合等）がこの告示の取消訴訟を提起するとともに，執行停止を申し立てた。東京地裁は，本件告示に処分性を認めた上で，執行停止を命じる決定をしたが，その理由の中で取消判決の第三者効について次のように判示した。
【**決定要旨**】「立法行為の性質を有する行政庁の行為が取消訴訟の対象となるとはいつても，それは，その行為が個人の具体的な権利義務ないし法律上の利益に直接法律的変動を与える場合に，その限りにおいて取消訴訟の対象となるにすぎないのであるから，取消判決において取り消されるのは，その立法行為たる性質を有する行政庁の行為のうち，当該行為の取消しを求めている原告〔Xら〕に対する関係における部分のみであつて，行為一般が取り消されるのでは

ないと解すべきである。けだし，抗告訴訟，特に取消訴訟は行政庁の違法な公権力の行使によつて自己の権利ないし法律上の利益を侵害された者がその権利ないし法律上の利益の救済を求めるために認められた制度であり（行政事件訴訟法第9条，第10条第1項参照），自己の権利ないし利益に関係なく違法な行政行為一般の是正を求めることを目的とする民衆訴訟は法律に定める場合において法律に定める者からのみ提起しうるものとされている（同法第5条，第42条）趣旨から考えると，行政事件訴訟法は，行政庁の1個の行為であつても原告の権利義務ないし法律上の利益と何ら関係のない部分についてはその取消しを求め得ないものとしているものと解するのが相当であるし，また原告をして自己の権利義務ないし法律上の利益に直接関係する部分をこえて立法行為たる性質を有する行政庁の行為全般を取り消させなければならない必要性も認められず，かく解したからといつて何ら当該原告の権利救済の途をとざすことにもならないからである。法第32条第1項は，取消判決の効力は第三者に及ぶ旨規定しているが，その趣旨は，原告に対する関係で行政庁の行為が取り消されたという効果を第三者も争い得なくなること，換言すれば，原告は何人に対する関係においても以後当該行政庁の行為の適用ないし拘束を受けないことを意味するにとどまり，（行為の性質上不可分の場合および実際上の効果は別として），それ以上に取消判決の効果を第三者も享受し，当該行政庁の行為がすべての人に対する関係で取り消されたことになること，すなわち，何人も以後当該行政庁の行為の適用ないし拘束を受けなくなることを意味するものでないというべきであるから，右条項の存在は何ら前記解釈の妨げとなるものではない。」

【コメント】これに対し，絶対効説に立つと解されるものに，大阪地判昭和57・2・19行集33巻1＝2号118頁〈近鉄特急料金訴訟第一審〉がある。また，浜松市土地区画整理事業計画事件（最大判平成20・9・10民集62巻8号2029頁〔百選Ⅱ-147〕 判例 2-7 ）における近藤崇晴裁判官の補足意見も，絶対効説が「至当である」とする。最判平成21・11・26民集63巻9号2124頁〔百選Ⅱ-197〕〈横浜市保育所廃止条例事件〉が絶対効説に立つとの指摘があることについては， 判例 4-3 の【コメント】を参照。

(c)　**拘束力**　　拘束力とは，取消判決がなされた場合には，処分を行った行政庁その他の関係行政庁がその趣旨に従って行動しなければならない義務を負うことをいう（33条1項参照）。具体的には，消極的に働く反復禁止効と，積極的な作為義務がある。

①**反復禁止効**　　たとえば，行政文書の開示請求に対し，事務事業情報（行

政機関情報公開 5 条 6 号）に当たるという理由で不開示決定がなされ，取消訴訟
が提起されて取消判決が確定したとする。にもかかわらず，行政庁が再び同じ
理由で不開示決定を行いうるとすると，紛争は解決しない。そこでこのような
場合，行政庁に対して同じ理由で同じ内容の処分を行うことを禁ずる効力が反
復禁止効である。

　このような効力が認められる根拠については争いがある。通説は，取り消さ
れた処分と，取消判決を受けてなされる処分とは，形式的には別物であり，既
判力は及ばないので，行政事件訴訟法 33 条によってとくに反復禁止効が定め
られたものと解する（特殊効力説）。これに対し，処分が形式的には別個のもの
であるとしても，当事者間に存在する法律関係は同一なので，反復禁止効は既
判力によっても説明できるとする見解もある（既判力説）。

　また，上記のように全く同じ理由で同一内容の処分をすることが許されない
ことは争われていないが，前訴で主張できたにもかかわらず，主張しなかった
事由に基づいて，再度の拒否処分を行うことができるかについては見解の対立
がある。情報公開条例に基づく開示請求に対し，事務事業情報該当性を理由と
する不開示決定がなされ，取消判決が確定したが，これを受けて個人情報該当
性等を理由とする再度の不開示決定がなされた事案について，第一審は，紛争
の一回的解決の観点から，前訴において主張できた理由に基づいて拒否決定を
することは許されないと判断した（大津地判平成 9・6・2 判例自治 173 号 27 頁）。
これに対し，控訴審は，前訴判決はすべての不開示事由について該当性を否定
したわけではないこと等を理由に，別の理由による再度の拒否処分は許される
と判断した（大阪高判平成 10・6・30 判時 1672 号 51 頁）。

　確かに，紛争の一回的解決の観点からは，別の理由による再処分を禁じるこ
とが望ましいが，他方では，そもそも前訴において不開示事由の差替えができ
るかどうか不明確であること，仮に可能であるとしても，差替えが義務づけら
れるかが明らかでないことを考慮すると，反復禁止効を限定的に解した上で，
訴訟指揮等によって対処するのが妥当ではないかと考えられる。

　同様の趣旨と解されるのが，東京拘置所診療情報開示請求事件である（最判
令和 3・6・15 民集 75 巻 7 号 3064 頁〔百選Ⅰ-36〕）。拘置所の被収容者が旧行政機
関個人情報保護法に基づいて診療情報の開示を求めたところ，当該情報は適用

除外（同法 45 条 1 項）の対象に含まれるとして不開示決定（本件決定）を受けたので，本件決定の取消訴訟を提起した。最高裁は当該情報が適用除外の対象に含まれないと判断したが（第 3 章第 2 節 **4** (2)(a)④参照），本件決定を取り消すことなく，不開示情報（同法 14 条各号）該当性を判断させるために，原審に差し戻した。本件決定の取消判決の拘束力によっては，不開示情報該当性を理由とする不開示決定が妨げられないことを前提として，原審で不開示情報該当性を判断させることにより，紛争の一回的解決を図ろうとしたものと思われる。

　②**積極的作為義務**　　申請を拒否する処分が取り消された場合，処分を行った行政庁は，判決の趣旨に従い，改めて申請について処分を行わなければならない（33 条 2 項）。このような場合，原告は改めて申請をする必要はなく，行政庁の側で再審査を開始しなければならない（再審査義務）とする趣旨である。

　積極的作為義務がそれ以上に及ぶかどうかについては争いがある。とくに問題となっているのは，不整合処分の取消義務と原状回復義務である。

　不整合処分の取消義務とは，たとえば，課税処分に基づいて滞納処分がなされたところ，後になって課税処分が取り消された場合，行政庁は滞納処分の取消義務を負うか，という問題である。また，放送局の開設免許について競願となり，拒否処分を受けた原告が異議申立てを行ったうえ，棄却裁決の取消訴訟を提起した東京 12 チャンネル事件（最判昭和 43・12・24 民集 22 巻 13 号 3254 頁〔百選Ⅱ-166〕　**判例 2-2**　）においては，免許処分と拒否処分は表裏の関係にあるから，原告の申請が優れているとして拒否処分に対する異議申立ての棄却裁決が取り消されたときは，処分庁は決定前の白紙の状態に立ち返り，改めて異議申立てに対する決定をなすべきであるとされている。この点については，取消判決と整合しない処分が効果を失うことに争いはないが，行政庁が拘束力によって取消義務を負うと説明する説と，取消判決によって当該処分はその前提要件を失って無効となるので，拘束力を持ち出すまでもないとする説が対立している。

　原状回復義務とは，たとえば，違法建築物に対して除却命令（建基 9 条 1 項）がなされ，これが強制執行（代執行）された後に，除却命令が取り消された場合，行政庁は建築物の原状回復を行う義務を負うか，という問題である（代執行については，第 3 章第 3 節 **1** (2)参照）。否定説が多いが，肯定説も有力に主張さ

れている。このような場合，強制執行が完了すると除却命令取消訴訟の訴えの利益は消滅すると解されているが，原状回復義務があるとすれば，訴えの利益を肯定することが可能となる。

5　その他の行政訴訟

(1)　無効等確認訴訟

(a)　**概　説**　無効等確認訴訟は，処分または裁決（処分等）の存否またはその効力の有無の確認を求める訴訟をいう（3条4項）。「存否」の確認は，処分等がその成立要件を欠いており不存在である場合，「効力の有無」の確認は，成立した処分が無効である場合を念頭に置いている。もっとも，訴訟法上の取扱いが異なるわけではなく，両者を区別する実益は乏しい。

すでに説明したように（第2章第3節**2**(1)，**6**(2)），行政処分（行政行為）には公定力があり，違法であっても私人は一応これに従う義務を負うが，処分が無効である場合（一般的にいえば，重大かつ明白な瑕疵がある場合）には，例外的に公定力は認められないと解されている。処分が無効であるか否かについて争いがある場合に，その確認を求めるのが無効等確認訴訟である。

もっとも，処分が無効である場合は，無効等確認訴訟を提起するほかに，処分の無効を前提として民事訴訟（争点訴訟）や公法上の当事者訴訟を提起することも可能である。たとえば，土地の収用裁決が無効であると主張する場合，裁決の無効等確認訴訟を提起する方法と，裁決の無効を前提として所有権の確認等を求める訴訟（民事訴訟）を提起する方法がある。行政事件訴訟特例法の下では，両者の関係をいかに解するかをめぐって争いがあった。そこで行政事件訴訟法は，無効等確認訴訟は補充的にのみ認められるとする規定（36条）を設け，一応の交通整理を図った。

補充性が要件とされたのは，無効等確認訴訟が過去の行為に関する確認訴訟であることから，民事訴訟法の一般理論により例外的にしか認められないと考えられたことによる。しかし，処分は行政法関係の変動をもたらす重要な行為であり，紛争解決のためには紛争の根源となっている処分の無効を確認することが大きな意味をもつ。したがって，補充性の要件を過度に厳格に解することは適切ではない。

(b)　**訴訟要件**　　無効等確認訴訟の訴訟要件は，①処分性，②原告適格，③
(狭義の) 訴えの利益，④補充性，⑤被告適格，⑥管轄裁判所である。

無効等確認訴訟の対象となるのは「処分若しくは裁決」である (3 条 4 項)。
処分の意義は取消訴訟 (本節**2**(1)) と同様である。無効等確認訴訟を提起でき
るのは，当該処分の無効等確認を求めるにつき「法律上の利益を有する者」で
あり (36 条参照)，取消訴訟 (本節**2**(2)) と同様に解される (最判平成 4・9・22
民集 46 巻 6 号 571 頁〔百選Ⅱ-156〕〈もんじゅ訴訟〉参照)。当該処分が職権で取り
消された場合などには (狭義の) 訴えの利益が消滅することも，取消訴訟 (本
節**2**(3)) と同様である。

補充性に関して，行政事件訴訟法 36 条は，「無効等確認の訴えは，①当該処
分又は裁決に続く処分により損害を受けるおそれのある者②その他当該処分又
は裁決の無効等の確認を求めるにつき法律上の利益を有する者で，③当該処分
若しくは裁決の存否又はその効力の有無を前提とする現在の法律関係に関する
訴えによつて目的を達することができないものに限り，提起することができ
る」と規定する (①〜③は引用者の挿入)。

この条文については，まず，上記の③が②にのみかかるのか (二元説)，それ
とも①にもかかるのか (一元説) をめぐって争いがある。要するに，後続処分
によって損害を受けるおそれがある場合 (①) について，さらに補充性の要件
(③) が必要か否かが問題である。読点の位置からすると，文理上は一元説に
分があるようにもみえるが，立法関係者が二元説に立つ旨を述べていること
(読点の位置は立法上のミスだとされる)，後続処分によって損害を受けるおそれが
ある場合には，直ちに無効等確認訴訟を認めるべきではないかと考えられるこ
とからすると，二元説が妥当と思われる。判例は必ずしも明確ではないが，課
税処分の無効確認が求められた事案について，現在の法律関係に関する訴え
(租税債務不存在確認訴訟) に触れることなく，滞納処分がなされるおそれがあ
れば訴えの利益は認められるとされている (最判昭和 51・4・27 民集 30 巻 3 号
384 頁)。

次に，「処分……の効力の有無を前提とする現在の法律関係に関する訴え」
が何を指すかが問題となる。上記のような収用裁決の無効を前提とする所有権
確認訴訟などがこれに当たることは明らかである。原子炉設置許可処分の無効

等確認訴訟と人格権に基づく民事差止訴訟との関係については争いがあったが，最高裁は，このような民事訴訟は処分の効力の有無を前提とする現在の法律関係に関する訴えには該当しないとした（最判平成4・9・22民集46巻6号1090頁〔百選Ⅱ-174〕〈もんじゅ訴訟〉）。民事差止訴訟は人格権の侵害を根拠とするものであり，処分の無効を前提とする訴訟とはいえないから，妥当な判断だと思われる（第2章第3節**2**(1)参照）。

　「目的を達することができない」の意味については，現在の法律関係に関する訴訟を提起できない場合を指すとする説（還元不能説），現在の法律関係に関する訴えによって目的を達成できない場合を指すとする説（目的達成不能説）などが対立している。最高裁は，土地改良事業における換地処分の無効等確認訴訟について，換地処分前の土地に関する所有権確認訴訟が可能であるとしても，多数の権利者に対してなされる換地処分は相互に連鎖し関連し合っていることからすると，無効等確認訴訟によるほうが「より直截的で適切な争訟形態」であるとして，訴えの適法性を認めている（最判昭和62・4・17民集41巻3号286頁〔百選Ⅱ-173〕〈**判例 4-9**〉〈千葉県換地処分無効確認請求事件〉）。目的達成不能説の一種と解されるが，行政過程の特質を考慮した適切な解釈と思われる。

　被告適格と管轄裁判所については，取消訴訟の規定（11条・12条）が準用されている（38条1項）。出訴期間および審査請求前置の規定は準用されていない。

〈**判例 4-9**〉 **最判昭和62・4・17民集41巻3号286頁〔百選Ⅱ-173〕**
〈**千葉県換地処分無効確認請求事件**〉

【事実】 土地改良区Yの土地改良事業施行区域内に土地を有するXは，Yから換地処分を受け，照応原則（換地が従前地に適切に対応すべきという原則）違反等を理由に，換地処分の無効等確認訴訟を提起した。第一審は本案審理の結果請求を棄却したが，控訴審は，土地所有権確認訴訟等によって目的を達することができるから，補充性の要件を欠くとして，訴えを却下した。Xが上告したところ，最高裁は訴えの適法性を認め，原判決を破棄し，事件を原審に差し戻した。

【判旨】「土地改良事業の施行に伴い土地改良区から換地処分を受けた者が，右換地処分は照応の原則に違反し無効であると主張してこれを争おうとするときは，行政事件訴訟法36条により右換地処分の無効確認を求める訴えを提起することができるものと解するのが相当である。けだし，法〔＝土地改良法〕54

条に基づく換地処分は，土地改良事業の性質上必要があるときに当該土地改良事業の施行に係る地域につき換地計画を定めて行われるものであり，右施行地域内の土地所有者等多数の権利者に対して行われる換地処分は通常相互に連鎖し関連し合つているとみられるのであるから，このような換地処分の効力をめぐる紛争を私人間の法律関係に関する個別の訴えによつて解決しなければならないとするのは右処分の性質に照らして必ずしも適当とはいい難く，また，換地処分を受けた者が照応の原則に違反することを主張してこれを争う場合には，自己に対してより有利な換地が交付されるべきことを主張していることにほかならないのであつて，換地処分がされる前の従前の土地に関する所有権等の権利の保全確保を目的とするものではないのであるから，このような紛争の実態にかんがみると，当該換地処分の無効を前提とする従前の土地の所有権確認訴訟等の現在の法律関係に関する訴えは右紛争を解決するための争訟形態として適切なものとはいえず，むしろ当該換地処分の無効確認を求める訴えのほうがより直截的で適切な争訟形態というべきであり，結局，右のような場合には，当該換地処分の無効を前提とする現在の法律関係に関する訴えによつてはその目的を達することができないものとして，行政事件訴訟法 36 条所定の無効確認の訴えの原告適格を肯認すべき場合に当たると解されるからである。」

(c) **審　理**　　出訴期間等に関係する規定を除き，取消訴訟のほとんどの規定が準用されている（38 条 1 項〜3 項）。無効判断の基準時（本節 **3** (1)(c)）も同様に処分時と考えられる。

(d) **判　決**　　拘束力に関する規定（33 条）のみが準用されている（38 条 1 項）。事情判決（31 条）および取消判決の第三者効（32 条）の規定は準用されていない。これは処分が無効である場合にはその取消しを考えることができないとの理由によるが，無効等確認訴訟が基本的に取消訴訟と同じ性質を有することを考えると，準用を認めるべきではないかと思われる。

(2)　不作為の違法確認訴訟

(a) **概　説**　　不作為の違法確認訴訟とは，行政庁が，法令に基づく申請に対し，相当の期間内に何らかの処分または裁決（処分等）をすべきであるにもかかわらず，これをしないことについての違法の確認を求める訴訟である（行訴 3 条 5 項）。たとえば，建築確認を申請したのに対し，周辺住民との間に紛争があることを理由に，建築主事が相当の期間内に何らの処分もしない（確認も

拒否もしない）場合に，この不作為が違法であることの確認を求める訴訟がこ
れにあたる。

　注意を要するのは，この訴訟は，何らの処分もしないことが違法であること
の確認を求めるにすぎない，ということである。行政側としては，不作為の違
法を確認する判決を受けたとしても，何らかの処分を行えばよいのであって，
申請を認める処分をするよう義務づけられるわけではない。上記の例でいえば，
建築確認を拒否する処分を行うことも許される。この場合，申請者はあらため
て拒否処分の取消訴訟を提起しなければならない。要するに，不作為の違法確
認訴訟は手続を促進する意味しかもっておらず，その限りで中途半端な制度と
いわざるをえない。

　申請に対して何らの処分も行われない場合，端的な救済方法としては，申請
を認める処分（上記の例でいえば建築確認処分）を行うよう求める訴訟が考えら
れる。これは義務付け訴訟である。ところが，後に述べるように（本項(3)(a)参
照），行政事件訴訟法の制定当時，こうした訴訟が認められるかどうかについ
ては争いがあり，義務付け訴訟は明文では規定されなかった。その代替手段と
して設けられたのが不作為の違法確認訴訟である。

　2004年の同法改正により，義務付け訴訟が法定されたので，それにともな
って不作為の違法確認訴訟を廃止することも十分考えられた。しかし，①紛争
の柔軟な解決をはかるため，不作為の違法を確認する判決を下す余地を残すの
が妥当であること（本項(3)(b)③参照），②原告の選択肢をあえて狭めるまでもな
いことを理由として，従来のまま存置されることになった。

　(b) 訴訟要件　　不作為の違法確認訴訟の訴訟要件は，①処分性，②原告適
格，③（狭義の）訴えの利益，④被告適格，⑤管轄裁判所，⑥審査請求前置で
ある。

　不作為の違法確認訴訟で求めることができるのは，何らかの「処分又は裁
決」をしないことについての違法の確認である（3条5項）。処分の意義は取
消訴訟（本節**2**(1)）と同様である。不作為の違法確認訴訟について原告適格を
有するのは，処分等についての申請をした者に限る（37条）。ここでいう「申
請」とは，「法令に基づく申請」（3条5項）をいう（本節**2**(1)(c)参照）。したがっ
て，法令によって申請制度が設けられている（私人からみると，申請権が認めら

れている）こと，原告が実際に申請を行ったことが必要となる。他方で，この
要件を充たせば十分であり，取消訴訟のように原告適格が問題となることはな
い。訴訟提起の後に処分等がなされた場合などは，訴えの利益が消滅すると解
される。

　被告適格と管轄裁判所については，取消訴訟の規定（11条・12条）が準用さ
れている（38条1項）。審査請求前置の規定（8条）も準用されているので（38
条4項），法律に前置主義を定める規定があるときは，まず審査請求を行わな
ければならない。出訴期間は設けられていないので，不作為状態が継続する限
り，いつまででも提起できる。

　(c)　**審　理**　　本案においては「相当の期間」（3条5項）が経過しているか
どうかが審理される。行政手続法に基づいて標準処理期間（行手6条）が定め
られている場合，これが直ちに「相当の期間」となるとはいえないが，重要な
考慮要素となりうる。審理手続に関しては，出訴期間に関連する規定を除き，
取消訴訟のほとんどの規定が準用されている（38条1項）。原処分主義（10条2
項）の規定も同様である（38条4項）。ただし，訴訟の性質上，違法判断の基準
時（本節**3**(1)(c)）は判決時（口頭弁論終結時）と考えられる。

　(d)　**判　決**　　拘束力（33条）の規定のみが準用されている（38条1項）。不
作為の違法を確認する判決があった場合，申請を受けた行政庁は何らかの処分
等を行うことを義務づけられる。

(3)　義務付け訴訟

　(a)　**概　説**　　義務付け訴訟とは，行政庁に対して一定の処分または裁決を
すべき旨を命じることを求める訴訟をいう（3条6項柱書）。

　義務付け訴訟が許されるかについては従来から議論があり，これを全面否定
する有力説があったため，行政事件訴訟法制定時には明文規定がおかれなかっ
た。その後，法定外抗告訴訟（無名抗告訴訟，本節**1**(3)(a)参照）としてこのよう
な訴訟が許されるかどうかが議論され，いっさい許されないとする全面否定説，
取消訴訟によって救済が得られない場合にのみ認められるとする補充説，紛争
が成熟していれば許されるとする独立説が主張されていた。下級審裁判例はお
おむね補充説に立ち，①行政に課せられた義務が一義的に明白であること，②

義務付け訴訟を認めなければ回復困難な損害が発生すること，③他に救済手段がないことを適法要件としていた。しかし，実際に訴えが適法とされ，本案審理がなされた例はごくわずかにすぎず，請求が認容されたのは，違法建築物に対して是正命令を発しないことが違法であることの確認が求められた事案のみだった（東京地判平成 13・12・4 判時 1791 号 3 頁〈国立マンション除却命令事件〉）。

　2004 年の行政事件訴訟法改正により，義務付け訴訟が明文で規定された（3条 6 項）。同法は，①法令に基づく申請等が行われたにもかかわらず，申請によって求められた処分等がなされなかった場合（同項 2 号，以下「申請型義務付け訴訟」という）と，②それ以外の場合（同項 1 号，以下「非申請型義務付け訴訟」という）を区別している。のちにみるように，後者の方が訴訟要件が厳しい。たとえば，建築確認（建基 6 条 1 項）を申請したが，拒否処分がなされ，あるいは何らの処分もなされなかったので，建築主事に対して建築確認をするよう求める訴訟は前者に当たる。これに対し，隣接地の建築物が建築基準法令に反するとして，特定行政庁に是正命令（同 9 条 1 項）を発するよう求める訴訟は後者に当たる。

(b) 申請型義務付け訴訟

　①概 説　申請型義務付け訴訟とは，義務付け訴訟のうち，行政庁に対し一定の処分または裁決（処分等）を求める旨の法令に基づく申請または審査請求がされた場合において，当該行政庁がその処分等をすべきであるにもかかわらずこれがされないときに提起されるものをいう（3 条 6 項 2 号）。訴訟要件が緩やかなこともあって多くの訴訟が提起されており，請求認容例も，情報公開関係のほか，保育園の入園承諾を義務づけたもの（東京地判平成 18・10・25 判時 1956 号 62 頁）など，多数に上っている。

　②訴訟要件　申請型義務付け訴訟の訴訟要件は，㋐処分性，㋑一定性，㋒原告適格，㋓（狭義の）訴えの利益，㋔併合提訴，㋕被告適格，㋖管轄裁判所である。

　申請型義務付け訴訟の対象となるのは，「処分又は裁決」である（3 条 6 項 2号）。処分等の意義は取消訴訟（本節**2**(1)）と同様である。処分等は「一定の」ものでなければならない（3 条 6 項 2 号）。一定性に関しては，訴訟要件および本案勝訴要件について，裁判所が判断できる程度に特定されていれば足りると

解されている。

　申請型義務付け訴訟を提起できるのは，法令に基づく申請または審査請求を
した者に限られる（37条の3第2項）。すなわち，法令に基づく申請または審査
請求が可能であり，かつ，原告が実際に申請または審査請求を行ったことが必
要である。法令に基づく申請の意義については既に説明した（本節 **2** (1)(c)）。
申請通りの処分がなされた場合などは，訴えの利益が消滅すると解される。

　さらに，申請型義務付け訴訟を提起するときは，一定の訴訟を適法に併合提
起することが求められている（併合提訴要件）。すなわち，申請等に対して何ら
の処分等もなされなかった場合は（同条1項1号），不作為の違法確認訴訟を併
合して提起しなければならない（同条3項1号）。これに対し，拒否処分等がさ
れた場合は（同条1項2号），当該拒否処分等の取消訴訟（出訴期間を過ぎたとき
は無効等確認訴訟）を併合して提起しなければならない。併合提訴が要件とされ
たのは，行政庁の義務を一義的に確定できない場合などにおいて，併合提起さ
れた訴えについてのみ判決を下すことにより，柔軟な解決を図ることを可能と
するためである（③参照）。

　被告適格と管轄裁判所については，取消訴訟の規定（11条・12条）が準用さ
れている（38条1項）。

　出訴期間は設けられていない。しかし，併合提訴要件があるため，拒否処分
等取消訴訟の出訴期間が徒過したときは，無効等確認訴訟を併合提起しなけれ
ばならなくなる。この場合は，拒否処分等が無効であることが本案勝訴要件と
なるから（③参照），勝訴することがより難しくなる。もっとも，再申請が可能
であるときは（第2章第3節 **2** (2)参照），この点は実際上あまり重要ではないこ
とになる。

　審査請求前置の規定も準用されていない。しかし，この場合も併合提訴要件
との関係を考慮する必要がある。すなわち，不作為の違法確認訴訟や取消訴訟
を併合提起すべき場合であって，これらの訴訟について審査請求前置主義の規
定があるとき（本項(2)(c)参照）は，まず審査請求を行わなければならない。も
っとも，不作為の違法確認については審査請求期間の制約がないので（本章第
1節 **2** (5)参照），この点は事後的に補正することも可能である。拒否処分等がな
されたときは，審査請求期間が徒過した場合，上記と同様に無効等確認訴訟を

併合提起しなければならず，処分の無効を主張立証しなければならなくなる。

裁決義務付け訴訟に関しては，処分について審査請求がなされた場合において，当該処分に係る取消訴訟または無効等確認訴訟を提起できないときに限り，これを提起できるとされている（37条の3第7項）。取消訴訟等を提起できるのであれば，裁決の義務付けを求める必要がないからである。もっとも，裁決主義がとられている場合（本節**3**(1)(b)②）には，原処分の取消訴訟を提起できないから，裁決義務付け訴訟の提起が可能となる。また，審査請求に基づいて原処分を変更する裁決がなされたが，原処分と裁決のいずれにも不服がある場合，原処分が消滅していれば（ただし，修正裁決後に原処分が存続すると解される場合もあることについては，本節**3**(1)(b)②参照），処分取消訴訟等を提起できないから，この場合も裁決取消訴訟を提起することができる。

③**審　理**　本案勝訴要件については2つの点が規定されている（37条の3第5項）。

まず，併合提起された訴訟（取消訴訟，無効等確認訴訟，不作為の違法確認訴訟）に理由があることが必要である。取消訴訟や不作為の違法確認訴訟についてはあまり問題がないが，無効等確認訴訟が併合されている場合（拒否処分について出訴期間が徒過している場合など），拒否処分が無効である（一般的にいえば，重大かつ明白な瑕疵がある）必要がある。なお，この点を訴訟要件と解する説が有力であるが，仮の義務付けが申し立てられた場合に，併合提起された取消訴訟等に理由があるかどうかの審理（本案審理）をしなければならなくなるから，本案勝訴要件と解すべきである。

次に，義務付け訴訟に係る処分等につき，(ア)行政庁がその処分等をすべきことがその処分等の根拠となる法令の規定から明らかであると認められること，あるいは，(イ)行政庁がその処分等をしないことがその裁量権の範囲を越えもしくはその濫用となると認められることが必要である。(イ)が処分等について裁量が認められている場合を指すことは明らかであるが，(ア)の趣旨は定かでない。裁量が存在しないのであれば，処分等をする義務の有無は一義的に定まるはずであり，「明らか」という要件は不必要ではないかと思われる。善解するならば，これは行政庁の権限が覊束されていることを意味すると考えるべきである。以上からすると，結局，義務付けの訴えに係る処分等をする義務があることが，

本案勝訴要件となると解される。

　義務付け訴訟と併合提起された訴訟については，その弁論および裁判を分離しないでしなければならない（同条4項）。

　ただし，審理の状況その他の事情を考慮して，併合提起された訴訟についてのみ終局判決をすることがより迅速な争訟の解決に資すると認めるときは，後者の訴訟についてのみ終局判決をすることができる（同条6項）。これは事案の柔軟な解決をはかる趣旨である。この規定を適用した例として，個人タクシー事業の運賃変更（値下げ）認可等の申請却下処分に対し，取消訴訟と義務付け訴訟が提起された事案について，考慮すべき事情を考慮せずに判断を行ったなどとして，取消請求のみ認容した判決（前判決）がある（大阪地判平成19・3・14判タ1252号189頁）。その後，処分庁が再び申請却下処分（再却下処分）を行ったので，再却下処分の取消訴訟等が追加的に併合提起されたところ，前判決が処分を違法と判断した理由は，考慮すべき諸事情を十分斟酌しなかったことにあるから，考慮すべき事項を考慮して行った再却下処分は前判決の拘束力に反するものではないとして，取消請求は棄却され，義務付けの訴えは不適法却下された（大阪高判平成22・9・9判時2108号21頁）。

　その他，審理手続については，取消訴訟に関する規定の多くが準用される（38条1項）。ただし，訴訟の性質上，判断の基準時（本節**3**(1)(c)）は判決時（口頭弁論終結時）と考えられる。取消訴訟または無効等確認訴訟が併合提起された場合は，処分時が基準となるとする説もある。

　④**判　　決**　　取消訴訟の拘束力（33条）の規定が準用されている（38条1項）。一定の処分等を義務付ける判決が下された場合，被告行政主体は当該処分等を行う義務を課せられる。建築確認の拒否処分に対して義務付け訴訟が提起された場合を例にとると，被告行政主体（具体的には建築主事）は建築確認を行う義務を負うことになる。

　(c)　**非申請型義務付け訴訟**

　①**概　　説**　　非申請型義務付け訴訟とは，行政庁が一定の処分をすべきであるにもかかわらず，これがされないときに提起される義務付け訴訟であって，申請型以外のものをいう（3条6項1号）。すなわち，法令に基づく申請制度によることなく，直ちに一定の処分をすべき旨を命じることを求める訴訟である。

次に述べるように，訴訟要件が厳しいこともあり，請求認容例は，いまのところ，住民票作成の義務付けが求められた事案（東京地判平成 19・5・31 判時 1981 号 9 頁。控訴審・東京高判平成 19・11・5 判タ 1277 号 133 頁によって取消し），産業廃棄物処分場に対する規制権限行使の義務付け等が求められた事案（福岡高判平成 23・2・7 判時 2122 号 45 頁 ⟨ 判例 4-10 ⟩ 〈産廃処分場措置命令義務付け事件〉）などにとどまる。

②**訴訟要件**　　非申請型義務付け訴訟の訴訟要件は，⑺処分性，⑷一定性，⑼原告適格，㈢（狭義の）訴えの利益，㈤重大な損害，㈥補充性，㈦被告適格，㈧管轄裁判所である。

　非申請型義務付け訴訟の対象となるのは「処分」である（3 条 6 項 1 号）。処分の意義は取消訴訟（本節 **2** (1)）と同様である。

　処分は「一定の」ものでなければならない（3 条 6 項 1 号）。申請型義務付け訴訟におけるのと同様，訴訟要件および本案勝訴要件について，裁判所が判断できる程度に特定されていれば足りると解されている。たとえば，建築基準法 9 条 1 項による是正命令の義務付けが求められた前掲東京地判平成 13・12・4 〈国立マンション除却命令事件〉の事案でいえば，建物が高さ制限を超えていることは明らかであるが，その是正を求める手段がいくつかありうる場合，原告は当該違法を是正するための措置を講じるよう求めれば足りると考えられる。

　非申請型義務付け訴訟を提起できるのは，行政庁が一定の処分をすべき旨を命ずることを求めるにつき「法律上の利益を有する者」である（37 条の 2 第 3 項）。第三者については取消訴訟の規定（9 条 2 項）が準用されており（37 条の 2 第 4 項），取消訴訟の原告適格（本節 **2** (2)）に準じて考えることができる。義務付けが求められた処分がなされたときなどは，訴えの利益が消滅する。

　さらに，当該処分がなされないことにより「重大な損害」を生ずるおそれがなければならない（37 条の 2 第 1 項）。この点については解釈規定があり，重大な損害の有無を判断するにあたっては，「損害の回復の困難の程度を考慮するものとし，損害の性質及び程度並びに処分の内容及び性質をも勘案するもの」とされている（同条第 2 項）。これは執行停止の要件（25 条 2 項および 3 項）と同じであり，執行停止の要件が行政事件訴訟法改正によって緩和されたことを考慮すると（本節 **6** (2)参照），緩やかに解するのが妥当である。たとえば，財産的

な損害であっても，それが重大な場合には要件を充たすといえる。解釈規定の
うち，「処分の内容及び性質」の意味はわかりにくいが，立案関係者の説明に
よれば，処分によってもたらされる利益（公益および第三者の利益）を勘案する
趣旨であるとされる。もっとも，この点をあまり重視すると，本案判断を先取
りすることになりかねない。

　くわえて，「損害を避けるため他に適当な方法」がないことが要件とされて
いる（補充性，37条の2第1項）。その意味はあまり明確ではないが，立案関係
者の説明によれば，①特別の権利救済手段が法律で設けられている場合（たと
えば，課税処分について国税通則法23条による更正請求が可能である場合），②不利
益処分について取消訴訟による救済が可能な場合，③申請型義務付け訴訟の提
起が可能な場合などがこれに当たるとされている。他方で，たとえば，違法建
築物に対する是正命令については，建築主に対する民事訴訟（差止訴訟等）も
可能であるが，民事訴訟による救済が可能であっても，直ちにそれだけで補充
性の要件を欠くことにはならないと解されている。

　被告適格と管轄裁判所については，取消訴訟の規定（11条・12条）が準用さ
れている（38条1項）。審査請求前置や出訴期間の規定は準用されていない。

　③**審　理**　　本案勝訴要件については，併合された訴訟に係る部分を除き，
申請型義務付け訴訟と同様の規定が設けられている（37条の2第5項，本項(b)③
参照）。審理手続についても，同様に取消訴訟に関する規定の多くが準用され
る（38条1項）。判断の基準時が判決時と考えられることは，申請型義務付け
訴訟と同様である（本項(b)③）。

　④**判　決**　　判決については，取消判決の拘束力の規定（33条）が準用され
ている（38条1項）。義務付け判決が下された場合，被告行政側は当該処分を
行わなければならない。たとえば，是正命令を義務づける判決が確定したとき
は，行政主体（具体的には特定行政庁）はこの命令を発しなければならなくなる。

　取消判決の第三者効（32条1項）の規定は準用されていない。たとえば，A
が，特定行政庁（建基2条35号）による隣地所有者Bの建築物に対する是正命
令（同9条1項）の義務付け訴訟を提起した場合，勝訴判決を得たとしてもB
には判決の効力が及ばない。そこで，特定行政庁がBに対して是正命令を発
したとしても，Bはこの処分に対して取消訴訟を提起して争うことができる。

これを防ぐためには，AはBに訴訟告知を行うなどする必要がある。そこで，義務付け判決に第三者効を準用すべきではなかったかとも考えられる。

判例 4-10 **福岡高判平成 23・2・7 判時 2122 号 45 頁**
〈産廃処分場措置命令義務付け事件〉

【事実】A 社が経営する産業廃棄物処分場（本件処分場）において違法な処理が行われ，生活環境の保全上支障が生じているとして，周辺住民 X らが，Y（福岡県）を被告として，A 社に対して廃棄物の処理及び清掃に関する法律 19条の 5 第 1 項に基づく措置命令（本件措置命令）等の義務付け訴訟を提起した。第 1 審は，X らの一部に原告適格を肯定したうえで，本件処分場において違法な処理が行われていることを認定したが，直ちに X らの生命，健康または生活環境に係る著しい被害を生じさせるおそれがあるとは認めがたいから，重大な損害を生じるおそれがあるとはいえないとして，訴えを却下した。X らが控訴したところ，控訴審における検証によって，本件処分場の地下水から基準値を超える鉛が検出された。本判決は訴えの適法性を肯定した上で，請求を認容した。以下の引用は，重大な損害と補充性の要件及び本案に係る判示部分である（当事者の氏名等は略号に置き換えた）。

【判旨】1　重大な損害について　「本件処分場の地下には浸透水基準を大幅に超過した鉛を含有する水が浸透している……。本件処分場は安定型最終処分場として設置されていることから，遮断型最終処分場のような外周仕切設備……や管理型最終処分場のような遮水工等……が設けられているとは考え難く，したがって地下に浸透した鉛が地下水を汚染して本件処分場の外に流出する可能性は高い。これに加えて，X らの居住地に上水道は配備されておらず，X らは井戸水を飲料水及び生活水として利用しているというのである……。以上を総合すれば，**本件処分場において産業廃棄物処理基準に適合しない産業廃棄物の処分が行われたことにより，鉛で汚染された地下水が X らを含む本件処分場の周辺住民の生命，健康に損害を生ずるおそれがあるものと認められる。そして，生命，健康に生じる損害は，その性質上回復が著しく困難であるから，本件代執行又は本件措置命令がされないことにより『重大な損害』を生ずるおそれがあるというべきである。」**

2　補充性について　「本件代執行又は本件措置命令がされないことにより X らを含む本件処分場の周辺住民の生命，健康に損害を生ずるおそれがあるところ，この損害を避けるための他に適当な方法は見当たらない。

　　この点，Y は，控訴人らはまず A 社に対して民事訴訟を提起すべきである旨主張する。しかし，**X らに損害を生じさせるおそれのある直接の原因が第三**

者の行為にあるため，その第三者に対して直接民事上の請求をすることによってある程度の権利救済を図ることが可能であるという場合であっても，直ちにそのことだけで『他に適当な方法』（行政事件訴訟法 37 条の 2 第 1 項）があるとはいえない。その上，A 社は平成 16 年の仮処分決定により本件処分場の操業ができなくなったことで経営上相当の打撃を受けているものと考えられること，現に同社は平成 19 年に一度破産手続開始を申し立てたこと……などにかんがみると，控訴人らが同社に対して民事訴訟を提起することによって損害を避けることができる具体的な可能性は認め難い。

　したがって，……損害を避けるために本件訴えの他に適当な方法はないものと認められる。」

　3　本件措置命令の義務付けの可否について　「都道府県知事は，産業廃棄物処理基準に適合しない産業廃棄物の処分が行われた場合において，生活環境の保全上支障が生じ，又は生ずるおそれがあると認められるときは，生活環境を保全するため，処分者等に対して支障の除去等の措置を講ずることを命ずる等の規制権限を行使するものであり，この権限は，当該産業廃棄物処分場の周辺住民の生命，健康の保護をその主要な目的の 1 つとして，適時にかつ適切に行使されるべきものである。

　そうであるところ，前判示のとおり，本件処分場において産業廃棄物処理基準に適合しない産業廃棄物の処分が行われたことにより，鉛で汚染された地下水が X らを含む本件処分場の周辺住民の生命，健康に損害を生ずるおそれがあること，A 社は平成 16 年 9 月 30 日に仮処分決定を受けてから本件処分場の操業を停止しているのであるから，上記のような地下水の汚染は遅くとも 6 年以上前から進行していると推認されること，前記……のとおり，上記損害を避けるために他に適当な方法がないことなどの事情が認められる。これらの事情を総合すると，現時点において，福岡県知事が法に基づく上記規制権限を行使せず，本件措置命令をしないことは，上記規制権限を定めた法の趣旨，目的や，その権限の性質等に照らし，著しく合理性を欠くものであって，その裁量権の範囲を超え若しくはその濫用となると認められる。」

【コメント】Y が上告及び上告受理申立てをしたが，最決平成 24・7・3 判例集未登載は上告棄却・上告不受理とした。

(4)　差止訴訟

(a)　**概　説**　　差止訴訟とは，行政庁が一定の処分または裁決（処分等）をすべきでないにかかわらず，これがされようとしている場合において，行政庁

が当該処分等をしてはならない旨を命ずることを求める訴訟をいう（3 条 7 項）。たとえば，課税処分がなされようとしている場合に，あらかじめその差止めを求める訴訟がこれに当たる。

　改正前の行政事件訴訟法には差止訴訟に関する規定がおかれていなかったが，法定外抗告訴訟（無名抗告訴訟）の一種としてその可能性が議論され，取消訴訟によって救済が得られない場合にのみ認められるとする補充説と，紛争が成熟していれば許されるとする独立説が対立していた。最高裁は，公立高校教員の勤務評定における自己観察表示義務の不存在確認が求められた事案について，これを懲戒処分等の不利益処分を防止するための訴訟としてとらえたうえで，このような訴訟が許されるのは，不利益処分を受けてからこれに対する訴訟の中で義務の存否を争ったのでは回復しがたい重大な損害を被るおそれがあるなど，「事前の救済を認めないことを著しく不相当とする特段の事情」がある場合に限られる，という判断を示した（最判昭和 47・11・30 民集 26 巻 9 号 1746 頁〈長野勤務評定事件〉）。これはかなり厳格な補充説に立つものと考えられ，学説からは強い批判があった。

　2004 年の行政事件訴訟法改正により，義務付け訴訟と並び，差止訴訟も明文で規定されるに至った。訴訟要件は厳しいが，請求認容例として，国歌斉唱拒否等を理由とする懲戒処分の差止めが求められた事例（東京地判平成 18・9・21 判時 1952 号 44 頁），公有水面埋立法に基づく埋立免許の差止めが求められた事例（広島地判平成 21・10・1 判時 2060 号 3 頁〈鞆の浦訴訟〉），「特定地域及び準特定地域における一般乗用旅客自動車運送事業の適正化及び活性化に関する特別措置法」（タクシー特措法）に基づく運賃変更命令等の差止めが認められた事例（大阪高判平成 28・6・30 判時 2309 号 58 頁等）などがある。最高裁も，職務命令に従わなかったことを理由とする懲戒処分の差止めが求められた事案（最判平成 24・2・9 民集 66 巻 2 号 183 頁〔百選 II-200〕◀判例 4-11▶〈東京都教職員国旗国歌訴訟〉），基地周辺住民が自衛隊機の運航差止め等を求めた事案（最判平成 28・12・8 民集 70 巻 8 号 1833 頁〔百選 II-145〕〈厚木基地第 4 次訴訟（行政訴訟）〉）について，請求は棄却したものの，訴えを適法と認めている。

　(b)　訴訟要件　差止訴訟の訴訟要件は，①処分性，②一定性，③蓋然性，④原告適格，⑤（狭義の）訴えの利益，⑥重大な損害，⑦補充性，⑧被告適格，

⑨管轄裁判所である。

　差止めを求めることができるのは，取消訴訟と同様，処分および裁決である（3 条 7 項）。公権力の行使に当たる事実行為（権力的事実行為）も処分に含まれる。取消訴訟の場合，事実行為が完了するともはや取り消す意味がなくなるため，継続的性質を有することが要求されていた（本節 **2**(1)(c)参照）。これに対し，差止訴訟の場合，短期間で完了する行為であっても，事前に差し止める意味があるので，継続的性質を有することは必要ないと解される。すでに述べたように（ **Column 4-7** 参照），最高裁は自衛隊機の運航を「処分」に当たるとして，差止訴訟の提起を認めている（前掲最判平成 28・12・8〈厚木基地第 4 次訴訟（行政訴訟）〉）。

　処分等は「一定の」ものでなければならない（同項）。義務付け訴訟と同様，訴訟要件および本案勝訴要件について裁判所の判断が可能な程度に特定されていれば足り，損害が著しく重大な場合などは柔軟に解すべきである。差止めを求められた処分等が「されようとしている」（同項）ことが必要であるから，当該処分等がされる蓋然性がないときは，訴えは不適法となる。

　差止訴訟を提起できるのは，一定の処分等をしてはならない旨を命ずることを求めるにつき「法律上の利益を有する者」である（37 条の 4 第 3 項）。第三者については取消訴訟の規定（9 条 2 項）が準用されており（37 条の 4 第 4 項），取消訴訟（本節 **2**(2)）に準じて考えることができる。すでに述べたように（本節 **2**(2)），公有水面埋立免許の差止めについて，景観利益を有する付近住民に原告適格を認め，請求も認容した裁判例がある（前掲広島地判平成 21・10・1〈鞆の浦訴訟〉）。

　差止めが求められた処分等がされたときは，訴えの利益が消滅する。処分等がなされるのを阻止するためには，後述する仮の差止めを申し立てなければならない（本節 **6**(3)参照）。処分等がされた場合は，取消訴訟に訴えを変更することができる（民訴 143 条）。

　次に，一定の処分等がされることにより，「重大な損害を生ずるおそれ」がなければならない（37 条の 4 第 1 項）。この点については，非申請型義務付け訴訟と同様の解釈規定がおかれている（同条 2 項）。従前の判例にいう「事前の救済を認めないことを著しく不相当とする特段の事情」（前掲最判昭和 47・11・30

〈長野勤務評定事件〉）に比べると，かなり緩やかな要件であることに注意する必要がある。立案関係者の説明によれば，当該処分等がされた後に取消訴訟を提起し，あわせて執行停止を申し立てることにより，容易に回避できる損害は，ここでいう「重大な損害」に当たらないとされ，最高裁もこれを追認している（前掲最判平成24・2・9 【判例 4-11】〈東京都教職員国旗国歌訴訟〉）。

　さらに，その損害を避けるため「他に適当な方法」があるときは，差止訴訟を提起できない（補充性，同条1項但書）。非申請型義務付け訴訟と類似の要件であるが，本文ではなく但書に規定されており，被告側に立証責任を負わせる趣旨と解される。立案関係者の説明によれば，「他に適当な方法があるとき」とは，ある処分に前提となる処分が存在し，前提処分の取消訴訟を提起すれば後続処分ができないことが法令によって定められている場合（税徴90条3項参照）などを指し，民事訴訟の提起が可能な場合はこれに含まれないとされる。

　被告適格と管轄裁判所については，取消訴訟の規定（11条・12条）が準用されている（38条1項）。審査請求前置や出訴期間の規定は準用されていない。

【判例 4-11】 最判平成24・2・9民集66巻2号183頁〔百選Ⅱ-200〕
〈東京都教職員国旗国歌訴訟〉

【事実】東京都教育委員会が，都立学校長に対し，卒業式等の式典で国旗に向かって起立して国歌を斉唱すること等（起立斉唱行為）を教職員に命じるよう求める通達（本件通達）を発し，都立学校長が教職員に対して起立斉唱行為を命じる職務命令（本件職務命令）を発し，本件職務命令に従わなかった多数の教職員に対し，同教育委員会が懲戒処分を行ったので，都立学校の教職員であるXらが，東京都を被告として，①本件職務命令に従わなかったことを理由とする懲戒処分の差止め，②本件職務命令に従う義務の不存在確認等を求めて出訴した。第一審は，これらの訴えを適法と認めたうえで，請求の一部を認容したが，控訴審はこれらの訴えを不適法とした。本判決は，これらの訴えの一部を適法と認めたが，請求に理由がないとして上告を棄却した。以下の引用は訴訟要件に係る判示部分である。なお，確認訴訟に係る判示部分（2および3）については，本項(5)で説明する。

【判旨】1　差止めの訴えについて　「行政庁が処分をする前に裁判所が事前にその適法性を判断して差止めを命ずるのは，国民の権利利益の実効的な救済及び司法と行政の権能の適切な均衡の双方の観点から，そのような判断と措置を事前に行わなければならないだけの救済の必要性がある場合であることを要

するものと解される。したがって，**差止めの訴えの訴訟要件としての上記『重大な損害を生ずるおそれ』があると認められるためには，処分がされることにより生ずるおそれのある損害が，処分がされた後に取消訴訟等を提起して執行停止の決定を受けることなどにより容易に救済を受けることができるものではなく，処分がされる前に差止めを命ずる方法によるのでなければ救済を受けることが困難なものであることを要すると解するのが相当である。**

　本件においては，……本件通達を踏まえ，毎年度 2 回以上，都立学校の卒業式や入学式等の式典に際し，多数の教職員に対し本件職務命令が繰り返し発せられ，その違反に対する懲戒処分が累積し加重され，おおむね 4 回で（他の懲戒処分歴があれば 3 回以内に）停職処分に至るものとされている。このように本件通達を踏まえて懲戒処分が反復継続的かつ累積加重的にされる危険が現に存在する状況の下では，事案の性質等のために取消訴訟等の判決確定に至るまでに相応の期間を要している間に，毎年度 2 回以上の各式典を契機として上記のように懲戒処分が反復継続的かつ累積加重的にされていくと事後的な損害の回復が著しく困難になることを考慮すると，本件通達を踏まえた本件職務命令の違反を理由として一連の累次の懲戒処分がされることにより生ずる損害は，処分がされた後に取消訴訟等を提起して執行停止の決定を受けることなどにより容易に救済を受けることができるものであるとはいえず，処分がされる前に差止めを命ずる方法によるのでなければ救済を受けることが困難なものであるということができ，その回復の困難の程度等に鑑み，本件差止めの訴えについては上記『重大な損害を生ずるおそれ』があると認められる」。

　2　無名抗告訴訟としての確認の訴えについて　「無名抗告訴訟は行政処分に関する不服を内容とする訴訟であって，……**無名抗告訴訟としての被上告人らに対する本件確認の訴えは，将来の不利益処分たる懲戒処分の予防を目的とする無名抗告訴訟として位置付けられるべきもの**と解するのが相当であり，実質的には，本件職務命令の違反を理由とする懲戒処分の差止めの訴えを本件職務命令に基づく公的義務の存否に係る確認の訴えの形式に引き直したものということができる。抗告訴訟については，行訴法において，法定抗告訴訟の諸類型が定められ，改正法により，従来は個別の訴訟類型として法定されていなかった義務付けの訴えと差止めの訴えが法定抗告訴訟の新たな類型として創設され，将来の不利益処分の予防を目的とする事前救済の争訟方法として法定された差止めの訴えについて『その損害を避けるため他に適当な方法があるとき』ではないこと，すなわち補充性の要件が訴訟要件として定められていること（37 条の 4 第 1 項ただし書）等に鑑みると，**職務命令の違反を理由とする不利益処分の予防を目的とする無名抗告訴訟としての当該職務命令に基づく公的義**

務の不存在の確認を求める訴えについても，上記と同様に補充性の要件を満た
すことが必要となり，特に法定抗告訴訟である差止めの訴えとの関係で事前救
済の争訟方法としての補充性の要件を満たすか否かが問題となるものと解する
のが相当である。

　　本件においては，……法定抗告訴訟として本件職務命令の違反を理由として
される蓋然性のある懲戒処分の差止めの訴えを適法に提起することができ，そ
の本案において本件職務命令に基づく公的義務の存否が判断の対象となる以上，
本件職務命令に基づく公的義務の不存在の確認を求める本件確認の訴えは，上
記懲戒処分の予防を目的とする無名抗告訴訟としては，法定抗告訴訟である差
止めの訴えとの関係で事前救済の争訟方法としての補充性の要件を欠き，他に
適当な争訟方法があるものとして，不適法というべきである。」

　　3　公法上の当事者訴訟としての確認の訴えについて　　「被上告人東京都に
対する本件確認の訴えに関しては，行政処分に関する不服を内容とする訴訟と
して構成する場合には，将来の不利益処分たる懲戒処分の予防を目的とする無
名抗告訴訟として位置付けられるべきものであるが，本件通達を踏まえた本件
職務命令に基づく公的義務の存在は，その違反が懲戒処分の処分事由との評価
を受けることに伴い，勤務成績の評価を通じた昇給等に係る不利益という行政
処分以外の処遇上の不利益が発生する危険の観点からも，都立学校の教職員の
法的地位に現実の危険を及ぼし得るものといえるので，**このような行政処分以
外の処遇上の不利益の予防を目的とする訴訟として構成する場合には，公法上
の当事者訴訟の一類型である公法上の法律関係に関する確認の訴え（行訴法4
条）として位置付けることができる**と解される。」

　　「そして，本件では，……本件通達を踏まえ，毎年度2回以上，都立学校の
卒業式や入学式等の式典に際し，多数の教職員に対し本件職務命令が繰り返し
発せられており，これに基づく公的義務の存在は，その違反及びその累積が懲
戒処分の処分事由及び加重事由との評価を受けることに伴い，勤務成績の評価
を通じた昇給等に係る不利益という行政処分以外の処遇上の不利益が発生し拡
大する危険の観点からも，都立学校の教職員として在職中の上記上告人らの法
的地位に現実の危険を及ぼすものということができる。このように**本件通達を
踏まえて処遇上の不利益が反復継続的かつ累積加重的に発生し拡大する危険が
現に存在する状況の下では**，毎年度2回以上の各式典を契機として上記のよう
に処遇上の不利益が反復継続的かつ累積加重的に発生し拡大していくと事後的
な損害の回復が著しく困難になることを考慮すると，本件職務命令に基づく公
的義務の不存在の確認を求める本件確認の訴えは，行政処分以外の処遇上の不
利益の予防を目的とする公法上の法律関係に関する確認の訴えとしては，その

目的に即した有効適切な争訟方法であるということができ，確認の利益を肯定することができるものというべきである。」

【コメント】本判決は，差止訴訟の「重大な損害」の要件について，「処分がされることにより生ずるおそれのある損害が，処分がされた後に取消訴訟等を提起して執行停止の決定を受けることなどにより容易に救済を受けることができるものではなく，処分がされる前に差止めを命ずる方法によるのでなければ救済を受けることが困難なものであること」を意味すると解しており，これは立案関係者の説明を踏襲したものである。もっとも，本件においては，懲戒処分を受けるたびに取消訴訟を提起し，執行停止を申し立てることも一応可能であるから，本判決はこの要件を柔軟に解したものといえよう。

(c)　**審　理**　　本案勝訴要件についても，非申請型義務付け訴訟と同旨の規定が設けられており（37条の4第5項），要するに係争処分等が違法であることが要件となる（本項(3)(c)③参照）。審理手続については，取消訴訟に関する規定の多くが準用される（38条1項）。ただし，訴訟の性質上，違法判断の基準時（本節 **3** (1)(c)）は判決時（口頭弁論終結時）と考えられる。

(d)　**判　決**　　判決については，取消判決の拘束力の規定（33条）が準用されている（38条1項）。一定の処分をしてはならない旨を命じる判決が下された場合，被告行政主体は当該処分をしない義務を負う。たとえば，一定の課税処分をしてはならないことを求める差止訴訟が提起され，請求が認容された場合，課税庁は当該処分をしてはならない義務を負うことになる。

取消判決の第三者効（32条1項）の規定は準用されていないが，義務付け訴訟と同様の問題がある（本項(3)(c)④参照）。たとえば，Aが隣人Bに対する建築確認の差止訴訟を提起して勝訴判決を得ても，判決の効力はBに及ばないため，Bは建築確認の義務付け訴訟等を提起して争うことができる。

(5)　公法上の当事者訴訟

(a)　**概　説**　　公法上の当事者訴訟には実質的当事者訴訟と形式的当事者訴訟がある（本節 **1** (3)(b)参照）。後者はかなり特殊な制度であり，すでに説明しているので，ここでは前者についてのみ検討する。

実質的当事者訴訟とは，「公法上の法律関係に関する訴訟」をいう（4条）。その意味は必ずしも明らかでないが，行政事件訴訟法がこれと対になる抗告訴

訟を「公権力の行使に関する不服の訴訟」（3条1項）と定義していることからすると，公権力の行使を直接争うわけではない公法上の法律関係に関する訴訟を意味すると解される。従来，その例として挙げられていたのは，公務員の給与請求訴訟や，損失補償請求訴訟など，公法上の請求権に基づく給付訴訟だった。公法上の当事者訴訟は公法・私法二元論を前提としているが，この理論が克服されていくにつれて，適用例が限られていること，民事訴訟と比べて特色に乏しいこともあり，その存在理由を疑問視する見解が大勢となっていた。もっとも，これに対しては，当事者訴訟活用論も有力に主張されていた。

2004年に行われた行政事件訴訟法改正の検討過程では，取消訴訟における処分性（本節**2**(1)参照）の拡大が1つの重要な論点となったが，成案が得られず，結局この点の改正は見送られることになった。その代替手段として立案過程の終盤で登場したのが，公法上の当事者訴訟，とくに確認訴訟の活用論である。すなわち，従来処分性なしとして救済されなかった事例について，公法上の確認訴訟を使えば救済が可能となるのではないか，という考え方である。改正法では当事者訴訟の規定に「公法上の法律関係に関する確認の訴え」という文言が挿入されたが（4条），これは公法上の確認訴訟の活用を促す趣旨とされる。確かに，権利救済の観点から処分性を拡大した場合，それに伴って公定力や不可争力（第2章第3節**2**参照）が発生するという問題もありうるので，このような方向性には一定の合理性がある（本節**2**(1)(a)参照）。しかし，どのような場合に活用できるかについては，なお不明確な点が多く残されている。

(b)　訴訟要件　　公法上の当事者訴訟として一般的に考えられるのは，給付訴訟と確認訴訟である。いずれについても，行政事件訴訟法に定めがない限り，民事訴訟法が適用される（7条）。

給付訴訟については通常訴訟要件は問題とならない（給付請求権の存否は本案の問題である）。確認訴訟の訴訟要件については，民事訴訟法上明文規定はおかれていないが，一般に，①紛争解決にとって確認訴訟という手段が有効・適切であるか（方法選択の適否），②確認対象が紛争解決にとって有効・適切か（対象選択の適否），③確認訴訟によって即時に解決しなければならないほど切迫，成熟したものか（即時確定の必要性）が問題になるとされる。

①方法選択の適否　　他の訴訟形式との関係が問題となり，民事訴訟におい

ては，給付訴訟が可能な場合，原則として確認訴訟は不適法とされる（補充性）。行政訴訟においても，給付訴訟や抗告訴訟の提起によって救済が可能な場合は，原則として確認の利益が認められない。もっとも，非申請型義務付け訴訟や差止訴訟においては補充性が要件とされているので，いずれの訴訟形式によるかが問題となる場合もある。基本的に当事者の意向を尊重すべきだと考えられるが，裁判所が積極的に釈明権を行使するなどして，当事者に不意打ちとならないよう配慮しなければならない。

　なお，前掲最判平成24・2・9 <判例 4-11> 〈東京都教職員国旗国歌訴訟〉は，職務命令に従う義務の不存在確認を求める訴えについて，懲戒処分の予防を目的とするものは無名抗告訴訟としての確認訴訟，行政処分以外の処遇上の不利益の予防を目的とするものは公法上の当事者訴訟としての確認訴訟であると判示した（【判旨】2および3参照）。防衛出動に係る職務命令に服従する義務の不存在確認を自衛隊員が求めた事案についても，同様に解されている（最判令和元・7・22民集73巻3号245頁〔百選Ⅱ-201〕）。この考え方によれば，処分の予防を目的とするかどうかによって，確認訴訟が公法上の当事者訴訟と無名抗告訴訟に分けられることになる。しかし，抗告訴訟をこのように広く解することは，紛争を不自然に分断する結果となることから，むしろ公法上の確認訴訟を広く認めるべきではないかと思われる。

　②対象選択の適否　一般に，確認請求の対象は「法律関係」とされ，行政事件訴訟法においても同様であるが（4条），その意味は必ずしも明らかでない。この点については，①契約やそれに類した具体的な権利・義務関係に限るとする説，②法令に基づいて成立する権利や法的地位なども含むとする説，③行政指導や通達などの行為も確認の対象となりうるとする説などが考えられる。

　このうち，具体的な権利・義務関係に限るとする説をとるとすれば，確認訴訟を活用できる領域は非常に限られる。たとえば，行政事件訴訟法改正の検討過程では，確認訴訟の活用が考えられる事案として，墓地埋葬法による埋葬拒否について，異教徒であることは「正当の事由」に当たらないと定める通達の例（本節**2**(1)(d)参照）が挙げられていた。この場合，国と墓地管理者の間に具体的な権利・義務関係があると考えるのは困難であると思われる。しかし，墓地管理者が，法律によって「正当の理由」なくして埋葬を拒否できない地位を

与えられている以上，その内容を確認する訴訟の提起を認めることができるし，その必要もある。民事訴訟法においても確認の対象が柔軟に解されつつあることにかんがみても，上記②ないし③の説が妥当ではないかと思われる。

最高裁の判例においては，国籍（最大判昭和 32・7・20 民集 11 巻 7 号 1314 頁，最判平成 9・10・17 民集 51 巻 9 号 3925 頁，最大判平成 20・6・4 民集 62 巻 6 号 1367 頁等），薬剤師が許可または許可の更新を受けることなく薬局の開設をなしうる地位（最大判昭和 41・7・20 民集 20 巻 6 号 1217 頁），在外国民が次回の衆議院議員総選挙における小選挙区選出議員の選挙等において投票することができる地位（最大判平成 17・9・14 民集 59 巻 7 号 2087 頁〔百選Ⅱ-202〕 判例 4-12 〈在外日本人選挙権訴訟〉），混合診療を受けた場合に保険診療につき療養の給付を受けることができる権利（最判平成 23・10・25 民集 65 巻 7 号 2923 頁〈混合診療事件〉），医薬品をインターネットにおいて販売する権利（最判平成 25・1・11 民集 67 巻 1 号 1 頁〔百選Ⅰ-46〕〈医薬品ネット販売権確認等請求事件〉）などの確認訴訟が適法とされている。これらは上記②の場合に当たるものと解される。

その後，在外日本人国民審査権訴訟に関する大法廷判決が現れた（最大判令和 4・5・25 民集 76 巻 4 号 711 頁）。在外国民である原告が，最高裁判所裁判官国民審査法に基づく次回の国民審査において，国が原告に審査権の行使をさせないことが違法（違憲）であることの確認を求めて出訴した。最高裁大法廷は，この訴えは公法上の当事者訴訟（確認訴訟）に当たるとしたうえで，原告の法的地位に現実の危険が生じていること，審査権は侵害を受けた後に争うことによって権利行使の実質を回復することができない性質のものであること，認容判決が確定すると国会がその判断を尊重するものと解されるので，この訴えは争いを解決するために有効適切な手段であることを理由に，訴えを適法とし，請求も認容した。必ずしも明確ではないが，上記③の行為違法確認（法律の違憲確認）を求める訴えを適法と認めたものとみる余地もある。

③即時確定の必要性　確認訴訟が適法とされるためには，確認の利益が必要とされる。ところが，少なくとも行政訴訟に関していえば，判例はこれまで確認の利益を狭く解してきたように思われる。すでに説明したように，教員の自己観察表示義務が問題となった事案において，最高裁は，「事前の救済を認めないことを著しく不相当とする特段の事情」がある場合にのみ，確認の利益

を認めている（本項(4)(a)参照）。この事案では後の処分に対する取消訴訟との関係が問題となっていたため，このような厳格な判断となったとも解しうるが，処分性の要件のうち成熟性に関する判例（本節 **2** (1)(e)参照）においても，同様の態度がうかがわれる。これでは確認訴訟の活用は困難といわざるをえない。もっとも，在外国民選挙権訴訟に関する前掲最大判平成 17・9・14 〈 判例 4-12 〉は，確認の利益を緩やかに解しているように読むことも可能であり，今後の展開が注目される。

〈 判例 4-12 〉 **最大判平成 17・9・14 民集 59 巻 7 号 2087 頁〔百選Ⅱ-202〕**

〈在外日本人選挙権訴訟〉

【事実】国外に居住しているため国内に住所を有していない日本国民（在外国民）である X ら 24 名（うち 3 名はすでに帰国）が，①引き続き在外国民である X ら 21 名に対して在外国民であることを理由に選挙権行使の機会を保障しないのは憲法等に違反するとして，a) 主位的に，1998（平成 10）年改正（本件改正）前の公職選挙法が上記 21 名に選挙権行使を全く認めていない点，本件改正後も衆議院小選挙区選挙等においてこれを認めていない点で，同法が違法であることの確認を求めるとともに，b) 予備的に，上記 21 名が衆議院小選挙区選挙等において選挙権を行使する権利を有することの確認を求め（控訴審で追加），また，②公職選挙法の改正を国が怠ったため，X らが 1996（平成 8）年の総選挙で投票できなかったとして，慰謝料等の請求を行った。第一審および控訴審は，①については法律上の争訟に当たらないとして訴えを却下し，②については請求を棄却した。最高裁は，在外国民に投票を認めないことは違憲であるとしたうえで，① b) の予備的請求について次のように述べて確認の利益を肯定して，請求を一部認容し，②も一部認容した（②については第 5 章第 2 節 **2** (1)(b) 〈 判例 5-3 〉 参照）。

【判旨】「本件の予備的確認請求に係る訴えは，公法上の当事者訴訟のうち公法上の法律関係に関する確認の訴えと解することができるところ，その内容をみると，公職選挙法附則 8 項につき所要の改正がされないと，在外国民である別紙当事者目録 1 記載の上告人ら〔引き続き在外国民である X ら 21 名〕が，今後直近に実施されることになる衆議院議員の総選挙における小選挙区選出議員の選挙及び参議院議員の通常選挙における選挙区選出議員の選挙において投票をすることができず，選挙権を行使する権利を侵害されることになるので，そのような事態になることを防止するために，同上告人らが，同項が違憲無効であるとして，当該各選挙につき選挙権を行使する権利を有することの確認をあら

かじめ求める訴えであると解することができる。

　選挙権は，これを行使することができなければ意味がないものといわざるを得ず，侵害を受けた後に争うことによっては権利行使の実質を回復することができない性質のものであるから，その権利の重要性にかんがみると，具体的な選挙につき選挙権を行使する権利の有無につき争いがある場合にこれを有することの確認を求める訴えについては，それが有効適切な手段であると認められる限り，確認の利益を肯定すべきものである。そして，本件の予備的確認請求に係る訴えは，公法上の法律関係に関する確認の訴えとして，上記の内容に照らし，確認の利益を肯定することができるものに当たるというべきである。なお，この訴えが法律上の争訟に当たることは論をまたない。

　そうすると，本件の予備的確認請求に係る訴えについては，引き続き在外国民である同上告人らが，次回の衆議院議員の総選挙における小選挙区選出議員の選挙及び参議院議員の通常選挙における選挙区選出議員の選挙において，在外選挙人名簿に登録されていることに基づいて投票をすることができる地位にあることの確認を請求する趣旨のものとして適法な訴えということができる。」

(c) 審　理　取消訴訟についての行政庁の訴訟参加（23条），職権証拠調べ（24条）などの規定が準用されている（41条1項）。釈明処分の特則（23条の2）も準用されているが，処分または裁決の理由を明らかにする資料の提出に限られている（41条1項）。その他は民事訴訟の例による（7条）。

(d) 判　決　判決の拘束力（33条1項）が準用されている（41条1項）。被告行政主体は，給付判決または確認判決を受けたときは，その趣旨に従って行動しなければならない。その他は民事訴訟の例による（7条）。

6 仮の権利保護

(1) 概　説

　訴訟が提起されたとしても，判決が下されるまでにはある程度の時間を要する。場合によっては，原告がその間に取り返しのつかない損失を被ることもありうる。そこで必要となるのが仮の権利保護である。

　民事訴訟においては，仮の権利保護制度として民事保全法による仮処分がある。行政事件訴訟法は「公権力の行使に当たる行為」について仮処分を排除する一方で（44条，　Column 4-9　参照），従前は執行停止制度を設けるにとどまり，仮の権利保護に欠缺があるのではないかと指摘されていた。また，執行停

止制度についても，要件が厳格にすぎ，実効的な権利保護が実現されていないのではないかとの批判もあった。

　2004年の同法改正により，執行停止の要件が緩和されるとともに，上記の欠缺を埋めるため，仮の義務付けおよび仮の差止めの制度が新設された。そこで現在では，取消訴訟および無効等確認訴訟については執行停止，義務付け訴訟については仮の義務付け，差止訴訟については仮の差止めを利用することができる。また，公法上の当事者訴訟については，行政事件訴訟法44条が適用される場合を除き，民事保全法による仮処分が可能である。

(2)　執行停止

　(a)　**意　義**　　執行停止とは，取消訴訟または無効等確認訴訟が提起された場合に，終局判決が下されるまでの間，処分の執行等を停止する制度である。たとえば，不法滞在とされた外国人に対して退去強制令書（第3章第4節**3**参照）が発付され，これに対して取消訴訟が提起された場合，そのままでは強制送還が行われる可能性がある。そこで令書の執行を停止し，強制送還を阻止することが考えられる。

　執行停止については，訴訟が提起されれば自動的に執行を停止するという考え方（執行停止原則）と，裁判所が執行停止を命じた場合に例外的に停止するという考え方（執行不停止原則）がある。いずれをとるかは立法政策によるとされており，行政事件訴訟法は，処分取消訴訟の提起は処分の執行等を妨げないと定め（25条1項），執行不停止原則を採用している。

　(b)　**要　件**　　2つの積極要件と2つの消極要件が定められている。

　①積極要件　　まず，執行停止を申し立てることができるのは，「処分の取消しの訴えの提起があつた場合」でなければならない（25条2項）。すなわち，民事仮処分と異なり，本案訴訟の適法な係属が申立ての要件とされている。

　次に，執行停止が認められるためには，「処分，処分の執行又は手続の続行により生ずる重大な損害を避けるため緊急の必要」がなければならない（同項）。

　2004年の行政事件訴訟法改正前は，「重大な損害」が「回復の困難な損害」となっていた。この文言についてはあまりに厳格ではないかという批判があり，改正によって「重大な損害」に改められた。また，重大な損害の判断につき，

299

「損害の回復の困難の程度を考慮するものとし，損害の性質及び程度並びに処分の内容及び性質をも勘案する」という解釈規定もおかれた（同条 3 項）。

「回復の困難な損害」の場合，財産的損害については回復が可能であるとして執行停止を認めることが困難である。これに対し，「重大な損害」の場合は，損害が重大であれば認められる余地が出てくるので，この点で要件が緩和されている。

解釈規定のうち，「処分の内容及び性質」の意味はわかりにくいが，立案関係者の説明によれば，非申請型義務付け訴訟に関する規定（37 条の 2 第 2 項）と同様，処分によってもたらされる利益を勘案する趣旨であるとされる（本節 **5**(3)(c)②参照）。

最高裁は，弁護士に対する懲戒処分（業務停止 3 月）の執行停止が求められた事案について，「当該業務停止期間中に期日が指定されているものだけで 31 件の訴訟案件を受任していた」などの事実関係の下においては，当該処分によって生ずる社会的信用の低下，業務上の信頼関係の毀損等の損害は「重大な損害」に当たると判断した（最決平成 19・12・18 判時 1994 号 21 頁〔百選Ⅱ-192〕〈弁護士懲戒執行停止事件〉）。また，建築確認の取消訴訟については，工事が完了すると訴えの利益が消滅すると解されているが（本節 **2**(3)(b)参照），建築確認の効力停止が申し立てられた事案について，原決定が，当該建築物が完成すると原告が生命財産等に重大な損害を被るおそれがあり，しかも工事が完了すると取消訴訟の訴えの利益が失われ，上記被害を防止できなくなるとして，申立てを認容したところ，これを正当として是認した最高裁の決定も出ている（最決平成 21・7・2 判例自治 327 号 79 頁）。

②**消極要件**　公共の福祉に重大な影響を及ぼすおそれがあるとき，または，本案について理由がないとみえるときは，執行停止をすることができない（25 条 4 項）。

(c)　**手　続**

①**執行停止の申立て**　執行停止は「申立てにより」することができる（25 条 2 項）。すなわち，不服申立ての場合とは異なり，職権で執行停止を命じることはできない。

②**要件の審理**　申立てを受けた裁判所は，申立てが執行停止の要件を充た

しているかどうかを審理する。

　要件たる事実の存在の認定は疎明に基づく（25条5項）。疎明とは，証明と異なり，一応確からしいという心証を生じされることをいう。積極要件については申立人側が，消極要件については相手方が，それぞれ疎明責任を負う。

　口頭弁論を開く必要はないが，あらかじめ当事者の意見を聴かなければならない（同条6項）。

　(d)　決　定　執行停止の要件が充たされている場合，裁判所は，決定をもって，処分の効力，処分の執行，手続の続行の全部または一部の停止をすることができる。ただし，処分の効力の停止は，処分の執行または手続の続行の停止によって目的を達しうるときは，これをすることができない（25条2項）。執行停止の効力を必要な範囲内にとどめる趣旨である。たとえば，課税処分の取消訴訟を提起した場合，当該処分の執行（滞納処分）を停止すれば足りる。これに対し，隣人に対する建築確認の取消訴訟を提起した場合，確認の効力を停止しなければ隣人の建築を阻止できない。

　執行停止の決定に対しては即時抗告ができるが（同条7項），それによってただちに執行停止決定の効力が停止されるわけではない（同条8項）。また，執行停止の決定が確定した後に，その理由が消滅する等，事情が変更したときは，裁判所は，相手方の申立てに基づき，決定をもって，執行停止の決定を取り消すことができる（26条1項）。

　執行停止の決定とこれを取り消す決定には，取消判決の第三者効と拘束力の規定が準用されている（32条2項・33条4項）。たとえば，隣人に対する建築確認の取消訴訟を提起し，同時に執行停止（効力停止）を申し立てた場合，執行停止の効力は隣人に対しても及び，隣人は建築を続行することができなくなる。

　(e)　内閣総理大臣の異議　執行停止の申立てがあった場合，あるいは執行停止の決定がなされた場合，内閣総理大臣は異議を述べることができる（27条1項）。異議には理由を付さなければならず（同条2項），そこでは処分の執行等をしなければ公共の福祉に重大な影響を及ぼすおそれのある事情を示すこととされる（同条3項）。そして，内閣総理大臣の異議があったときは，裁判所は執行停止をすることができず，すでに執行停止の決定をしているときは，これを取り消さなければならない（同条4項）。内閣総理大臣はやむをえない場合でな

ければ異議を述べてはならず，また，異議を述べたときは，次の国会において
これを報告しなければならない（同条6項）。

　内閣総理大臣の異議は，平野事件（　Column 4-3　参照）を受けて行政事件訴
訟特例法が制定された際に導入され，行政事件訴訟法にも引き継がれた。裁判
所の決定を行政機関の長が覆す特異な制度であるが，当時は，仮の権利保護は
実質的には行政作用であり，それを覆す内閣総理大臣の異議の制度は，権力分
立の上で問題はないと解されていた。しかし，司法権の行使が裁判所に委ねら
れている以上，それに伴う仮の権利保護も司法作用と位置づけるべきではない
かと思われる。そうであるならば，内閣総理大臣の異議の制度は違憲の疑いが
強い。2004 年の同法改正でもその廃止が議論されたが，省庁からの強い反発
を受け，今後の課題として先送りされた。もっとも，近年は内閣総理大臣が異
議を申し立てた例はない。

(3)　仮の義務付け・仮の差止め

　(a)　意　義　　2004 年の行政事件訴訟法改正以前は，同法は公権力の行使に
当たる行為について民事保全法上の仮処分を排除する一方（44 条），執行停止
の制度を設けるにとどまっていたので（25 条〜29 条），次のような場合には仮
の権利保護手段が全く存在しなかった。

　第一に，拒否処分については執行停止ができないと解されていた。拒否処分
の効力を停止しても申請がなされた状態に戻るだけであり，申請された処分が
行われることになるわけではないから，執行停止を申し立てる利益が存在しな
い，と考えられるからである。

　第二に，義務付け訴訟は解釈上可能とされていたが，仮の権利保護手段は存
在しなかった。

　第三に，差止訴訟（予防的不作為訴訟）も解釈上可能とされていたが，執行停
止は処分がなされてからでなければ不可能であり，処分そのものの差止めを求
める差止訴訟においては利用できない。したがって，いったん処分がなされる
と取り返しがつかない損害を被るような場合については，仮の権利保護手段が
全く存在しなかった。

　こうした欠陥を埋めるために設けられたのが仮の義務付け・仮の差止めの制

度である。実際にも活用されており，仮の義務付けが申請型義務付け訴訟について認められた例として，町立幼稚園就園許可（徳島地決平成 17・6・7 判例自治 270 号 48 頁），保育園入園承諾（東京地決平成 18・1・25 判時 1931 号 10 頁），市民会館使用許可（岡山地決平成 19・10・15 判時 1994 号 26 頁），生活保護の開始決定（福岡高那覇支決平成 22・3・19 判タ 1324 号 84 頁），タクシー運賃等の認可（福岡高決平成 22・7・20 裁判所 HP）などが，非申請型義務付け訴訟について認められた例として，特別支援学校就学指定通知（大阪地決平成 19・8・10 賃社 1451 号 38 頁および大阪地決平成 20・7・18 判例自治 316 号 37 頁），中学校就学指定通知（奈良地決平成 21・6・26 判例自治 328 号 21 頁）などがある。仮の差止めの認容例としては，保育園廃止処分（条例）に関する神戸地決平成 19・2・27 賃社 1442 号 57 頁（控訴審・大阪高決平成 19・3・27 裁判所 HP により取消し），上記のタクシー特措法に基づく運賃変更命令等（本節**5**(4)(a)参照）に関する大阪地決平成 26・7・29 判時 2256 号 3 頁などがある。

(b) **要　件**　仮の義務付けが認められるための積極要件は，①義務付け訴訟が適法に提起されていること，②当該処分等がされないことにより生じる償うことのできない損害を避けるため緊急の必要があること，③本案について理由があるとみえること（以上，37 条の 5 第 1 項），消極要件は，④公共の福祉に重大な影響を及ぼすおそれがないこと（同条 3 項）である。仮の差止めの要件もほぼ同様である（同条 2 項・3 項）。

このうち，②の要件では「償うことのできない」という文言が用いられている。これは行政事件訴訟特例法時代の執行停止の要件と同じであり，行政事件訴訟法改正前の執行停止の要件である「回復の困難な損害」よりもさらに厳しい。

また，③の要件では，執行停止においては，「本案について理由がないとみえる」（25 条 4 項）ことが消極要件とされているのに対し，「本案について理由があるとみえること」（37 条の 5 第 1 項・2 項）が積極要件とされており，この点でも要件が厳しくなっている。

仮の義務付けについては，執行停止と異なり，現状を積極的に改善することになるので，より厳しい要件を設けることにも合理性がある。しかし，あまりに要件が厳格であると，せっかくこの制度を設けた意味が失われてしまう。し

たがって，たとえば生活保護の給付決定については，申請者が生活に困窮している場合などには柔軟に認めてよいのではないかと思われる（前掲福岡高那覇支決平成22・3・19）。保育園の入園が拒否された事案について，保育園に入園して保育を受ける機会を喪失するという損害は，その性質上，原状回復ないし金銭賠償による塡補が不能であるとして，仮の入園（入園承諾処分の仮の義務付け）を認めた決定がある（前掲東京地決平成18・1・25）。本案の理由についても，申立人が受ける損害等との比較衡量により，柔軟に解することが必要である。

また，仮の差止めについては，現状の悪化を防止する制度であって，仮の義務付けよりも要件を柔軟に解してもよいのではないかと思われる。

(c) **審 理** 審理手続については，内閣総理大臣の異議を含めて，執行停止に関する規定の多くが準用されている（37条の5第4項）。

(d) **決 定** 取消判決の拘束力（33条1項）の規定が準用されている（37条の5第4項）。したがって，仮の義務付けまたは仮の差止めを認める決定がなされた場合，係争処分を仮に行うこと，あるいは，さしあたり行わないことを義務づけられる。たとえば，生活保護の給付拒否決定に対し，給付決定の義務付け訴訟（および拒否決定の取消訴訟）が提起され，仮の義務付けが申し立てられた場合，申立てが認められると，行政庁は仮に給付決定を行うことを義務づけられる。また，課税処分がなされようとしている場合に，その差止訴訟が提起され，仮の差止めが申し立てられた場合，申立てが認容されると，行政庁は当該課税処分をさしあたり行うことができなくなる。

> **Column 4-9** **仮処分排除の射程**
>
> 　行政事件訴訟法44条は「行政庁の処分その他公権力の行使に当たる行為」について仮処分を排除しているが，その射程がどこまで及ぶかについて種々の問題がある。
>
> 　(1)　たとえば，公務員に対する免職処分の無効を主張して争う場合，公務員の地位確認の訴え（公法上の当事者訴訟または民事訴訟としての争点訴訟）が考えられることから，無効確認訴訟は補充性の要件を欠く。そこで地位確認の訴えを提起することになるが，地位を保全する仮処分は行政事件訴訟法44条によって排除され，他方で執行停止等の規定は公法上の当事者訴訟および争点訴訟に準用されていないので（行訴41条・45条参照），結局，このような場合には仮の権利保護が全く存在しないことになる。

このことは，一方で無効等確認訴訟に補充性の要件を課し，他方で公法上の当事者訴訟および争点訴訟に仮処分に代わる仮の権利保護手段を設けていないという，いわば制度的な欠陥によるものである。

　そこで，解釈論として，①執行停止を利用できることを理由として無効等確認訴訟の補充性要件が充たされるとする説，②処分の無効を前提とする争点訴訟や公法上の当事者訴訟に執行停止の準用を認める説，③仮処分排除の範囲や内容を限定し，上記のような場合に仮処分を認める説などが主張されている。

　①は補充性の要件を空洞化する結果となること，②は明文の規定に反することから，③の方向が妥当ではないかと思われる。いずれにしても立法による解決が望まれる。

　(2)　行政処分に基づいて工事等が行われ，人格権に基づく差止訴訟（民事訴訟）が提起された場合に，仮処分を求めることができるか，という問題がある。たとえば，公有水面埋立法に基づく埋立免許に基づいて埋立工事が行われているのに対し，この工事によって健康被害を受けている付近住民が人格権に基づく差止訴訟を提起した場合である。

　この問題については，①仮処分を認めると処分の効力を無に帰す結果となるので，行政事件訴訟法44条により認められないとする説（広島高決平成4・9・9判時1436号38頁），②公権力の行使を妨げない範囲で認められるとする説（神戸地尼崎支決昭和48・5・11判時702号18頁），③このような場合に同法44条は適用されないとする説（熊本地判昭和55・4・16判時965号28頁）が対立している。

　民事差止訴訟は人格権の侵害等を根拠とするものであり，処分の効力を争うわけではないから（最判平成4・9・22民集46巻6号1090頁〔百選Ⅱ-174〕〈もんじゅ訴訟〉，本節 **5** (1)(b) 参照），仮処分を認めたとしても処分の効力が否定されることにはならないので，③が妥当ではないかと思われる。ただし，大阪空港訴訟上告審判決（最大判昭和56・12・16民集35巻10号1369頁〔百選Ⅱ-144〕）で認められたように，民事差止訴訟が不適法とされる場合（ **Column 4-7** 参照）には，仮処分も排除されることになるかもしれない。

練 習 問 題

1　2004年の行政事件訴訟法改正により，義務付け訴訟や差止訴訟が明文化されたが，現在の行政不服審査法はこのような申立てを認めていない。このことは憲法上問題であるとは考えられないだろうか。

2　2014年の行政不服審査法の改正によって，審査請求について第三者機関への諮

間の制度が導入されたが，この制度のメリットとデメリットを検討しなさい。

3　行政手続（事前手続）と行政過程における争訟手続を総合的に考察する必要が指摘されている。どのような場面で両者が関連するか，具体例を挙げて説明しなさい。

4　A県では風営法（風俗営業等の規制及び業務の適正化等に関する法律）4条2項2号に基づいて条例を制定しており，それによれば第一種低層住居専用地域では風俗営業の許可ができないことになっている。ところが，業者Bが第一種低層住居専用地域内でパチンコ屋を営業しようとし，A県知事に風俗営業の許可（同3条1項）を申請したところ，県知事は誤って許可を与えてしまった。そこで同じ地域内に住むXらは，．環境悪化および騒音を防止する目的で，許可処分の取消訴訟を提起した。改正行政事件訴訟法の下では，Xらに原告適格は認められるか。最判平成10・12・17民集52巻9号1821頁〔百選Ⅱ-160〕〈国分寺市パチンコ店営業許可事件〉および最大判平成17・12・7民集59巻10号2645頁〔百選Ⅱ-159〕　**判例 4-4**　〈小田急訴訟〉を参考にして答えよ。

5　一般廃棄物処理施設の許可（廃棄物8条1項）を申請したところ，県知事は付近住民が反対していることを理由に拒否処分を行った。そこで許可処分の義務付け訴訟を提起しようと考えているが，訴訟要件としてどのような点に注意すべきか。

6　ダム建設のために自己の所有する土地について収用裁決を受けた。取消訴訟を提起しようと準備をしていたが，うっかり出訴期間をすぎてしまった。ダム工事は着々と進んでいる。この場合，工事を中止させるためにはいかなる訴訟が考えられるか。また，仮の権利保護手段としては，どのような方法が考えられるか。

参　考　文　献

1　行政争訟全体に関するもの
　雄川一郎『行政争訟法』（有斐閣，1957年）
　兼子　仁『行政争訟法』（筑摩書房，1973年）
　杉村敏正編『行政救済法1』（有斐閣，1990年）
2　行政過程における争訟に関するもの
　2-1　2014年改正前の行政不服審査法に関するもの
　　田中真次＝加藤泰守『行政不服審査法解説〔改訂版〕』（日本評論社，1977年）
　　福家俊朗＝本多滝夫編『行政不服審査制度の改革』（日本評論社，2008年）
　　南博方＝小高剛『全訂注釈行政不服審査法』（第一法規出版，1988年）
　2-2　2014年改正後の行政不服審査法に関するもの
　　宇賀克也『Q＆A新しい行政不服審査法の解説』（新日本法規，2014年）
　　宇賀克也『行政不服審査法の逐条解説〔第2版〕』（有斐閣，2017年）

行政管理研究センター編『逐条解説行政不服審査法〔新政省令対応版〕』（ぎょうせい，2016年）

行政不服審査制度研究会編『ポイント解説新行政不服審査制度』（ぎょうせい，2014年）

小早川光郎＝高橋滋編著『条解行政不服審査法〔第2版〕』（弘文堂，2020年）

橋本博之＝青木丈＝植山克郎『新しい行政不服審査制度』（弘文堂，2014年）

室井力＝芝池義一＝浜川清＝本多滝夫編著『コンメンタール行政法Ⅰ　行政手続法・行政不服審査法〔第3版〕』（日本評論社，2018年）

3　行政訴訟に関するもの

3-1　2004年改正前の行政事件訴訟法に関するもの

司法研修所編『改訂行政事件訴訟の一般的問題に関する実務的研究』（法曹会，2000年）

杉本良吉『行政事件訴訟法の解説』（法曹会，1963年）

南　博方編『注釈行政事件訴訟法』（有斐閣，1972年）

3-2　2004年改正後の行政事件訴訟法に関するもの

宇賀克也『改正行政事件訴訟法〔補訂版〕』（青林書院，2006年）

小早川光郎編『改正行政事件訴訟法研究』（有斐閣，2005年）

小早川光郎＝高橋滋編『詳解改正行政事件訴訟法』（第一法規，2004年）

小林久起『行政事件訴訟法』（商事法務，2004年）

園部逸夫＝芝池義一編『改正行政事件訴訟法の理論と実務』（ぎょうせい，2006年）

南博方原著・高橋滋＝市村陽典＝山本隆司編『条解行政事件訴訟法〔第4版〕』（弘文堂，2014年）

橋本博之『解説　改正行政事件訴訟法』（弘文堂，2004年）

同『要説行政訴訟』（弘文堂，2006年）

藤山雅行＝村田斉志編『新・裁判実務大系25 行政争訟〔改訂版〕』（青林書院，2012年）

福井秀夫＝村田斉志＝越智敏裕『新行政事件訴訟法』（新日本法規出版，2004年）

室井力＝芝池義一＝浜川清編著『コンメンタール行政法Ⅱ　行政事件訴訟法・国家賠償法〔第2版〕』（日本評論社，2006年）

第5章
国家補償

　本章では，まず，国家補償の意義について概観する（第 1 節）。次に，国家賠償法の沿革および概要に触れた後に，公権力の行使に関する賠償責任，公の営造物の設置・管理に関する賠償責任それぞれの要件について解説する（第 2 節）。続いて，損失補償について，その概念，根拠，補償の要否・内容を中心に説明する（第 3 節）。最後に，国家賠償および損失補償のいずれによっても救済しがたい国家補償の問題領域をとりあげる（第 4 節）。

第 1 節　国家補償の意義

　国家補償の概念はおおむね，国家の活動に起因して私人に損害ないし損失が生じた場合に，国家がそれを補塡することという意味で用いられる。これは講学上の概念であって，この語が実定法上一般的に用いられているわけではない（数少ない使用例として，戦傷病者特別援護法 1 条および戦傷病者戦没者遺族等援護法 1 条。なお，判例では，(旧) 原爆医療法につき，原子爆弾の被爆による健康上の障害という特殊の戦争被害について戦争遂行主体であった国が自らの責任によりその救済をはかるという一面をも有する点で，実質的に国家補償的配慮が制度の根底にあることを認め，この点を考慮して一定の解釈論上の帰結を導く最判昭和 53・3・30 民集 32 巻 2 号

435 頁がある。近時，被爆者援護法について同様の解釈を示した最判平成 29・12・18 民集 71 巻 10 号 2364 頁〔百選 I -12〕も参照）。

　国家補償に包摂される制度が，国家賠償および損失補償である。これらは，日本のみならず欧米諸国においても，それぞれの歴史的背景のもとで発展してきた。

　国家賠償は，違法その他の過誤のある国または公共団体の行為によって生じた場合の損害を補塡する制度である。日本国憲法 17 条（「何人も，公務員の不法行為により，損害を受けたときは，法律の定めるところにより，国又は公共団体に，その賠償を求めることができる。」）のもと，国家賠償法が制定されている。国家賠償法に基づく責任は，違法な公権力の行使に起因する損害の賠償責任（1 条），および公の営造物の設置・管理の瑕疵に起因する損害の賠償責任（2 条）から成る。

　他方，損失補償は，国または公共団体の適法な行為により生じた損失を補塡する制度である。対象とされてきたのは財産権であり，憲法 29 条 3 項（「私有財産は，正当な補償の下に，これを公共のために用ひることができる。」）に，その侵害に対する損失補償について規定が置かれている。国家賠償と異なり一般的な法典は存在しないが，土地収用法などの個別法に損失補償の規定が設けられている。

　上の 2 つの制度に共通する理念として，被害者救済，負担の公平が認められる。それゆえ，これらを中核に，原因行為の適法と違法を峻別しない統一的な国家補償法理論が主張された。ただ，国家賠償は，違法（または瑕疵）を要件としており，法律による行政の原理という観点から，その認定をつうじて行政活動の適法性を統制する機能を有する。その一方で，国家賠償および損失補償のいずれの制度によっても救済されない被害の類型があることにも注意を払う必要がある（国家補償の谷間）。国家補償という観念は，2 つの制度の谷間にある問題領域に対応する解釈論，立法論の枠組みを提供するところにもその意義が見出される。

第2節　国　家　賠　償

1 国家賠償法の沿革と概要

（1）　国家賠償法の沿革

　国または公共団体がその違法な活動によって生じた私人の損害を補填するという国家賠償制度は，日本では日本国憲法のもとで初めて整備された。明治憲法下では，行政裁判法（1890〔明治23〕年公布）16条（「行政裁判所ハ損害要償ノ訴訟ヲ受理セス」）により，行政裁判所への国家賠償請求の途が閉ざされていた。これに対して司法裁判所においては，民法を適用することにより損害賠償責任を肯定する余地はあったが，権力的活動について民法に基づく損害賠償責任が否定されるという基本的な考え方が採用された（国家無答責の法理。公権力無責任の原則ともいわれる。 Column 5-1 　参照）。欧米でも国家無答責の法理が妥当していた点では共通するが，日本では，権力的活動に起因する損害は，官吏個人の責任もまた，職権濫用のような場合を除き判例上否定された。

　他方，私経済活動に加え，非権力的な行政活動については，民法の適用を認めてこれらの活動に伴い生じた損害に対して国または公共団体の不法行為責任を肯定する大審院の判例があらわれた。その契機となったのが，小学校の遊具が腐っていたため児童が転落死した事故に関して，市の損害賠償責任が問題となった事案である。大審院は，市立小学校の設備の管理作用について，市は同設備について私法上の占有権を有し，私人が占有するのと同様の地位において占有するものであるから，民法717条が適用されると判示した（大判大正5〔1916〕・6・1民録22輯1088頁〈徳島小学校遊動円棒事件〉）。

　第二次大戦後，日本国憲法17条により国家無答責の法理は否定され，国家賠償法が制定された（1947〔昭和22〕年公布・施行）。国家賠償法1条は，従来否定されてきた違法な権力的活動を原因とする国または公共団体の損害賠償責任を，憲法17条のもとで明示的に肯定したところに意義がある。

Column 5-1　国家無答責の法理といわゆる戦後賠償問題

　第二次大戦後長期間を経過してもなお，朝鮮・中国など日本の旧植民地・占領地住民に対する旧日本軍その他日本の国家機関の強制連行・強制労働や殺傷行為などの加害行為によって被害を受けたと主張する人々が，救済を求めて国家賠償請求訴訟を提起する例がみられた。国家賠償法の施行前の行為に関しては，「この法律施行前の行為に基づく損害については，なお従前の例による」と定める同法附則 6 項により，同法の遡及適用が否定されている。そのため，このような加害行為は権力的活動であるとして，国家無答責の法理に基づき賠償責任を否定する判決が少なくない（そのほか，時効や除斥期間，戦争処理条約に基づく請求権放棄等も，賠償責任を否定する論拠とされている。後者について，最判平成 19・4・27 判時 1969 号 38 頁など参照）。ここでは，同法理が「従前の例」に該当するという理解が前提とされている。

　ただし，同法理は，法令上明示的に規定されたものではなく，判例上もその実体的根拠が必ずしも十分には示されていなかった。そこで，下級審のなかには，同法理を，訴訟要件としての権利保護適格を否定する解釈が採られていたことによるものにすぎず，現行憲法下では裁判所が民法の不法行為の規定の解釈・適用を行うに当たって訴訟手続上の制約が解止されたという判決（東京高判平成 15・7・22 判時 1843 号 32 頁）や，国家無答責の法理は実定法上の根拠に基づくものではなく，これを採用した判例も当該事案限りの解決を示した事例判決であり，本件事案は同法理の適用事例とされた事案とは全く異なるとするもの（福岡高判平成 16・5・24 判時 1875 号 62 頁）など，同法理の妥当性を限定的に解するものがみられる（そのほか，名古屋高判平成 19・5・31 訟月 54 巻 2 号 287 頁，広島高判平成 17・1・19 民集 61 巻 8 号 2805 頁なども参照）。

(2)　国家賠償法の概要

　国家賠償法 1 条は，違法な公権力の行使に起因する損害の賠償責任を定める。これは，民法 709 条および 715 条に対応するが，いくつか異なる点がある。すなわち，国家賠償法には，民法 715 条 1 項但書のような使用者免責の規定がない。また，国家賠償法 1 条 2 項は求償権行使の要件を故意または重過失としているが，民法 715 条 3 項にはこのような制限はない。ただ，民法 715 条について，学説・判例上，使用者免責はほとんど認められず，求償権についても制限的に解されている。その意味では，両者の間に相違はほとんどないということになる。もっとも，通説・判例では，国家賠償法 1 条が適用されると加害公務

員個人に対して直接賠償を請求できないのに対して，民法では使用者責任の追及以外に行為者の個人責任が排除されていない点に，なお差異が認められる。

国家賠償法2条は，公の営造物の設置または管理の瑕疵に起因する損害の賠償責任を定める。このような国または公共団体の賠償責任は，(1)で述べたように，国家賠償法の制定前，明治憲法下でも，土地の工作物責任を定める民法717条の適用によって肯定されていた（前掲大判大正5・6・1）。つまり，国家賠償法2条は，これを確認する規定であるが，717条1項但書のような占有者免責を認めておらず，また「公の営造物」概念は「土地の工作物」よりも広い等の点に違いがある。

国家賠償法は3条で，被害者救済の観点から，国家賠償の対外的な責任主体の範囲を広げている。すなわち，1条または2条に基づく国家賠償責任が認められる場合，公務員の選任・監督者または公の営造物の設置・管理者と，公務員の俸給・給与その他の費用または公の営造物の設置・管理の費用負担者とがそれぞれ異なるときは，費用負担者もまた責任を負う。つまり，被害者は，いずれに対しても国家賠償を求めることができるのである。損害賠償の最終的な費用負担については，両者間での求償をつうじて決着が図られる（なお，民法にはこのような規定はない。本節**4**参照）。

国家賠償法4条は，国家賠償責任について，同法1条から3条の規定によるほか，民法の規定によるとしている。したがって，国または公共団体の活動に起因して生じた損害であるが，当該活動が私経済活動である場合や公の営造物の設置・管理に該当しない場合など，国家賠償法1条および2条の適用がない場合でも，民法に基づく不法行為責任が問われることになる。また，国家賠償法1条または2条の適用がある場合でも，同法に存在しない事項については民法の規定（722条2項の過失相殺や724条の時効など）が適用される。

4条にいう「民法の規定」には，民法典に限らずその付属法令も含まれると解されているが，これが適用されるかが問題となる場合がある。この点に関して，消防署職員の不十分な消火活動が原因で残り火から再び火災が発生した場合に，その賠償責任は国家賠償法1条の要件によるのか，あるいは失火者の賠償責任を軽減する趣旨から重過失ある場合に限定する失火責任法（「失火ノ責任ニ関スル法律」）が「民法の規定」として適用されるのかが争われた事例がある。

最高裁は，失火責任法は失火者の責任条件について民法 709 条の特則を規定したものであるから，国家賠償法 4 条の「民法」に含まれるとして，失火責任法の適用を認めている（最判昭和 53・7・17 民集 32 巻 5 号 1000 頁〔百選Ⅱ-239〕，最判平成元・3・28 判時 1311 号 66 頁）。これに対して，学説では，失火責任法を適用すると，職務の執行として消火作業を行った消防署職員が消火ミスをした場合であっても賠償責任が軽減されてしまうのは不合理である等として，むしろ適用否定説が有力である。

　国家賠償法 5 条は，同法が国または公共団体の賠償責任に関する一般法であることから，民法以外の他の法律に特別の定めがあれば，その規定が特別法として適用されることを確認的に規定する。このような規定には，たとえば，国の無過失責任を定める国税徴収法 112 条 2 項，消防法 6 条 2 項がある（本章第 4 節参照。なお，書留郵便物等について国の損害賠償責任を免除または制限していた郵便法の規定は憲法 17 条に違反するとして，これを無効とした最大判平成 14・9・11 民集 56 巻 7 号 1439 頁〔百選Ⅱ-240〕〈郵便法免責規定違憲判決〉も参照）。

　国家賠償法 6 条は，被害者が外国人である場合には，相互の保証があるときに限りこれを適用するという相互保証主義を定めるものである（これに対して，民法上の不法行為については，被害者が外国人であっても，その損害賠償請求は制約を受けない）。「相互の保証」とは，おおむね，当該外国人の属する国において日本人被害者に同様の国家賠償が認められていることを意味する。この規定が憲法 17 条および 14 条に違反しないかが問題となるが，裁判例では，日本国民に対して国家賠償による救済を認めない国の国民に対し，日本が積極的に救済を与える必要がないという衡平の観念に依拠して，違反しないと解されている（東京地判平成 14・6・28 判時 1809 号 46 頁〈米国人受刑者手錠使用事件〉。なお，同判決は，「相互の保証」を柔軟に解釈し，これを肯定している。他方，強制連行され戦後日本で逃亡生活を送った中国人の国家賠償請求について，違法および過失を認めながらも，発見・保護されるまでの期間は「相互の保証」がなかったとして国の責任を否定したものに，東京高判平成 17・6・23 判時 1904 号 83 頁がある）。

2 国家賠償法 1 条に基づく責任

(1) 公権力の行使に起因する賠償責任とその要件

(a) 国家賠償責任の性質・根拠　国家賠償法 1 条に基づく責任の性質がどのようなものであるかをめぐって，代位責任説と自己責任説との対立がみられる。前者は，本来は公務員が負うべき責任を国または公共団体がそれに代わって負担するという考え方であり，他方，後者は，国または公共団体自身の責任を認めるものをいう（下級審裁判例で代位責任説をとるものに福岡高判平成 30・9・28 判例自治 466 号 76 頁等，自己責任説をとるものとして東京地判昭和 39・6・19 判時 375 号 6 頁〈安保教授団事件〉等がある。最高裁はこの点について明示的な判断を示していない）。

代位責任説では，国家賠償法 1 条の文意が重視されている。すなわち，公務員の主観的要素が賠償責任の要件とされており公務員個人の責任を前提としている点や，加害公務員に対する国または公共団体の求償権を定めている点，民法 715 条の使用者責任のような使用者自身の選任監督責任に言及するところがない点である。さらにこれに加えて，国家賠償法の立案関係者が，明示的に代位責任説を採用するドイツ法の影響のもとで代位責任説に立っていた点が挙げられている。

これに対して，自己責任説は，代位責任説を次のように批判する。すなわち，代位責任説では，国または公共団体が公務員の賠償責任を代位するという法律構成をつうじて被害者を救済することが意図されるものの，何故に国または公共団体が賠償責任を負うのか明らかではない，というのである。このような問題認識から，自己責任説は，危険責任という観念に立脚して国家賠償責任の理論的根拠を提示する。この考え方によれば，公権力の行使には違法な加害行為により損害を生じさせる危険が内在しており，国または公共団体は，このような危険を伴う活動を公務員の行為を通してあえて行っている以上，その危険が対外的に発現したときは公務員個人の責任とは関係なく，直接かつ第一次的に責任を負うことになる。

公務員個人の不法行為責任を前提として国または公共団体がこれをいわば肩代わりするという法律構成を，賠償責任の要件の解釈にそのまま当てはめるな

らば，加害公務員を特定できない場合や，当該公務員に過失が認められない場合には責任が否定されることになりかねない。そうすると，代位責任説によれば，賠償責任の認められる余地は自己責任説よりも狭くなるという結論になりそうである。しかしながら，代位責任説においても，公務員ないし加害行為の特定を必ずしも必要とせず，また，組織的過失でもって過失を認定する（後述(b)⑤参照）など，事案に即した柔軟な要件解釈をつうじて国家賠償責任の拡大が図られている。それゆえ，国家賠償責任の理論的根拠についてはともかく，賠償責任の要件に関する解釈論において，両説の違いはほとんどない。

(b)　賠償責任の要件　　国家賠償法1条は，「国又は公共団体の公権力の行使に当る公務員が，その職務を行うについて，故意又は過失によつて違法に他人に損害を加えたとき」，国または公共団体がこれを賠償する責任を負うと規定する。以下，賠償責任の要件を個別に解説する。

①公権力の行使　　国家賠償法1条が適用されるか否かは，加害行為が同条にいう「公権力の行使」に該当するかにより定まる。「公権力の行使」という語は，行政事件訴訟法3条，行政不服審査法1条，行政手続法2条2号等にも用いられているが，これらと概念上一致するものではない（第4章第2節 **2**(1)(b)参照）。

「公権力の行使」の意味内容について，学説では広狭に分かれて対立がみられる。狭義説によれば，命令・強制を典型とする優越的な意思の発動たる国または公共団体の作用を意味する。ここでは，国家無答責の法理のもとで民法上の損害賠償責任が否定されていた権力的作用が念頭に置かれている。

他方，広義説では，国または公共団体の作用のうち私経済作用と国家賠償法2条の適用対象となる公の営造物の設置・管理を除くすべての作用がこれに含まれると解するものが今日では有力である（そのほか，国または公共団体という主体に着目し，そのすべての作用が「公権力の行使」に当たるという最広義説がある）。判例ではおおむね広義説がとられており，非権力的公行政作用である行政指導や国公立学校の教育活動にも，国家賠償法1条が適用されている（たとえば，前科・犯罪経歴に関する弁護士会の照会に対する回答について最判昭和56・4・14民集35巻3号620頁〔百選Ⅰ-39〕，宅地開発指導要綱に基づき教育施設負担金の納付を求める行政指導について最判平成5・2・18民集47巻2号574頁〔百選Ⅰ-95〕，公立学校に

おける体育のプール飛び込み練習中の事故について最判昭和 62・2・6 判時 1232 号 100 頁〔百選Ⅱ-209〕）。

　加害行為が「公権力の行使」に該当しないと解されて国家賠償法の適用がない場合であっても，民法上の不法行為に該当すれば国または公共団体の損害賠償責任が認められる（たとえば，国公立病院での医療事故については民法上の不法行為責任が認められている。最判昭和 36・2・16 民集 15 巻 2 号 244 頁〈輸血梅毒事件〉）。被害者救済という面では，両者の間には差異はほとんどない（ただし，**1**(2)で述べたように，国家賠償法の適用があると，判例によれば，加害公務員個人が被害者に対して賠償責任を負わずに済むことになる）。

　なお，行政権限の行使のみならず不行使（不作為），さらに，立法権および司法権の行使（不作為を含む）もまた「公権力の行使」に含まれると解されており，国家賠償法が適用される。ただし，これらに関しては賠償責任の要件，とくに違法性の要件につき固有の判断方法および基準が用いられている（後述④(ⅴ)以下，および(c)参照）。

　②国または公共団体，公務員　　国家賠償責任を負う「公共団体」には，地方公共団体のみならず，「公権力の行使」に当たる行為をする団体もこれに含まれる。つまり，行政組織法の観点から「公共団体」に当たるかが問題となるのではなく，加害行為が「公権力の行使」に該当することが国家賠償法 1 条適用の決め手となる（たとえば，弁護士に対する懲戒権の行使は弁護士法上「公権力の行使」に該当するから，これを行使した弁護士会は「公共団体」となる。これに対し，東京地判昭和 55・6・18 判時 969 号 11 頁は，弁護士会自体についてその目的等から公共団体に該当することにも言及する）。

　もっとも，非権力的作用が「公権力の行使」に含まれる結果，当該行為が行政組織法上の「公共団体」に当たる団体（第 1 章第 1 節**3**(1)(b)参照）の行為であるか否かが決め手となる場合がある。この点に関して，国公立学校での教育活動は「公権力の行使」に当たることを前提に，そこでの事故などには国家賠償法 1 条が適用されている。学校教育活動それ自体には国公立と私立との間で本質的な差異があるわけではないことから，国家賠償法，民法の不法行為規定のいずれが適用されるかは，設置主体により左右される（なお，国立大学の法人化後，国立大学法人と学生の関係が通常の契約関係であるとみて民法が適用されるという

有力説がある。これに対し，下級審裁判例では，同法人は国家賠償法 1 条 1 項にいう「公共団体」に当たるとしてその適用を認めるものが少なくない。福岡地判令和 4・5・17 裁判所 HP など参照）。

　国家賠償法 1 条にいう「公務員」とは，国家公務員法や地方公務員法により定められた公務員としての身分を有する者に限らず，「公権力の行使」に当たる行為をする者がこれに該当する。法律上「公権力の行使」を委ねられた民間人も含まれうる。そのため，「公務員」該当性に関しても，加害行為が「公権力の行使」に該当するか否かが重要となる。最高裁は，児童福祉法 27 条 1 項 3 号に基づく県の措置により社会福祉法人の運営する児童養護施設に入所した児童が他の入所児童の暴行を受けて重大な障害を負ったため，県と同法人に損害賠償を請求した事案において，同法の規定および趣旨に照らすと，このような児童に対する関係では入所後の施設における養育監護は本来都道府県が行うべき事務であり，その養育監護に当たる児童養護施設の長は 3 号措置に伴い本来都道府県が有する公的な権限を委譲されてこれを都道府県のために行使するものであるとして，当該児童に対する施設職員の養育監護を県の公権力の行使に当たる公務員の職務行為と解し，県の国家賠償責任を認めている（最判平成 19・1・25 民集 61 巻 1 号 1 頁〔百選 II -226〕〈養護施設入所児童暴行事件〉。本章第 2 節 ❹ (a)，　Column 5-2　も参照）。

　公権力の行使によって損害を受けたときに，被害者が加害公務員ないしその加害行為を特定する必要があるかが問題となる場合がある。この点について，最判昭和 57・4・1 民集 36 巻 4 号 519 頁〔百選 II -224〕　判例 5-1　〈岡山税務署健康診断事件〉は，特定を不要であると判断している。ただし，一連の行為のうちに国と地方公共団体双方の公務員の行為が混在している場合には，いずれが賠償責任を負うべきかを明らかにするために，行為者を特定することが必要であるとしている（これに対して，一連の行為を包括的に国の公権力の行使とみる考え方もある）。

> 　判例 5-1　最判昭和 57・4・1 民集 36 巻 4 号 519 頁〔百選 II -224〕
> 〈岡山税務署健康診断事件〉
> 【事実】岡山県 A 税務署に勤務していた X は，同税務署長 B が 1952 年に実施した定期健康診断を受けた。その際，胸部エックス線間接撮影は，B の嘱託に

より岡山県Ｃ保健所で行われ，Ｘの間接撮影フィルムにはその右肺に結核の初期症状を示す陰影が写っていたが，ＢはＸに精密検査の受診を指示せず，またＸの職務に関して健康保持上必要な措置もとらなかった。Ｘは従前に引き続き内勤に比して労働の激しい外勤の職務に従事した結果，翌年実施された定期健康診断により結核罹患の事実が判明するまでの間にその病状が悪化し，長期療養を要するまでに至った。そこで，Ｘが，給与・退職手当等の損失および精神的苦痛について，国に対して損害賠償を請求した。第一審・第二審とも，Ｘの請求を一部認容したため，国が上告した。最高裁は原判決中上告人の敗訴部分を破棄し，本件を原審に差し戻した。

【判旨】「国又は公共団体の公務員による一連の職務上の行為の過程において他人に被害を生ぜしめた場合において，**それが具体的にどの公務員のどのような違法行為によるものであるかを特定することができなくても，右の一連の行為のうちのいずれかに行為者の故意又は過失による違法行為があつたのでなければ右の被害が生ずることはなかつたであろうと認められ，かつ，それがどの行**為であるにせよこれによる被害につき行為者の属する国又は公共団体が法律上賠償の責任を負うべき関係が存在するときは，国又は公共団体は，加害行為不特定の故をもつて国家賠償法又は民法上の損害賠償責任を免れることができないと解するのが相当であ〔る〕。……しかしながら，この法理が肯定されるのは，**それらの一連の行為を組成する各行為のいずれもが国又は同一の公共団体の公務員の職務上の行為にあたる場合に限られ，一部にこれに該当しない行為**が含まれている場合には，もとより右の法理は妥当しないのである。」

③職務を行うについて　　「職務を行うについて」という要件は，加害行為が職務として行われたもののほか，そうではなくても，職務との間に一定の関連性（職務関連性）を有するものであれば，国家賠償法１条が適用されることを意味する。この要件を充たさない場合は，国家賠償責任は認められず，加害行為を行った公務員については，民法上の不法行為責任が問われることになる。

最高裁は，この要件の解釈について，「〔国家賠償法１条は，〕公務員が主観的に権限行使の意思をもつてする場合にかぎらず自己の利をはかる意図をもつてする場合でも，客観的に職務執行の外形をそなえる行為をしてこれによつて，他人に損害を加えた場合には，国又は公共団体に損害賠償の責を負わしめて，ひろく国民の権益を擁護することをもつて，その立法の趣旨とするものと解すべき」であるとして，外形主義（ないし外形標準説）を採用している（最判昭和

31・11・30民集10巻11号1502頁〔百選Ⅱ-223〕〈警察官強盗殺人事件〉)。

　この事案は，警視庁の巡査が，非番の時に制服・制帽を着用して隣県に赴き，不審尋問・所持品検査を装い証拠品名義で預かった金品を持ち逃げしようとしたが，相手に騒がれたため（同僚から窃取し所持していた）拳銃で射殺した事件に関して，国家賠償責任が争点となったものである。同判決では，警察官がその職務執行を装ったという外形が重視されている。それゆえ，ここでとられた外形主義は，警察官以外の一般の公務員が職務権限がないにもかかわらず，警察官に扮して同様の加害行為を行った場合には及ばないといえる。

　④**違法性**　　(i)　違法の判断枠組み（その1）　　国家賠償法1条1項は，違法性を賠償責任の要件の1つとして規定している。立法当時，民法709条の不法行為責任について権利侵害要件を違法性概念で再構成する考え方が有力であったことが，その背景にある。そこでは，被侵害利益の種類・内容と侵害行為の性質・態様を相関的に考慮して，違法性が判断される（相関関係説）。

　他方，行政機関は法律によって人の権利利益を規制する行為を行う権限を与えられているから，その結果としての権利利益の侵害が違法性を判断する決め手となるわけではない。法律による行政の原理のもとでは，そうした行為がその根拠法令をはじめ法規範（不文法を含む）に適合しているかがまず問われることになる。この点に，民法の不法行為理論における違法性概念との違いが見出される。とくに加害行為が行政処分に当たる場合には，その取消訴訟では，同処分が根拠規範に当たる法令の定める要件に適合しているか，これに制約を課す規制規範に違反していないかという形で違法性が判断される（根拠規範，規制規範について第1章第2節 **1** (2)(b)参照）。国家賠償制度が法治主義を担保する機能を有するとして，これを重視する考え方によれば，上記の意味での違法事由が国家賠償法上の違法として認められる（この考え方は一般に「公権力発動要件欠如説」と称される。「客観的法規違反説」ともいわれることがある）。ここでは，取消違法と国賠違法が一致する（違法性同一説）。そのうえで，公務員の注意義務違反として過失の有無が別途，判断される。

　最高裁判例にも，この考え方と同様の枠組みにより違法性および過失を判断するものがみられる。行政処分がその法令上の要件に適合していない場合にはそれを違法であると認定し，そのうえで，処分当時の法令解釈の状況や行政運

用の実態を考慮しつつ，当該処分をする際に依拠した解釈に相当の根拠が認められる場合には過失を否定するというように，違法性と過失をそれぞれ別異に判断するものがそれである（最判平成3・7・9民集45巻6号1049頁〔百選I-45〕 ＜判例 2-1＞〈監獄法施行規則事件〉，最判平成16・1・15民集58巻1号226頁〈不法滞在外国人国民健康保険被保険者証不交付処分事件〉など）。

　(ii)　**違法の判断枠組み（その2）**　今日，判例では，公務員の職務上の義務（「職務上の法的義務」または「職務上通常尽くすべき注意義務」）を観念し，その違反を国家賠償法上の違法性として判断する考え方が有力となっている（この考え方は「職務行為基準説」と称されてきたが，この語が異なる文脈で用いられてきたことから，近年では「職務義務違反説」といわれることもある。以下では「職務義務違反説」という）。

　行政処分について，こうした枠組みで違法性判断を行ったとみられる最高裁判決がある。すなわち，取消訴訟において所得金額の過大認定を理由に課税処分（更正）が違法と認定されてその取消判決が確定した後，慰謝料等を求めて国家賠償請求訴訟が提起された事案で，最判平成5・3・11民集47巻4号2863頁〔百選II-213〕 ＜判例 5-2＞〈奈良税務署推計課税事件〉は，税務署長が資料を収集し，これに基づき課税要件事実を認定・判断するうえで，職務上通常尽くすべき注意義務に違反したか否かという観点から審査を行い，国家賠償法上の違法性を否定した。

　＜判例 5-2＞ **最判平成5・3・11民集47巻4号2863頁〔百選II-213〕**
〈奈良税務署推計課税事件〉

【事実】 製造加工業を営むXは，奈良税務署長に対して1971年から73年までの各年分の事業所得について確定申告した後に，74年11月よりX方に数回にわたり来訪した同税務署職員から所得税の調査のため帳簿書類の提示を求められたが，これに応じなかった。そのため同税務署長は，Xの得意先や取引銀行の反面調査によって上記各年分のXの収入金額を申告額より多く把握する一方，これから控除される必要経費は申告どおりの額を採用して所得金額を認定し，各年分について更正を行った。その取消しを求める訴えをXが提起したところ，控訴審は，所得金額において一定額を超える部分の本件各更正を取り消す旨の一部認容の判決を行い，同判決は確定した。そこで，Xは，本件各更正により過大な納税義務を負担させられた精神的苦痛，得意先喪失による営業

損害，弁護士費用等の損害を被ったとして，国に対して国家賠償請求訴訟を提
起した。原審は，請求を一部認容したため，国が上告した。最高裁は，原判決
を破棄し，X の請求を棄却した。

【判旨】「税務署長のする所得税の更正は，所得金額を過大に認定していたとし
ても，そのことから直ちに国家賠償法 1 条 1 項にいう違法があったとの評価を
受けるものではなく，税務署長が資料を収集し，これに基づき課税要件事実を
認定，判断する上において，**職務上通常尽くすべき注意義務を尽くすことなく
漫然と更正をしたと認め得るような事情がある場合に限り**，右の評価を受ける
ものと解するのが相当である。」

「被上告人〔X〕は，本件係争各年分の所得税の申告をするに当たり，必要
経費につき真実より過少の金額を記載して申告書を提出し，さらに，本件各更
正に先立ち，税務職員から申告書記載の金額を超える収入の存在が発覚してい
ることを告知されて調査に協力するよう説得され，必要経費の金額について積
極的に主張する機会が与えられたにもかかわらず，これをしなかったので，奈
良税務署長は，申告書記載どおりの必要経費の金額によって，本件各更正に係
る所得金額を算定したのである。してみれば，本件各更正における所得金額の
過大認定は，専ら被上告人において本件係争各年分の申告書に必要経費を過少
に記載し，本件各更正に至るまでこれを訂正しようとしなかったことに起因す
るものということができ，奈良税務署長がその職務上通常尽くすべき注意義務
を尽くすことなく漫然と更正をした事情は認められないから，〔昭和〕48
〔1973〕年分更正も含めて本件各更正に国家賠償法 1 条 1 項にいう違法があっ
たということは到底できない。」

　その後，同様の枠組みで違法性を判断する最高裁判決として，次のような例
がある。関税定率法に基づく輸入禁制品該当通知処分についてその取消しを求
めるとともに国家賠償法 1 条に基づき慰謝料等の支払を求めた事案で，最高裁
は，処分当時の一般社会の健全な社会通念に照らし輸入禁制品に該当するとは
認められないとして同処分は取消しを免れないとする一方で，税関支署長が処
分当時の社会通念に照らして輸入禁制品に該当すると判断したことにも相応の
理由がないとまでいい難く，同処分をしたことが職務上通常尽くすべき注意義
務を怠ったものといえないとして，国家賠償法上の違法を否定している（最判
平成 20・2・19 民集 62 巻 2 号 445 頁〈メイプルソープ写真集事件〉。そのほか，同様の
判断枠組みにより，一部非開示の判断をしたことについて違法を否定した最判平成 18・

4・20 集民 220 号 165 頁〈静岡県食糧費情報公開訴訟〉がある一方，違法な通達を発出し，これに基づく取扱いを継続した国の担当者の行為について違法を肯定した最判平成 19・11・1 民集 61 巻 8 号 2733 頁〔百選Ⅱ-214〕〈在外被爆者健康管理手当事件〉もある）。

　これらの判例は，取消訴訟で行政処分の違法が肯定される場合であっても国家賠償法上の違法が否定されるという意味で，取消違法と国賠違法が一致しないことを認める立場（違法性相対説）を採用しているとみられる。

　職務義務違反説においては違法性が「職務上通常尽くすべき注意義務」違反として判断され，そこには過失の判断要素（⑤で後述）が含まれるから，違法の判断の中で過失の判断も行われることになる。そうすると，上記(ⅰ)と(ⅱ)の対立は，国家賠償責任の成否という点ではいずれの考え方をとるとしても結論的には差がなく，理論的な説明の仕方にすぎないという一面もある。

　(ⅲ)　判例の理解　　行政処分のように加害行為について根拠規範や規制規範といった行為規範が明確に存在する場合は，それへの違反としての違法が認定されることにより，国家賠償責任の成否とは別に，国家賠償制度が被害者救済機能のみならず同種の違法行為を抑止する機能を発揮しうる。とくに行政訴訟をつうじた救済が実効的でない事案ではそうした機能が期待されてきた。また，被侵害利益が重大である場合に，上の意味での違法が認定されれば過失要件を緩和する理論を展望する考え方もある。このような観点からは，最高裁判例における職務義務違反説の採用は消極的に評価されることになる。

　もっとも，加害行為に当たる公権力の行使には行政処分のほかにも多様な行為があり，その行為規範が法令上明確でないものも数多く存在する。こうした事案では，主張される被侵害利益の種類・内容への着目など，民法不法行為法に類似した枠組みで違法性判断が行われる場合がある。

　職務義務違反説に立つ最高裁判決は，たしかに，行政処分について違法性相対説を採用したとみられる説示を行うが，他面で，当該訴訟で主張されている被侵害利益の種類・内容，国家賠償請求をつうじたその救済の有り様が留意される。当該処分の根拠法令が被侵害利益を保護しているとは言い難い場合には，当該利益に対応した公務員の職務上の義務が観念され，それへの違反を国家賠償法上の違法性ととらえているということもできる。たとえば前掲最判平成 5・3・11 ◆判例 5-2 の事案では，すでに課税処分の取消判決が確定した結果，

所得金額の過大認定による納税額相当額の不利益は救済されており，国家賠償請求訴訟で主張された利益侵害は，同処分により過大な納税義務を負担させられた精神的苦痛，同処分および反面調査による営業上の信用毀損，得意先喪失による営業損害等（　判例 5-2　【事実】参照）であった。そのため，こうした利益に関して，納税者側の申告義務等を勘案しつつ，税務署長・職員の税務調査，推計課税や課税処分の判断に関する職務上の注意義務が観念されたという見方が可能である。

　(iv)　被侵害利益と法令の保護範囲　　以上に関連して，違法性判断において，被侵害利益が加害行為に係る根拠法令の保護範囲に含まれるかが問題となった最高裁判決がある。

　最判平成元・11・24 民集 43 巻 10 号 1169 頁〔百選 II -216〕は，知事が宅地建物取引業法に基づき免許を付与・更新した業者の不正行為によって被害を受けた者が国家賠償請求をした事案で，同法は個々の取引関係者が被る具体的な損害の防止・救済を直接的な目的とするとは解し難く，免許の付与・更新が法所定の免許基準に適合しない場合であっても，これらの者に対する関係において直ちに国家賠償法 1 条 1 項にいう違法な行為に当たるものではないと判示している。

　また，最判平成 20・4・15 民集 62 巻 5 号 1005 頁は，「公務員による公権力の行使に国家賠償法 1 条 1 項にいう違法があるというためには，公務員が，当該行為によって損害を被ったと主張する者に対して負う職務上の法的義務に違反したと認められることが必要である」と述べ，そのうえで，旧監獄法上の接見許否の措置に係る規定は，親族以外の者から受刑者との接見の申入れを受けた刑務所長に対し，接見の許否を判断するに当たり接見を求める者の固有の利益に配慮すべき法的義務を課すものではないこと等を理由に，受刑者からの人権救済の申立てを受けた弁護士会の人権擁護委員会の調査活動の一環として行われる受刑者との接見を許さなかった措置に，国家賠償法上の違法はないと判示している。その一方，最判平成 25・12・10 民集 67 巻 9 号 1761 頁は，刑事訴訟法の趣旨に照らすと，刑事収容施設法（刑事収容施設及び被収容者等の処遇に関する法律）上，死刑確定者のみならず再審請求のために選任された弁護人には固有の秘密面会をする利益があることを認めて，再審請求に向けた打合せの

ための秘密面会を許さない拘置所長の措置はその裁量権の範囲を逸脱しまたは
これを濫用して当該利益を侵害するものとして国家賠償法1条1項の適用上違
法であると判示している。

　さらに，最判平成25・3・26集民243号101頁〔百選II-215〕は，申請書に
添付された構造計算書中の一級建築士による偽装を看過してされた建築確認は
国家賠償法1条1項の適用上違法であり，それにより被った改修工事費用等の
財産的損害の賠償を建築主が求めた事案で，「建築確認制度の目的には，建築
基準関係規定に違反する建築物の出現を未然に防止することを通じて得られる
個別の国民の利益の保護が含まれており，建築主の利益の保護もこれに含まれ
ているといえるのであって，建築士の設計に係る建築物の計画について確認を
する建築主事は，その申請をする建築主との関係でも，違法な建築物の出現を
防止すべく一定の職務上の法的義務を負うものと解するのが相当である」とし
て，建築主事は建築確認をするに当たり建築主である個人の財産権を保護すべ
き職務上の法的義務を負うものとはいえないとした原審の判断を否定している
（結論としては，建築主事が職務上通常払うべき注意をもって申請書類の記載を確認し
ていれば建築基準関係規定との不適合を発見できたにもかかわらずその注意を怠って漫
然とその不適合を看過したとは認められず，本件建築確認は国家賠償法上違法でないと
した）。

　以上の判例に関し，加害行為が法規範に違反するときでも，当該規範が被侵
害利益の保護規範に当たらないことを理由に国家賠償法1条1項の適用上違法
でないと処理されるのは妥当でないという考え方がある。ここでは，この問題
は主に損害要件に位置づけられ，主張されている被侵害利益が国家賠償法上保
護に値するものであるか否かという観点で捉えられている。

　なお，判例上も，被侵害利益が，法律上保護された利益，国家賠償法上また
は不法行為法上保護に値する利益（民法709条にいう「他人の権利又は法律上保護
される利益」参照）に当たるかが争点となる場合がある。最判平成2・2・20判
時1380号94頁は，不起訴処分の違法を理由とする国家賠償請求について，被
害者または告訴人が捜査または公訴提起によって受ける利益は，法律上保護さ
れた利益ではないとしているほか（最判平成17・4・21判時1898号57頁も参照），
損害賠償の対象となりうるような法的利益の侵害があったとはいえないことを

理由に国家賠償責任を否定する判決がある（最判平成 18・6・23 判時 1940 号 122 頁〈首相靖国参拝違憲訴訟〉。不作為責任に関する反射的利益論においても同様の論点がある。(c)②で後述）。

　(v)　特殊な「公権力行使」の違法性　　上述したように，「公権力の行使」には，立法権の行使や司法権の行使も含まれるから，立法行為（立法不作為を含む）または裁判により生じた損害についても国家賠償責任が成立しうる。もっとも，判例では，これらの行為の特殊性にかんがみ国家賠償法上の違法について固有の判断枠組みが用いられている。

　まず，ある立法（立法不作為を含む）の内容が違憲であるならば，国家賠償法上も違法であるといえなくはないが，最高裁は，最判昭和 60・11・21 民集 39 巻 7 号 1512 頁〈在宅投票制度廃止違憲訴訟〉で，「国会議員の立法行為（立法不作為を含む……）が同項の適用上違法となるかどうかは，国会議員の立法過程における行動が個別の国民に対して負う職務上の法的義務に違背したかどうかの問題であつて，当該立法の内容の違憲性の問題とは区別されるべきであり，仮に当該立法の内容が憲法の規定に違反する廉〔かど〕があるとしても，その故に国会議員の立法行為が直ちに違法の評価を受けるものではない」という定式を示して，国会議員の立法行為について立法内容違憲と国賠違法とを区別する考え方（立法内容違憲と国賠違法の区別説）を採用した。そのうえで，最高裁は，国会議員の立法行為について国家賠償法上の違法が認められる場合を限定した。すなわち，「立法の内容が憲法の一義的な文言に違反しているにもかかわらず国会があえて当該立法を行うというごとき，容易に想定し難いような例外的な場合でない限り，国家賠償法 1 条 1 項の規定の適用上，違法の評価を受けない」。ここでいう「例外的な場合」についての説示を前提とする限り，たとえ，ある立法行為が違憲と評価されても，国家賠償法上の違法が認められて責任が肯定される余地はほとんどないようにみえる。その背景には，議会制民主主義のもとで，国会議員の立法過程における行動は原則として政治的責任の対象となるにとどまり，個別の国民との関係では法的義務を負わないという立法権の行使の特殊性に対する配慮がうかがえる。

　その後，在外国民の選挙権の行使を制限する立法の違憲性が争点となった最大判平成 17・9・14 民集 59 巻 7 号 2087 頁〔百選Ⅱ-220〕◀**判例 5-3**▶〈在外日本

人選挙権訴訟〉では，立法内容違憲と国賠違法の区別説に依拠しつつ，選挙権行使の機会を確保するための措置をとらなかった立法不作為について国家賠償法上違法であるとして，国の賠償責任を肯定するに至った。同判決で注目されるのは，国家賠償法上の違法の判断基準を前掲最判昭和 60・11・21 よりも実質上緩和しているとみられる点である。さらに，最大判平成 27・12・16 民集 69 巻 8 号 2427 頁〈再婚禁止期間違憲訴訟〉および最大判令和 4・5・25 民集 76 巻 4 号 711 頁〈在外日本人国民審査権訴訟〉は，同じく区別説に立ち，「法律の規定が憲法上保障され又は保護されている権利利益を合理的な理由なく制約するものとして憲法の規定に違反するものであることが明白であるにもかかわらず，国会が正当な理由なく長期にわたってその改廃等の立法措置を怠る場合など」においては，例外的に，その立法不作為が国家賠償法 1 条 1 項の適用上違法の評価を受けると述べる。そのうえで，前者は，当時，女性について 6 カ月の再婚禁止期間を定める民法の規定のうち 100 日超過部分が憲法に違反するものとなっていたことが国会にとって明白であったということは困難であるとして，当該規定を改廃する立法措置をとらなかった立法不作為について国家賠償法上の違法を否定する。他方，後者は，在外国民に対し最高裁判所裁判官国民審査権の行使を認める制度を創設することの立法不作為について，当該立法措置をとることが必要不可欠であり，それが明白であるにもかかわらず，国会が正当な理由なく長期にわたってこれを怠ったものであり，国家賠償法上違法であるとして賠償責任を認めている。

〈判例 5-3〉 **最大判平成 17・9・14 民集 59 巻 7 号 2087 頁〔百選Ⅱ-220〕**
〈在外日本人選挙権訴訟〉

【事実】 **〈判例 4-12〉** を参照。

【判旨】「国家賠償法 1 条 1 項は，国又は公共団体の公権力の行使に当たる公務員が個別の国民に対して負担する職務上の法的義務に違背して当該国民に損害を加えたときに，国又は公共団体がこれを賠償する責任を負うことを規定するものである。したがって，国会議員の立法行為又は立法不作為が同項の適用上違法となるかどうかは，**国会議員の立法過程における行動が個別の国民に対して負う職務上の法的義務に違背したかどうかの問題であって，当該立法の内容又は立法不作為の違憲性の問題とは区別されるべきであり，**仮に当該立法の内容又は立法不作為が憲法の規定に違反するものであるとしても，そのゆえに国

会議員の立法行為又は立法不作為が直ちに違法の評価を受けるものではない。しかしながら，**立法の内容又は立法不作為が国民に憲法上保障されている権利を違法に侵害するものであることが明白な場合**や，**国民に憲法上保障されている権利行使の機会を確保するために所要の立法措置を執ることが必要不可欠であり，それが明白であるにもかかわらず，国会が正当な理由なく長期にわたってこれを怠る場合**などには，**例外的に**，**国会議員の立法行為又は立法不作為は**，国家賠償法1条1項の規定の適用上，違法の評価を受けるものというべきである。最高裁昭和53年（オ）第1240号同60年11月21日第一小法廷判決・民集39巻7号1512頁は，以上と異なる趣旨をいうものではない。

在外国民であった上告人らも国政選挙において投票をする機会を与えられることを憲法上保障されていたのであり，この権利行使の機会を確保するためには，**在外選挙制度を設けるなどの立法措置を執ることが必要不可欠であったに**もかかわらず，前記事実関係によれば，昭和59〔1984〕年に在外国民の投票を可能にするための法律案が閣議決定されて国会に提出されたものの，同法律案が廃案となった後本件選挙の実施に至るまで**10年以上の長きにわたって何らの立法措置も執られなかったのであるから，このような著しい不作為は上記の例外的な場合に当たり，このような場合においては，過失の存在を否定することはできない。**このような立法不作為の結果，上告人らは本件選挙において投票をすることができず，これによる**精神的苦痛を被ったものというべきである。**したがって，本件においては，上記の**違法な立法不作為を理由とする国家賠償請求はこれを認容すべきである。**」

【コメント】本判決は，特定の選挙で投票する権利を有することの確認訴訟についても請求を認容している。この点については，＜判例 4-12＞参照。

次に，司法権の行使，とくに争訟の裁判について，是正されるべき瑕疵があるとして上訴等でこれが破棄または取り消されたような場合に，国家賠償法上も違法の評価を受けるかが問題となる。

下級審裁判例では，刑事事件について上級審で無罪とされその判決が確定した場合，これに反する下級審の有罪判決は国家賠償法上違法であるというものがある（東京地判昭和44・3・11判時551号3頁。結果違法説といわれる。ただし，過失の判断において裁判の特殊性が斟酌されている）。他方で，裁判に上級審で是正されるべき瑕疵があったという結果に着目するのではなく，裁判官が，事実認定にあたって経験則，採証の法則を著しく逸脱し，通常の裁判官であれば当時の資料，状況のもとでそのような事実認定をしなかったであろうと考えられるよ

うな過誤をおかしたような場合に限り，国家賠償法上の違法が認められるという立場がある（大阪高判昭和 50・11・26 判時 804 号 15 頁など。結果違法説と対比して，これも職務行為基準説と称されてきた）。

　最高裁は，上述した下級審の考え方をいずれも否定したうえで，違法となる余地をより限定している。すなわち，「裁判官がした争訟の裁判に上訴等の訴訟法上の救済方法によつて是正されるべき瑕疵が存在したとしても，これによつて当然に国家賠償法 1 条 1 項の規定にいう違法な行為があつたものとして国の損害賠償責任の問題が生ずるわけのものではなく，右責任が肯定されるためには，当該裁判官が違法又は不当な目的をもつて裁判をしたなど，裁判官がその付与された権限の趣旨に明らかに背いてこれを行使したものと認めうるような特別の事情があることを必要とする」という（最判昭和 57・3・12 民集 36 巻 3 号 329 頁〔百選Ⅱ-221〕）。この判決は，民事の確定判決の違法を主張して上訴を経ないで国家賠償を請求した事案であったが，その後，最高裁は，刑事事件において上告審で確定した有罪判決が再審で取り消されて無罪判決が確定した場合にも，同判決の理が当てはまるとしている（最判平成 2・7・20 民集 44 巻 5 号 938 頁）。

　たしかに，自由心証主義のもとでは事実認定は裁判官の自由な判断に委ねられる部分が大きく，上級審が下級審と証拠の評価等について判断を異にすることは少なくない。しかしながら，裁判官が経験則を著しく逸脱するような事実認定を行うという事態も考えられないではない。最高裁判例によれば，このような事態であってもそれは直ちに「特別の事情」に含まれるわけではなく，裁判官に故意が認められるようなきわめて特異な場合でなければ違法性が肯定されないおそれがある。その背景には，裁判の瑕疵は三審制における上訴さらに再審をつうじて是正されるべきであるという裁判の特性，さらに裁判官の独立の保障を重視して，国家賠償責任を限定する考え方があるとみられる。

　第 3 に，公訴の提起・追行，および逮捕・勾留については，刑事裁判で結果的に無罪の判決が確定した場合，あるいは不起訴処分となった場合でも，違法の評価を受けるものではないといえる。というのは，これらの行為は，その時点においてよるべき行為規範に照らし，国家賠償法上の違法性が評価されるからである。つまり，公訴の提起・追行については，「起訴時あるいは公訴追行

時における検察官の心証は，その性質上，判決時における裁判官の心証と異な
り，起訴時あるいは公訴追行時における各種の証拠資料を総合勘案して合理的
な判断過程により有罪と認められる嫌疑があれば足りる」と解されている（検
察官が現に収集した証拠資料のみならず「通常要求される捜査を遂行すれば収集し得た
証拠資料」も総合勘案の対象となるという，最判平成元・6・29 民集 43 巻 6 号 664 頁参
照。このような判断基準を基本に検察官の公訴提起を国賠法上違法とした東京地判平成
2・6・12 判時 1362 号 80 頁がある。ここでは過失も同時に認められている）。

　また，逮捕・勾留は，「その時点において犯罪の嫌疑について相当な理由が
あり，かつ必要性が認められる限りは適法」であるとされる（最判昭和 53・
10・20 民集 32 巻 7 号 1367 頁〔百選Ⅱ-222〕〈芦別事件〉）。なお，被疑者の留置に関
しては，最判平成 8・3・8 民集 50 巻 3 号 408 頁は，司法警察員が，留置時に，
捜査により収集した証拠資料を総合勘案して刑訴法 203 条 1 項所定の留置の必
要性を判断するうえで，合理的根拠が客観的に欠如していることが明らかであ
るにもかかわらず，あえて留置したと認めうるような事情がある場合に限り，
留置について国家賠償法上違法の評価を受けると判示する。ここでの違法性判
断の中には，留置の必要性の認識における司法警察員の過誤の有無が含められ
ている。

　⑤故意または過失　　民法不法行為法においては当初，過失は，主観的な要
件として行為者の内心の心理状態によって判断されるものと理解されたが，行
為者が当該状況で遵守すべきであった注意義務違反としてとらえる考え方が有
力となっている（過失の客観化。なお，故意は，結果発生を認識しながらあえてある
行為をするという心理状態であると解されている）。注意の程度は，当該行為の類型
に応じた平均人・一般人の能力が基準とされる。国家賠償法上の過失もまた，
当該職務に従事する公務員としてこれに要求される注意義務に照らし，その違
反の有無が判断される。

　故意または過失の認定においては，結果発生の認識またはその可能性（予見
可能性）が問われる。ただし，行政活動においては法律に基づき私人の権利利
益の侵害ないし制限を意図して行為がなされる場合が少なくないから，こうし
た場合に故意または過失が認められるには，当該行為の違法性の認識またはそ
の可能性が必要となる。注意義務違反である過失は，その予見可能性がある場

合において結果回避義務に違反したか否かにより判断される。

　行政処分等が法令に適合せず違法である場合，上述した違法性同一説の立場からは過失の有無が別に判断され，この点についての注意義務違反が問われることになる。判例では，ある事項に関する法律解釈につき異なる見解が対立し，実務上の取扱いも分かれていて，そのいずれにも相当の根拠が認められる場合に，公務員が一方の見解を正当と解しこれに立脚して公務を遂行したときは，後にその執行が違法と判断されたからといって直ちに当該公務員に過失があったとは認められないと解されている（強制執行について最判昭和46・6・24民集25巻4号574頁のほか，省令の規定の違法をその執行者である行政庁が処分当時予見し，または予見すべきであったといえないとして過失を否定した前掲最判平成3・7・9 〈 判例 2-1 〉，および前掲最判平成16・1・15参照。なお，法の解釈を誤る違法な内容の通達を発出したことについて国家賠償法上の違法とともに国の担当者の過失を認定した，前掲最判平成19・11・1も参照）。

　行政活動ないし職務の遂行には，通常，様々な行政機関，公務員が関与している。それゆえ，直接加害行為を行った公務員を特定することなく，組織を代表する大臣や地方公共団体の長の過失の有無を問う形で，実質的には組織としての職務遂行における過誤が判断されることがある（組織的過失）。予防接種の副反応事故について，被害発生の具体的な予見可能性がない場合でも，東京高判平成4・12・18判時1445号3頁〈予防接種禍東京訴訟〉は，被害者を禁忌該当者と推定したうえで（最判平成3・4・19民集45巻4号367頁〔百選Ⅱ-211〕〈小樽種痘禍事件〉），厚生大臣（当時）は，接種担当者が禁忌識別を誤り禁忌該当者に接種して重大な副反応事故が発生することを予見することができ，また，予診の拡充など禁忌該当者を識別・除外する体制を整える等の措置を講じることにより被害発生の結果を回避する可能性があったとしてその過失を認定している。

　⑥違法性と過失の関係　　行為規範が法令上明確でない行為については，もっぱら注意義務違反としての過失の有無により国家賠償責任の成否が判断されることがある。

　まず，その典型例として，国公立学校における事故が挙げられる。様々な学校事故の防止に関して法令上具体的な行為規範が存在するわけではなく（なお，

児童の身体に対する市立小学校教員の有形力の行使は学校教育法 11 条但書にいう体罰に該当しない点で違法ではないとした，最判平成 21・4・28 民集 63 巻 4 号 904 頁も参照），判例では，個々の事故における被害発生の予見可能性および結果回避義務である注意義務への違反でもって国家賠償責任の有無が判断されている（最判昭和 58・2・18 民集 37 巻 1 号 101 頁〈 判例 5-4 〉〈課外クラブ活動中の喧嘩失明事故〉，前掲最判昭和 62・2・6〈体育授業中のプール飛び込み事故〉等）。ここでは，私立学校における事故に関する民法不法行為責任と同様の判断方法が用いられている。たとえば前掲最判昭和 58・2・18 は，公立中学校での課外クラブ活動中の生徒間の喧嘩の結果，生徒が重傷を負った事故について，最高裁は何らかの事故の発生する危険性を具体的に予見可能であるような特段の事情のある場合でなければ，顧問の教諭が個々の活動に常時立ち会って監視指導すべき義務までを負うものではなく，本件喧嘩が予見可能でなかったとすれば過失責任を問うことはできないと判示している。

　次に，パトカーが道路交通法違反車両を追跡した結果，同車両が第三者に衝突して損害を生じさせた場合に，その損害に対して国家賠償責任が認められるかが争点となった事案が挙げられる。原審は，第三者への損害の発生を防止する注意義務への違反として過失を認定し，責任を肯定した。これに対して，最判昭和 61・2・27 民集 40 巻 1 号 124 頁〔百選 Ⅱ-210〕は，「追跡行為が違法であるというためには，右追跡が当該職務目的を遂行する上で不必要であるか，又は逃走車両の逃走の態様及び道路交通状況等から予測される被害発生の具体的危険性の有無及び内容に照らし，追跡の開始・継続若しくは追跡の方法が不相当であることを要する」としたうえで，追跡行為に違法はないとして責任を否定した。同判決は，比例原則（第 1 章第 2 節 **4**(2)参照）に照らしてパトカーによる追跡という事実行為に関する行為規範を示して違法性を判断したものとみられる。

　他方，行政権限の不行使（不作為）を理由とする国家賠償請求訴訟では，不作為の違法性判断の中に過失の判断要素（予見可能性および回避可能性）が含まれるから，違法性が認定されるならば，これとは別に過失を判断する意義が小さい（(c)③で後述）。また，上述したように職務義務違反説では「職務上通常尽くすべき注意義務」違反としての違法性判断の中で過失も合わせて判断される

ことになる。

> ◁ **判例 5-4** ▷ 最判昭和 58・2・18 民集 37 巻 1 号 101 頁
>
> 〈課外クラブ活動中の喧嘩失明事故〉

【事実】 1977 年 10 月，町立中学校において，生徒である X が友人らと放課後に体育館内でトランポリンを無断で持ち出し遊んでいたところ，バレーボール部の練習中だった A がそれを注意したため喧嘩となり，A に顔面を段打された X が後に左目を失明する重傷を負った。平常はバレーボール部顧問の教諭が部活動を指導，監督していたが，当日は運動場で運動会予行演習の準備をしていて体育館にはおらず，また，他の教諭も体育館には居合わせていなかった。X は，町に対して国家賠償請求訴訟を提起した。第二審は，部活動の顧問教諭が館内にあって生徒を指導監督する義務があったとして過失を認め，請求を一部認容した。そこで，町が上告した。最高裁は，原判決中上告人の敗訴部分を破棄して，本件を原審に差し戻した。

【判旨】「課外のクラブ活動であつても，それが学校の教育活動の一環として行われるものである以上，その実施について，顧問の教諭を始め学校側に，生徒を指導監督し事故の発生を未然に防止すべき一般的な注意義務のあることを否定することはできない。しかしながら，課外のクラブ活動が本来生徒の自主性を尊重すべきものであることに鑑みれば，**何らかの事故の発生する危険性を具体的に予見することが可能であるような特段の事情のある場合は格別，そうでない限り，顧問の教諭としては，個々の活動に常時立会い，監視指導すべき義務までをを負うものではない**と解するのが相当である。

　ところで，本件事故は，体育館の使用をめぐる生徒間の紛争に起因するものであるところ，本件事故につきバレーボール部顧問の教諭が代わりの監督者を配置せずに体育館を不在にしていたことが同教諭の過失であるとするためには，**本件のトランポリンの使用をめぐる喧嘩が同教諭にとつて予見可能であつたことを必要とするものというべきであり**，もしこれが予見可能でなかつたとすれば，本件事故の過失責任を問うことはできないといわなければならない。そして，右予見可能性を肯定するためには，従来からの K 中学校における課外クラブ活動中の体育館の使用方法とその範囲，トランポリンの管理等につき生徒に対して実施されていた指導の内容並びに体育館の使用方法等についての過去における生徒間の対立，紛争の有無及び生徒間において右対立，紛争の生じた場合に暴力に訴えることがないように教育，指導がされていたか否か等を更に総合検討して判断しなければならないものというべきである。」

(c)　行政権限の不行使に起因する賠償責任（不作為責任）とその要件

①**不作為責任の類型**　　国家賠償法1条にいう「公権力の行使」に関しては，従前は，公務員が私人の身体や財産に積極的に危害を加える場合が念頭に置かれてきたが，今日では「公権力の行使」には行政権限の不行使も含まれると解されており，これに起因する損害について国家賠償法1条に基づく責任（不作為責任）が問題となる。

不作為責任には2つの類型がある。ひとつは，許認可などを求める申請に対する不応答により生じた損害の賠償責任（申請不応答型）であり，もうひとつは，国民の生命・身体・財産等に対する危険を防止するための権限，とくに規制権限の行使の懈怠により生じた損害の賠償責任（規制権限不行使型）である。

（i）　**申請に対する不応答**　　申請に対する不応答に対しては，不作為違法確認訴訟（行訴3条5項・37条）のほか，行政事件訴訟法37条の3に基づき，申請型義務付け訴訟も併せて提起して，許認可等の義務付け判決を得ることができる（第4章第2節**5**(3)(b)参照）。これとは別に，不作為が継続していた間に申請者に生じた損害について，申請処理の遅延による財産的損害の賠償（なお，最判昭和60・7・16民集39巻5号989頁〔百選Ⅰ-121〕◆**判例 2-6**◆〈品川区マンション事件〉では，行政指導を理由とする建築確認の留保の違法が争点となった。第2章第5節**2**(3)参照）のほか，精神的苦痛に対する慰謝料も賠償の対象となりうる。

後者について，最高裁は，水俣病認定の申請者がその内心の静穏な感情を害されない利益は不法行為法上の保護の対象になりうるとしたうえで，これが侵害される結果を回避すべき条理上の作為義務違反として違法性を判断している。これによれば，申請に対する処分を迅速，適正に行う知事の行政手続上の作為義務は，申請者の上記利益の保護に直接向けられたものではなく，条理上の作為義務違反があるというには，「客観的に処分庁がその処分のために手続上必要と考えられる期間内に処分できなかったことだけでは足りず，その期間に比して更に長期間にわたり遅延が続き，かつ，その間，処分庁として通常期待される努力によって遅延を解消できたのに，これを回避するための努力を尽くさなかったことが必要である」と解している。ここでは，内心の静穏な感情を害されない利益を侵害する不作為の違法性が，申請不作為違法確認訴訟における手続法上の応答義務違反としての不作為の違法とは別異のものととらえられて

いる（最判平成3・4・26民集45巻4号653頁〔百選Ⅱ-212〕〈水俣病認定待たせ賃訴訟〉）。

（ⅱ）　規制権限の不行使　　学説および裁判例で従来，議論を集めてきたのは，規制権限不行使型である（以下では，この類型の不作為責任について解説する。なお，2004年の行政事件訴訟法改正により，重大な損害を生ずるのを避けるために，行政庁に対して規制権限を行使することの義務付けを求める訴訟が法定化された。行訴37条の2。第4章第2節 **5** (3)(c)参照）。現代社会においては，企業活動に伴う公害や薬害，災害等によって国民の生命・身体等への危険が増大するのに伴い，国または公共団体は，その被害を防止するために積極的に介入することが要求されるようになる。その一方で，危険を防止するための規制権限が行使されず，その結果，被害が発生した場合には，国または公共団体が損害賠償責任を追及されることになる（危険管理責任ないし危険防止責任）。1970年代以降，その不作為の違法を理由とする国家賠償請求訴訟が数多く提起されるようになった。

　この不作為責任が問題となる利益状況は，規制の相手方となる者のほかに，規制により利益を受ける者が存在するという三面関係が認められる点に特徴がある。すなわち，被規制者の権利・自由を尊重すべきであるという観点からは規制は過度なものであってはならず，行政の介入は消極的にならざるをえない。他面で，規制の受益者との関係では，その利益，とりわけ生命・身体に係る利益を保護するために，規制権限を積極的に行使することが要請される。伝統的な行政法理論は，行政と規制を受ける相手方との二面関係を前提に形成されたものであり，以上のような三面関係はほとんど念頭に置かれていなかったといえる（第1章第1節 **3** (2)(c)参照）。

　②**反射的利益論，行政便宜主義とその批判**　　従来，二面関係における利益状況を前提に，規制権限を行使するか否か，どのように行使するかについて，行政庁には法令上広い裁量が認められ，その行使が義務づけられることは稀であった（行政便宜主義ないし自由裁量論）。また，規制権限の行使は，公益の実現を目的とするものであり，個々の国民の具体的な利益の保護を目的とするものではないから，その行使によって特定の個人が実際に利益を受けることがあっても，それは反射的にもたらされる事実上の利益にすぎず，法によって保護される利益に当たらないという考え方が妥当していた（反射的利益論）。つまり，行

政便宜主義および反射的利益論が，不作為責任を肯定するうえで理論的な障壁となっていた。

　まず，反射的利益論については，これに対する批判の 1 つに，反射的利益論は抗告訴訟の原告適格をめぐる議論であって，これを国家賠償にまで持ち込むのは妥当でないという見解が存在したが，多数説では国家賠償訴訟で救済されない利益があること自体は肯定されている。ただ，人の生命・身体に関わる利益は，行政活動において常に考慮・尊重されるべきものであり，国家賠償で保護される利益であると解するものが有力である。下級審でも，生命・身体の保護を目的とする規制権限の不行使が争点となっている事案では，反射的利益論を否定する裁判例が大勢であった。

　反射的利益論は，それ独自で不作為責任を否定する要件となるというよりも，被侵害利益が当該規制権限に係る根拠規範の保護範囲内にあるか（換言すれば，その不行使が当該利益の侵害を主張する者との関係で違法であるか）という意味での違法性の要件に吸収されるようにみえる。この点に関して，最高裁が，規制権限を付与した法令の目的を文言上明らかな直接の目的（県漁業調整規則について，水産動植物の繁殖保護）に限定せず，これを摂取する者の生命・健康という利益の保護をも究極の目的とするものとみて，保護範囲を拡張的に解釈したことが注目される（最判平成 16・10・15 民集 58 巻 7 号 1802 頁〔百選Ⅱ-219〕**◀判例 5-5**〈水俣病関西訴訟〉）。さらに，最判令和 3・5・17 民集 75 巻 5 号 1359 頁〈建設アスベスト訴訟〉は，石綿含有建材の表示およびこれを取り扱う建設現場での掲示に関する労働安全衛生法等の規定は，それぞれ物，場所の危険性に着目した規制を定めたものとして一人親方など労働者に該当しない者も保護する趣旨であると解したうえで，その権限不行使はこれらの者との関係においても国家賠償法 1 条 1 項の適用上違法であると判示している（他方，取引上の利益に関して対照的な判断を示すものに，前掲最判平成元・11・24〔百選Ⅱ-216〕〈宅建業者事件〉参照。下級審では，財産的利益についても規制権限の根拠規範の保護法益に該当することを認める裁判例がある。佐賀地判平成 19・6・22 判時 1978 号 53 頁〈佐賀商工共済協同組合事件〉，大阪高判平成 20・9・26 判タ 1312 号 81 頁〈大和都市管財事件〉など）。

これに対して，反射的利益論を違法性要件でとらえることを批判して，国家賠償により救済される損害または法律上保護される利益（民法 709 条も参照）に当

たるかという問題として位置づける考え方がある（以上について，本節**2**(1)(b)④(iv)も参照）。

　つぎに，行政便宜主義ないし自由裁量論については，これに対抗して，不作為責任を導く理論枠組みとして裁量収縮論が唱えられた。これは，規制権限行使の裁量を尊重しつつも，一定の場合にそれが収縮してその行使が義務づけられるという理論構成である（東京地判昭和53・8・3判時899号48頁〈東京スモン訴訟〉，福岡高判昭和61・5・15判時1191号28頁〈カネミ油症小倉第2陣訴訟控訴審判決〉など。これに対して，被規制者の利益よりも規制の受益者となる国民の生命・健康を重視して，これを保護するための権限行使は裁量を前提とせずに端的に作為義務が生ずるという見解も存在した）。

　③**違法性の判断枠組み・要素**　　下級審裁判例では，規制権限の不行使の違法を判断する要素として，(ア)生命・健康・財産等の法益に対する危険，(イ)危険発生の予見可能性，(ウ)その回避可能性，さらに(エ)権限行使に対する国民の期待可能性が示されている（前掲東京地判昭和53・8・3など）。これらは，おおむね次のように具体化されている。すなわち，(ア)危険の存在は，当初はもっぱら，人の生命・身体・健康といった重要な法益の侵害のおそれが裁判例で問題となっていたが，財産についても，規制権限の根拠法令で保護されていることを認める上述の裁判例がみられるように，ここでの対象となる。(イ)予見可能性は，権限を有する行政機関が危険を現実に認識していたか，あるいは客観的状況から認識しえたことをいう。(ウ)回避可能性は，行政機関が危険を回避するために有効・適切な権限を有していたことのほか，具体的な事実関係のもとで当該権限を行使すれば結果を回避することができたことも含めて理解されている。被規制者自身の利益や，第三者の取引上の安全等もここで考慮されうる。さらに，(エ)期待可能性は，当該権限の行使を国民が期待している，または客観的に権限行使が期待される状況にあった場合がこれに該当すると解されている。期待可能性は多義的である点で，事案に応じた柔軟な解釈余地を包含する。以上に加えて，(オ)国民が自ら危険を回避することができず当該権限が行使されなければ結果発生を防止しえなかった場合（補充性）を，別個の判断要素として挙げる裁判例（大阪地判平成5・10・6判時1512号44頁〈豊田商法国家賠償大阪訴訟〉）がある。他方で，これを回避可能性または期待可能性として判断するものもある

（なお，危険が切迫していたか，容易に予見ないし回避することができたかというように，それぞれに相当する事由をより限定的に解する判決も少なくない）。

　最高裁判例では，当初，当該事案の具体的な事情に照らして作為義務を認め，権限の不行使について「職務上の義務に違背し違法である」として国家賠償責任を肯定した判決がみられた（最判昭和 57・1・19 民集 36 巻 1 号 19 頁〈警官ナイフ一時保管懈怠事件〉，最判昭和 59・3・23 民集 38 巻 5 号 475 頁〈新島砲弾爆発事故〉など）。その後，最高裁は，一般的な判断枠組みとして，「規制権限の不行使は，その権限を定めた法令の趣旨，目的や，その権限の性質等に照らし，具体的事情の下において，その不行使が許容される限度を逸脱して著しく合理性を欠くと認められるときは，その不行使により被害を受けた者との関係において，国家賠償法 1 条 1 項の適用上違法となる」（前掲最判平成 16・10・15 <u>判例 5-5</u>）という考え方を示している（なお，このような最高裁の立場が，「裁量権消極的濫用論」または「消極的権限濫用論」と称されることがある）。当初はこれと同様の枠組みを用いて国家賠償責任を肯定した判決が存在せず，具体的な違法性の判断基準はなお明らかでなかった（最判平成元・11・24 民集 43 巻 10 号 1169 頁〔百選Ⅱ-216〕〈宅建業者事件〉，最判平成 7・6・23 民集 49 巻 6 号 1600 頁〔百選Ⅱ-217〕〈クロロキン薬害訴訟〉）が，後に賠償責任を認める最高裁判決があらわれた（最判平成 16・4・27 民集 58 巻 4 号 1032 頁〈筑豊じん肺訴訟〉，前掲最判平成 16・10・15，最判平成 26・10・9 民集 68 巻 8 号 799 頁〔百選Ⅱ-218〕〈泉南アスベスト訴訟〉）。近時では，前掲最判令和 3・5・17 が賠償責任を認めている。なお，最判令和 4・6・17 裁判所 HP〈福島第一原発訴訟〉は違法性の上記判断枠組みを示したうえで，公務員が規制権限を行使しなかったことを理由として国又は公共団体が国家賠償責任を負うというためには，当該公務員が規制権限を行使していればその不行使により被害を受けた者が被害を受けることはなかったであろうという関係が認められなければならないと述べる。そして，本件の事実関係の下においては，経済産業大臣が規制権限を行使していれば本件事故またはこれと同様の事故が発生しなかったであろうという関係を認めることはできないとして賠償責任を否定している）。これらの判決の違法性判断の中で考慮されている事由には，下級審裁判例で示された上記の判断要素と共通性が認められる（なお，前掲最判令和 3・5・17 は，予見可能性に関して，調査を行えば危険が生じていることを把握することができたと認定している）。

結局のところ，最高裁判例においても，規制権限不行使の違法性については，その根拠法令とくに要件規定の解釈をつうじて（義務付け訴訟の本案勝訴要件を定める行訴法37条の2第5項も参照），当該事案の具体的事情のもとでの当該権限行使に関する行政判断の過程に即して，主に上記の各要素が総合的に考慮されることで，「その不行使が許容される限度を逸脱して著しく合理性を欠くと認められる」かが判断されているといえる（なお，規制権限には政省令の制定など行政立法の権限も含められている）。ここでの違法性判断の要素には，予見可能性および回避可能性という過失の判断要素が含まれている点で，違法性が認定される場合には過失も肯定されることになる。

　なお，危険に対処するために既存の法令に基づく規制権限を行使できないような場合には，法令に根拠のない行政指導についても，以上の各要素に照らして作為義務が肯定される場合がある（京都地判平成5・11・26判時1476号3頁〈水俣病京都訴訟〉など参照）。

　　判例 5-5　最判平成16・10・15民集58巻7号1802頁〔百選Ⅱ-219〕
　　　　　　　　　　　　　　　　　　　　　　　　　〈水俣病関西訴訟〉
【事実】1950年代初め頃から，水俣湾とその周辺海域の沿岸住民に中枢神経疾患（水俣病）の患者が多数あらわれ，1968年になって，水俣市のチッソ株式会社の化学工場からの排水に含まれる有機水銀化合物によって汚染された魚介類を多量に摂取したことが原因であるという政府の正式見解が発表された。当時水俣湾周辺地域に居住し，その後関西に転居したXらが，国と熊本県が水俣病の発生・拡大を防止するための規制権限等の行使を怠ったため水俣病に罹患したと主張して，これらに対して国家賠償請求訴訟を提起した。原審が国家賠償責任を肯定したため，国と熊本県が上告した。一部破棄自判，一部上告棄却。
【判旨】「(1)国又は公共団体の公務員による規制権限の不行使は，その権限を定めた法令の趣旨，目的や，その権限の性質等に照らし，具体的事情の下において，その不行使が許容される限度を逸脱して著しく合理性を欠くと認められるときは，その不行使により被害を受けた者との関係において，国家賠償法1条1項の適用上違法となるものと解するのが相当である（最高裁昭和61年（オ）第1152号平成元年11月24日第二小法廷判決・民集43巻10号1169頁，最高裁平成元年（オ）第1260号同7年6月23日第二小法廷判決・民集49巻6号1600頁参照）。」
　「前記の事実関係によれば，昭和34〔1959〕年11月末の時点で，①昭和31

年5月1日の水俣病の公式発見から起算しても既に約3年半が経過しており，その間，水俣湾又はその周辺海域の魚介類を摂取する**住民の生命，健康等に対する深刻かつ重大な被害が生じ得る状況**が継続していたのであって，上告人国は，現に多数の水俣病患者が発生し，死亡者も相当数に上っていることを**認識**していたこと，②上告人国においては，水俣病の原因物質がある種の有機水銀化合物であり，その排出源がチッソ水俣工場のアセトアルデヒド製造施設であることを**高度のがい然性をもって認識し得る状況**にあったこと，③上告人国にとって，チッソ水俣工場の排水に微量の水銀が含まれていることについての定量分析をすることは可能であったことといった事情を認めることができる。なお，チッソが昭和34年12月に整備した前記排水浄化装置が水銀の除去を目的としたものではなかったことを容易に知り得たことも，前記認定のとおりである。そうすると，同年11月末の時点において，水俣湾及びその周辺海域を指定水域に指定すること，当該指定水域に排出される工場排水から水銀又はその化合物が検出されないという水質基準を定めること，アセトアルデヒド製造施設を特定施設に定めることという**上記規制権限を行使するために必要な水質二法所定の手続を直ちに執ることが可能**であり，また，そうすべき状況にあったものといわなければならない。そして，この手続に要する期間を考慮に入れても，同年12月末には，主務大臣として定められるべき通商産業大臣において，**上記規制権限を行使して，チッソに対し水俣工場のアセトアルデヒド製造施設からの工場排水についての処理方法の改善，当該施設の使用の一時停止その他必要な措置を執ることを命ずることが可能**であり，しかも，水俣病による健康被害の深刻さにかんがみると，直ちにこの権限を行使すべき状況にあったと認めるのが相当である。また，この時点で**上記規制権限が行使されていれば，それ以降の水俣病の被害拡大を防ぐことができた**こと，ところが，実際には，その行使がされなかったために，被害が拡大する結果となったことも明らかである。

　……本件における以上の諸事情を総合すると，**昭和35年1月以降，水質二法に基づく上記規制権限を行使しなかったことは**，上記規制権限を定めた水質二法の趣旨，目的や，その権限の性質等に照らし，**著しく合理性を欠くものであって，国家賠償法1条1項の適用上違法**というべきである。」

　「次に，上告人県の責任についてみると，以上説示したところによれば，前記事実関係の下において，熊本県知事は，水俣病にかかわる前記諸事情について上告人国と同様の認識を有し，又は有し得る状況にあったのであり，同知事には，**昭和34年12月末までに県漁業調整規則32条に基づく規制権限を行使すべき作為義務があり，昭和35年1月以降，この権限を行使しなかったこと**

が著しく合理性を欠くものであるとして，上告人県が国家賠償法1条1項による損害賠償責任を負うとした原審の判断は，同規則が，水産動植物の繁殖保護等を直接の目的とするものではあるが，**それを摂取する者の健康の保持等をもその究極の目的**とするものであると解されることからすれば，是認することができる。」

【コメント】本件で不行使が違法と判断された規制権限は，旧水質保全法と旧工場排水規制法（両者を合わせて「水質二法」と称される），および熊本県漁業調整規則に基づくものである。前者は，公共用水域の水質の保全を図ることを目的として，経済企画庁長官（当時）が，公共用水域のうち水質の汚濁が原因となって関係産業に相当の被害が生じ，もしくは公衆衛生上看過し難い影響が生じているもの（またはそれらのおそれのあるもの）を「指定水域」として指定し，当該指定水域に係る「水質基準」，すなわち，「特定施設」（製造業等の用に供する施設のうち，汚水又は廃液を排出するもので政令で定めるもの）を設置する工場等から指定水域に排出される水の汚濁の許容限度を定める。そのうえで，主務大臣（特定施設の種類ごとに，政令により定められる）は，工場排水の水質が当該指定水域に係る水質基準に適合しないと認めるときは，これを排出する者に対し，汚水等の処理方法の改善や特定施設の使用の一時停止その他必要な措置を執るべき旨を命ずる等の規制を行う権限を有する。他方，県漁業調整規則は，漁業法および水産資源保護法の規定に基づき水産動植物の繁殖保護を目的として制定されたものであり，何人も水産動植物の繁殖保護に有害な物を遺棄し，または漏せつするおそれのあるものを放置してはならない旨を定める。これに違反する者があるときは，知事は，その者に対して除害に必要な設備の設置を命じ，またはすでに設けた除害設備の変更を命ずることができる。いずれも，命令に違反した者に対して罰則を設けている。本判決は，1960（昭和35）年1月以降，主務大臣および知事がそれぞれの権限を行使しなかったことが国家賠償法1条1項の適用上違法であるとして，国と県の国家賠償責任を肯定している。

(2) 国家賠償請求の手続上の問題

国家賠償請求訴訟は，民事訴訟の手続により行われ，裁判実務では民事事件として扱われている。

加害行為が行政処分に該当し，その違法性を主張して国家賠償を請求する場合，それに先立ち，当該処分の取消訴訟を起こして取消判決を得る必要はない。というのは，処分の効力を否定するにはその取消訴訟を提起して取消判決を得

なければならない（取消訴訟の排他的管轄。第 2 章第 3 節 **2** (1)(a)参照）のに対して，賠償請求を認容する判決が下されても，処分の違法性が認定されるにとどまり，処分の効力が否定されるわけではないからである（最判昭和 36・4・21 民集 15 巻 4 号 850 頁）。

　もっとも，税金の賦課や年金の支給など，金銭の徴収または支給に係る処分の違法を理由に国家賠償が請求され，それが認容されるならば，実質的には，当該処分の取消判決が得られた場合と同様の効果が生ずることになる。そのため，このような国家賠償請求訴訟が許容されるかが問題となる。この点について，従来，出訴期間や不服申立前置を含め取消争訟の排他性を認める趣旨が損なわれることを理由にこれを否定する考え方がある一方，上記のような処分についてのみ国家賠償請求訴訟を排斥する明示的な根拠が実定法上存在しない点や，取消請求と国家賠償請求とでは認容される要件が異なる点などを理由に，積極に解する立場が有力であった。そして最高裁は，課税処分に関して積極説を採用するに至った（最判平成 22・6・3 民集 64 巻 4 号 1010 頁〔百選 II -227〕。第 2 章第 3 節 **2** (1)(b)②参照）。なお，不動産の強制競売事件における執行裁判所の処分は権利関係の外形に依拠して行われるものであるうえ，その是正は法定の救済手続が設けられていることから，その救済手続を懈怠したため生じた損害については，特別の事情がある場合を除き，国家賠償を請求できないとした判決がある（最判昭和 57・2・23 民集 36 巻 2 号 154 頁）。

　行政処分について取消違法と国賠違法は同じであるという違法性同一説においては，取消訴訟の判決の既判力は，後の国家賠償請求訴訟に及ぶと一般に解されている（これに対して，本節 **2** (1)(b)④(ii)で述べた違法性相対説に立つと，消極的に解されることになる）。これによれば，処分を違法とする取消判決が確定すると，その既判力により，事後の国家賠償請求訴訟で処分の適法性を主張することはできず，他方，取消請求を棄却する判決が確定した場合に，処分の違法を主張することはできないとする見解が有力である。後者については，実際には取消訴訟の審理ですべての違法事由が審理の対象となるわけではないという事実に着目して，違法の主張が認められるとする反対説がある。

③ 国家賠償法 2 条に基づく責任

(1)　公の営造物の設置または管理

　国家賠償法 2 条は，公の営造物の設置または管理に起因する損害について，国または公共団体が賠償責任を負うことを定める。

　国家賠償法 2 条の適用は，「公の営造物」に該当するか否かによる。講学上の概念である「公の営造物」は，国または公共団体により公の目的のために供される人的手段および物的手段の総合体であると定義されてきた。他方，国家賠償法 2 条にいう「公の営造物」は，一般に，国または公共団体により公の目的に供される有体物を意味しており，人的手段をメルクマールとしていない。したがって，同じく講学上の概念である「公物」にほぼ相当する。

　公物は，国または公共団体が直接に公の用に供する有体物をいう（ここでいう「公共団体」には地方公共団体のほか，独立行政法人，国立大学法人など行政主体である法人が含まれる。第 1 章第 1 節③(1)(b)参照）。供用の目的に応じて，公用物（国・公共団体がその事務・事業を執行するために直接使用するもの。たとえば，官公庁舎・国公立学校の施設・公務員宿舎など）と，公共用物（国民・住民の利益のために一般的共同利用に供するもの。たとえば，道路，河川，公園，港湾など），また，公物としての実体の成立過程に応じて，人工公物と，自然公物とに区分される。河川，海岸，湖沼などの自然公物であっても，公の用に供されている以上，国家賠償法 2 条にいう「公の営造物」に含まれる。

　さらに，不動産のほか，動産も含まれると解する説が有力である（裁判例で「公の営造物」に当たるとされた例に，警察署の公用車，警察官の拳銃，自衛隊の砲弾，旧国鉄の新幹線の列車，公立中学校のテニスの審判台などがある。また，警察犬など動物も含まれるという見解がある）。警察官が勤務していた警察署から無断で持ち出した拳銃で殺人を犯したという事例で，大阪高判昭和 62・11・27 判時 1275 号 62 頁は，拳銃が公の営造物に当たるとして国家賠償法 2 条の責任を認めた（これに対し，その原審である大阪地判昭和 61・9・26 判時 1226 号 89 頁は，拳銃の管理行為が国家賠償法 1 条にいう「公権力の行使」に該当するとして，同条に基づく責任を肯定した）。

　「公の営造物」に該当するか否かは，国または公共団体によって実際に公の

目的に供されているかが決め手となる。国公有財産であっても公の目的に供されていない財産（これは通例，国有財産法や地方自治法にいう普通財産に分類され，これと対照されるのが行政財産であるが，この分類は公の営造物の範囲と一致するものでない）は，「公の営造物」に当たらないと解される。ただこのような財産であっても，民法 717 条にいう「土地の工作物」に該当すれば，同条に基づく損害賠償責任の対象となりうる（たとえば，東京高判平成 5・2・24 判時 1454 号 97 頁は，戦争中に旧海軍が用務に供していた防空壕は公の営造物に当たらないとしつつ，同条に基づく賠償責任を肯定する。他方，県の所有であるが一般の利用に供されておらず，また囲いなどの工作物も設置されていない天然の池沼で児童が筏に乗って遊んでいるうちに溺死した事案で，この池沼が「公の営造物」と「土地の工作物」のいずれにも該当しないとして県の賠償責任を否定した判決に，東京高判昭和 50・6・23 判時 794 号 67 頁がある）。

　上述したように国家賠償法 2 条は民法 717 条に対応するものであり，救済面で両者の間にはほとんど差異はないものの，いくつか相違点がある。具体的には，国家賠償法 2 条にいう「公の営造物」は概念上，民法 717 条の「土地の工作物」よりも一般に広くとらえられており，動産のほか，河川のように「土地の工作物」に当然には該当しないものについても賠償責任が認められている。また，国家賠償法には民法 717 条 1 項但書のような占有者免責条項がないので，国または公共団体が私人の所有物を他有公物として利用する場合でも責任を免れない。さらに，2 条の責任であれば，被害者は，設置・管理者のほか，費用負担者に対しても請求することができる（国賠 3 条）。それゆえ，国家賠償法 2 条の責任のほうが被害者救済にとってより有利であるといえる。

　「設置又は管理」については，国または公共団体が当該営造物につき所有権等の権原，または法令上の管理権を有する必要はなく，事実上管理していればよい（最判昭和 59・11・29 民集 38 巻 11 号 1260 頁は，河川法の適用がない普通河川で幼児が溺死した事故について，その敷地は国または府が所有するものであったが，改修工事を行うなど事実上当該河川を管理していた市の賠償責任を認めた）。

　また，被害発生の防止措置について，「設置又は管理」の瑕疵を認めた裁判例がある（たとえば，道路の事前通行規制について名古屋高判昭和 49・11・20 判時761 号 18 頁〈飛驒川バス転落事故〉，空港での航空機の離発着制限や周辺地域における

騒音対策について最大判昭和 56・12・16 民集 35 巻 10 号 1369 頁〔百選Ⅱ-236〕〈大阪空港訴訟〉，ダム放流の通知や周知措置について大阪地判昭和 63・7・13 判時臨増平成元年 8 月 5 日号 3 頁〈大迫ダム水害訴訟〉など）。このような被害防止措置としての管理行為は，国家賠償法 1 条にいう「公権力の行使」にも該当するとみる余地があり（広義説，本節 **2** (1)(b)①参照），この場合には，国家賠償法 1 条と 2 条の適用が重複し，両方の責任が交錯することも考えられる（2 条の瑕疵判断の要素が，1 条の不作為責任の違法判断のそれと重なる場合もある）。この点に関して，いずれに基づき賠償請求するかは原告の選択に委ねられるが，違法，故意または過失を要件とする 1 条の責任と異なり，2 条の責任はこれを要件とせず設置・管理の瑕疵のみを理由に成立すること，さらに，個別の設置・管理行為のみ切り出してその違法や過失を認定するのではなく，これらを含む設置・管理作用全体としてとらえてその瑕疵を判断するほうが適切である場合があることを考慮すると，2 条を適用するほうが被害者の救済にとって有利となる場合が少なくないと考えられる。

(2)　設置または管理の瑕疵

「瑕疵」とは，「通常有すべき安全性を欠いていること」をいう（最判昭和 45・8・20 民集 24 巻 9 号 1268 頁〔百選Ⅱ-230〕〈高知落石事件〉）。国家賠償法 2 条に基づく責任は，過失を要件とせず賠償責任を認めるところに意味がある。ただし，瑕疵の有無を判断するうえで，危険ないし損害発生の予見可能性，回避可能性が考慮されるので，無過失責任であるといっても，被害発生の結果のみに着目して賠償責任を負うものでない。

　瑕疵の意義については，異なる考え方が存在する（瑕疵論争）。瑕疵を営造物自体の物的欠陥としてとらえる説（営造物瑕疵説）がある一方，瑕疵の判断においてはその設置・管理のあり方が問題となるとして，営造物の物的欠陥に着目しつつそれが設置・管理作用の不完全さによるものである場合に瑕疵を認める説（客観説）や，設置・管理行為に着目して瑕疵を設置・管理者の損害回避義務違反として構成する説（義務違反説）が主張されている。もっとも上述したように，被害発生の防止措置が不十分であったことについて 2 条の瑕疵が問題となる事案もあり，判例では，具体的な事案において当該営造物や問題状況

ごとに設置・管理行為の有り様を考慮して瑕疵が判断されている。

　当該営造物がその供用目的に沿って利用されることに伴い，利用者以外の第三者に被害が生じている場合にも，瑕疵が問題となる（損失補償が問題になりうる点について，本章第 3 節 **4** (2)も参照）。具体的には，道路自体に物的欠陥がない場合でも，そこを走行する自動車の騒音・排気ガス等により周辺住民に重大な被害が発生したときは，その設置または管理に瑕疵が認められ（「機能的瑕疵」ないし「供用関連瑕疵」といわれる），国家賠償法 2 条に基づく賠償責任が成立しうる。前掲最大判昭和 56・12・16〔百選 II -236〕〈大阪空港訴訟〉は，空港を離発着する航空機の騒音等による被害について，空港の公共性を考慮しつつも，周辺住民に社会生活上受忍すべき限度を超える被害を発生させているとして，国家賠償法 2 条に基づく責任を肯定した（これに対して，一審・大阪地判昭和 49・2・27 判時 729 号 3 頁は，国家賠償法 1 条に基づく賠償責任を認めた。なお，航空機の離発着の差止請求に対する判示については，■ Column 4-7 ■ 参照）。その後，最判平成 7・7・7 民集 49 巻 7 号 1870 頁〈 判例 5-6 〉〈国道 43 号線訴訟〉もまた，道路を走行する自動車による騒音・排気ガス等について，同様の瑕疵判断により，国家賠償責任を認めている。

〈 判例 5-6 〉 **最判平成 7・7・7 民集 49 巻 7 号 1870 頁〈国道 43 号線訴訟〉**

【事実】国道 43 号線とその上に建設された高架道路の沿道住民らが，そこを走行する自動車の騒音，排気ガス等による被害を理由に，本件道路を管理する国と阪神高速道路公団に対して，国家賠償（および差止め）を請求した。原審は国家賠償請求を一部認容したため，国等が上告した（差止請求を棄却した原判決を受け，住民らも上告したが，同日に上告を棄却する判決が出されている）。

【判旨】上告棄却。「国家賠償法 2 条 1 項にいう営造物の設置又は管理の瑕疵とは，営造物が通常有すべき安全性を欠いている状態，すなわち他人に危害を及ぼす危険性のある状態をいうのであるが，これには**営造物が供用目的に沿って利用されることとの関連においてその利用者以外の第三者に対して危害を生ぜしめる危険性がある場合をも含む**ものであり，営造物の設置・管理者において，このような危険性のある営造物を利用に供し，その結果周辺住民に**社会生活上受忍すべき限度を超える被害が生じた場合**には，原則として同項の規定に基づく責任を免れることができないものと解すべきである（最高裁昭和 51 年（オ）第 395 号同 56 年 12 月 16 日大法廷判決・民集 35 巻 10 号 1369 頁参照。）」

　「国家賠償法 2 条 1 項は，危険責任の法理に基づき被害者の救済を図ること

を目的として，国又は公共団体の責任発生の要件につき，公の営造物の設置又は管理に瑕疵があったために他人に損害を生じたときと規定しているところ，**所論の回避可能性があったことが本件道路の設置又は管理に瑕疵を認めるための積極的要件になるものではないと解すべきである。**」

「営造物の供用が第三者に対する関係において違法な権利侵害ないし法益侵害となり，営造物の設置・管理者において賠償義務を負うかどうかを判断するに当たっては，**侵害行為の態様と侵害の程度，被侵害利益の性質と内容，侵害行為の持つ公共性ないし公益上の必要性の内容と程度等を比較検討するほか，侵害行為の開始とその後の継続の経過及び状況，その間に採られた被害の防止に関する措置の有無及びその内容，効果等の事情をも考慮し，これらを総合的に考察してこれを決すべきものである**（前記大法廷判決参照。)」

(3) 瑕疵判断の枠組み

国家賠償法2条の責任は無過失責任であるが，瑕疵の判断においては，設置管理者の損害発生の予見可能性と回避可能性等が考慮され，これらが認められない場合には，賠償責任が否定されうる。ただ，上述したように「公の営造物」および「設置又は管理」には多様な類型が含まれるから，瑕疵は，「当該営造物の構造，用法，場所的環境及び利用状況等諸般の事情を総合考慮して具体的個別的に判断すべきもの」である（最判昭和53・7・4民集32巻5号809頁 ◆判例 5-7 〈道路防護柵子ども転落事故〉)。

予見可能性については，とくに自然災害による被害について問題となる。これがなければ瑕疵は否定される（名古屋地判昭和37・10・12判時313号4頁〈伊勢湾台風事件〉参照）。ただ，土石流等の発生の危険を定量的に時期・場所・規模等において具体的に予測できなくても，当該危険の定性的要因を満たすこと等から災害発生の予見可能性が肯定される場合がある（前掲名古屋高判昭和49・11・20〈飛騨川バス転落事故〉)。

回避可能性についても，これがなければ瑕疵が否定されることになる。まず，損害回避措置をとる時間的な余裕が存在したかどうかが問題となる（瑕疵が否定されたものに最判昭和50・6・26民集29巻6号851頁〈赤色灯転倒事故〉，逆に肯定されたものに最判昭和50・7・25民集29巻6号1136頁〔百選II-231〕〈大型貨物自動車放置事件〉)。つぎに，具体的な危険防止措置をとるための費用が多額に上り

予算が不足するような場合にも，これが問題となる。道路の管理について，前
掲最判昭和 45・8・20 は，このような事情により直ちに免責されることを否定
した（これと対照されるのが河川管理の財政的制約を考慮した瑕疵判断である。後述
(4)参照）。その後，最判平成 22・3・2 判時 2076 号 44 頁は，高速道路へのキツ
ネ等の侵入防止対策を講ずるために多額の費用を要することを考慮要素の 1 つ
として瑕疵を否定している。さらに，新たに開発された安全設備を設置してい
なかったことが問題となる場合もある。最判昭和 61・3・25 民集 40 巻 2 号
472 頁〔百選Ⅱ-234〕〈視覚障害者駅ホーム転落事故〉は，点字ブロックなど視力障
害者用の安全設備を駅ホームに設置しなかった点について，その普及の状況，
視力障害者の利用度から予測される事故発生の危険性やその設置の必要性の程
度等を考慮して，瑕疵の有無を判断すべきものとしている。

　なお，前掲最判平成 7・7・7　判例 5-6 は，道路の設置・管理に関する機
能的瑕疵について，回避可能性があったことが瑕疵を認めるための積極的要件
になるものではないと判示している。つまり，原告である被害者は，回避可能
性が存在したことを積極的に立証する必要はなく，被告の側が回避可能性の不
存在を立証する責任を負うという考え方に立つものとみられる。

　営造物がその通常の用法または本来の用法から外れて利用された結果，事故
が生じる場合も少なくない。このような事故について，判例では，設置管理者
において通常予測することのできない行動に起因するものとして賠償責任が否
定されている（前掲最判昭和 53・7・4　判例 5-7，最判昭和 63・1・21 判例自治
47 号 72 頁）。とりわけ最判平成 5・3・30 民集 47 巻 4 号 3226 頁〔百選Ⅱ-235〕
〈テニスコート審判台転倒事故〉は，当該営造物の本来の用法に従った使用を前提
に，その安全性に欠けるところがないと判断したうえで，本件事故は通常予測
しえない異常な行動の結果生じたものであるとして賠償責任を否定した。これ
は，当該営造物の本来の用法に照らして設置管理者の守備範囲を画するものと
いえる（なお，最判昭和 56・7・16 判時 1016 号 59 頁〈幼児プール転落事故〉は，プー
ルの場所的環境および周囲に設置された金網フェンスの構造からこれを乗り越えてプー
ル内に立ち入ったことが予測を超えた行動とはいえないとして責任を肯定した）。他方
で，被害者の属性その他事情からみて，本来の用法から外れた利用が常態化し
ている事実が客観的に認められる場合には，設置管理者はこれを通常予測する

ことができるといえるから，それに応じた危険防止措置を講じなかったことについて賠償責任が肯定される余地がある（ただし，そのような利用が通常予測できるとしても当該営造物の構造や場所的環境等から損害回避のための措置をとる可能性が否定される場合もある。最判昭和 58・10・18 判時 1099 号 48 頁〈大阪城外濠転落事故〉参照）。

＜判例 5-7 ＞ 最判昭和 53・7・4 民集 32 巻 5 号 809 頁

〈道路防護柵子ども転落事故〉

【事実】 1969 年，当時 6 歳であった X は，自宅前の道路の防護柵の上段手摺りに後ろ向きに腰かけて遊ぶうち誤って約 4 m 下の高校の校庭に転落し，重傷を負った。本件道路の幅員は 3 m 余と比較的狭く，その周辺には住宅が建ち並び，付近に適当な遊び場所がなかったため子供らの遊び場所となっていた。防護柵は道路管理者である市が設置したもので，2 m 間隔に立てられた高さ 80 cm のコンクリート柱に上下 2 本の鉄パイプを通して手摺りとし，路面から上・下段の手摺りまでそれぞれ高さが 65 cm，40 cm という構造であり，子どもが腰かけたり，鉄棒代りにするなど格好の遊び道具となっていた。X は，本件道路の設置・管理に瑕疵があったとして，市に対して国家賠償請求訴訟を提起した。原審が，市の賠償責任を否定したため，X が上告した。

【判旨】 上告棄却。「国家賠償法 2 条 1 項にいう営造物の設置又は管理に瑕疵があつたとみられるかどうかは，**当該営造物の構造，用法，場所的環境及び利用状況等諸般の事情を総合考慮して具体的個別的に判断すべきもの**であるところ，前記事実関係に照らすと，本件防護柵は，本件道路を通行する人や車が誤つて転落するのを防止するために被上告人によつて設置されたものであり，その材質，高さその他その構造に徴し，通行時における転落防止の目的からみればその安全性に欠けるところがないものというべく，上告人の転落事故は，同人が当時危険性の判断能力に乏しい 6 歳の幼児であつたとしても，本件道路及び防護柵の設置管理者である被上告人において通常予測することのできない行動に起因するものであつたということができる。したがつて，右営造物につき本来それが具有すべき安全性に欠けるところがあつたとはいえず，上告人のしたような**通常の用法に即しない行動の結果生じた事故につき，被上告人はその設置管理者としての責任を負うべき理由はないものというべきである。**」

---

(4)　水害と河川管理責任

河川の氾濫に伴う水害は，かつては抗いがたい天災としてとらえられていた

が，河川の整備・改修などの治水事業が進み，また開発や都市化が進行するなかで，1970 年代には，河川管理の瑕疵を理由とする国家賠償請求訴訟が増加し，請求を認容する下級審の判決が次々に現れるようになった。

その後，最判昭和 59・1・26 民集 38 巻 2 号 53 頁〔百選 II-232〕〈大東水害訴訟〉を契機に，判例の傾向は一変することとなった。同最判は，河川は本来的に災害発生の危険性を内包しているとして道路管理との質的な差異を強調し，河川管理には財政的制約をはじめ様々な制約が認められると述べたうえで，河川管理に固有の瑕疵判断の基準を提示した。すなわち，未改修または改修不十分の河川の安全性は，治水事業による河川の改修・整備の段階に対応する「過渡的な安全性」で足りるとしたうえで，「同種・同規模の河川の管理の一般水準及び社会通念に照らして是認しうる安全性を備えていると認められるかどうか」という河川管理の瑕疵の一般的な判断基準を示している。そして，本件のような改修中の河川については，特段の事由が生じない限り，改修計画の合理性により瑕疵の有無を判断する。ただ，そこで示された判断基準が具体的ではない点で，河川管理者に広範な裁量を認めており，基本的には現状を追認することになるおそれが大きい。

前掲昭和 59 年最判は，改修中の都市河川からの溢水被害の事案であったため，改修済み河川における破堤型の水害にもその射程が及ぶかどうかが問題となった。この点について，最判平成 2・12・13 民集 44 巻 9 号 1186 頁〔百選 II-233〕 **判例 5-8** 〈多摩川水害訴訟〉は，河川の改修，整備の段階に対応する安全性をもって足りる（「段階的安全性」といわれる）として，昭和 59 年最判の示した一般的な判断基準を引用しつつも（【判旨】(イ)の部分），工事実施基本計画（現行河川法では河川整備基本方針および河川整備計画）に定められた規模の洪水における流水（「計画高水流量」という）の通常の作用から予測される災害の発生を防止するに足りる安全性を前提とする（(ロ)の部分）。そのうえで，改修後に水害発生の危険が予測可能となった場合，河川管理に関する諸制約を考慮しつつも，その時点から水害発生時までの回避可能性を問うことにより（(ハ)の部分），当該事案における河川管理の瑕疵についてより具体的な判断基準を示している点が注目される（(ニ)の部分）。

◁ 判例 5-8 ▷　最判平成 2・12・13 民集 44 巻 9 号 1186 頁〔百選 II -233〕

〈多摩川水害訴訟〉

【事実】 X らは，一級河川である多摩川左岸沿いの堤内地に居住し，あるいは土地・家屋等を所有していた。1974 年 8 月 30 日からの降雨により多摩川が増水し，河道内に設置された取水堰の取付部護岸の一部が破壊され，その後，破壊は小堤に及んで護岸の損壊が進行し，堰を迂回する水路が形成され，これが堤防本体を浸食して崩壊流失させるに至り，そして浸食が堤内地に及んだ結果，9 月 1 日，X らの所有または居住する家屋 19 棟が流失する災害が発生した。被災箇所付近の河川部分は，建設大臣の策定した多摩川水系工事実施基本計画によれば，改修工事完成区間とされており新規の改修計画はなかった。また，本件水害は，同計画に示された計画高水流量規模に至る前の段階で発生したものであった。X らは，多摩川の管理者である国に対して国家賠償法 2 条に基づく損害賠償を請求した。第一審は，河川管理に瑕疵があったことを認めたが，第二審は，改修済み河川部分であっても，理想的な河川管理の状態が実現されるまでにはさらに多くの改修を要する改修の不十分な河川に該当し，前掲最判昭和 59・1・26 〈大東水害訴訟〉のいう過渡的安全性で足りる等として瑕疵を否定した。X らの上告に対して，本判決は，原判決を破棄し，本件を東京高等裁判所に差し戻した。

【判旨】(イ)「河川は，当初から通常有すべき安全性を有するものとして管理が開始されるものではなく，治水事業を経て，逐次その安全性を高めてゆくことが予定されているものであるから，河川が通常予測し，かつ，回避し得る水害を未然に防止するに足りる安全性を備えるに至っていないとしても，直ちに河川管理に瑕疵があるとすることはできず，河川の備えるべき安全性としては，**一般に施行されてきた治水事業の過程における河川の改修，整備の段階に対応する安全性**をもって足りるものとせざるを得ない。そして，河川の管理についての瑕疵の有無は，過去に発生した水害の規模，発生の頻度，発生原因，被害の性質，降雨状況，流域の地形その他の自然的条件，土地の利用状況その他の社会的条件，改修を要する緊急性の有無及びその程度等諸般の事情を総合的に考慮し，**河川管理における財政的，技術的及び社会的諸制約のもとでの同種・同規模の河川の管理の一般的水準及び社会通念に照らして是認し得る安全性を備えていると認められるかどうかを基準として判断すべきであると解するのが**相当である」。

(ロ)「工事実施基本計画が策定され，右計画に準拠して改修，整備がされ，あるいは右計画に準拠して新規の改修，整備の必要がないものとされた河川の改修，整備の段階に対応する安全性とは，**同計画に定める規模の洪水における**

流水の通常の作用から予測される**災害の発生を防止するに足りる安全性をいう**ものと解すべきである。けだし，前記判断基準に示された河川管理の特質から考えれば，改修，整備がされた河川は，その改修，整備がされた段階において想定された洪水から，当時の防災技術の水準に照らして通常予測し，かつ，回避し得る水害を未然に防止するに足りる安全性を備えるべきものである」。

　(ハ)「水害発生当時においてその発生の危険を通常予測することができたとしても，右危険が改修，整備がされた段階においては予測することができなかったものであって，当該改修，整備の後に生じた河川及び流域の環境の変化，河川工学の知見の拡大又は防災技術の向上等によってその予測が可能となったものである場合には，直ちに，河川管理の瑕疵があるとすることはできない。けだし，右危険を除去し，又は減殺するための措置を講ずることについては，前記判断基準の示す河川管理に関する諸制約が存在し，右措置を講ずるためには相応の期間を必要とするのであるから，右判断基準が示している諸事情及び諸制約を当該事案に即して考慮した上，右危険の予測が可能となった時点から**当該水害発生時までに，予測し得た危険に対する対策を講じなかったことが河川管理の瑕疵に該当するかどうかを判断すべきものである**と考えられるからである。」

　(ニ)「本件における河川管理の瑕疵の有無を検討するに当たっては，まず，本件災害時において，基本計画に定める**計画高水流量規模の流水の通常の作用により本件堰及びその取付部護岸の欠陥から本件河川部分において破堤が生ずることの危険を予測することができたかどうかを検討し，**これが肯定された場合には，右予測をすることが可能となった時点を確定した上で，**右の時点から本件災害時までに前記判断基準に示された諸制約を考慮しても，**なお，本件堰に関する**監督処分権の行使**又は本件堰に接続する**河川管理施設の改修，整備**等の各措置を適切に講じなかったことによって，**本件河川部分が同種・同規模の河川の管理の一般的水準及び社会通念に照らして是認し得る安全性を欠いていた**ことになるかどうかを，本件事案に即して具体的に判断すべきものである。」
【コメント】差戻控訴審である東京高判平成4・12・17判時1453号35頁は，本判決の判断枠組みに従い，少なくとも本件水害発生の3年前には，計画高水流量規模の洪水の通常の作用により，本件堰とその取付部護岸等の欠陥から，本件河川部分に堤内災害が発生することを予測することができ，また，当時の一般的技術水準や，財政的，社会的見地からみても本件水害を回避するための対策をとることが十分に可能であり，かつ，時間的にも余裕があったとして，本件河川管理の瑕疵を認め，国の賠償責任を肯定している。

4 賠償責任の主体，行政内部の責任の所在

(a) 公務員の個人責任　国家賠償法 1 条に基づき賠償責任を負うのは国または公共団体であって，加害公務員個人は被害者に対して直接，損害賠償責任を負わないとするのが通説・判例である（最判昭和 30・4・19 民集 9 巻 5 号 534 頁〔百選Ⅱ-228〕など。なお，公務員による加害行為であっても民法が適用される場合は，民法 715 条に基づく国または公共団体の使用者責任と並んで，当該公務員個人も民法 709 条に基づき損害賠償責任を負う）。その理由について，学説では，国家賠償法 1 条 1 項の文言（「国又は公共団体が，これを賠償する責に任ずる」）のほか，公務員の個人責任を認めていた個別法の規定が国家賠償法の制定時に廃止されたことや，国等の責任を認めれば被害者救済に欠けるところがないこと，個人責任を認めると公務員を萎縮させて適正かつ果敢な職務執行の阻害要因となること等が挙げられている。

しかし，民法上は加害行為を行った者は（使用者責任とは別に）賠償責任を負うこと，また，公務員が自己の利益を図る目的で不法行為をした場合にも国家賠償責任が認められうること（最判昭和 31・11・30 民集 10 巻 11 号 1502 頁〔百選Ⅱ-223〕〈警察官強盗殺人事件〉参照）等を考慮すれば，少なくとも故意のある場合，とくに故意に基づく職権濫用行為については，公務員の萎縮効果による公務執行上の弊害が生ずるおそれがないことから，公務員の個人責任を認める考え方（制限的肯定説）が妥当であろう（東京地判平成 6・9・6 判時 1504 号 41 頁参照）。

最高裁は，施設職員の養育監護行為が公権力の行使に当たる公務員の職務行為であるとして国家賠償責任が認められる場合，公務員の個人責任が否定される趣旨から，当該職員の使用者である社会福祉法人についても民法 715 条に基づく使用者責任を否定する結論を導いている（最判平成 19・1・25 民集 61 巻 1 号 1 頁〔百選Ⅱ-226〕〈養護施設入所児童暴行事件〉。本節 **2** (1)(b)②参照）。これに対して，加害行為の防止のための指揮監督の懈怠や組織体制の不備により被害が発生したといえる場合は，別途，民法 709 条に基づく同法人の損害賠償責任を肯定しうるという見解もある。

(b) 求償権　加害公務員に故意または重大な過失があったときは，賠償責任を負う国または公共団体は，その公務員に対して求償権を有する（国賠 1 条

2 項。佐賀地判平成 22・7・16 判時 2097 号 114 頁は粉飾決算を経て破産した佐賀商工共済協同組合への規制監督権限を怠った知事について，名古屋高判平成 24・1・24 判例集未登載は刑務所内で受刑者に暴行を加え負傷させた刑務官について，それぞれ求償を認めている）。もっとも，求償権の行使が公務員に萎縮的な効果をもたらすことや，重過失の認定が必ずしも容易でないこと等から，実際に求償が積極的に行われているわけではないといわれており，そのため，求償権の行使を怠る事実の違法確認やその行使の義務付けを求める住民訴訟がみられる（最判平成 29・9・15 判時 2366 号 3 頁など。最判令和 2・7・14 民集 74 巻 4 号 1305 頁〔百選 II-229〕は，加害公務員らは連帯して求償債務を負うという）。

　また，国家賠償法 2 条に基づき賠償責任を負う国または公共団体は，他に損害の原因について責任を負担すべき者がいる場合，その者に求償することができる（2 条 2 項。民法 717 条 3 項も参照）。その行為について故意・過失など不法行為の要件を満たすことが前提となる。これには公務員も含まれるが，1 条 2 項との均衡を重視し，重過失が要件であると解されている。

(c)　損害賠償の対外的な責任主体および最終的な費用負担　　国家賠償法 3 条 1 項によれば，被害者に対して（対外的に）賠償責任を負う主体は，国家賠償法 1 条については，公務員の選任または監督者のほか，公務員の俸給・給与その他の費用の負担者もこれに含まれる。たとえば，国家公務員である県警察本部警備部長による加害行為について，県が 1 条 1 項に基づき賠償責任を負うほか，その俸給その他の給与を負担する国もまた 3 条 1 項に従い責任を負う（東京高判平成 9・6・26 判時 1617 号 35 頁）。

　また，2 条については，公の営造物の設置または管理に当たる者のほか，設置・管理の費用負担者も責任を負う。地方公共団体が設置・管理する営造物について国が法令上負担義務を負わず政策的な観点から補助金（地財 16 条）を交付したにとどまる場合に，国は 3 条にいう費用負担者に当たるかが争点となった事例がある。最高裁は，当該営造物の設置費用につき法律上負担義務を負う者と同等もしくはこれに近い設置費用を負担していること，実質的にはこの者と当該営造物による事業を共同執行していると認められること，および当該営造物の瑕疵による危険を効果的に防止しうること，という要件を示し，これに照らして，国は費用負担者として賠償責任の主体になるという（最判昭和 50・

11・28 民集 29 巻 10 号 1754 頁〔百選Ⅱ-237〕，最判平成元・10・26 民集 43 巻 9 号 999 頁）。

　3条1項の趣旨は，国または公共団体がそれぞれ上記の役割を分担しており，相互の関係が複雑な場合に，被害者の救済の便宜を図るため，被害者はいずれの行政主体に対しても国家賠償を請求することを可能とする点にある。

　そのうえで，損害を賠償した者は，内部関係でその損害を賠償する責任のある者に対して求償権を有する（同条2項）。ただし，最終的な損害賠償の費用負担の所在については規定がないため，その解釈をめぐって議論がある。この点に関して注目されるのは，市が設置した中学校の教諭が生徒に与えた損害について，当該教諭の給料その他の給与を負担する県が，国家賠償法1条1項・3条1項に基づきこれを賠償した後，賠償金の全額を市に求償できるかが争点となった事案である。最高裁は，損害を賠償するための費用は国・公共団体が事務を行うために要する経費に含まれるとみて，当該経費の負担について定める法令は，賠償費用の負担についても定めていると解する。そのうえで，法令上，市町村が設置する中学校の経費について原則として当該市町村がこれを負担すべきものとされていることにかんがみ，市が県の求償に応ずる義務があると判示している（最判平成 21・10・23 民集 63 巻 8 号 1849 頁〔百選Ⅱ-238〕）。

Column 5-2　民間による行政事務の遂行と国家賠償責任

　行政事務が民間に委託され，あるいは行政処分等の権限が委任される例は，従来数多くみられる。「公権力の行使」に当たる事務を委託された私人が国家賠償法1条にいう「公務員」に該当するとされ，その加害行為による損害について当該事務の帰属する国または公共団体の国家賠償法1条に基づく責任が肯定される場合がある（家庭裁判所から委託された少年の補導行為について浦和地判平成 8・2・21 判時 1590 号 114 頁，および児童養護施設での入所児童に対する養育監護について前掲最判平成 19・1・25 は，それぞれ「公権力の行使」に該当するとして賠償責任を認めた〔本節**2**(1)(b)②も参照〕）。

　他方で昨今，規制改革や公益法人改革等に伴い，指定管理者制度や PFI（Private Finance Initiative）など，民間による行政事務の遂行や権限行使の形態が多様化している。そのため，当該事務の実施または行政権限の行使に起因して損害が生じた場合に，国または公共団体が被害者に対して国家賠償法1条に基づき賠償責任を負うか否かがあらためて争点となっている。

　とくに行政処分を含め権力的な行政作用を行う権限が，法律に基づき指定された者ないし法人に委任される場合がある（指定機関ないし指定法人について，**Column 1-3** 参照）が，公権力の行使を自己の権限として自己の計算によって行う場合は，これら機関または団体が国家賠償法1条にいう公共団体に当たるという見解が有力である。この点に関連する具体例として，建築基準法（77条の18以下）上の「指定確認検査機関」の行った建築確認を原因とする損害について，いずれが賠償責任の主体となるかをめぐる議論がある。

　最高裁は，指定確認検査機関を被告とする建築確認の取消訴訟を，地方公共団体を被告とする損害賠償請求訴訟に変更する許可を原告が申し立てた事案で，これを認めている（最決平成17・6・24判時1904号69頁〔百選Ⅰ-5〕）。すなわち，「指定確認検査機関による確認に関する事務は，建築主事による確認に関する事務の場合と同様に，地方公共団体の事務であり，その事務の帰属する行政主体は，当該確認に係る建築物について確認をする権限を有する建築主事が置かれた地方公共団体」であり，当該地方公共団体は，行政事件訴訟法21条1項にいう「当該処分に係る事務の帰属する公共団体」に当たるという。

　同最決が，このケースにおいて地方公共団体が国家賠償法1条にいう「公共団体」として賠償責任を負うことまで認めるものであるかについて，議論の余地が残されることとなった。学説上は，指定確認検査機関による建築確認の仕組み，建築確認業務の民間開放の趣旨，行政と協働する民間の責任分担のあり方等にかんがみ，指定確認検査機関は営利目的で自己の計算により同業務を行うという見方から，同機関が「公共団体」となると解して地方公共団体が国家賠償責任を負うことに消極的な見解が有力である。裁判例では，横浜地判平成17・11・30判例自治277号31頁が積極に解する（ただし結論的には市の国家賠償責任を否定している）一方で，横浜地判平成24・1・31判時2146号91頁は，指定確認検査機関は行政とは独立して公権力の行使である建築確認業務を行っているのであって，その建築確認に瑕疵がある場合には国家賠償法上の責任は指定確認検査機関自身が負うとして，これを消極に解している。

第3節　損失補償

1 損失補償の概念

　現実の行政活動には，公共の利益をはかるため，国民・住民の財産に対して

法律により損失を与えるものが少なくない。このような行政活動の結果，特定の者に損失が生じている場合に，そのうち「特別の犠牲」に当たると認められた損失について，それを社会全体の負担で補塡することを損失補償という。

　損失補償は，財産権保障の理念のもと私有財産の侵害に対する補償制度として形成されてきた制度であり，土地収用に対する補償がその典型である。損失補償制度は，明治憲法下でも存在したものの，憲法上の根拠がなく立法に委ねられていた。日本国憲法では，財産権の保障を定める 29 条 3 項（「私有財産は，正当な補償の下に，これを公共のために用ひることができる」）に根拠規定が置かれている。なお，「公共のために用ひる」には，具体的な公共事業のために，私有財産を強制的に収用される場合にとどまらず，広く公益目的のために財産権が制限される場合が含まれる。とくに財産権の制限について，補償の要否が問題となる。

　他方で，生命・身体・健康や，精神的苦痛といった非財産的法益の侵害に対しても損失補償が認められるかどうかという問題がある。その例として，感染症からの集団防衛である予防接種による副反応被害や，土地収用の認められた公共事業の結果，身体的のみならず精神的被害が生じているにもかかわらず，国家賠償による救済の対象とならない場合に，これを補償すべきか否かという論点が挙げられる。この点に関して，従来，補償の対象を財産的な損失に限定する消極説が有力であった。ここでは，とくに人の生命・身体・健康の被害については，補償を肯定するとその意図的な侵害の正当化につながるとして問題視されている。これに対して，このような意図を要件とせず，特定の者が公共の利益のために特別の犠牲を被っているという結果に着目し，負担の公平という理念に照らして，非財産的法益の侵害に対する損失補償を認める積極説もまた有力である。

2　損失補償の根拠

　損失補償は，憲法 29 条 3 項に明文の根拠が置かれているが，その意義に関して考え方が分かれていた。つまり，憲法上補償が必要となるような規制を加える一方で，補償規定を置いていない法令をめぐる見解の対立である。かつては，そのような法令は違憲無効であるとする見解が有力であった（違憲無効説）。

この考え方は，当該規制を行うのに補償は不要であるという立法者の意思により即したものといえるが，今日，判例では，直接憲法29条3項を根拠にして補償請求をする余地があることを理由に，当該法令は違憲無効ではないと解されている（請求権発生説。最大判昭和43・11・27刑集22巻12号1402頁〔百選Ⅱ-247〕　＜判例 5-9＞　〈河川附近地制限令事件〉および最判昭和50・4・11判時777号35頁〈特別史跡平城宮跡事件〉参照）。

　損失補償を支える理念には，財産権の保障以外にも，負担の公平，すなわち公共の利益のために少数の者に生じている損失について，これをその者に甘受させるのは公平ではなく，社会全体の負担で調整すべきであるという考えがある。この理念は，憲法14条の平等原則のあらわれとみることができる。

　　＜判例 5-9＞　**最大判昭和43・11・27刑集22巻12号1402頁〔百選Ⅱ-247〕**
　　　　　　　　　　　　　　　　　　　　　　　　　　　　　　　〈河川附近地制限令事件〉

【事実】砂利等の採取販売を営んでいたXは，1959年の宮城県知事の告示により河川附近地に指定された区域内で，1960年に数回にわたり，知事の許可を受けずに砂利を採取して土地を掘削したため，起訴された。Xは，民有地での土地利用を制限する河川附近地制限令の中に損失を補償する規定が設けられていないのは憲法29条3項に違反し無効である等として，無罪を主張した。第一審および第二審は，補償は不要であるから違憲でないとして，罰金刑に処した。そこでXは上告したが，本判決はこれを棄却した。

【判旨】「被告人は，名取川の堤外民有地の各所有者に対し賃借料を支払い，労務者を雇い入れ，従来から同所の砂利を採取してきたところ，昭和34〔1959〕年12月11日宮城県告示第643号により，右地域が河川附近地に指定されたため，河川附近地制限令により，知事の許可を受けることなくしては砂利を採取することができなくなり，従来，賃借料を支払い，労務者を雇い入れ，相当の資本を投入して営んできた事業が営み得なくなるために相当の損失を被る筋合であるというのである。そうだとすれば，その財産上の犠牲は，公共のために必要な制限によるものとはいえ，単に一般的に当然に受忍すべきものとされる制限の範囲をこえ，特別の犠牲を課したものとみる余地が全くないわけではなく，憲法29条3項の趣旨に照らし，……本件被告人の被つた現実の損失については，その補償を請求することができるものと解する余地がある。……しかし，同令4条2号による制限について同条に損失補償に関する規定がないからといつて，同条があらゆる場合について一切の損失補償を全く否定する趣旨とまでは解されず，本件被告人も，その損失を具体的に主張立証して，別途，直

接憲法 29 条 3 項を根拠にして，補償請求をする余地が全くないわけではない
から，単に一般的な場合について，当然に受忍すべきものとされる制限を定め
た同令 4 条 2 号およびこの制限違反について罪則を定めた同令 10 条の**各規定**
を直ちに違憲無効の規定と解すべきではない。」

3 損失補償の要否

　損失が特別の犠牲に該当するかどうか，すなわち，損失補償の要否について
は，下記のような要素を考慮して総合的に判断される。

　まず，財産権の規制の対象が，一般的（規制が不特定多数の者に及ぶもの）で
はなく，個別的（少数特定の者に及ぶもの）であるほど，補償の必要性は大きく
なる。

　次に，規制の程度が，財産権を剥奪し，またはその本来の効用の発揮を妨げ
るような重大なものである場合には，権利者の側にこれを受忍すべき理由がな
い限り，補償が認められる。それゆえ，土地所有権を剥奪する土地収用は補償
の対象となる。他方，その程度に至らない財産権の制限については，必ずしも
補償は認められない。土地利用制限には，公共事業を円滑に遂行するための都
市計画制限（都計 53 条）があるが，この制限は一般的に当然に受忍すべきもの
で特別の犠牲に当たらないと解されている（最判平成 17・11・1 判時 1928 号 25 頁
〔百選 II-248〕。なお，この補足意見では，長期間にわたり制限が課せられている場合に
は補償の要否が問題となることが示唆されている）。

　第三に，規制の目的が，公共の安全・秩序の維持，危険・災害の防止という
警察取締的な消極目的であれば，補償の必要性は小さくなる。他方，公共事業
など公共の福祉の増進という積極目的であれば，補償の必要性は大きくなる。
たとえば，判例上，この基準を重視するものとして，最大判昭和 38・6・26 刑
集 17 巻 5 号 521 頁〔百選 II-246〕 **判例 5-10** 〈奈良県ため池条例事件〉が挙げら
れる。同判決は，これまで長年認められてきたため池の堤とうでの耕作権が剥
奪されるという財産権の重大な侵害であるにもかかわらず，ため池の破損・決
壊による災害を未然に防止するという消極目的を重視して，損失補償を必要で
ないとした。ただ，財産権の規制目的について，いずれに当たるのか截然と区

別できない場合のあることに注意が必要である（たとえば，用途地域の指定による建築制限）。

　なお，ガソリンスタンドの地下貯蔵タンクが付近の道路工事に伴い消防法等の基準に適合しなくなり移設を余儀なくされたとして道路法70条1項に基づく補償が請求された事案で，最判昭和58・2・18民集37巻1号59頁〔百選Ⅱ-242〕は，「道路工事の施行によつて警察規制に基づく損失がたまたま現実化するに至つたものにすぎず」，同規定に基づく補償の対象とならないと判示した。ここでは，危険を内在する施設の所有者等が危険な状態を是正すべきであることが前提とされている。

　第四に，規制の態様が，当該財産権の本来の効用からみてこれに内在する制約に当たる場合は，補償の必要性は小さくなるが，他方，その効用と無関係に偶然に課される制約であれば，補償の必要性は大きくなる。とくに土地利用の規制については，それが内在的制約であるか否かを判断するうえで，土地一般のもつ「公共の利害に関係する特性」（土地基2条）のほか，当該土地の場所的環境や従前の利用状況から，現状の利用を維持するにとどまるものであるか，あるいはそれを困難にするかが問題となる。たとえば，東京地判平成2・9・18行集41巻9号1471頁〈伊豆国立公園別荘建築不許可補償事件〉は，国立公園内のすぐれた風致・景観を保護するという目的での建築制限について，別荘の建築等により現在の風致・景観が著しく毀損される点，当該土地の属する地域はこれまで別荘用地として利用されておらず，客観的にみて当該利用が全く予想されていなかった点を考慮して，当該財産権の内在的制約の範囲内にあるから補償を不要としている。

> ◁ **判例 5-10** ▷ 最大判昭和38・6・26刑集17巻5号521頁〔百選Ⅱ-246〕
> 〈奈良県ため池条例事件〉
> 【事実】奈良県は，県内にかんがい用のため池が多数存在し，その決壊，破損によって住民等の生命，財産にまで多大の損傷を及ぼしうることにかんがみ，1954年に，「奈良県ため池の保全に関する条例」を制定した。同条例は，ため池の破損，決壊等による災害を防止することを目的として，ため池の堤とうに竹木または農作物を植えるなどその破損，決壊の原因となるような行為をすることを禁止し，これに違反した者に対する罰則を設けていた。Xらは，父祖の代から引き続いて竹，果樹，茶の木その他農作物の栽培に堤とうを使用してき

たが，同条例の施行後も当該行為を中止しなかったため，条例違反を理由に起訴され，第一審では罰金刑を言い渡された。これに対して，第二審は，憲法29条2項により，私有財産権の内容に規制を加えるには法律によらなければならないこと，また，同条3項により，私有財産を公共のために用いるには正当な補償を要することを理由に，Xらに対する同条例の効力を否定し，無罪判決を行った。最高裁はこれを破棄し，本件を原審に差し戻した。

【判旨】「〔本条例による〕制限の内容たるや，立法者が科学的根拠に基づき，ため池の破損，決かいを招く原因となるものと判断した，ため池の堤とうに竹木若しくは農作物を植え，または建物その他の工作物（ため池の保全上必要な工作物を除く）を設置する行為を禁止することであり，そして，このような禁止規定の設けられた所以のものは，本条例1条にも示されているとおり，**ため池の破損，決かい等による災害を未然に防止するにある**と認められることは，すでに説示したとおりであつて，本条例4条2号の禁止規定は，堤とうを使用する財産上の権利を有する者であると否とを問わず，何人に対しても適用される。ただ，ため池の堤とうを使用する財産上の権利を有する者は，本条例1条の示す目的のため，**その財産権の行使を殆んど全面的に禁止される**ことになるが，それは災害を未然に防止するという社会生活上の已むを得ない必要から来ることであつて，ため池の堤とうを使用する財産上の権利を有する者は何人も，公共の福祉のため，**当然これを受忍しなければならない責務を負う**というべきである。」

「本条例は，災害を防止し公共の福祉を保持するためのものであり，その4条2号は，ため池の堤とうを使用する財産上の権利の行使を著しく制限するものではあるが，結局それは，災害を防止し公共の福祉を保持する上に社会生活上已むを得ないものであり，そのような制約は，ため池の堤とうを使用し得る財産権を有する者が当然受忍しなければならない責務というべきものであつて，**憲法29条3項の損失補償はこれを必要としないと解するのが相当である。**」

Column 5-3　行政行為の撤回と補償

行政行為の撤回は，相手方の責めに帰すべき事由による場合や，同意がある場合以外でも，公益上必要であるときは許容される。ただし，この場合は，撤回により生じる相手方の損失について，公用収用の場合に準じてこれを補償することを要するという見解が有力であった（第2章第3節**4**(4)(b)参照）。これが問題となったのが，行政財産の使用許可の撤回である。行政財産とは，公用もしくは公共用に供し，または供することと決定した財産であるが，その本来の用途または目的を妨げない限度において，その使用を許可することができる

（国財18条6項，自治238条の4第7項）。これが撤回される場合に補償の要否が問題となる。最判昭和49・2・5民集28巻1号1頁〔百選I-87〕は，行政財産の使用許可によって与えられた使用権は，期間の定めのない場合であれば，その本来の用途または目的に用いる必要を生じたときは原則としてその時点において消滅すべきものであり，権利自体にこのような制約が内在しているから，補償を必要としないとする。他方，使用権者が使用許可を受けるに当たりその対価の支払いをしているが，当該行政財産の使用収益により対価を償却するに足りないと認められる期間内に当該行政財産に本来の用途または目的上の必要を生じたとか，使用許可に際し別段の定めがされている等により，使用権者がなお当該使用権を保有する実質的理由を有すると認めるに足りる特別の事情が存する場合は，例外として補償すべき余地を認めている。

　そのほか，人の生命・健康への危険防止という目的のための撤回について，補償は必要でないと解されている。東京高判昭和53・11・27判タ380号94頁は，ある食品添加物の使用を認める指定が発ガン性のおそれを理由に事後に取り消されたことに伴う製造業者の損失について，指定の取消しは化学的合成品である食品添加物に本来内在する制約であり，何人も，人の健康を害するおそれがないとは認められない食品添加物を使用した食品を販売する権利，自由を有するものではないから，補償は要しないと判示している。

4 損失補償の内容・範囲

(1) 「正当な補償」の意味

　「特別の犠牲」に当たる損失に対しては，憲法29条3項にいう「正当な補償」が行われなければならない。「正当な補償」の意味について，財産権の対価の補償に関し，完全補償か，あるいは相当補償で足りるかという議論が存在する。

　相当補償説に立つ判例として位置づけられてきた最大判昭和28・12・23民集7巻13号1523頁〔百選II-243〕によれば，「正当な補償とは，その当時の経済状態において成立することを考えられる価格に基き，合理的に算出された相当な額をいうのであつて，必ずしも常にかかる価格と完全に一致することを要するものでない」という結論になる。ただ，この事案は，農地改革による農地の強制買収の対価が憲法29条3項に反するかという特殊な論点に関するものであったことから，学説では，同判決の射程は限定的にとらえられ，完全補償

説が支配的な考え方となった。最高裁は，土地収用法上の損失補償に係る規定の解釈において，「完全な補償，すなわち，収用の前後を通じて被収用者の財産価値を等しくならしめるような補償をなすべきであり，金銭をもつて補償する場合には，被収用者が近傍において被収用地と同等の代替地等を取得することをうるに足りる金額の補償を要する」と述べており（最判昭和 48・10・18 民集 27 巻 9 号 1210 頁〔百選Ⅱ-245〕），完全補償の考え方によることを明らかにしている。

　その後，土地収用法 71 条の改正（1967〔昭和 42〕年）によって，事業認定の告示以降に生ずる開発利益への期待やいわゆるゴネ得による土地価格上昇分を補償対象から排除するために，補償額の算定方法が，従来の収用裁決時から，事業認定の告示時の価格を基準に物価変動に応じた修正率を乗ずる方式（事業認定告示時主義）に変更されるに至った。そのため，物価よりも地価の上昇率が高い場合は，補償額が被収用者が近傍で代替地を取得するのに不足するから完全補償といえないとして，同条の合憲性が争われるようになった。この点に関して，最判平成 14・6・11 民集 56 巻 5 号 958 頁 判例 5-11 〈関西電力変電所事件〉は，「正当な補償」の意味については前掲最大判昭和 28・12・23 を先例として挙げるものの，権利取得裁決前に補償金支払制度を利用しうること等にかんがみ，上述の補償額算定方法には十分な合理性があり，これにより被収用者は収用の前後を通じて被収用者の有する財産価値を等しくさせるような補償を受けられるとして，完全補償の考え方を事実上前提にしたうえで，同規定は憲法 29 条 3 項に違反するものではないと結論づけている。

　なお，土地収用法上の損失補償の範囲・額は，通常人の経験則および社会通念に従って客観的に認定されうるものであり，かつ認定すべきものであって，その決定について収用委員会に裁量権は認められない（最判平成 9・1・28 民集 51 巻 1 号 147 頁〔百選Ⅱ-203〕）。

判例 5-11 　最判平成 14・6・11 民集 56 巻 5 号 958 頁 〈関西電力変電所事件〉
【事実】株式会社 Y は，和歌山県南紀地区に対する電力供給のため，X らの所有する土地上に変電所の新設事業を計画し，1968 年 4 月に，土地収用法上の事業認定を受けた。X らと起業者である Y との間で，本件土地の損失補償について協議が不調に帰したため，和歌山県収用委員会は Y の申請により収用

裁決を行った。X らは，Y に対して，誤った土地調書に基づいたものである等
として本件土地に関する補償の増額等を求めて出訴した。第一審および第二審
とも X の請求を斥けたため，X が上告したが，最高裁はこれを棄却した。

【**判旨**】「**憲法 29 条 3 項にいう『正当な補償』とは，その当時の経済状態にお
いて成立すると考えられる価格に基づき合理的に算出された相当な額をいうの
であって，必ずしも常に上記の価格と完全に一致することを要するものではな
いことは，当裁判所の判例**（最高裁昭和 25 年（オ）第 98 号同 28 年 12 月 23
日大法廷判決・民集 7 巻 13 号 1523 頁）とするところである。土地収用法 71
条の規定が憲法 29 条 3 項に違反するかどうかも，この判例の趣旨に従って判
断すべきものである。」

「土地の収用に伴う補償は，収用によって土地所有者等が受ける損失に対し
てされるものである（土地収用法 68 条）ところ，収用されることが最終的に
決定されるのは権利取得裁決によるのであり，その時に補償金の額が具体的に
決定される（同法 48 条 1 項）のであるから，補償金の額は，同裁決の時を基
準にして算定されるべきである。その具体的方法として，同法 71 条は，事業
の認定の告示の時における相当な価格を近傍類地の取引価格等を考慮して算定
した上で，権利取得裁決の時までの物価の変動に応ずる修正率を乗じて，権利
取得裁決の時における補償金の額を決定することとしている。」

「事業認定の告示の時から権利取得裁決の時までには，近傍類地の取引価格
に変動が生ずることがあり，その変動率は必ずしも上記の修正率と一致すると
はいえない。しかしながら，上記の近傍類地の取引価格の変動は，一般的に当
該事業による影響を受けたものであると考えられるところ，事業により近傍類
地に付加されることとなった価値と同等の価値を収用地の所有者等が当然に享
受し得る理由はないし，**事業の影響により生ずる収用地そのものの価値の変動
は，起業者に帰属し，又は起業者が負担すべきものである。また，土地が収用
されることが最終的に決定されるのは権利取得裁決によるのであるが，事業認
定が告示されることにより，当該土地については，任意買収に応じない限り，
起業者の申立てにより権利取得裁決がされて収用されることが確定するのであ
り，その後は，これが一般の取引の対象となることはないから，その取引価格
が一般の土地と同様に変動するものとはいえない。**そして，任意買収において
は，近傍類地の取引価格等を考慮して算定した事業認定の告示の時における相
当な価格を基準として契約が締結されることが予定されているということがで
きる。

なお，土地収用法は，事業認定の告示があった後は，権利取得裁決がされる
前であっても，**土地所有者等が起業者に対し補償金の支払を請求することがで**

き，請求を受けた起業者は原則として2月以内に補償金の見積額を支払わなければならないものとしている（同法46条の2，46条の4）から，この制度を利用することにより，所有者が近傍において被収用地と見合う代替地を取得することは可能である。

　これらのことにかんがみれば，土地収用法71条が補償金の額について前記のように規定したことには，十分な合理性があり，これにより，被収用者は，収用の前後を通じて被収用者の有する財産価値を等しくさせるような補償を受けられるものというべきである。」

　「以上のとおりであるから，土地収用法71条の規定は憲法29条3項に違反するものではない。そのように解すべきことは，前記大法廷判決〔最大判昭和28・12・23〕の趣旨に徴して明らかである。」

(2)　土地収用に伴う補償の類型

　土地収用における損失補償の対象は，被収用地に係る財産権の対価にとどまらず，付随的な損失にも及ぶ。まず，同一所有者の収用部分以外の土地（残地）について，不整形・面積狭小等のため価値が減少した損失の補償（残地補償。収用74条）や，通路・溝・垣・柵等を設け，盛土または切土を行う必要がある場合は，その工事費等の補償（みぞ・かき補償。収用75条。なお，それ以外の隣接地等についても同様の補償を行う規定が設けられている。同93条）がある。そのほか，移転料の補償（収用77条），離作料・営業上の損失その他通常受ける損失の補償（通損補償。収用88条。土地収用による製薬工場の移転に伴う通損補償の範囲について，最判平成11・1・22判例自治203号77頁参照）も行われる。これらは，憲法29条3項にいう「正当な補償」の内容に含まれるという学説が有力である。

　次に，収用後に事業が実施されたこと（建設工事，および道路・空港の供用など）に伴い，日影・騒音・振動等に起因して身体的・精神的被害が生じた場合，その救済が問題となる。判例では，このような被害は，公の営造物の設置・管理の瑕疵を理由とする国家賠償法2条に基づく損害賠償の対象になると解されている（本章第2節**3**(2)参照）。学説では，事業損失（後の事業の実施過程で生ずる損失）ととらえて損失補償の対象となるという考え方がある（ただし，行政実務では損失補償は否定されている）。

　第三に，公共事業（典型はダム建設）のために生活の基礎を失うような場合は，被収用地の財産権に対する金銭補償のみでは従来の生活を再建することは困難である。そのため，憲法25条の理念と結び付いた生活権保障の考え方からすれば，生活基盤の侵害に対する補償（生業補償や一定期間の生活費の補償など）が必要となるほか，積極的に生活再建措置を行うことが要請される。法令上，生活再建のための措置のあっせんが定められており（土地や建物の取得や職業の紹介・指導・訓練に関する措置の実施のあっせん。収用139条の2，都計74条，水源地域対策特別措置法8条など），また，被収用者以外の第三者も，少数者補償や離職者補償（「公共用地の取得に伴う損失補償基準要綱」45条・46条）の対象となりうる。ただし，これらは，憲法29条3項に基づく損失補償ではなく政策的な措置として性格づけられ，法令上も努力義務として規定されるにとどまっていることから，補償請求権は否定されている（岐阜地判昭和55・2・25行集31巻2号184頁〈徳山ダム事件〉，東京高判平成5・8・30行集44巻8＝9号720頁〈新東京国際空港緊急裁決事件〉参照）。

　第四に，長年住み慣れた土地を収用されることに対する苦痛など，精神的損失に対する補償が認められるかが議論となっている。実務では否定されており，判例も消極的である（なお，判例上，文化的価値についても，市場価格の形成に影響を与えない限り，損失補償の対象とされない。最判昭和63・1・21判時1270号67頁）。他方，学説では，負担の公平，平等原則から要請される完全な補償は，財産的損失に対するものに限られないとして，特別の事由のあるときはこれを積極に解する有力説がある。

> **Column 5-4**　**土地収用法の手続**
>
> 　公共事業のために土地等を収用または使用するに当たって，起業者は，土地収用法に従い，事業認定を国土交通大臣または都道府県知事（事業認定庁）に申請しなければならない。起業者とは，同法3条に列挙された収用適格事業を行う者（8条1項）を意味し，行政主体のほかに民間事業者がこれに当たる場合もある。事業認定が行われるためには，同法20条各号の要件すべてを充足する必要がある。そのうち，3号の「事業計画が土地の適正且つ合理的な利用に寄与するものであること。」という要件の認定に係る裁量の瑕疵が争われる事例が少なくない（東京高判昭和48・7・13行集24巻6＝7号533頁〈日光太郎杉事件〉，札幌地判平成9・3・27判時1598号33頁〈二風谷ダム事件〉など）。

　土地収用を経た公共事業の実施は，起業地に係る権利者のみならず，周辺住民に大きな影響をもたらすものであり，深刻な対立や衝突が生ずる場合もあることから，事業のより早期の段階で，住民の意見を反映させる手続を尽くすことが要請される。従来，事業認定の申請後に，市町村は送付された申請書類を公衆の縦覧に供し，利害関係者は都道府県知事に意見書を提出できるという手続が用意されている（24条・25条）。さらに，2001（平成13）年の土地収用法の改正によって，事業認定に関する事前手続が拡充されている。まず，起業者は，事業認定の申請前に，利害関係者に対して事業の目的や内容について説明会の開催等をつうじて説明することが義務づけられる（15条の14）。次に，事業認定庁は，事業認定を行うに当たって，利害関係者から請求があったときは公聴会を開いて一般の意見を求めなければならない（23条）。また，（一定の場合を除き）社会資本整備審議会または都道府県に設置された審議会その他の合議制機関の意見を聴き，その意見を尊重しなければならない（25条の2）。

　事業認定が告示された後，起業地の範囲内にある土地等は，都道府県の収用委員会が起業者の申請を受けて権利取得裁決を行うことにより，収用または使用されることが確定する（なお，上述した事業認定に関する手続の拡充と併せて，収用委員会の審理手続の合理化を図る等の改正が行われている。63条など参照）。収用または使用の裁決は，権利取得裁決と明渡裁決から成り，収用の場合は，権利取得裁決により起業者は当該土地の所有権を取得し（101条），明渡裁決により被収用者等は土地・物件の引渡しまたは物件の移転義務が課される（102条）。起業者は，権利取得の時期までに，土地所有者など権利者に対して各人別に補償金の払渡し等をしなければならない（69条・95条1項）。補償額の算定方法において事業認定の告示時の価格が基準とされているから（71条），できる限り早い時期に補償金を取得することが有利な場合には，被収用者は，起業者に裁決の申請をするよう請求することができるとともに（39条2項），権利取得裁決前に補償金の支払いを請求することができる（46条の2）。

　補償義務を負うのは起業者である（68条）。収用裁決のうち損失補償に関する部分に不服がある場合，たとえば被収用者が補償の増額を請求するには，行政処分に当たる収用裁決の取消し等を求めて抗告訴訟を提起するのではなく，起業者を被告として訴訟を提起しなければならない（133条3項。同訴訟は，行政事件訴訟法4条にいう形式的当事者訴訟である。第4章第2節**1**(3)(b)参照）。これは，補償をめぐる争いは，起業者と被収用者間の財産上のものであり，公益に直接関わるものではないから，これらの当事者間で解決するのが適切・合理的であるという趣旨による（最判昭和58・9・8判時1096号62頁参照）。他方，裁決手続の違法を含め，損失の補償に関する事項以外の違法事由を主張する場

合は，裁決の取消訴訟を提起することができる（最判平成 25・10・25 判時 2208 号 3 頁）。

(3) 財産権の制限に対する補償の内容・範囲

以上述べた土地収用を典型とする財産権の剝奪に伴う補償とは別に，**3** で述べた基準に照らして，財産権の制限に対しても補償が認められうる。もっとも，その内容・範囲については見解の対立がある。裁判例で争点となっているのは，特定の地域内での一定の土地利用（工作物の新築・増改築，木竹の伐採，土石の採取など）について法令上許可制度が設けられている場合に，許可申請に対して不許可処分が行われたとき認められうる「通常生ずべき損失」（自園 64 条など。不許可補償）の範囲についてである。

具体的には，土地利用の制限によって発生した出費（測量費，廃業費，移転費など）についてのみ補償する実損説，制限により地価が低落した限度で補償する地価低落説，制限を地役権設定とみてその費用相当額を補償する地代説，および制限と相当因果関係にある一切の損失について補償が必要であるという相当因果関係説に分かれている（東京地判昭和 57・5・31 行集 33 巻 5 号 1138 頁は地価低落説に立つ一方，東京地判昭和 61・3・17 行集 37 巻 3 号 294 頁は実損説に立つとみられる）。いずれの考え方も，それのみでは適切な結論を導くにはなお問題の残ることが指摘されており，個々の事案ごとに相応しい考え方に依拠して補償の範囲を判断する必要がある。

第 4 節　国家補償の問題領域と課題

第 1 節で述べたように，国家賠償と損失補償のいずれの制度によっても救済することが困難な問題領域が存在する。つまり，国家賠償法 1 条は過失責任主義に立つものである（また，2 条は無過失責任であるが営造物の設置・管理に瑕疵のあることを要件とする）から，過失（または瑕疵）が認められない場合には賠償責任は否定される（国家賠償法の制定過程においては，無過失責任案も主張されたが，過失責任主義をとる民法とのバランスや，財政上の理由などを考慮して，結局，この意見は容れられなかった）。他方，損失補償は，適法な行為により生じた損失の補

填と理解されている。それゆえ，違法であるが無過失の行為による損害を補填すること，ないしは国家活動の適法・違法を問わずそれに起因して被害が生じた結果に着目して補償を行うこと（結果責任に基づく国家補償）は，以上の2つの制度の谷間に理論的課題として残されている。

　国家賠償法において過失の概念が客観化されているとはいえ，なお過失の否定される行為によって特定の者に重大な損害が生じており，これを放置することが負担の公平という理念に照らして許されないと考えられるような場合に，どのような根拠に基づいてこれを補填するかが問われることになる。これが裁判で争点となったものに，一連の予防接種禍訴訟がある。感染症の予防・蔓延を防止するための予防接種は法令に従って実施されているが，その結果，一部の被接種者に，法の意図しない副反応による重篤な被害が発生することとなった。ところが，医学的にその被害を予測できないため過失が否定されており国家賠償による救済が困難であったため，このような損害を補償する根拠をどこに求めるかが焦点となった（なお，予防接種法15条以下により，予防接種による被害について過失の有無を問わず一定の給付をする制度が存在するが，同法の制定前にも被害が生じており，また制定後も給付額が十分でないという問題を抱えていた）。

　第一審では，感染症からの集団防衛という公共の利益のために，特定の個人が重篤な健康被害という特別の犠牲を強いられる結果が生じている点に着目して，憲法29条3項を援用して損失補償請求権を肯定する判決があらわれた（東京地判昭和59・5・18判時1118号28頁，大阪地判昭和62・9・30判時1255号45頁，および福岡地判平成元・4・18判時1313号17頁 判例 5-12 ）。他面で，この考え方は，憲法29条3項は財産権を対象とする規定であって，人の生命・身体・健康は，財産権と異なり意図的に侵害することが許されないから，同規定の適用（ないし類推適用）によって補償請求権を導くことができないという批判を集めることとなった。

　控訴審レベルでは，被害者を禁忌該当者と推定した最判平成3・4・19民集45巻4号367頁〔百選Ⅱ-211〕を踏まえて，これに予防接種を実施させないための十分な措置をとることを怠った点に過失（組織的過失）を認めて，国家賠償責任を肯定する判決が大勢となっている（本章第2節 **2**(1)(b)⑤を参照）。同時に，生命・身体はいかに補償を伴ってもこれを公共のために用いることはでき

ず，その侵害に対する補償は本来，憲法 29 条 3 項とは全く無関係のもので，その類推解釈ないしもちろん解釈により損失補償請求権を導くことはできないとする（東京高判平成 4・12・18 判時 1445 号 3 頁など）。

　国家賠償責任を認める考え方については，過失の客観化を推し進めてもこれを認定できないときは責任を否定せざるをえないが，それでもなお放置できない損害が結果として生じうる可能性を考慮すると，その救済法理を展開する理論的な課題が依然存在している点に留意すべきである。

〈 判例 5-12 〉 福岡地判平成元・4・18 判時 1313 号 17 頁 〈予防接種禍福岡訴訟〉

【事実】 予防接種法に基づき，1963 年から 1977 年にかけて実施された予防接種（ジフテリア・種痘・インフルエンザ・百日咳ジフテリア混合・ポリオ等のワクチン接種）によって死亡または重篤な副反応の被害を受けた九州地区に在住する被害児 X らおよびその遺族や親族らが，国を被告として，国家賠償法 1 条等による損害賠償，および憲法 29 条 3 項等に基づく損失補償を求めた。以下は，憲法 29 条 3 項に基づき損失補償請求を一部認容した判示部分である。

【判旨】「憲法 29 条 3 項は，同条 1 項の財産権不可侵宣言を受けて，直接には財産権の収用につき規定しているものであり，それ故，生命，健康被害が問題となる予防接種の副反応事故に適用ないし類推適用できるかは，議論の存するところである。

　しかし，予防接種は，伝染病の発生及びまん延を予防し，公衆衛生の向上及び増進に寄与するという公共目的のため，国が法律や行政勧奨によって強制的に実施しているものであるところ，予防接種により極くまれにではあるが，死亡あるいは重篤な後遺症を伴う副反応の痛ましい事故が発生し，それらの者は，前記受忍限度を超える損失を受け，特別な犠牲を強いられている。

　そして，その反面，大多数の国民は，伝染病の発生とまん延を予防され，予防接種の目的が達成されたことによる社会的共通の利益を享受しているのであり，**この公共の利益のため特別の犠牲を強いられた者について，国民全体の負担で補償を要する理は，憲法 29 条 3 項の財産権の収用の場合を超える**，ということができる。」

「予防接種の副反応事故にみられるような**生命，健康の損失は，財産権のように収用の可能性がある性質のものではない**が，生命，自由，及び幸福追求に対する国民の権利については，公共の福祉に反しない限り，立法その他国政の上で最大の尊重を必要とする，との憲法 13 条の規定，国民の生存権と国の生存権保障義務を定めた憲法 25 条の規定等をみると，**憲法は，国民の生命，健**

康を財産権よりもはるかに厚く保障していることが明らかである。

　従って，憲法が財産権の特別な犠牲の補償を規定しながら，予防接種事故の重篤な被害のように，それを超える国民の生命，健康にかかわる特別な犠牲につき，全く定めをしていないと解することはできず，**法の下の平等を定めた憲法14条の規定及び右29条の規定に合わせて検討すれば，右29条3項は，国民の生命，健康の特別な犠牲について，少なくとも財産権の補償と同等以上の補償が必要である趣旨を含む**，と解するのが相当である。」

　「憲法29条3項は，財産権について損失補償を認めた規定がなくても，直接同条項を根拠として補償請求をすることができないわけではない，と解されており（……），この解釈は，生命，健康の特別な犠牲についても当然妥当すると考えられる。

　よって，原告ら（……）は被告に対し，**憲法29条3項の規定に基づき，本件損失補償の請求をすることができる，というべきである。**」

　現行法では，個別に無過失責任ないし結果責任を認める立法例があるが，これらは，それぞれ固有の理由によるものである。

　無過失責任の例として，たとえば，国税徴収法112条2項は，滞納処分に関して，動産等の売却決定が取り消された場合に国が無過失責任を負うべきことを定める。これは，国税徴収の円滑な運営の確保を意図して，買受人と旧所有者の利益を調整することを理由としている。また，消防法6条2項は，消防長等による防火対象物の改修命令等を取り消す判決があったとき，同命令による損失につき無過失責任を認めている。緊急時には違法行為の可能性を予測しつつも同命令の発動を認める必要があるからである。

　他方，文化財保護法41条・52条によれば，文化庁長官の命令等に基づく文化財の修理や公開により損失を受けた者に対して通常生ずべき損失を国が補償するが，これは，原因行為の適法・違法を問題とせず，結果責任を立法で認めた例と解されている。また，刑事補償法に基づく補償も，原因行為の違法・適法が問われるものでないという立場からは，その例に位置づけられる。

1　母が病気療養のため家庭での養育が困難になった X について Y 県は児童養護施設に入所させる措置を行い，X は社会福祉法人 A の設置運営する同施設に入所した。X は，入所後まもなく同施設内において入所中の他の児童 B らから暴行を受けて重傷を負い，入院治療を受けたものの後遺症が残ることとなった。この暴行は，B らが X を蹴ったことを A の職員 C が注意をしたことの腹いせに，C がその場を離れた直後に行われたものであった。

　　C に入所児童への監督上の注意義務に違反した過失が認められる場合，Y 県は，X が被った損害について国家賠償法 1 条 1 項に基づき賠償責任を負うか。児童福祉法 27 条 1 項 3 号に基づく児童養護施設入所措置による入所児童の養育監護行為が，Y 県の公権力の行使に当たるか否かについて検討しなさい。この点に関して，児童福祉法 24 条 1 項に基づき市町村が保育を必要とする児童を保育所で保育することと比較しなさい。また，Y 県が国家賠償責任を負う場合に，社会福祉法人 A は C の不法行為について民法 715 条に基づく使用者責任を負うかについても考察しなさい。(参照条文：児童福祉法 27 条 1 項 3 号・28 条・41 条・47 条・50 条 7 号・56 条 2 項)

2　製薬会社 A は，薬事法に基づく厚生大臣（当時）の許可を得て，医薬品 B を製造・販売した。ところが，B を服用した X らに重篤な被害が生じ，その原因は B の副作用によるものであることが判明した。そこで，X らが，A に対する損害賠償請求のほか，国は医薬品の安全確保のための権限行使を怠ったとして，国家賠償請求訴訟を提起した。これに対して，国は，当時の薬事法には，いったん付与した製造・販売の承認を医薬品の安全確保のために事後に撤回できるという根拠規定が置かれていなかったから，厚生大臣には撤回する権限も義務も存在しなかったとして，国には賠償責任がないと主張した。このような主張に対して，国の賠償責任が認められる要件について，詳しく説明しなさい。

3　N 島の海岸から数十メートルの海中に，第二次世界大戦の終結に伴う武装解除の一環として，旧日本軍によって大量の砲弾が投棄された。その大部分は信管が除去されておらず，直ちに使用可能の状態であった。その後，砲弾がしばしば N 島海岸に漂着し，それを発見した島民らは幾度か警察署や村役場に報告をしていたが，何らの措置もとられないまま放置されていた。あるとき，村の開設した海水浴場で遊んでいた中学生 X らが，そこに打ち上げられていた砲弾を焚き火に投入したためこれが爆発し，重傷を負うこととなった。このような事故が発生する危険を防止するため，行政機関はどのような措置をとることができたか，あるいは，いかなる権限を行使することができたかに言及しつつ，X らに対する国家賠償責任が認められるか，考察しなさい。

4 A（35 歳男性）は，B 温泉を訪ねた折に，観光名所である源泉（摂氏 90 度）の吹き出す湯桶を見物するため，湯桶のある河川敷沿いの遊歩道を午後 11 時頃に散策していたところ，休憩しようとして，近くに長椅子が設置されていたにもかかわらず，遊歩道から転落するのを防止するため設置された防護柵（高さ約 40 cm でコンクリート製の支柱に太さ約 20 cm の鉄パイプを 1 本通した構造）に腰掛けようとした。ところが，酩酊していたため身体の平衡を失って，源泉に仰向けに転落し，全身火傷で死亡した。A の遺族 X らは，源泉の湯桶に蓋を取り付けるとともに，防護柵を現状より 2 倍の高さにしたうえ金網を張る堅固なものに改める必要があったとして，これらの設置管理者である Y 村に対して，国家賠償を請求した。湯桶および防護柵の設置・管理に瑕疵があったといえるか，検討しなさい。

5 X は，国道の交差点付近で，消防法に基づく許可を受けて地下にガソリンタンクを設置して，給油所を経営していた。ガソリンタンクは危険物であるため，同法により，道路から一定の距離を置いて設置すべきものとされていた。ところが，その後，国が同交差点に地下横断歩道を設置した結果，タンクの所在位置がその距離制限規定に抵触することとなり，X はこれを移転することを余儀なくされた。この場合に，X は，移転費用分の損失について補償を得ることができるだろうか。（参照条文：道路法 70 条）

6 X は，自然公園法に基づき指定された国定公園の特別地域内に山林を所有しており，その表土の下には利用価値の高い花崗岩が埋蔵されている。そこで，X は，これを露天掘りで採石する計画を立て，同法 20 条 3 項に従い，Y 県知事に土石の採取の許可を申請したところ，不許可処分を受けた。そこで，X は，同法 64 条に基づき，Y 県知事に補償を請求したが，知事は補償すべき金額は零円であることを決定して X に通知した。そこで，X は，Y 県を被告として，石材の販売により得られる見込みであった約 15 億円の補償を求める訴えを提起した。X の請求が認められるか，検討しなさい。

参 考 文 献

1　国家補償全体に関するもの
　　今村成和『国家補償法〔再版〕』（有斐閣，1966 年）
　　下山瑛二『国家補償法』（筑摩書房，1973 年）
　　遠藤博也『国家補償法　上巻・中巻』（青林書院新社，1981 年・1984 年）
　　阿部泰隆『国家補償法』（有斐閣，1988 年）
　　杉村敏正編『行政救済法 2』（有斐閣，1991 年）
　　宇賀克也『国家補償法』（有斐閣，1997 年）

宇賀克也 = 小幡純子編著『条解国家賠償法』（弘文堂，2019 年）

2　国家賠償に関するもの

西埜　章『国家賠償法』（青林書院，1997 年）

同『国家賠償法コンメンタール〔第 3 版〕』（勁草書房，2020 年）

古崎慶長『国家賠償法』（有斐閣，1971 年）

同『国家賠償法の諸問題』（有斐閣，1991 年）

室井力 = 芝池義一 = 浜川清編著『コンメンタール行政法 II　行政事件訴訟法・国家賠償法〔第 2 版〕』（日本評論社，2006 年）

小幡純子『国家賠償責任の再構成』（弘文堂，2015 年）

3　損失補償に関するもの

今村成和『損失補償制度の研究』（有斐閣，1968 年）

西埜　章『損失補償の要否と内容』（一粒社，1991 年）

小高　剛『損失補償研究』（成文堂，2000 年）

主なテキスト類（五十音順）

阿部泰隆『行政法解釈学Ⅰ』（有斐閣，2008 年）

　　　　『行政法解釈学Ⅱ』（有斐閣，2009 年）

市橋克哉ほか『アクチュアル行政法〔第 3 版補訂版〕』（法律文化社，2023 年）

稲葉　馨『行政法と市民』（放送大学教育振興会，2006 年）

今村成和／畠山武道補訂『行政法入門〔第 9 版〕』（有斐閣，2012 年）

宇賀克也『行政法概説Ⅰ〔第 7 版〕』（有斐閣，2020 年）

　　　　『行政法概説Ⅱ〔第 7 版〕』（有斐閣，2021 年）

大橋洋一『行政法Ⅰ〔第 4 版〕』（有斐閣，2019 年）

　　　　『行政法Ⅱ〔第 4 版〕』（有斐閣，2021 年）

大浜啓吉『行政法総論〔第 4 版〕』（岩波書店，2019 年）

　　　　『行政裁判法』（岩波書店，2011 年）

兼子　仁『行政法学』（岩波書店，1997 年）

神橋一彦『行政救済法〔第 2 版〕』（信山社，2016 年）

北村和生ほか『行政法の基本〔第 7 版〕』（法律文化社，2019 年）

木村琢麿『プラクティス行政法〔第 3 版〕』（信山社，2022 年）

小高　剛『行政法総論〔第 2 版〕』（ぎょうせい，2000 年）

小高　剛ほか『行政法総論』（ぎょうせい，2006 年）

小早川光郎『行政法　上』（弘文堂，1999 年）

　　　　　　『行政法講義　下Ⅰ』（弘文堂，2002 年）

　　　　　　『行政法講義　下Ⅱ』（弘文堂，2005 年）

　　　　　　『行政法講義　下Ⅲ』（弘文堂，2007 年）

櫻井敬子＝橋本博之『行政法〔第 6 版〕』（弘文堂，2019 年）

佐藤英善『行政法総論』（日本評論社，1984 年）

椎名慎太郎ほか『ホーンブック新行政法〔3 改訂版〕』（北樹出版，2010 年）

塩野　宏『行政法Ⅰ〔第 6 版〕』（有斐閣，2015 年）

　　　　『行政法Ⅱ〔第 6 版〕』（有斐閣，2019 年）

芝池義一『行政法総論講義〔第 4 版補訂版〕』（有斐閣，2006 年）

　　　　『行政救済法』（有斐閣，2022 年）

　　　　『行政法読本〔第 4 版〕』（有斐閣，2016 年）

曽和俊文『行政法総論を学ぶ』（有斐閣，2014 年）

曽和俊文ほか『現代行政法入門〔第 5 版〕』（有斐閣，2023 年）

高木　光『プレップ行政法〔第 2 版〕』（弘文堂，2012 年）

高木　光『行政法』（有斐閣，2015 年）

高田　敏編著『新版行政法』（有斐閣，2009 年）

高橋　滋『行政法〔第 2 版〕』（弘文堂，2018 年）

武田真一郎『異説・行政法』（東信堂，2022 年）

田中二郎『新版行政法 上〔全訂第 2 版〕』（弘文堂，1974 年）

中原茂樹『基本行政法〔第 3 版〕』（日本評論社，2018 年）

野呂　充ほか『行政法〔第 3 版〕』（有斐閣，2023 年）

橋本博之『現代行政法』（岩波書店，2017 年）

原田尚彦『行政法要論〔全訂第 7 版補訂 2 版〕』（学陽書房，2012 年）

原田大樹『例解行政法』（東京大学出版会，2013 年）

広岡　隆『行政法総論〔第 5 版〕』（ミネルヴァ書房，2005 年）

藤田宙靖『行政法入門〔第 7 版〕』（有斐閣，2016 年）

　　　　　『新版 行政法総論上巻・下巻』（青林書院，2020 年）

南　博方『行政法〔第 6 版補訂版〕』（有斐閣，2012 年）

宮田三郎『行政法総論』（信山社，1997 年）

村上武則編『新・基本行政法〔第 3 版〕』（有信堂，2016 年）

村上裕章『スタンダード行政法』（有斐閣，2021 年）

室井　力編『新現代行政法入門（1）〔補訂版〕』（法律文化社，2005 年）

市川正人ほか編著『ケースメソッド公法〔第 3 版〕』（日本評論社，2012 年）

野呂　充ほか編『ケースブック行政法〔第 7 版〕』（弘文堂，2022 年）

大貫裕之＝土田伸也『行政法 事案解析の作法〔第 2 版〕』（日本評論社，2016 年）

北村和生ほか『事例から行政法を考える』（有斐閣，2016 年）

曽和俊文ほか編著『事例研究行政法〔第 4 版〕』（日本評論社，2021 年）

高木　光ほか『行政法事例演習教材〔第 2 版〕』（有斐閣，2012 年）

山本隆司『判例から探究する行政法』（有斐閣，2012 年）

斎藤　誠＝山本隆司編『行政判例百選Ⅰ・Ⅱ〔第 8 版〕』（有斐閣，2022 年）

大橋洋一ほか編著『行政法判例集Ⅰ・Ⅱ〔第 2 版〕』（有斐閣，Ⅰ 2019 年，Ⅱ 2018 年）

芝池義一ほか編『判例行政法入門〔第 7 版〕』（有斐閣，2022 年）

高木　光＝宇賀克也編『行政法の争点』（有斐閣，2014 年）

判 例 索 引

〈高等裁判所〉

〈地方裁判所〉

事 項 索 引

さ

【LEGAL QUEST】

行政法〔第 5 版〕

2007 年 4 月 1 日	初 版第 1 刷発行	2018 年 9 月 30 日	第 4 版第 1 刷発行
2010 年 9 月 10 日	第 2 版第 1 刷発行	2023 年 3 月 25 日	第 5 版第 1 刷発行
2015 年 3 月 30 日	第 3 版第 1 刷発行	2024 年 8 月 30 日	第 5 版第 2 刷発行

著　者	稲葉馨，人見剛，村上裕章，前田雅子
発行者	江草貞治
発行所	株式会社有斐閣
	〒101-0051 東京都千代田区神田神保町 2-17
	https://www.yuhikaku.co.jp/
装　丁	島田拓史
印　刷	大日本法令印刷株式会社
製　本	大口製本印刷株式会社
装丁印刷	株式会社亨有堂印刷所

落丁・乱丁本はお取替えいたします。定価はカバーに表示してあります。
©2023, K. Inaba, T. Hitomi, H. Murakami, M. Maeda.
Printed in Japan　ISBN 978-4-641-17955-4